A.S.VC. All Style Ving Chun

Die Welt des VC-Ving Chun
von Sigung-Meister Birol Özden

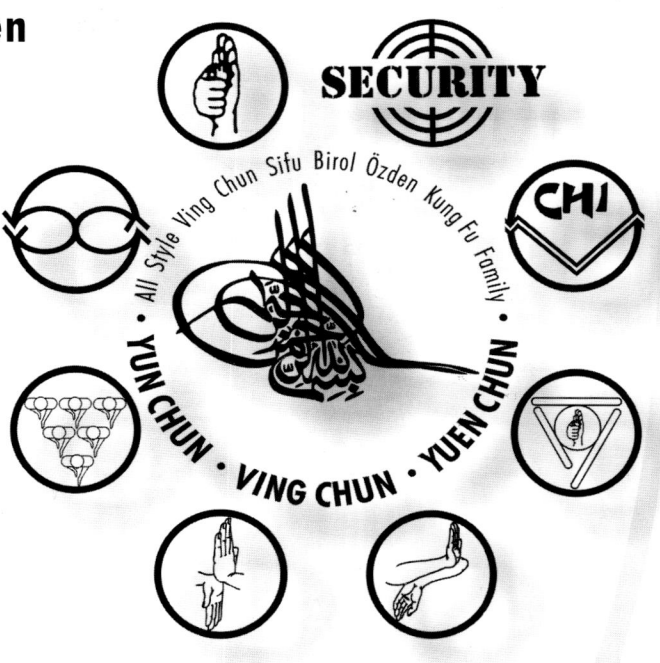

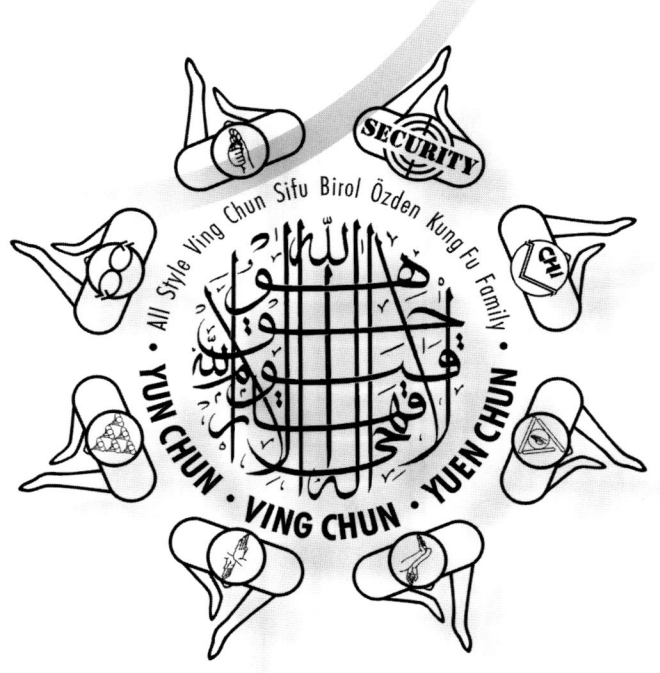

© by Ving Chun Sigung-Meister Birol Özden

© by Ving Chun Sigung-Meister Birol Özden

© by Ving Chun Sigung-Meister Birol Özden

A.S.VC. All Style Ving Chun

Die Welt des VC-Ving Chun
von Sigung Sifu-Meister Birol Özden

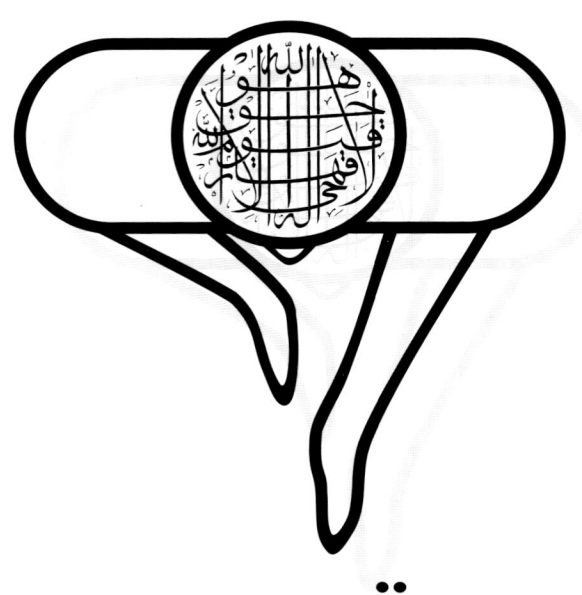

Sifu Birol Özden
© by Ving Chun Sigung Sifu-Meister Birol Özden

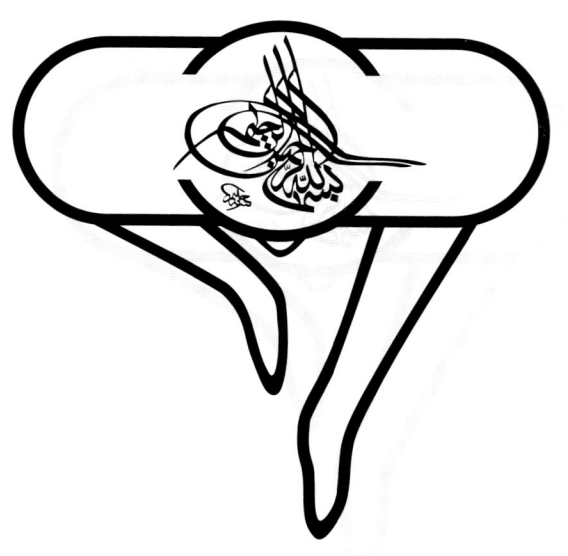

Sifu Birol Özden
© by Ving Chun Sigung Sifu-Meister Birol Özden

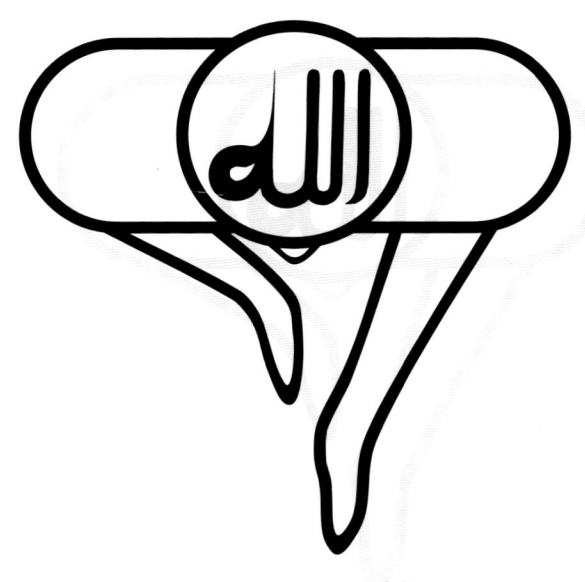

Sifu Birol Özden
© by Ving Chun Sigung Sifu-Meister Birol Özden

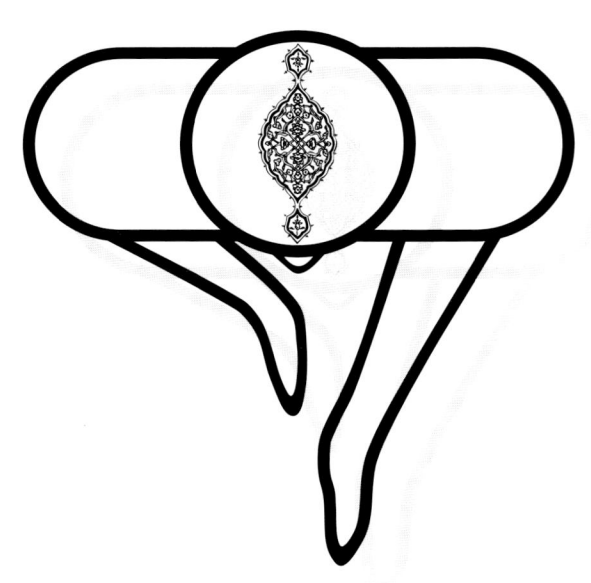

Sifu Birol Özden
© by Ving Chun Sigung Sifu-Meister Birol Özden

VING CHUN
VERLAG

*Welt-Cheftrainer:
Sigung Sifu-Meister Birol Özden*

Ich bedanke mich bei all meinen Schülern für ihre Mithilfe und wünsche allen Ving Chun Leuten in dieser Welt, die ihren Ving Chun Weg verfolgen, viel Erfolg.

Danke an meine Frau und meine Kinder für ihre Unterstützung und Geduld und für unsere private Zeit, die sie mit mir für den Aufbau meines Ving Chun verwendet haben.

VC-VING CHUN

Selbstschutz, Martial Arts, Kampfsport, Combat, Selbstverteidigung
für Selbstsicherheit und Dynamic

Band 1: Lehrbuch für Einsteiger

Welt-Cheftrainer Sigung Sifu-Meister Birol Özden

VC-Ving Chun:
Selbstschutz, Martial Arts, Kampfsport,
Combat, Selbstverteidigung
für Selbstsicherheit und Dynamic
Band 1: Lehrbuch für Einsteiger

von Welt-Cheftrainer Sigung-Meister Birol Özden

Herausgeber: Ving Chun Verlag, Köln
2. überarbeitete Auflage, 2003
ISBN: 3-935951-00-0

(1. Auflage 2001, ISBN: 3-00-007489-9)

Urheberrechte:
Alle Inhalte dieses Buches: Symbole, Embleme, Bezeichnungen, Fotos, Unterrichtsprogramme und Texte, sind international geschützt und ein Markenzeichen der A.S.VC. - All Style Ving Chun. Der Missbrauch wird geahndet und strafrechtlich verfolgt.

Das Urheberrecht unterliegt Sigung-Meister Birol Özden.

Printed in Germany

INHALT

VC-Ving Chun:
Selbstschutz, Martial Arts, Kampfsport, Combat, Selbstverteidigung
für Selbstsicherheit und Dynamic
von Welt-Cheftrainer Sigung Sifu-Meister Birol Özden

Kapitel	Seite
Editorial	10
1. VC-Ving Chun - Ein erfolgreiches Konzept im erfolgreichen Rahmen	16
1.1. Die Geschichte des Ving Chun	17
1.2. Welt-Cheftrainer Sigung Sifu-Meister Birol Özden	46
1.3. A.S.VC. All Style Ving Chun	58
1.4. VC-Traditionen	64
2. VC-Trainingsprogramme für Einsteiger	66
2.1. VC-Grundstand	67
2.2. VC-Freischritt	70
2.3. VC-Kampfstand	71
2.3.1. VC-Kampfstellung	71
2.3.2. VC-Vorwärtsstand	71
2.4. VC-Vorwärtsschritt	72
2.5. VC-Angriffstechniken	74
2.5.1. VC-Angriffstechniken - VC-Handflächenstöße	74
2.5.2. VC-Angriffstechniken - VC-Fauk Sao / VC-Handkantenschläge	78
2.5.3. VC-Angriffstechniken - VC-Fingerstiche	79
2.6. Die acht VC-Grundtechniken	81
2.6.1. VC-Grundtechnik - VC-Fouk Sao	82
2.6.2. VC-Grundtechnik - VC-Pauk Sao	83
2.6.3. VC-Grundtechnik - VC-Taun Sao	84
2.6.4. VC-Grundtechnik - VC-Boung Sao	85
2.6.5. VC-Grundtechnik - VC-Gaun Sao	86
2.6.6. VC-Grundtechnik - VC-Gaum Sao	88
2.6.7. VC-Grundtechnik - VC-Jaum Sao	89
2.6.8. VC-Grundtechnik - VC-Kau Sao	90
2.7. VC-Beintechniken	92
2.7.1. VC-Fußkampfstellung	92
2.7.2. VC-Beintechnik - VC-Jaup Geurk	94
2.7.3. VC-Beintechnik - VC-Boung Geurk	95
2.8. VC-Kicks	96
2.8.1. VC-Kick 1	97
2.8.2. VC-Kick 2	98
2.8.3. VC-Kick 3	98
2.9. VC-Chigeurk	101
2.10. VC-Nottechniken - VC-Wendungen	102
2.10.1. VC-Nottechnik - 45 Grad-Wendung	102
2.10.2. VC-Nottechnik - 90 Grad-Wendung	104
2.10.3. VC-Nottechnik - 180 Grad-Wendung	105
2.11. VC-Nottechnik - VC-Laup Sao	107
2.12. VC-Nottechniken	
2.12.1. VC-Nottechnik - VC-Sidestep	113
2.12.2. Übersicht der VC-Nottechniken	118
2.13. VC-Nahkampftechniken	
2.13.1. VC-Kniestoß	119
2.13.2. VC-Ellbogenstoß	120

Kapitel	Seite
2.14. VC-Siu Nim Tau	122
2.14.1. Satz 1	123
2.14.2. Satz 2	126
2.14.3. Satz 3	133
2.14.4. Satz 4	144
2.14.5. Satz 5	151
2.14.6. Satz 6	157
2.14.7. Satz 7	168
2.14.8. Satz 8	175
2.15. VC-Daun Chi	182
2.15.1. VC-Fouk Sao	184
2.15.2. VC-Pauk Sao	186
2.15.3. VC-Boung Sao	187
2.15.4. VC-Taun Sao	188
2.15.5. VC-Gaun Sao	189
2.15.6. VC-Gaum Sao	191
2.15.7. VC-Jaum Sao	192
2.15.8. VC-Kau Sao	193
2.16. Die acht VC-Grundtechniken - Partnerübungen	195
2.16.1. VC-Fouk Sao 16 Möglichkeiten	195
2.16.2. VC-Pauk Sao 16 Möglichkeiten	199
2.16.3. VC-Boung Sao 16 Möglichkeiten	203
2.16.4. VC-Taun Sao 16 Möglichkeiten	207
2.16.5. VC-Gaun Sao 16 Möglichkeiten	211
2.16.6. VC-Gaum Sao 16 Möglichkeiten	215
2.16.7. VC-Jaum Sao 16 Möglichkeiten	219
2.16.8. VC-Kau Sao 16 Möglichkeiten	223
2.17. VC-Laut Sao	228
2.18. VC-Physio- und Ausdauertraining	241
2.19. Training mit VC-Wand-/VC-Sandsack, VC-Pratze	245
2.20. Fauststöße und Handflächenstöße - Entwicklung, Pro und Contra	250
2.21. VC-Ernährung	268
3. Wissenswertes für Schüler und Interessenten	273
3.1. VC-Frauen-Selbstverteidigung	274
3.2. VC-Kinder-Selbstverteidigung	280
3.3. VC-Erstausstattung	282
3.4. VC-Ausrüstung	283
3.5. VC-Freizeitkleidung	284
3.6. VC-Verwaltung	286
3.7. VC-Graduierungssystem	287
3.8. VC-Extras	292
3.9. VC-Ausbildung	294
3.10. VC-Ving Chun im Internet	298
VC-Lexikon	300
Stichwortverzeichnis	302

A.S.VC. All Style Ving Chun

**Die Welt des VC-Ving Chun
von Sigung-Meister Birol Özden**

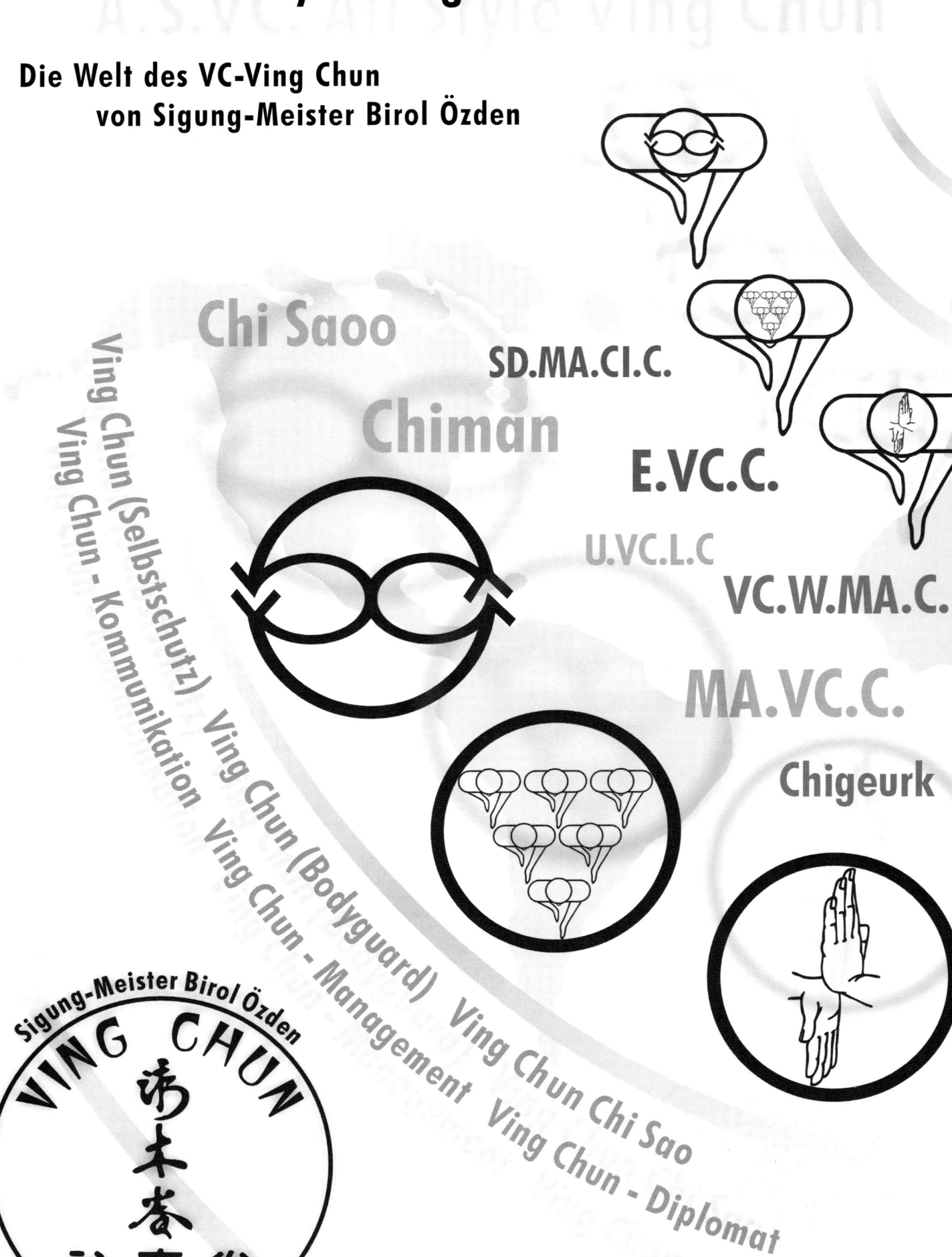

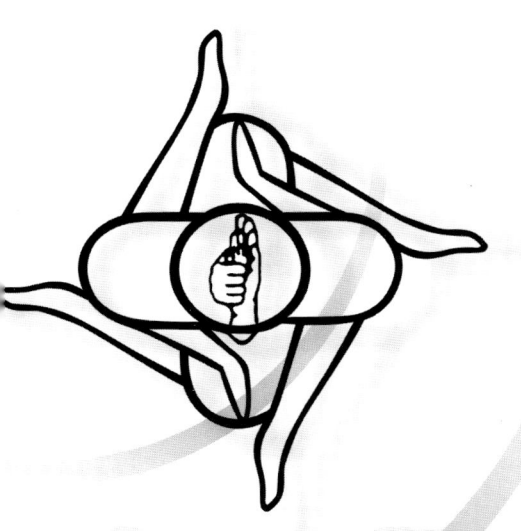

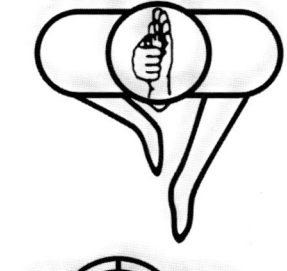

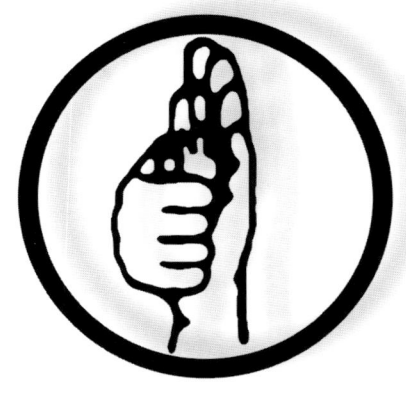

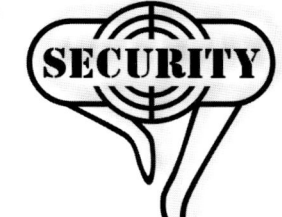

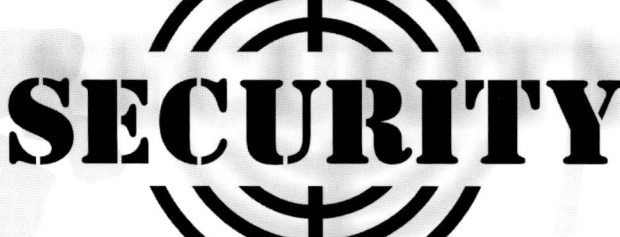

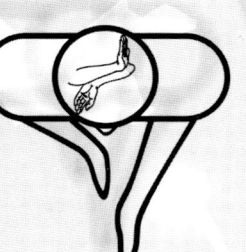

SECURITY

SECURITY

W.VC.B.S.C.

CHI

I.VC.E.C.

U.B.Ö.C.

VC.L.B.C.

Chinur

VC-VING CHUN

YUN CHUN

YUEN CHUN

VING CHUN

VC

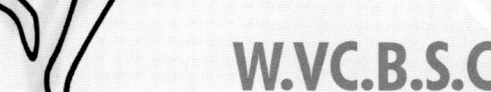

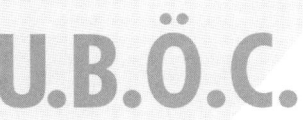

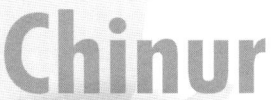

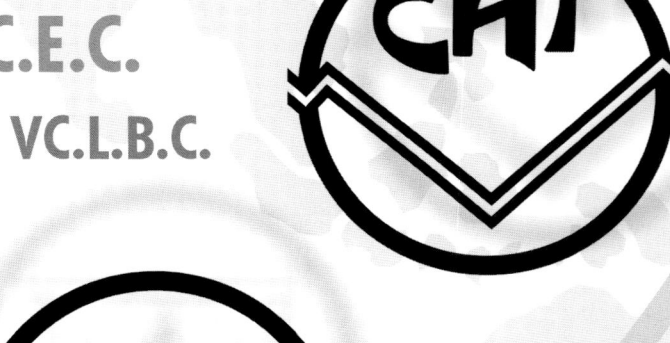

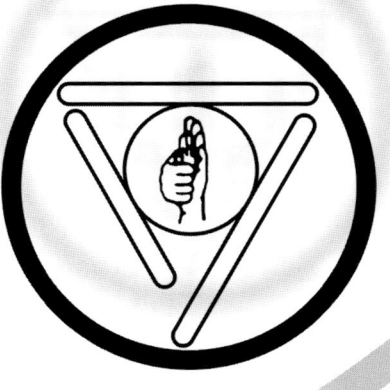

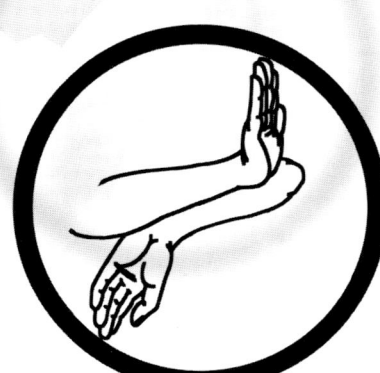

Ein Leben für VC-Ving Chun

Liebe Leserinnen und Leser,

ich mache seit 20 Jahren Ving Chun und habe fast 30 Jahre Kampfsporterfahrung. In den vielen Jahren, die ich Ving Chun unterrichte, habe ich weit über 100.000 Menschen trainiert: Männer, Frauen und Kinder jeder Altersgruppe und aller Bildungs- und Bevölkerungsschichten. Dabei habe ich unglaublich viele Vorfälle und Begebenheiten erlebt, die zum Leben des Menschen gehören und die den Erfahrungsschatz eines Sifus stark prägen. Positive und negative Ereignisse, die meinen Schülern passiert sind, von Geburt bis Tod, Unfälle, Krankheiten, Hochzeiten usw. - Glücksfälle und Schicksalsschläge.

Dazu kommt, dass ich in den vielen Jahren nicht nur Unterricht, sondern auch fast 3.000 Seminare gegeben habe, von Ving Chun-Selbstschutz, -Bodyguard, -Esoteric, -Weapon, -Dynamic, -Dynamic Defense bis zu -Management sowie natürlich viele Spezialseminare. Zu meinen Seminaren kamen viele normale Durchschnittsbürger, die etwas für ihren eigenen Schutz lernen wollten und Spaß an meinen Lehrgängen hatten. Ich habe aber auch viele Seminare durchgeführt für Firmen, verschiedene Institutionen, Hotelketten, Polizei, Sicherheitsfirmen, Zivilfahnder usw. Die Teilnehmer wollten etwas für sich selbst lernen, für ihre Firma oder für ihre Familien und fanden das, was sie suchten, im VC-Ving Chun.

Davon zeugen viele Dankschreiben, Anrufe und positive Rückmeldungen, die ich im Laufe der Jahre immer wieder erhalten habe. Dafür bedanke ich mich an dieser Stelle herzlich, denn es freut mich selbstverständlich sehr, wenn ich jemandem mit VC-Ving Chun etwas Positives gegeben habe, egal ob es ein Kind ist, dessen Eltern froh über seine Entwicklung durch VC-Ving Chun sind, die sich in vielen Fällen sogar positiv auf die Schulnoten auswirkt, oder ob eine Firma mir ein Referenzschreiben sendet, weil sie die Zusammenarbeit mit mir überzeugt hat.

Wenn man ein Konzept hat, in dem so vieles enthalten ist, dann kann man im entsprechend großen Umfang arbeiten. Ich habe immer die vielen verschiedenen Aspekte des Ving Chun angeboten, unter anderem auch um zu zeigen, dass VC-Ving Chun mehr ist als nur Selbstverteidigung. Es ist vielmehr eine Hilfe, ein Konzept, das für alle Bereiche des Lebens einsetzbar ist. Es beinhaltet viele Strategien, die man überall im täglichen Leben für sich nutzen kann.

In den langen Jahren, die ich als Lehrer gearbeitet habe, habe ich mit den unterschiedlichsten Menschen zu tun gehabt. Die Erfahrungen, die man in der Arbeit mit Menschen macht, sind ein sehr wertvoller Schatz. Wenn man 20 Jahre Tag für Tag Ving Chun macht, 24 Stunden pro Tag, denn lernt man nicht nur viele, viele Menschen kennen, sondern vor allem auch die Vielfalt der Menschen. Ich habe normale Durchschnittsbürger, die vorher keine Ahnung von Kampfsport hatten, genauso unterrichtet wie Angehörige anderer Kampfkunstsysteme, die jahrelang ihren Stil gemacht haben und oft sehr erfolgreich waren - ob Judo, Karate, Aikido, Boxen, Ringen, Taekwondo oder verschiedene Kung Fu Systeme. Zu mir kamen höhere Dan-Träger und höher gradierte Vertreter verschiedener Stile und Verbände genauso wie Deutsche, Europa- und Weltmeister unterschiedlicher Richtungen.

Zu meinen Schülern gehörten aber auch Ärzte, Anwälte, Ingenieure oder Schauspieler, die für ihren Beruf oder für ihr Privatleben VC-Ving Chun lernen wollten. Es kamen Hausfrauen, die schnell und einfach etwas für ihre Sicherheit lernen wollten, oder Sportler, die Fitness und Dynamic in Verbindung mit Selbstschutz suchten. Geschäftsleute suchten etwas gegen den Stress oder brauchten den körperlichen Ausgleich zur Arbeit.

Meine jahrelangen Erfahrungen habe ich gesammelt und in meinem Lehr- und Unterrichtskonzept berücksichtigt. Durch die vielen Erlebnisse mit so unterschiedlichen Menschen lernt man nicht nur, wie man jeden einzelnen von ihnen unterrichten muss, damit er optimal ausgebildet wird. Man entdeckt auch die Persönlichkeiten der Menschen. Es gibt 8 verschiedene Charaktere, die bei den Menschen zu finden sind. Jede dieser 8 Persönlichkeiten ist anders, individuell. Und jeder dieser 8 Basis-Charaktere ist in meinem VC-Konzept nochmals unterteilt in acht Ausprägungen.

Durch dieses Wissen konnte ich sehr schnell erkennen, mit welcher Art von Mensch ich es zu tun hatte, wenn jemand in meine Schule kam. Es kommt darauf an, wie das Wesen eines Menschen ist, denn davon hängt ab, was und wie er lernt. Ist es ein fauler oder ein fleißiger Mensch, kann er schnell lernen oder braucht er dafür viel Zeit und Geduld? Ist er selbstbewusst oder zurückhaltend? Das alles und vieles mehr muss ein Ausbilder herausfinden, denn Unterrichten ist eine sehr persönliche Aufgabe mit viel Verantwortung.

Meine Aufgabe als Lehrer und Sifu ist es, bei jedem Menschen zu entdecken, was für ein Mensch er ist, und dann aus dem Ving Chun Konzept und aus meinen Erfahrungen das für ihn individuell passende Unterrichtsprogramm zusammenzustellen. Für mich ist Ving Chun eine Schatztruhe, die ich öffne und dann das geeignete für den Schüler heraushole und ihm gebe, damit er alles was er sucht bei mir lernen kann.

Man muss in der Lage sein, bei jedem Schüler zu erkennen, was er will, aber auch, was er braucht, um richtig zu lernen und sich weiterzuentwickeln, und ihm dann alles anzubieten, was ihm das möglich macht.

Da ich mich in den letzten Jahren nicht nur mit der Praxis, sondern auch mit der Geschichte des Ving Chun beschäftigt habe, erkannte ich viele Aspekte, welche die Logik und die Wahrheit des Ving Chun bestätigen. Ich habe mit einigen meiner Schüler, die als Archäologen, Historiker und Wissenschaftler tätig sind, viel über die Geschichte Chinas gesprochen und viele Fakten gefunden, die erklären, wie Ving Chun entstanden ist und wie es sich entwickelt hat.

Kung Fu ist im Grunde eine Ableitung von Tierbeobachtungen und von Lebenserfahrungen der Menschen. Diese wurden in verschiedenen Stilen und Systemen gesammelt. Das Ving Chun System ist heute eine Lebensphilosophie, die uns Wissen über das Leben für unser Leben gibt.

Aus diesem Wissen heraus bin ich heute ein Vorreiter dafür, dass es im Ving Chun keine Fauststöße geben kann. Wir haben in den langen Jahren der Beobachtung von Menschen und der Beschäftigung mit vielen Arten von Kampfkunst und der Analyse von realen Kämpfen erkannt, dass VC-Ving Chun und die anderen 詠春拳 Ving Chun Arten keine Fauststöße haben - und niemals gehabt haben. Wie die Geschichte des Ving Chun zeigt, ist im Ving Chun alles offen. Das heißt, von Grundtechnik über Nottechnik bis zu höheren Techniken wird von jeher mit offenen Händen gekämpft. Hier möchte ich Ihnen als Leserinnen und Leser meines Buches erklären, warum auch heute noch im VC-Ving Chun offene Hände anstelle von Fäusten eingesetzt werden. Das ist übrigens nicht nur im Ving Chun so, sondern in vielen alten Systemen.

Fauststöße sind in Laufe der Jahre von verschiedenen Meistern in ihr System eingeführt worden Doch ich habe gesehen: wenn Ving Chun wirklich ein System für alle Durchschnittsbürger und -bürgerinnen ist, das jeder leicht lernen kann, so wie es seine Geschichte sagt, wie ist es dann möglich, dass man Anfänger Fauststöße üben lässt?

Handflächenstöße kann jeder neue Schüler schnell ausführen, ohne Talent, Technik oder körperliche

Power zu benötigen. Um aber einen Faustschlag richtig und effektiv einzusetzen, braucht es einerseits Erfahrung und andererseits gute Körperkontrolle. Welcher Schüler und welche Schülerin hat aber über den eigenen Körper diese Kontrolle, wenn er oder sie bei uns anfängt und trainiert?

Natürlich habe ich mich selbst im Laufe meiner Kampfsport-Jahre auch mit Fauststößen beschäftigt, habe sie trainiert und bin in der Lage, einen sehr guten, powervollen Faustschlag anzubringen. Das habe ich auch immer wieder bewiesen, vor meinen eigenen Schülern genauso wie vor fremden Experten. Doch der Neuling und selbst ein Schüler, der bereits mehrere Jahre bei uns trainiert, ist ja noch immer nicht so erfahren und so weit wie wir, das heißt wie ich oder einer meiner langjährigen Schüler und höheren Lehrergrade. Denn wir haben auch die Erfahrungen mit anderen Systemen, die wir vor dem Ving Chun gemacht haben.

Der normale Schüler ist jedoch meistens nicht in der Lage, auf die gleiche Art wie wir zu trainieren und zu kämpfen. Seine körperliche Beschaffenheit und Struktur erlaubt ihm vielleicht nur eine bestimmte Art von Selbstverteidigung. Es ist im Regelfall vorteilhaft und auch leichter für ihn, Handflächenstöße, Fingerstiche und Handkantenschläge zu üben und vor allem bei einer Gefahr einzusetzen, wenn er kämpfen muss. Denn das ist letztlich das Entscheidende: was ist für den durchschnittlichen Menschen effektiv im Kampf? Die Art, wie ein Mensch ist und wie seine körperlichen Voraussetzungen sind, bestimmen wie er kämpfen muss. Und für die Mehrzahl aller Menschen ist es vorteilhaft, sich mit einfachen Techniken wie Handflächenstößen zu schützen, wenn er kämpft.

Deshalb habe ich für mein Buch alles genau analysiert und habe erklärt, wie Fauststoß und Handflächenstoß eingesetzt werden, welche Merkmale typisch für sie sind und welche Vor- bzw. Nachteile ein Kämpfer dabei hat. Ich möchte, dass jeder, der mein Buch liest und VC-Ving Chun lernen will, darüber Bescheid weiss und alles offen diskutiert wird. Meine eigenen Erfahrungen und die meiner Schüler haben mir gezeigt, dass alle Punkte für den Handflächenstoß sprechen. Selbst erfahrene Faustkämpfer, die ich im Laufe der Jahre kennengelernt habe und die oft auch bei mir trainiert haben, haben ihre Erfahrungen mit Handflächenstößen gesammelt und sind von deren Vorteilen überzeugt. Auch Leute, die in meinen 20 Jahren Ving Chun zu mir kamen und einen sehr guten Fauststoß hatten, sind durch das Training von Handflächenstößen noch schneller geworden.

Denn das ist doch klar: Wenn ich, bevor ich zuschlage, zuerst meine Finger zurückziehe und meine Hand zur Faust balle, dann brauche ich dafür mindestens einige Millisekunden. Die Zeit, die ich dabei benötige ist für mich verloren. Und Zeit ist das Kostbarste, was wir haben, nicht nur im Leben, sondern vor allem auch im Kampf, wenn es um Überleben geht. Wenn der Gegner vor mir steht, dann habe ich keine Zeit zu verlieren, sondern ich muss die Zeit, die ich habe, optimal nutzen. Wenn ein Schlägertyp mich angreift, habe ich keine Zeit um die Finger zurückzuziehen und die Fäuste zu ballen - und dann kommt noch der Gedanke dazu, denn ich muss zuerst vom Gehirn aus den Befehl dafür geben.

Nicht nur von der Logik her, sondern auch mathematisch und anatomisch gesehen habe ich recht, das wissen viele Experten. Arme und Beine sind unsere Werkzeuge, im Alltag wie im Kampf. Für eine bewusste, willkürliche Bewegung muss ein Befehl vom Gehirn kommen. Reflexartige Bewegungen dagegen werden direkt vom Rückenmark aus an die Rezeptoren in den Gliedmaßen geleitet, ohne Umweg über das Gehirn. Das bedeutet, jede Bewegung aus Reflex ist einige Millisekunden schneller. Aus diesem Grunde trainieren wir im VC-Ving Chun unsere Reflexe, um blitzschnell und ohne Nachzudenken handeln zu können. Und so ist es nicht schwer zu verstehen, dass man viel Zeit verliert, wenn man Fauststöße macht, selbst als erfahrener Kämpfer, vor allem aber als ungeübter Anfänger, der durch seine mangelnde Erfahrung beim Kampf sowieso in der nachteiligen Position ist.

Ich werde nicht nur in diesem Buch, sondern auch in verschiedenen Fachzeitschriften diese Zusammenhänge erklären. Natürlich weiss ich, dass viele Menschen das nicht verstehen und dass viele, die lange Jahre mit der Faust erfolgreich waren, sich vehement für ihre Fauststöße einsetzen werden. Sie werden mich auch als Experten angreifen. Selbstverständlich sollen sie ihre Sache weitermachen. Doch insgeheim, in ihrem Inneren, werden sie die Logik erkennen und mir zustimmen: Für einen Anfänger ist der optimale Weg die offene Hand, offene Techniken.

Für mich ist Ving Chun etwas Großes, etwas Besonderes - eine Wissenschaft. Und die Leute, die überall in der Welt 詠春拳 Ving Chun trainieren, wissen genau, dass ich recht habe.
Ich habe seit 20 Jahren Tag für Tag Ving Chun trainiert und unterrichtet. Dabei habe ich alles erlebt, was auch jeder Ausbilder in seiner Schule erlebt. Denn natürlich waren wir nicht immer so groß wie heute. In meinen Anfangsjahren bin ich Tausende von Kilometern gefahren, um im In- und Ausland Seminare zu geben. Ich habe meine Plakate selbst angefertigt und eigenhändig verteilt, nur mit der Unterstützung meiner Frau. Ich habe mit meiner Familie auf Urlaub und Freizeit verzichtet, um das aufzubauen, was wir heute haben: eine große Kung Fu Familie mit vielen loyalen Mitgliedern und ein erfolgreiches Geschäft, von dem nicht nur meine Familie lebt, sondern auch viele meiner Schüler und deren Familien.

Was ich in meinem Buch vermitteln will, auch durch mein Können und meine langen Jahre Erfahrung, ist dass der Schüler, der bereits bei mir trainiert, oder der Schüler eines anderen Kampfkunstsystems, oder der interessierte Laie, der ganz neu mit Kampfsport anfangen will, mit Spaß lernen und sich mit VC-Ving Chun schnell und effektiv schützen kann.
Wir wissen natürlich: ein Buch zu lesen reicht allein nicht aus. Der optimale Weg ist, zusätzlich zum Buch bei einem anerkannten, gut ausgebildeten diplomierten VC-Ving Chun Lehrer zu lernen und zu trainieren. Wichtig ist, selbst zu trainieren, auf seine Ernährung zu achten, für ausreichend Schlaf zu sorgen, auf seinen Körper und seine Gesundheit aufzupassen, damit man auf der Straße fit ist.

Ein Mensch braucht seine Ernährung, seinen Schlaf, seine Flüssigkeit. Das heißt es gibt bestimmte naturelle Faktoren, die ihm in seinem Leben helfen. Er muss innerhalb bestimmter Rahmenbedingungen leben und bewußt auf sich achten. Wenn er seine Nächte in der Disco verbringt oder sein Alkoholkonsum zu hoch ist oder er gar andere Drogen nimmt, dann muss er sich nicht wundern, wenn er auf der Straße nicht schnell genug reagieren kann und getroffen wird.

In einem gesunden Körper steckt ein gesunder Geist oder - in einem gesunden Geist steckt ein gesunder Körper. Diese beiden Faktoren spielen die ausschlaggebende Rolle, und diese beiden Faktoren müssen zu jeder Zeit stimmen, damit Körper und Geist immer fit sind. Denn man weiss ja nicht, wann der Gegner kommt, wann die Gefahr auftaucht.

In meinem Buch habe ich mir viel Arbeit gemacht, die VC-Ving Chun Programme für Anfänger zu erklären, jede einzelne Bewegung zu beschreiben und mit Fotos zu illustrieren. Das Ving Chun System ist ein sehr altes System, nicht nur 300 - 400 Jahre, wie viele sagen, sondern über Tausend Jahre. Vor über 300 Jahren hat die Nonne Ng Mui das System bekannt gemacht und an die Öffentlichkeit gebracht. Und ich habe, seit ich Ving Chun entdeckte, alles dafür getan, es noch mehr bekannt zu machen und jedem Durchschnittsbürger zu ermöglichen, diese schöne alte Kunst zu lernen.

Ich habe es noch mehr geöffnet um noch mehr Techniken und Programme zu zeigen, die früher immer versteckt wurden. Ich bin der Meinung, dass wir es nicht nötig haben etwas zu verstecken. Natürlich ist in der heutigen Zeit alles kommerziell geworden, so auch Ving Chun. Doch wenn ich Spezialprogramme und frühere „geheime Techniken" zeige, dann nicht aus kommerziellen Gründen, sondern weil ich möchte, dass die Menschen dieses System lernen und dass auch in 100 Jahren noch Leute da sind, die meinen Namen kennen und die VC-Ving Chun trainieren.

Copyright by Sigung Sifu-Meister Birol Özden

Editorial

Kommerziell müssen wir sein, um die Kosten zu tragen. Dadurch haben wir gesichert, dass unsere Schüler in unseren eigenen Räumen trainieren können statt in irgendwelchen Turnhallen, und dass wir jede Bequemlichkeit bieten können, von der geheizten Trainingshalle bis zu sauberen Duschen und Umkleiden und Bistros für Geselligkeit und gesunde Sporternährung.

Vor allem aber ist durch die kommerzielle Art zu arbeiten und VC-Ving Chun zu einem großen Verband aufzubauen, mit acht angeschlossenen Organisationen, über 30.000 Schülern in Europa und über 500 Ausbildungsstätten, mit Schulen im In- und Ausland, noch etwas anderes möglich geworden: dass viele meiner Ausbilder und Lehrergrade nicht nur nebenberuflich arbeiten, sondern als Vollprofis VC-Ving Chun anbieten, davon leben und sich so ihre Zukunft weiter aufbauen. Denn wer als Lehrer und Geschäftsmann für Ving Chun lebt und arbeitet, sollte wirtschaftlich klug handeln. Er wird wie jedes Unternehmen einen Teil seiner Einnahmen geplant wieder in sein Geschäft hineinstecken, als Rücklage und für neue Investitionen, um eine finanzielle Rückendeckung zu haben und mehr wirtschaftlichen Erfolg. So wird es in jeder Aktiengesellschaft gemacht: nicht der gesamte Gewinn wird an die Aktionäre (also an die Unternehmenseigner) ausgeschüttet, sondern das, was nach Rücklagenbildung, Neuinvestitionen usw. übrig bleibt. Das habe auch ich getan. Ich verteile heute eine halbe Million Infohefte pro Jahr, von Plakaten und Handzetteln ganz zu schweigen. Auch das heißt kommerziell arbeiten: es geht nicht nur um die Monatsbeiträge und Ausbildungsgelder, die hereinkommen, sondern auch um die Kosten, die nötig sind, um einen so großen Verband erfolgreich zu führen.

Vor Jahren kam ein Schüler zu mir und bat mich, ihm umsonst alles beizubringen. Er würde dafür alles tun, um mir zu helfen, würde meinen Müll wegbringen usw. Doch ich sagte ihm, wenn ich dich kostenlos unterrichte, dann muss ich, um meine Familie zu ernähren, tagsüber arbeiten gehen. Dann verdiene ich das Geld, das ich zum Leben brauche, habe aber keine Zeit, dich in dem Umfang zu unterrichten, wie du es gern hättest. Wenn ich arbeiten gehe, kann ich mich in dieser Zeit nicht wie ein Meister um meine Schüler kümmern. Das ist in jedem anderen Beruf auch so. Ein Meisterkoch wird sich auch den ganzen Tag mit seiner Küche und seinen Mitarbeitern dort beschäftigen. Und dafür ist ein von ihm zubereitetes Menü nicht kostenlos, und jeder Gast weiß den Wert seiner Arbeit - gegenüber dem Schnellrestaurant um die Ecke - zu schätzen.

Ich bin als Meister 24 Stunden am Tag für Ving Chun da, genauso wie viele meiner Profi-Ausbilder. Wer sich keine Zeit nimmt für sein eigenes Training, für seine Schüler und für sein Geschäft, das eine professionell geführte Ving Chun Akademie, ein Center oder eine große Schule nun einmal ist, wird niemals ein Vollprofi-Ausbilder werden. Wer also richtig erfolgreich sein will, muss sich voll und ganz seiner Aufgabe widmen, so wie ich es seit 20 Jahren mache. Jeder, der Ving Chun als Nebenberuf ausübt, kann in der ihm zur Verfügung stehenden Zeit ebenfalls erfolgreich arbeiten und eine AG und auch eine oder mehrere Schulen leiten. Das zeigen viele Beispiele aus den Reihen meiner Ausbilder, die studieren oder berufstätig sind und nebenbei Ving Chun unterrichten. Es gibt Vollprofis und es gibt Halbprofis. Der eine lebt davon, der andere verdient etwas nebenbei, aber alle können mit meinem Konzept erfolgreich sein.

Ich kann mich erinnern, als ich vor 10 Jahren meine Erlaubnis von Hongkong bekommen habe, mit meinem Können im Ving Chun und den Erfolgen die ich als Ausbilder und Sifu vorweisen konnte, meinen Weg zu gehen und meine eigene Organisation aufzubauen, war da ein anderer Ausbilder, der mir von meinen Plänen abriet. Er meinte, man dürfe Ving Chun nicht zu kommerziell machen, dürfe keinen Privatunterricht geben, keine Ausweise ausgeben oder gar Prüfungen abnehmen und Urkunden verteilen. Heute arbeitet er wie ich gehört habe in einem anderen Verband und arbeitet sehr kommerziell, mit genau diesen Mitteln, mit allem was dazu gehört, und ist dabei sogar noch sehr streng, wenn es um die Einhaltung seiner Vorgaben geht.

Deshalb habe ich mich nie von jemandem beeinflussen lassen. Ich werde Ving Chun auch in Zukunft nach meinen Konzept anbieten und es jedem, der VC-Ving Chun lernen will, möglich machen das zu tun. Ich lebe für Ving Chun und werde dabei seit Jahren vor allem von meiner Familie und von meinen Schülern unterstützt. Ich bin ein guter Sifu, der seine Schüler gut ausbildet und der stets für sie und ihre Probleme da ist. Und das ist auch die Richtung, auf die ich meine Ausbilder und Lehrer schicke, die für mich VC-Ving Chun weitergeben.

Mein Konzept ist ganz einfach: ich erwarte vor allem, dass ein Schüler Interesse zeigt, etwas zu lernen. Dann kann ich ihm alles vermitteln, was zu den drei Säulen meines Konzeptes gehört:

1. ein guter Kämpfer

2. ein guter Lehrer

3. ein/e gute/r Geschäftsmann/frau zu sein.

Wenn ein Schüler oder eine Schülerin mit Fleiß und in Zusammenarbeit mit mir und meinem Lehrer- und Ausbilderteam schafft, diese drei Säulen zu repräsentieren, wird er/sie im Leben Erfolg haben, egal ob als VC-Lehrer oder in seinem eigenen Beruf. Denn jeder kann lernen sein Leben zu analysieren und noch erfolgreicher zu werden. Dazu dient vor allem auch die 3 Was-Formel aus der VC-Ving Chun-Esoteric. Mit drei einfachen Fragen

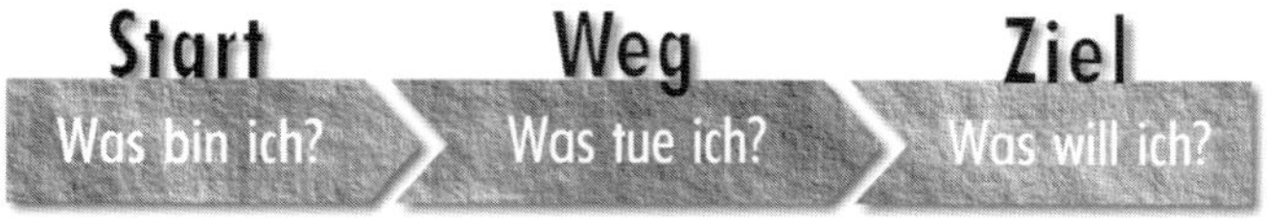

Start — Was bin ich?
Weg — Was tue ich?
Ziel — Was will ich?

kann ein Mensch alles analysieren, Schwachpunkte entdecken und beseitigen und seine Stärken fördern, um mehr Erfolg zu haben und ein positives Leben zu führen.

Damit schafft man es, jeden Menschen erfolgreich und zufrieden zu machen, der fleißig lernt, trainiert und mein Konzept für sich einsetzt.

Lassen Sie uns nicht Träumer sein, sondern Verwirklicher!

Ich hoffe, dass Sie, liebe Leserin und lieber Leser, an meinem Buch Spaß haben, sei es dass Sie es als zusätzliches Lehrbuch zum VC-Unterricht nutzen, sei es dass Sie dadurch VC-Ving Chun kennenlernen und für sich zu Hause trainieren - es wird ihnen in jedem Fall viele wertvolle Hilfen und Programme geben, die Ihnen VC-Ving Chun näherbringen und die dafür sorgen, dass Sie sich schützen können.

Und sollten Sie Fragen haben, rufen sich mich an. Ich stehe gern jedem zur Verfügung, um mit ihm zu reden und über Ving Chun zu diskutieren, um seine Fragen zu beantworten und ihn zu beraten.

**Ihr Sigung Sifu-Meister
Birol Özden**

1.
VC-Ving Chun - ein erfolgreiches Konzept im erfolgreichen Rahmen

1.1. Geschichte des Ving Chun

Die Geschichte des
VING CHUN
- Die Geschichte Chinas

Was hat eigentlich Ving Chun mit China zu tun?

Die Ursprünge des VC-Ving Chun, das heute erfolgreich nach dem Konzept von Welt-Cheftrainer Sigung Sifu-Meister Birol Özden in acht verschiedenen Organisationen unterrichtet wird, liegen sehr weit zurück und sehr weit entfernt, nämlich im alten China.

Doch zum Glück haben Tradition und Wissen den Weg in unsere heutige Zeit gefunden. Deshalb wird VC-Ving Chun heute vor allem in den Bereichen Ving Chun Selbstschutz, Ving Chun Sicherheit, Ving Chun Esoteric, Ving Chun Weapon, Ving Chun Dynamic und Ving Chun Dynamic Defense trainiert, denn diese Bereiche hat es in der Geschichte der Kampfkunst auch im Entstehungsland des Ving Chun gegeben. Das Wissen wurde überliefert und von Sifu Birol Özden so konzipiert, dass es in unsere Zeit passt und für jeden durchschnittlichen Menschen leicht erlernbar ist. ■

Die geographische Lage Chinas

China bedeckt eine Fläche von fast 10 Millionen Quadratkilometern in Südost-Asien. Es wird nach Norden begrenzt von der Mongolei und den sowjetischen Staaten (Russland, Kasachstan), im Westen grenzt es vor allem an Pakistan und Indien, im Süden unter anderem an Birma und Vietnam. Außerdem besteht die gesamte südöstliche Grenze des Landes aus der Küstenlinie des Pazifik und der chinesischen Meere sowie aus Korea.

Durch seine Größe und seine Lage besitzt China Landschaften völlig verschiedener Art. Der nordwestliche Teil besteht aus hochliegenden Steppen- und Wüstengebieten. In der Mitte des Landes gibt es fruchtbare, von Flüssen durchzogene Gebiete in einer Region von Mittelgebirgs- und Hügellandschaften.

Tropische Waldgebiete bedecken den äußersten Süden. Von den Ausläufern des Himalaya und vom tibetanischen Hochland im Westen fällt das Land über mehrere Stufen ab bis zu den Mittelgebirgen und Flussläufen im Landesinneren und schließlich bis zur Küstenregion im Osten.

Dementsprechend unterschiedlich sind auch die klimatischen Verhältnisse dieses Landes. Während in Zentralchina und im Süden oft ein warmes und feuchtes, subtropisches Klima herrscht, wird der Nordwesten geprägt von ständiger Trockenheit bei gemäßigten Temperaturen. Im Nordosten sind die Temperaturen ebenfalls gemäßigt, mit warmen Sommern und kalten Wintern und relativ ausgeglichenen Feuchtigkeitsverhältnissen. Der Südwesten dagegen zeichnet sich aus durch die rauhen klimatischen Bedingungen des tibetanischen Hochlandes.

All diese unterschiedlichen Landstriche haben die Bewohner und ihr Leben geprägt. Und die Völker vieler angrenzender Länder haben Einfluss auf China und dessen Geschichte genommen, genauso wie chinesische Herrscher immer wieder versuchten, ihren Machtbereich auf andere Länder auszuweiten.

Innerhalb dieser Rahmenbedingungen ist die chinesische Geschichte und damit auch die Geschichte des Shaolin Kung Fu und des Ving Chun verlaufen. ■

Die Geschichte Chinas im Schnellüberblick

Bei der Betrachtung der Ursprünge der chinesischen Geschichte muss man sehr weit zurückgehen. Schon mehrere tausend Jahre vor unserer Zeitrechnung wurden die Menschen der Frühzeit in China sesshaft und begannen, von der Landwirtschaft zu leben. Durch die Größe des Landes und die unterschiedlichen Landschaften entstanden verschiedene Bevölkerungsgruppen. Doch in ihrer Lebensweise waren sie zunächst recht ähnlich. Erst mit zunehmender Zivilisation bildeten sich auch klassenmäßige und kulturelle Unterschiede innerhalb der Bevölkerung.

China zeichnet sich dadurch aus, dass es eine der ganz alten Hochkulturen der Welt hervorbrachte. Die chinesische Kultur ist im Vergleich zu den Kulturen von Mesopotamien, Indien und Ägypten zwar die jüngste; sie ist aber dafür auch die einzige von ihnen, die über die Jahrtausende kontinuierlich bestanden hat und deren Errungenschaften (Schriftzeichen, Seide, Tee usw.) bis heute erhalten geblieben sind.

Die chinesische Geschichte ist gekennzeichnet durch eine Jahrtausende dauernde, trotz vieler Veränderungen und Brüche beständige Folge von gleichartigen Reichen und gleichbleibenden Lebensbedingungen für die Menschen. Die gesellschaftlichen Rahmenbedingungen hingen immer ab von den herrschaftlichen Verhältnissen, die das Leben in einzelnen Regionen oder im ganzen Land bestimmten.

Die Tonkrieger des ersten Kaisers, steinerne Zeugen der Geschichte.

So ist es nicht verwunderlich, dass diese Geschichte in Dynastien gemessen und unterteilt wird, denn das chinesische Volk hat immer unter dem Einfluss von Machtkämpfen einheimischer und benachbarter Herrscher gestanden.

Seit dem 3. Jahrhundert v. Chr. wurde China zudem noch geprägt durch seine Beziehungen zu anderen Ländern und Kulturen (z. B. durch den Handel über die Seidenstraße).

Je mehr Menschen sich aufgrund ertragreicher Landwirtschaft und wachsender Handelstätigkeit in Städten zusammenfanden, desto mehr entwickelte sich die Struktur der Bevölkerung, die über die gesamte Geschichte Chinas bis zu den Anfängen unseres Jahrhunderts konstant bleiben sollte.

Fast immer gab es neben den Herrschern eine Oberschicht aus Adel, hohen Militärpersonen und staatlichen Beamten, aus gebildeten Bürgern und reichen Kaufleuten sowie eine breite Masse aus Bauern, Handwerkern, kleinen Kaufleuten und Kriegern. Und immer ging es für die Oberschicht um das Streben nach Macht und Reichtum und für das gewöhnliche Volk um das Überleben und die Existenzsicherung. Und dann gab es neben diesen Bevölkerungsgruppen noch eine weitere, die bei der Betrachtung der Geschichte des Ving Chun besonders bedeutsam ist und die später noch genauer analysiert wird: die Mönche und Priester.

Ausdehnung und Entwicklung der Kultur

Die chinesische Kultur entstand zuerst im Bereich des Gelben Flusses, des Huanghe, dort wo er einen großen Bogen zieht. Dort bildete der Lößboden und die Nähe des Stroms ähnlich wie in Ägypten und im Zweistromland von Euphrat und Tigris gute Voraussetzungen für die Bildung eines Zivilisationszentrums, da die Wasserversorgung für die Landwirtschaft gesichert war.

Von dieser Region im Norden des heutigen Chinas breitete sich die Bevölkerung, fast immer im Zuge der Expansion eines großen Herrscherhauses, immer weiter aus, bis zu seinen heutigen Grenzen. Durch frühe Eroberungen und durch Kolonialisierung hat China sich zum bevölkerungsreichsten Land der Erde entwickelt.

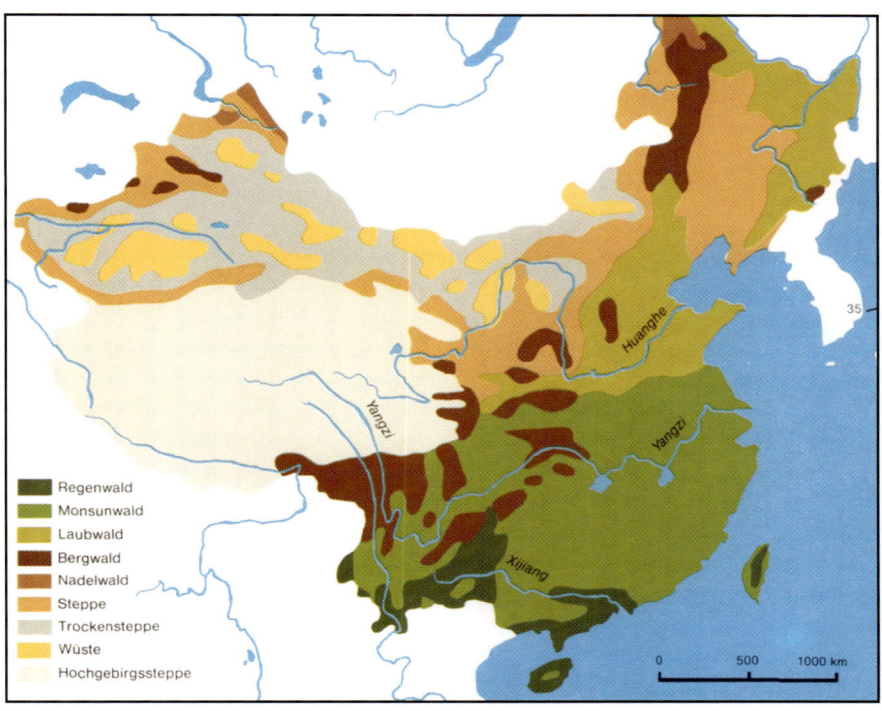

Doch zuerst endete die Ausdehnung der ursprünglichen Siedlungsgebiete am Huanghe im Süden am nächsten großen Fluss, dem Yangzi, und später im Norden an der mongolischen Steppe, wo die Grenze schon im 3. Jh. v. Chr. zum Schutz gegen Übergriffe von mongolischen Nomadenvölkern durch die chinesische Mauer abgesichert wurde. Erst mit der Zeitenwende dehnte sich China auch nach Süden und Westen weiter aus.

Trotz der Nähe zum Meer entwickelten sich im Osten des Landes keine großen Hafenstädte, sondern Hauptfaktor der Wirtschaft blieb über lange Zeit die Landwirtschaft. Aus diesem Grund und wegen der unterschiedlichen geographischen und klimatischen Bedingungen bestand immer eine große Bedeutung der Wasserwirtschaft für das Land und für die Bevölkerung.

Mal musste in trockenen Regionen für Bewässerung gesorgt werden, mal traf man Schutzmaßnahmen gegen Überschwemmungen, die in den südlichen Landesteilen regelmäßig mit dem Monsun einhergingen. So entstanden viele Bauten zur Regulierung des Wassers, z. B. Deiche, Kanäle und Bewässerungsanlagen. Und so spielte die Beschäftigung mit dem Klima und mit der Wirkung der Jahreszeiten auf die Landwirtschaft immer eine große Rolle im Leben der Chinesen.

Aufgrund seiner Größe und seiner wechselvollen Geschichte haben sich in China sehr vielfältige Bevölkerungsschichten und Volksstämme entwickelt.

1.1. Geschichte des Ving Chun

Daran hatten besonders die Völker jenseits der nördlichen und westlichen Grenzen Chinas Anteil. Sie sorgten schon früh für die Beeinflussung der chinesischen Kultur. Einerseits lebten sie wie z. B. Türken und Parther an den verschiedenen Handelswegen zwischen West und Ost, andererseits waren sie Nomaden und Reitervölker wie die Mongolen, die auf der Suche nach neuen und ertragreichen Lebensräumen immer weiter in den Süden vordrangen und große Teile der chinesischen Bevölkerung unterwarfen.

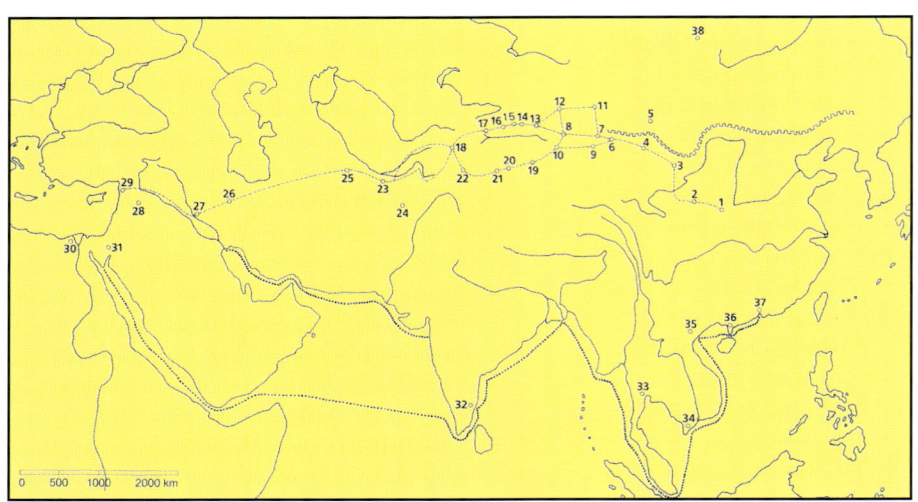

Die Seidenstraßen zur Han-Zeit (206 v.Ch. bis 220 n.Ch.)

- - - - - Karavanenwege
.... Mögliche Seewege
ᒍᒍᒍᒍ Große Mauer

1. Chang'an
2. Tianshui
3. Wuwei
4. Jiuquan
5. Juyan
6. Dunhuang
7. Yumenguan
8. Yangguan
9. Loulan
10. Shanshan
11. Yiwu (Hami)
12. Turfan
13. Karashar (Yanqi)
14. Wulei
15. Luntai
16. Kutscha (Jiuci)
17. Gumo (Aksu)
18. Kashgar (Shule)
19. Jumo
20. Niya
21. Khotan (Yutian)
22. Jarkend (Suoju)
23. Baktra (Balkh)
24. Brgram
25. Merw (Margiana)
26. Ekbatana
27. Ktesiphon
28. Palmyra
29. Antiochia
30. Alexandria
31. Petra
32. Virapatnam
33. P'ong-tük
34. Oc-eu
35. Jiaozhi
36. Hepu
37. Kanton
38. Noin-Ula

Durch die Handelstätigkeit entstanden viele Kontakte zwischen den Völkern. Die Chinesen hatten auf diese Weise eine Möglichkeit, ihre hoch entwickelten Waren, seien es Bronzegegenstände in der Frühzeit, Seidenstoffe oder Porzellan, abzusetzen und dadurch zu Wohlstand zu kommen. Gleichzeitig machten sie so ihre Kultur über die Grenzen hinaus bekannt und brachten ihre Erfindungen (z. B. Buchdruck, Schießpulver) ebenso in andere Länder wie auch ihr Jahrtausende altes Wissen über Medizin, Philosophie usw. Die Völker, die entlang der Handelswege beheimatet waren, lebten selbst vom Handel, indem sie sowohl als Übersetzer wie auch als Zwischenhändler fungierten.

Diese Handelswege, allen voran die Seidenstraße mit ihren drei verschiedenen Routen, die im Laufe der Jahrhunderte aus vielen Teilstücken entstanden, dienten aber nicht nur dem Handel, sondern sie waren auch die wichtigsten Reisewege, für Entdecker und Kaufleute aus dem Westen ebenso wie für Mönche und Missionare. Denn diese Wege wurden stets abgesichert und überwacht, da alle, die entlang dieser Routen lebten, natürlich ein großes Interesse an ihrem Fortbestand und am ungehinderten Handelsverkehr hatten. Daher gab es häufig auch Kämpfe um die Machtstellung an der Seidenstraße. Viele Länder nahmen durch Zoll- und Handelsbestimmungen Einfluss auf den Warenverkehr, um davon zu profitieren und ihre Position zu sichern. Für Reisende hatten die Handelswege, besonders die Seidenstraße, den Vorteil, dass dort in vielen Gebieten und an wichtigen Knotenpunkten blühende Handelsstädte entstanden, durch die eine gewisse Sicherheit und Bequemlichkeit auf jeder Reise gegeben war.

Weil mit dem Handel und den daraus erwachsenden Dienstleistungen und Geschäften ein gewisser Wohlstand oder zumindest ein gesichertes Einkommen zu erreichen war, ließen sich natürlich im Laufe der Zeit immer mehr Menschen, Einheimische wie Fremde, in diesen frühen Metropolen nieder und trugen zu ihrem weiteren Wachstum ebenso bei wie zur Vermischung von Rassen, Kulturen und Weltanschauungen.

Die Verschmelzung von Kulturen und von verschiedenem Gedankengut war auch bedingt durch die Eroberungs- und Besiedelungszüge von Türken, von iranischen Völkern und von Mongolen sowie durch die Kontakte zwischen China und Indien. Während die indischen Einflüsse aus dem Südwesten in das Land gebracht wurden, nahmen die Türken und Mongolen Besitz von weiten Teilen Nordchinas. Andererseits waren auch in Indien zeitweise türkischstämmige

Herrscher ansässig. All dies führte dazu, dass fremde Glaubensrichtungen wie z. B. der Buddhismus und der Islam ebenso bis nach China fanden wie die Weltanschauung und Lebenseinstellung der Steppenvölker und Nomaden. Gerade sie unterschieden sich stark von der ursprünglichen chinesischen Denkweise und Lebensweise.

Die Chinesen waren ursprünglich sesshaft und lebten zum großen Teil von der Landwirtschaft. Sie lebten in Familien, die sich zu Dorfgemeinschaften zusammenschlossen. Mit zunehmendem Aufschwung der Kultur durch den Handel lebten die Menschen auch von verschiedenen Gewerben, die mit dem Handelsverkehr einhergingen. Sie schlossen sich oft zu Berufsvereinigungen und Gilden zusammen. Aber auch wenn häufige Reisen zum beruflichen Alltag gehörten, legten die Chinesen großen Wert auf ihre Herkunft und bildeten deshalb lokale Vereinigungen, um ihre gemeinsame Abstammung aus einer Region zu dokumentieren. Diejenigen, die in andere Gebiete oder Handelsstädte zogen, um dort zu leben, legten viel Wert auf ihre ursprünglichen Sitten und Gebräuche und versuchten, sie auch fern ihrer Heimat zu leben. So wurden besonders die großen Städte und die bevölkerungsreichsten Zentren Chinas zu Schmelztiegeln unterschiedlicher Volksstämme und Kulturen.

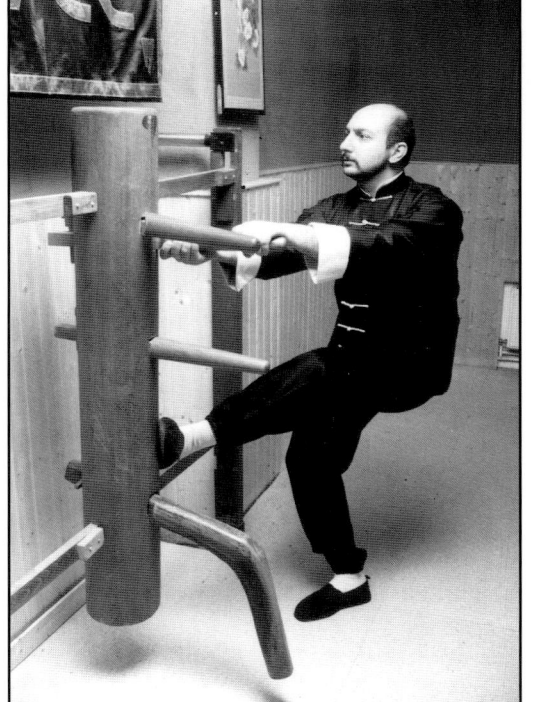

Ganz anders war die Lebenseinstellung der mongolischen Reitervölker. Sie brachten ihre Kultur mit, und sie organisierten die von ihnen eroberten chinesischen Reiche so, dass sie eine unumstößliche Macht besaßen. Alle wichtigen Positionen im Staatsapparat wurden mit Mongolen besetzt, die Chinesen mussten sich unterordnen und hatten keine Möglichkeit, Einfluss zu nehmen. Allerdings verfuhren diese selbst, um sich ihre Macht zu sichern und zu erhalten, im Ablauf der einzelnen Dynastien in ähnlicher Weise, wenn sie im Rahmen ihrer Expansion andere Reiche eroberten und ihre Herrschaft darauf ausdehnten.

Die Mongolen lebten in den großen Steppengebieten im Norden Chinas. Sie waren Nomaden und zogen umher, um immer wieder neues Weideland zu finden und fremde Reiche zu unterwerfen. Sie sicherten ihre Macht in den eroberten Gebieten ab, aber sie duldeten durchaus die Vermischung mit dem fremden Volk. Sie hatten einen völlig anderen Familiensinn als die Chinesen. Sie bildeten ihre Gemeinschaften nicht durch Verwandtschaft, sondern aufgrund gemeinsamer Interessen. Und wenn sich Fremde diesen Interessen anschlossen, fanden sie ohne Probleme Zugang zur Gemeinschaft. Sonst aber war ihre Herrschaft durch Unterdrückung und Ausbeutung gekennzeichnet. Oft wurden sie von den Chinesen zurückgeschlagen, und die unterdrückten Reiche wurden zurückerobert. Manches Mal wurden auch Ehen zwischen hochgestellten Chinesinnen und mongolischen oder türkischen Stammesfürsten geschlossen, um neue Eroberungswellen zu verhindern. Die Einflüsse und das Erbe der Mongolen und Turkmenen sind jedoch in die chinesische Lebensweise eingeflossen, angefangen bei der Nutzung von Pferden als Transportmittel und bis hin zur Verwendung neuer Waffen und dem Einsatz von Schießpulver für kriegerische Zwecke.

Die chinesische Kultur ist ebenso wie die Geschichte des Landes wechselnden Einflüssen ausgesetzt gewesen. Doch dadurch ist dieses Land so vielseitig geworden, und dadurch haben sich so zahlreiche Bevölkerungsgruppen und Bevölkerungsschichten gebildet, die eine so hochentwickelte Zivilisation und ein reiches Kulturerbe hervorbrachten.

Entstehung des Buddhismus

(l.) der Beamte der Erde - Daoismus (m.) Buddha (r.) Konfuzius

Der Buddhismus ist neben dem Taoismus und dem Konfuzianismus eine bedeutende Glaubensrichtung in China. Doch anders als diese zwei ist er nicht dort entstanden.

Konfuzius (Kong fuzi, 551 - 479 v. Chr.) war ein chinesischer Philosoph, der zu Lebzeiten kaum Einfluss hatte, dessen Schriften nach seinem Tode aber große Bedeutung erlangten. Er legte grundlegende ethische und moralische Vorstellungen fest, die bis heute die Chinesen stark beeinflussen und als Ideologie des Konfuzianismus verbreitet sind.

Lao Tse (6. Jh. v. Chr.) war der Begründer des Taoismus. Sein Name war nur ein Pseudonym, daher ist nicht festzustellen, wer dieser Mann eigentlich war. Das auf Basis seiner Gedanken verfasste Buch Taoteking dagegen bildete die Grundlage einer Glaubensrichtung, die später von anderen Philosophen (vor allem Zhuang Zhou, etwa 370-300 v.Ch.) vertreten und verbreitet wurde und die die Verfolgung des Tao oder Dao, einer Art natürlicher Gesetzmäßigkeit im Universum, zum Gegenstand hat. Der Taoismus hat inzwischen an Bedeutung verloren und bildet keine eigene Religion. Viele der Prinzipien, Lehrsätze und besonders das Buch des Lao Tse werden aber noch heute überall beachtet.

Daneben gab es über Jahrhunderte viele verschiedene philosophische Schulen, die den Glauben der Menschen beeinflussten. Eine große, landesweite Ideologie gab es jedoch nicht. Das änderte sich erst mit dem Auftreten des Buddhismus in China. All diesen Glaubenslehren ist eine starke Naturverbundenheit und das Streben des Menschen nach Harmonie mit dem Universum gemein.

Der Buddhismus stammt ursprünglich aus Indien, wurde von den Chinesen übernommen und hat sich dort bis heute als weit verbreitete Glaubensrichtung erhalten, während er in Indien teilweise vom Hinduismus verdrängt wurde.

Siddharta Gautama, genannt Buddha, der Erleuchtete (ca. 560 - 483 v. Chr.) war ein indischer Prinz, der sich von allem lossagte, um als Asket und wandernder Mönch den Weg zur Erlösung des Menschen, zum Nirwana, zu finden. Seine Lehren wurden später in Klöstern gelehrt und er selbst wird noch heute als Begründer des Buddhismus verehrt. Er entwickelte als körperlichen Ausgleich zur Meditation bestimmte Bewegungen (8 Boxtechniken), die später Eingang in die Kampfkünste der Shaolin fanden.

Die indischen Mönche waren zunächst Verbreiter des buddhistischen Glaubens im eigenen Land. Gleichzeitig wurden die Lehren durch andere Volksstämme verbreitet, vor allem durch die Parther, ein türkischstämmiges Handelsvolk, sowie durch die Soghder und Skythen und einige andere Völker, die entlang der Nordroute der Seidenstraße, im Iran und in Südrussland lebten und die entweder durch Handelstätigkeit oder durch ihre Arbeit als Söldner Kontakt zu den Chinesen hatten. Später wurden die indischen Mönche Missionare und brachten ihren Glauben über die Grenzen ihres Landes hinaus unter anderem nach China und Japan. Die Händler und Mönche reisten sie auf den über Jahrhunderte genutzten Handelswegen, vor allem auf der bereits im 1. Jh. v. Chr. entstandenen Seidenstraße, über Nepal und Tibet und auch auf dem Seeweg durch den Golf von Bengalen ins Südchinesische Meer. So kam in den Zeiten der östlichen Han-Dynastie im 1. Jh. n. Chr. der Buddhismus in China auf. Zuerst wurde er noch wenig beachtet, da er nur durch Berichte umherreisender Mönche und Händler verbreitet wurde und keinen Anspruch darauf erhob, andere Religionen, Lebensphilosophien und Wertvorstellungen zu verdrängen. Aus dieser Zeit gibt es lediglich Funde aus alten Höhlentempeln, die unter Ausnutzung der Gegebenheiten der Natur als erste buddhistische Stätten eingerichtet wurden.

Erst ab dem 3. Jh. n. Chr., als der Buddhismus allmählich auch von einigen Herrschern gefördert wurde, gelangte er zum Aufschwung. In dieser Zeit entstanden in vielen Zentren des Landes Klöster und Tempel. Eine der wichtigsten Städte des Landes, Luoyang in der Provinz Henan, war über Jahrhunderte nicht nur Hauptstadt verschiedener Reiche, sondern auch eines der großen Zentren des Buddhismus. Im Jahre 300 n. Chr. gab es hier und in der zweiten Metropole Nordchinas, der Stadt Chang'an, bereits 180 buddhistische Einrichtungen. Danach geriet die gesamte Region unter die Fremdherrschaft von Nomadenstämmen, Mongolen, Turkmenen und vermutlich auch von Hunnen, die in das Gebiet einfielen. Viele Chinesen flohen in den Süden des Landes, wo ebenfalls buddhistische Hochburgen entstanden waren, z. B. in Kanton. Hier waren ebenso wie im Norden die Einflüsse von indischen Mönchen und von Händlern über den Seeweg und die südliche Route der Seidenstraße deutlich, die in gleicher Weise zur Verbreitung des Buddhismus in Südostasien geführt hatten. So gab es in dieser Zeit zwei große Regionen des Buddhismus, eine im Süden unter chinesischer Herrschaft und eine im Norden unter dem Einfluss nichtchinesischer Herrscher. Die buddhistische Weltanschauung war jedoch stark genug geworden, um in beiden Gebieten gleichermaßen Bestand zu haben und sich immer mehr zu verbreiten. Im 6. Jahrhundert war z. B. die Zahl der buddhistischen Klöster und Tempel in Luoyang auf über 1300 angestiegen.

Seit dieser Zeit übt der Buddhismus Einfluß auf Glauben, Kunst und Literatur der Chinesen aus. Und je mehr zuerst Herrscherfamilien und später auch vermögende Privatpersonen zu Gönnern des Buddhismus wurden, desto prachtvoller wurden die Tempelanlagen und ihre Kunstwerke, die sie erbauen ließen und für die sie oft Ländereien zur Verfügung stellten.

Der Buddhismus war jedoch keine einheitliche Lehre, die überall gleich unterrichtet wurde, sondern er wurde von den Menschen auf verschiedenste Weise aufgenommen. Für Philosophen und Intellektuelle bot er die Möglichkeit wissenschaftlicher Studien, für die einfache Bevölkerung lieferte er die Hoffnung, durch ihre Lebensführung im künftigen Leben ein besserer Mensch zu werden und schließlich Erlösung zu finden. Weltabgewandte Menschen konnten sich als Einsiedler in die Wälder zurückziehen oder in einem Kloster nach Wissen und Erleuchtung streben. Der Buddhismus bot für alle einen Ansatzpunkt, und deshalb bildeten sich auch viele verschiedene Schulen und unterschiedliche Arten, ihn zu verstehen und in den Alltag einzubauen. Er war gleichermaßen Glaube, Philosophie, Lebensideal, erzieherische Wertvorstellung, Religion, praktische Lebensart, wissenschaftliches Forschungsgebiet und vieles mehr.

Bei der zunehmenden Beschäftigung der Chinesen mit den buddhistischen Lehren gab es ein Problem, denn diese gingen zurück auf Schriften in indischer Sprache. Daher arbeiteten die Mönche in den frühen Klöstern, die oftmals selbst parthischer und indischer Herkunft waren, zunächst an der Übersetzung dieser Schriften, wobei oft auch alte konfuzianische Begriffe und Vorstellungen in diese Übersetzungen einflossen, da die buddhistischen Prinzipien oft nicht mit den chinesischen Traditionen übereinstimmten. Erst später entwickelten sich die Klöster zu Orten des Studiums des Menschen und der Natur, der Zusammenhänge des Lebens und der philosophischen Betrachtung des Universums sowie des Glaubens. Und diese Studien waren nicht nur Aufgabe von Mönchen, sondern auch von Nonnen. Viele blieben in einem Kloster um dort zu studieren, andere zogen von einem Tempel zum anderen, um die Schriften dort vorzutragen und auszulegen. Wieder andere spezialisierten sich darauf, das komplizierte Gedankengut durch einfache Vergleiche und Geschichten der Bevölkerung klar zu machen. So war das Leben vieler Mönche und Nonnen von Reisen durch das ganze Land geprägt. Seine Blütezeit hatte der Buddhismus im 8. Jahrhundert.

Im 9. Jahrhundert, als das Staatswesen gegen Ende der Tang-Dynastie geschwächt war, schlug die Stimmung der Herrscher um. Man besann sich wieder auf die eigene Kultur und wurde immer argwöhnischer gegenüber den reichen und mächtigen Klöstern. Der Staat fühlte sich von der „fremden" Denk- und Lebensweise bedroht, und dies führte schließlich zur Verfolgung der Buddhisten, zur Zerstörung der Klöster und zur Konfiszierung ihrer Schätze in der Mitte des 9. Jahrhunderts. Danach wurde der Buddhismus vor allem durch Laien am Leben erhalten, die sich oft zu Bruderschaften zusammenschlossen.

Im weiteren Verlauf der Geschichte wechselten sich die Zeiten, in denen die Klöster wieder erstarkten, mit denen der Unterdrückung ab, je nach Einstellung des Staates gegenüber ihrer Existenz und Macht. Häufig wurde das Land von Fremdherrschern regiert (Mongolen, Mandschus) oder von Bürgerkriegen und sozialen Unruhen erschüttert. Eine solche Glanzzeit wie vor dem Ende des ersten Jahrtausends erlebte der Buddhismus jedoch nie wieder.

DIE GESCHICHTE DES SHAOLIN-TEMPELS

Die Ursprünge des Ving Chun liegen im Shaolin-Kloster, das vor allem als Geburtsort des Shaolin Kung Fu bekannt ist. Doch zuerst war dieser Tempel eine Lehrstätte des Buddhismus, wie viele andere Klöster auch. Und wie in den meisten anderen Klöstern lebten auch hier indische Mönche, wie zu Beginn des 6. Jh. n. Chr. der Mönch Bodhiruchi, der die indischen Schriften ins Chinesische übersetzte, und einige Jahre später auch Bodhidharma, der einer Legende zufolge neun Jahre lang meditiert haben soll.

Der Tempel wurde in den westlichen Ausläufern des Songshan-Gebirges in der Provinz Henan vom Kaiser Xiaowendi (421-499 n.Chr.) aus der nördlichen Wei-Dynastie im Jahre 496 n. Chr. für einen indischen Mönch erbaut.

Der Songshan ist einer der fünf heiligen Berge Chinas, und in seinem Umkreis haben sich damals zahlreiche Klöster angesiedelt. Am Anfang entstand am Ort des Shaolin-Tempels ein Kuppelbau als Reliquienschrein sowie eine Plattform, auf der die ersten Mönche für ihre Übersetzungen der Schriften Platz nahmen. Später wurden mit zunehmender Größe immer mehr Gebäude hinzugebaut, von reinen Nutzräumen zum Schlafen, Essen usw. bis zu Räumen für Meditation, Lehre und Studium sowie für die täglichen körperlichen Übungen und für das Kampftraining.

Große Bedeutung für die Entstehung der Kampfkunst in diesem Kloster schreibt man Bodhidharma zu, der den Schwerpunkt der buddhistischen Lehre auf die Meditation legte und der als Begründer dieser neuen Form des Buddhismus gilt, die inzwischen als Chan- oder Zen-Buddhismus bekannt geworden ist. Die unterschiedlichen Schulen des Buddhismus wurden geprägt von der Auffassung und Auslegung derjenigen, die sie begründeten. Während viele ursprüngliche Formen des Buddhismus das Leben als einen Weg vieler Leiden auf der ständigen Suche nach Erlösung sahen, waren andere viel optimistischer eingestellt. Dies hing unter anderem mit den chinesischen Einflüssen zusammen, die mehr oder weniger stark die alte Form der Lehren verändert hatten. Das buddhistische Gedankengut wurde häufig an die chinesischen Vorstellungen über Leben, Glauben und Natur angepasst, um mehr Verständnis der komplizierten Ideen und vor allem mehr Akzeptanz im fremden Land zu finden.

Der Chan-Buddhismus, der anfangs im Shaolin-Kloster praktiziert wurde, vertrat weniger die Idee, Erleuchtung ausschließlich durch jahrelange Meditation über die Zusammenhänge in der Welt zu erlangen. Bodhidharma hatte durch seine eigenen Erfahrungen erkannt, dass zur Meditation auch ein körperlicher Ausgleich geschaffen werden muss. Deshalb brachte er den Mönchen Atemtechniken und körperliche Übungen bei, mit denen er den Grundstein des Shaolin-Kung Fu legte. Allerdings verfolgte er mit diesen Übungen nur ein Ziel: die Stärkung und Gesunderhaltung des Körpers.

Die Vorläufer der Kampfkunst wurden in China schon früher zu kriegerischen Zwecken und zum Zweck der Selbstverteidigung betrieben. Manchmal zogen sich ehemalige Militärangehörige, die in den Auseinandersetzungen und Machtkämpfen zwischen den Dynastien Erfahrungen im Kampf und in der Kriegsstrategie gemacht hatten, in die Klöster zurück, um neue Kampftechniken zu lernen oder sich nur noch geistlichen Lehren zu widmen. Zwischen ihnen und den Mönchen fand so ein ständiger Austausch statt.

Einen großen Einfluss auf die Entwicklung der Kampfkunst hatten auch die kriegerischen Stämme im Norden des Landes, die türkischen Volksgruppen, die Mongolen und viele andere Nomaden und Reitervölker. Sie waren es gewohnt, sich immer wieder neuen Lebensraum zu unterwerfen. Auf diese Weise verbanden sie sich im Laufe der Jahrhunderte auch mit den Chinesen, deren Land sie besetzten und mit denen sie sich während ihrer Herrschaft teils aus politischen und teils aus praktischen Gründen vermischten. Sie brachten die kämpferische, kriegerische Seite nach China, wo vorher schwerpunktmäßig sesshafte, vom Ackerbau und im geringen Maße von der Viehzucht lebende Menschen den Großteil der Bevölkerung ausmachten.

Diese Stämme, die besonders im Norden immer wieder einfielen, zeitweise zurückgeschlagen wurden und oft eigene Herrscherdynastien oder zumindest kleine territorial begrenzte Reiche bildeten, waren selbst immer wieder von Übergriffen durch die Chinesen oder durch andere Völker bedroht. Daher waren sie geübt im Umgang mit Waffen und in der Ausführung kriegerischer Auseinandersetzungen. Von ihnen lernten die Chinesen die Bedeutung des Kampfes kennen. Aber auch ihre Herkunft aus den Regionen, durch die sich schon früh die Seidenstraße zog, machte sie zu kämpferischen Völkern. Die Turkmenen, Parther und viele andere Stämme, die entlang der Seidenstraße nach Osten vorgedrungen waren, um von der Handelstätigkeit zu profitieren, hatten auch die Kämpfe um diese Route und um die Vorherrschaft in den Gebieten, durch die sie sich zog, erlebt und hatten sie zur ihrer eigenen Existenzsicherung auch mit bestritten. Wenn es galt, ihre Handelswege zu sichern und auszubauen, ließen sie sich auf kämpferische Auseinandersetzungen mit Nachbarn ebenso wie mit fremden Völkern ein. Aus diesen Gründen musste sich nicht nur das chinesische Militär, sondern auch die normale Bevölkerung, die immer mehr Erfahrungen mit Kämpfen in ihrer Region machte, mit Schutztechniken für das eigene Leben und die eigene Existenz vertraut machen. So entwickelten sich Kampftechniken, die schließlich auch Eingang in das Lernprogramm im Shaolin-Kloster fanden.

Durch die Erfahrungen und Erzählungen der reisenden Mönche über die Kampf- und Schutzmaßnahmen der Landbevölkerung, die oftmals ihre Habe und ihr Leben gegen Soldaten und Wegelagerer verteidigen mussten, wurden die Kampftechniken im Laufe der Zeit immer mehr verfeinert und mit anderen körperlichen Übungen und Bewegungsabläufen verknüpft. Bodhidharma (und außer ihm wahrscheinlich auch andere buddhistische Missionare) brachte eine weitere Dimension in die Entwicklung der Kampfkunst hinein. Er hatte bewirkt, dass ein geistlicher Ort Stätte der weiteren Entwicklung der Kampfkunst wurde und dass vor allem nicht nur der Kampf selbst dabei im Vordergrund stand, sondern auch Kampfdisziplin und die geistige Weiterentwicklung und Gesundheit des Menschen.

Seit seiner Gründung hat der Shaolin-Tempel eine wechselvolle Geschichte gehabt, bis hin zu unseren Tagen, in denen die Regierung der Volksrepublik China seine Werbewirkung erkannt hat und in denen dort wieder Mönche leben, die das Bild des Shaolin-Klosters in früheren Zeiten wiederbeleben und vermarkten sollen.

Seine Blütezeit hatte der Tempel vor etwa 1300 Jahren. Und seit 1500 Jahren wurden hier neben dem Studium der buddhistischen Lehren die Kampfkünste unterrichtet, die seinen Ruhm bis in die heutige Zeit begründet haben.

Doch das typische Bild des Lebens im Shaolin-Tempel, wie es uns in vielen Kung Fu-Filmen gezeigt wird, in denen eine kleine Gruppe von Mönchen den ganzen Tag trainiert oder andächtig den Ausführungen ihres Meisters lauscht, trifft nicht annähernd die Realität im echten Shaolin-Tempel. Zu seinen Glanzzeiten lebten und arbeiteten nämlich mehr als 2000 Mönche und auch Nonnen im Tempel. Während der Tang-Dynastie verlieh der Kaiser Taizong (626-649 n. Chr.) dem Tempel das Recht, eine kleine Truppe kämpfender Mönche auszubilden. Von ihnen wurden dann auch einige zu seiner Unterstützung ausgeschickt, als er in Gefahr war. Daraufhin bot er ihnen aus Dankbarkeit öffentliche Ämter an, die sie aber ablehnten, da sie ihr Können für die Ausbildung von Mönchen und zum Schutz des Klosters einsetzen wollten. Sie boten jedoch für Gefahrenzeiten weitere Unterstützung an. So erlaubte der Kaiser die Ausbildung von 500 Mönchen als Krieger, um eine Truppe von Elitekämpfern zu seiner Verfügung zu haben. Und so entwickelte sich die Kampfkunst immer mehr als wichtiger Zweig der Lehre des Shaolin-Klosters, und zwar sowohl zum Zweck des Selbstschutzes als auch für den Schutz anderer Personen.

Doch nicht alle Mönche und Nonnen waren Kämpfer. Es gab auch andere Bereiche, in denen sie sich betätigten, z. B. das Studium von Schriften, die Ausbildung von Jüngeren, die Sicherung des Tempel-Lebens durch Versorgung mit Nahrungsmitteln, Medizin und

Kleidung und die Beschäftigung mit alten und neuen philosophischen Gedanken.

So funktionierte der Tempel über Jahrhunderte hinweg als Gemeinschaft und als Akademie für Kampfkunst und für das Studium des Menschen und des Universums. Es gab sogar weitere Tempel im Land, die nach dem Vorbild des Shaolin-Klosters aufgebaut und geführt wurden. Der Glanz der Shaolin hielt an, bis im Jahre 1674 eine über 100 Mann starke Gruppe von Mönchen erneut zur Hilfe für einen Kaiser herbeigerufen wurde. Unter der Führung von Cheng Kwan-Tat, eines Mannes, der früher noch auf seiten der Ming gegen die Eroberer des Landes, die Mandschu-Herrscher, gekämpft hatte und der danach im Shaolin-Kloster die Kampfkunst lernte, zogen sie aus, um den Qing Kaiser Kangxi (1662-1722) im Kampf zu unterstützen. Nach ihrem Sieg wurden auch ihnen zum Dank lukrative Posten und ehrenvolle Titel angeboten, doch auch sie lehnten ab und kehrten zurück in ihren Tempel.

Dieses Mal hatte das schlimme Folgen für die Shaolin, denn der Kaiser wurde überzeugt, dass so hervorragende Kämpfer, die von allen materiellen Verlockungen unabhängig schienen, eine Gefahr für ihn darstellten. So wurde eine von abtrünnigen Mönchen beratene Armee ausgesandt, die den Tempel überfiel und niederbrannte. Dieser Anschlag forderte viele Opfer und zerstörte das Shaolin-Kloster. Die Mönche und Nonnen mussten fliehen und zerstreuten sich zum Teil überall im Land. Manche suchten Unterschlupf in anderen Tempeln und viele blieben auch in der Nähe versteckt und setzten ihre Studien im Verborgenen fort.

Erst nach dem Tode des Kaisers Kangxi wurde der Tempel wieder aufgebaut und bestand bis 1928 fort, wenn auch nur als Abglanz seiner früheren Größe, da die eigentlichen Kampfkünste wegen der ständigen Bedrohung durch die mandschurischen Herrscher nur im Untergrund weitergegeben wurden. Dann entbrannte zwischen zwei militärischen Befehlshabern ein Streit um den Besitz des Tempels, den der eine zu seinem Stützpunkt gemacht hatte und den der andere erneut in Brand setzte. Damit war die Geschichte des Tempels vorerst beendet.

Erst seit kurzem macht er wieder von sich reden, da man auch in der Volksrepublik China die Vorteile des Tourismus und der Vermarktung des legendenumwitterten Shaolin-Kampfsports entdeckt hat. So wächst das Geschäft mit all den Touristen und Kampfsportanhängern, die immer mehr ihren Weg dorthin finden, ohne jemals den Geist und die Tradition des Tempels, wie er früher war, finden zu können. Und heute schickt man sogar die Mönche bzw. deren "Nachfahren" als Showtruppe über den ganzen Globus, um Werbung für den Tempel zu machen und dem Land Einnahmen zu verschaffen. Das hat allerdings mit dem ursprünglichen Sinn und Zweck des Shaolin-Tempels nicht mehr viel zu tun.

Die Geschichte des
VC-VING CHUN

Doch wie passt nun Ving Chun in diese ganze Geschichte hinein? Genau genommen war es schon immer da und wurde schon vor Jahrhunderten gelernt, trainiert und weitergegeben. Aber damit ist man bereits bei einem wichtigen Unterscheidungsmerkmal zum Shaolin Kung Fu: Ving Chun wurde nur an ausgewählte Personen im Kloster weitergegeben. Natürlich blieb auch das Kung Fu innerhalb der Klostermauern und wurde außenstehenden Menschen nicht beigebracht. Aber im Kloster selbst wurden alle Mitglieder im Kung Fu unterrichtet, die zu den kämpfenden Mönchen gehörten.

Ving Chun war dagegen etwas Besonderes. Das philosophische Wissen und die effektiven Kampftechniken und Kampfübungen waren eigentlich Geheimtechniken der höheren, älteren Mönche, die in den einzelnen Abteilungen des Klosters als Oberhäupter die normalen Schüler ausbildeten.
Diese Mönche hatten sich ihr Wissen und ihre Fähigkeiten in jahrzehntelanger Arbeit angeeignet. Sie brauchten diese Erfahrungen und die geistige Reife, um ihre Führungspositionen im Kloster zu bekleiden und um den Respekt der jüngeren Mönche und Nonnen zu bekommen. Doch in den Kampfübungen mussten sie sich diesen Respekt auf andere Weise sichern.

Das Shaolin Kung Fu selbst ist eigentlich ein hartes System, in dem viel mit Kraft gearbeitet wird, um den Gegner zu besiegen. Dies liegt an seinen Wurzeln, einerseits im Bereich des Militärs, in dem junge, kräftige und ausdauernde Krieger ausgebildet und eingesetzt wurden, andererseits in den Selbstverteidigungstechniken der einfachen Landbevölkerung. Die Menschen konnten ihre Existenz und ihren Besitz nur so lange ohne Waffen schützen, wie sie jung, beweglich und körperlich voll einsatzfähig waren. Da diese jungen Menschen hauptsächlich in der Landwirtschaft arbeiteten und sich der Flüsse als Transportwege bedienten, waren sie sehr kräftig gebaut. Und so waren auch ihre Kampfmethoden daran angepasst, die schließlich ihren Weg in das Shaolin-Kloster fanden.
Deshalb entstand dort zuerst eine Form der Kampfkunst, die auf diesen Grundlagen aufbaute und die offiziell unterrichtet wurde, das Shaolin Kung Fu. Doch immer gab es auch andere Techniken und Kampfmethoden, die im Laufe der Jahrhunderte immer mehr verfeinert wurden. Aber dieses Wissen wurde nicht offen weitergegeben.

Die Mönche, die höhere Ränge im Kloster bekleideten und die als Meister für ihre Sparte immer neue Schüler ausbildeten und von ihnen Respekt forderten, waren wie bereits erwähnt durch ihre langjährigen Studien, in denen sie sich teilweise auch in die Natur zurückzogen und dort in Abgeschiedenheit nach Antworten auf viele philosophische Fragen suchten, ihren Schülern körperlich nicht gewachsen. Sie waren älter und schwächer und hatten keine Chance im Kräftemessen mit den jungen und kräftigen Mönchen.

Aus diesem Grunde behielten sie immer gewisse Techniken und Kampfprogramme für sich, um den Schülern bei den ständigen Kampfübungen im Kloster überlegen zu bleiben und ihnen auch hier zu zeigen, wer Meister und wer Schüler ist. Und um diese Vorteile zu erhalten und diese Unterrichts-Strategie weiterverfolgen zu können, durfte das Wissen darüber nur unter den Meistern verfeinert und nur an ihre direkten Nachfolger weitergegeben werden.

Dies galt vor allem für die reinen Selbstschutztechniken, die Grundlage des heutigen VC-Ving Chun bildeten. Es traf aber auch genauso bei Waffentechniken, bei den Kampfprogrammen der

Leibwächter und im Bereich der Esoteric zu, also in den Bereichen, die heute die gesamte Bandbreite des VC-Ving Chun ausmachen, so wie es nach dem Konzept von Sigung Sifu-Meister Birol Özden unterrichtet wird.

Für die Geschichte des VC-Ving Chun ist also typisch, dass das Wissen darüber schon über viele Jahrhunderte da war und dass genauso lange damit gearbeitet wurde, immer in Form von besonderen Geheimtechniken und von geheimem Wissen der alten Meister, gewissermaßen im Hintergrund des Shaolin Kung Fu. Allerdings wurde es in der ganzen Zeit nicht unter dem Namen Ving Chun oder einer ähnlichen Bezeichnung weitergegeben. Die älteren Mönche hatten auch nicht das Ziel, ein neues, unabhängiges System zu entwickeln, sondern sie nutzten das überlieferte Wissen über die Geheimtechniken für ihre Zwecke, um ihre Stellung im Kloster zu sichern und tiefergehende Kenntnisse über diese Form der Kampfkunst zu erlangen, ohne je eine spezielle Bezeichnung dafür zu entwickeln.

Zu seinem Namen und zur Bekanntheit außerhalb der Klostermauern kam das System erst lange Zeit später, nämlich in der Mitte des 17. Jahrhunderts. Zu dieser Zeit lebte die Nonne Ng Mui im Shaolin-Kloster. Und wenn die damaligen Umstände es nicht gefordert hätten, hätte wahrscheinlich auch sie das geheime Wissen als Meisterin für sich behalten und nur an ihre direkten Nachfolger weitergegeben.

Seit 1644 regierten die Mandschuren, die eigentlich nördlich der Mongolei und Koreas ansässig und somit Fremdherrscher waren. Sie eroberten zuerst Peking und annektierten später weite Gebiete im Süden, Westen und Norden. Unter ihrer Regierung, die als Qing-Dynastie bezeichnet wird und die bis in das erste Jahrzehnt unseres Jahrhunderts reichte, erreichte China seine größte Ausdehnung. Doch so dauerhaft diese Herrschaft auch war, was für das Land eine relativ lange Friedenszeit bedeutete, so grausam war sie auch. Die fremden Herrscher beuteten das Volk aus, und es folgten lange Jahre der Unterdrückung.

Gegen diese Zustände erhoben sich überall im Land immer wieder Rebellen und Freiheitskämpfer. Teilweise wurden sie sogar von den Shaolin-Kämpfern unterstützt und ausgebildet. So kam es schließlich zu dem bereits geschilderten Überfall des damaligen Qing-Kaisers, der sich einerseits durch die materielle Unabhängigkeit und kämpferische Stärke der Mönche bedroht fühlte, andererseits aber auch diesen Zufluchts- und Trainingsort für Rebellen und Freiheitskämpfer zerstören wollte.

Yim Ving Chun besiegt ihren Widersacher

Seine Armee griff mit Unterstützung von ehemaligen, aus dem Kloster ausgeschlossenen Kung Fu Schülern die Tempelanlage an und brannte alles nieder. So kam es, dass neben anderen Mönchen und Nonnen auch Ng Mui aus dem Shaolin-Kloster in die nahegelegenen Berge fliehen musste. Die Überlebenden beschlossen, ihr Wissen über das Shaolin Kung Fu zu erhalten und durch aufständische Bruderschaften und Widerstandsgruppen an das Volk weiterzugeben, damit

1.1. Geschichte des Ving Chun

sich die einfache Bevölkerung gegen die Unterdrückung der Mandschu-Herrscher zur Wehr setzen konnte. Aber auch die Soldaten hatten inzwischen durch die Unterweisung von abtrünnigen und verstoßenen Mönchen auf dem Gebiet der Kampfkunst einiges Wissen erworben. Auf diese Art wurde immer mehr vom einst nur im Shaolin-Tempel gelehrten Kung Fu verbreitet.

Ng Mui dagegen beschäftigte sich immer mehr mit den Geheimnissen der alten Meister, da sie wusste, dass mit diesen Techniken auch ältere und schwächere Menschen einen kräftigen Gegner besiegen können. In der Zeit, in der sie Zuflucht in den Bergen fand, beobachtete sie Tiere und Natur und ließ auch das Kampfverhalten der Tiere in ihr neues Kampfkunstsystem einfließen, das sie im Laufe der Zeit entwickelte. Immer wieder fand sie die Prinzipien bestätigt, die den alten Geheimtechniken zugrunde lagen: gegen einen stärkeren Gegner mit Einsatz der eigenen Körperkraft zu arbeiten ist sinnlos. Und so verbesserte und vervollkommnete sie ihren neuen Kampfstil, der zwar in dieser Form neu war, der sich aber auf die alten Techniken und das von Meister zu Meister überlieferte geheime Wissen gründete.

Schließlich lernte sie Yim Ving Chun kennen, ein junges Mädchen, das von einem im Shaolin Kung Fu geübten Mann verfolgt und bedroht wurde, der sie mit Gewalt zu sich holen wollte. Ng Mui nahm diese Frau bei sich auf und unterrichtete sie in ihrem neuen Kampfkunstsystem. Als ihre Fähigkeiten ausreichend waren, schickte Ng Mui sie in ihre Heimat zurück. Dort forderte Yim Ving Chun den Mann zum Kampf um ihre Freiheit heraus und gewann problemlos und überlegen mit ihren neu erworbenen Kampftechniken.

Dieses Ereignis sprach sich natürlich herum, und auch Ng Mui erfuhr davon. Dies war Beweis genug für die Richtigkeit der alten Geheimtechniken und ihres neuen Kampfkunstsystems. So nannte sie es nach der ersten Frau, die es gelernt und erfolgreich eingesetzt hatte: Ving Chun.

Allerdings wurde der Name damals noch nicht in dieser Form geschrieben. Zur Zeit der Entstehung des Ving Chun wurde es natürlich in chinesischen Schriftzeichen geschrieben. Zwei verschiedene Versionen (siehe rechts oben) wurden dabei benutzt, zum einen die chinesische Grasschrift, einer handschriftlichen Variante, und zum anderen die chinesische Druckschrift.

Nicht nur die Schriften, sondern vor allem auch die Sprachen der Chinesen waren vielfältig. Die unterschiedlichen Sprachweisen waren bedingt durch die Größe Chinas und die Herkunft seiner Bewohner. In den verschiedenen Regionen und bei den einzelnen Stämmen wurden unterschiedliche Dialekte gesprochen. Das ist zunächst nichts Besonderes, denn in fast jedem Land der Welt findet man heute mehrere Dialekte innerhalb einer Sprache.

Doch in China waren diese Dialekte aufgrund des Völkergemischs und der schon beschriebenen Einflüsse der verschiedensten Stämme und Rassen (Inder, Türken, Mongolen, Perser, Koreaner usw.) sehr unterschiedlich. So kam es, dass eine problemlose Verständigung nur in der eigenen Region und den angrenzenden Provinzen möglich war. Ein Südchinese aus Kanton war nicht in der Lage, einen mandschurischen oder mongolischen Dialekt zu verstehen. Je mehr sich jedoch die Stämme ausbreiteten und untereinander vermischten, desto notwendiger wurde eine einheitliche Sprachgrundlage.

Deshalb wurde das Mandarin-Chinesisch als für alle anwendbare "Hochsprache" verwendet, um überall eine gemeinsame Sprache zu haben. Diese Gemeinsamkeit bestand allerdings im Normalfall für die gebildeten Bürger, vor allem für Beamte und Angehörige des Hofes und der Regierung sowie für wohlhabende Kaufleute. In diesen Kreisen wurde

1.1. Geschichte des Ving Chun

Mandarin gelernt und gesprochen. Die einfache Bevölkerung dagegen sprach hauptsächlich in ihrem jeweiligen Dialekt.

Aufgrund dieser Unterschiede gab es auch verschiedene Aussprachen des Wortes Ving Chun, je nachdem ob es im gebildeten Mandarin-Chinesisch (=Yuen Chun) gesprochen wurde oder im kantonesischen Dialekt (= Yun Chun) , der in Südchina und in der Region von Hongkong allgemein üblich war, die später eine wichtige Stätte des Ving Chun wurde.

Die endgültige Sprach- und Schreibweise VC-Ving Chun wurde am Anfang der neunziger Jahre erstmalig von Sigung-Meister Birol Özden, Welt-Cheftrainer und Begründer der Euro Ving Chun Connection und des Dachverbandes A.S.VC. (All Style Ving Chun), in dieser Form entwickelt und steht seither für sein erfolgreiches VC-Ving Chun Konzept, das er weltweit unterrichtet.

Die Erfinderin des Systems, die Nonne Ng Mui, wollte mit ihrer Kampfkunst schwächeren und gefährdeten Personen helfen, die keine andere Möglichkeit hatten, um sich zu schützen und zu verteidigen. Yim Ving Chun selbst, ihre erste Schülerin, lehrte das neue System ebenfalls genau wie ihre Meisterin nur die Menschen, die unterdrückt und von Stärkeren bedroht wurden und die körperlich unterlegen waren. Immer waren sie, Ng Mui und ihre Schüler darauf bedacht, nur ehrliche Leute mit gutem Charakter zu unterrichten, die genau ausgewählt wurden. Denn immer wieder versuchten Spione der Mandschus, in die nun gegründeten Schulen einzudringen und die neue, dem Shaolin Kung Fu eindeutig überlegene Kampfkunst zu lernen. Aber die Ving Chun-Kämpfer und -Kämpferinnen waren überaus vorsichtig und organisierten nach und nach die Schulen im ganzen Land, um immer wieder gegen die Unterdrückung des Volkes durch die Mandschus zu kämpfen und dem Volk zu helfen.

So waren sie auch bis zum Ende der Mandschu-Dynastie immer wieder an Volksaufständen beteiligt und schafften es, die Regierungstruppen zu schwächen und die Bevölkerung stark zu machen, selbst gegen das ehemals so unschlagbar scheinende Shaolin Kung Fu vieler Soldaten.

Auf diese Art drang das Ving Chun auch in den Süden des Landes bis nach Hongkong vor. Dort lebte und unterrichtete Großmeister Yip Man. Und von dort aus gelangte das Wissen in den letzten Jahrzehnten unter anderem durch seinen Schüler Bruce Lee, der in seiner Jugend in Hongkong Ving Chun gelernt hatte, nach Amerika und auch nach Europa.

Und hier erkannte Sifu Birol Özden die Möglichkeiten und die Effektivität des Ving Chun, und er baute sein Wissen darüber bis zur Meisterschaft auf. Er ist das Oberhaupt der VC-Ving Chun Familie und hat seine Kenntnisse einer großen Zahl von Schülern zur Verfügung gestellt. Und er liefert mit diesen Schülern heute den Beweis, dass das System funktioniert und dass sich auch heute mit VC-Ving Chun jeder ohne Probleme schnell und effektiv gegen einen körperlich überlegenen Gegner schützen kann.

Bruce Lee und Yip Man beim Chi Saoo-Training

Bruce Lee über Wu-Wei (Aktions/Reaktions-Prinzip des Ving Chun)

„Nun beschäftige ich mich schon lange mit 詠春拳 (Ving Chun), dem natürlichen System.
Jetzt werde ich nicht mehr abgelenkt von meinem Gegner,
von mir selbst oder von Kata-Bewegungen.
Ich habe die Technik meines Gegners zu meiner gemacht.
Ich muß eins werden mit dem Gegner und handele nach dem Wu-Wei-Prinzip, entsprechend den Umständen, und ohne den Bewegungsablauf vorher zu planen.
Keinen Gedanken muß ich mehr verschwenden an Meditation und Chi, Atem und Energie.
Ich muß nicht länger herumexperimentieren, alles geht wie von selbst."

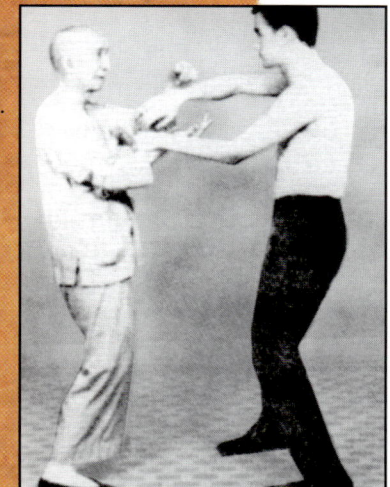

Bruce Lee (1963)

Das Leben im Shaolin-Tempel

Der Shaolin-Tempel hob sich von all den anderen buddhistischen Tempeln aus mehreren Gründen ab. Der erste Grund ist natürlich das, was auch heute noch alle mit seinem Namen verbinden: das Kampftraining. Doch nicht nur darin unterschied er sich von anderen religiösen Einrichtungen der damaligen Zeit. Im Gegensatz zu ihnen war er nicht allein für das Studium der buddhistischen Lehre da.

Der Shaolin-Tempel war eine Akademie, in der das Wissen über die gesamten Zusammenhänge im Universum unterrichtet wurde, über die Menschen und ihr Zusammenleben, über Tiere und Natur, Glaube und Religion. Für die breite Masse der Mönche und Nonnen wurde natürlich Shaolin Kung Fu gelehrt, das sich mit der Zeit aus den ersten Körperübungen entwickelt hatte, aber die naturwissenschaftlichen und philosophischen Kenntnisse wurden von den Meistern nur an ausgewählte Schüler weitergegeben. Jeder Schüler wurde genau dafür ausgewählt, welche Fachrichtung er lernen sollte und in welchen Bereich des Klosters er dazu eingestuft werden musste.

Genau wie jede Akademie war auch der Shaolin-Tempel in verschiedene Fakultäten unterteilt, das heißt in verschiedene Abteilungen, in denen eine bestimmte Fachrichtung gelehrt und gelernt wurde. Die größte dieser Abteilungen war der Bereich, der für die Kampftechniken und Kampfprogramme zum Zwecke des Selbstschutzes zuständig war. Daneben gab es noch eine Sparte, in der die speziellen Kämpfer ausgebildet wurden, die als Leibwächter für Herrscher, reiche Händler und vor allem natürlich als Schutztruppe für das Kloster eingesetzt wurden, sozusagen die Vorgänger der heutigen VC-Bodyguards. Ein weiteres Abteil des Klosters beschäftigte sich mit der Ausbildung im Bereich Waffenkampf. Und nicht zuletzt gab es eine Gruppe von Mönchen, die von ihren Meistern das Wissen im Bereich Philosophie und Esoteric lernten. Zum großen Teil lernten sie dies, um es im Klosterleben einzusetzen und um die Arbeit und das Zusammenleben all dieser Menschen möglich zu machen.

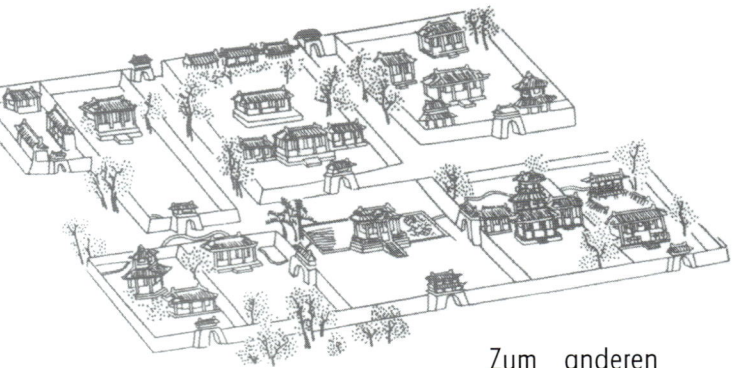

Zum anderen wurden aber auch sie manchmal von einem Kaiser oder von Adeligen, die auf diesem Gebiet Interesse hatten oder die entscheidungsschwach waren, als Ratgeber zu sich gerufen.

Wenn nun ein angehender Schüler zum Shaolin-Tempel kam und um Aufnahme bat, hing es von der Entscheidung der höheren Mönche ab, ob er überhaupt aufgenommen wurde. Für diese Entscheidung wurde vor allem der Charakter der Person in die Waagschale geworfen. Wer ungeeignet erschien, sich dem Leben und der Gemeinschaft im Tempel anzupassen, wurde entweder abgewiesen oder musste sich erst als Hilfskraft (z. B. in der Küche oder bei der Reinigung) bewähren. Manches Mal wurden aber auch Töchter und Söhne wohlhabender Eltern sofort und ohne Ansehen der Person aufgenommen, wenn damit eine finanzielle Unterstützung des Tempels verbunden war, denn selbstverständlich brauchte man auch damals Geld, um das Überleben zu sichern und z. B. Dinge einzukaufen, die nicht in eigener Herstellung entstanden.

Doch die Mehrzahl der Männer und Frauen, die an den Toren des Shaolin-Tempels um Einlass baten, mussten viel Geduld mitbringen und bangten und hofften meist tagelang, ob die Wahl auf sie fallen würde. Der Zustrom der Bewerber war in der Blütezeit des Klosters sehr stark, und die Meister nahmen sich viel Zeit für die Auswahl ihrer Schüler. So saßen oft tatsächlich mehrere Kandidaten über einige Tage vor dem Kloster und warteten darauf, vorgelassen zu werden. Doch in dieser Zeit waren die Mönche im Inneren der Klostermauern nicht untätig. Gerade diejenigen, die sich mit der Esoteric auskannten, beobachteten die Bewerber. Sie studierten ihr Verhalten während der

Wartezeit, analysierten, wie sie mit anderen umgingen, ob sie geduldig waren oder sich schnell entmutigen ließen und vieles mehr. Diese Beobachtungen waren entscheidend für die Auswahl der Schüler, die Zutritt zum Tempel erhielten.

Die Schüler, die in die Klostergemeinschaft aufgenommen wurden, standen während ihrer Ausbildung ständig weiter unter der Beobachtung der höheren Mönche. Im Laufe der Zeit wurde so entdeckt, für welchen Bereich ein Schüler besonders gut geeignet war. Konnte er z. B. sehr gut mit Waffen umgehen, wurde er irgendwann der Waffen-Abteilung zugeordnet und dort speziell für diesen Bereich ausgebildet. So hatten zwar alle Mitglieder des Tempels den gleichen Start, aber im Laufe ihrer Ausbildung wurde jeder in der Richtung gefördert, in der er besondere Fähigkeiten und Talente hatte oder in der er besonders gebraucht wurde.

Für die Schüler war es eine große Ehre, Aufnahme im Shaolin-Kloster zu finden. Sie wurden natürlich durch dessen Ruf als Eliteschule für Kampfkünste angelockt. Aber sie erkannten schon durch die harte Gedulds- und Charakterprüfung vor dem Einlass, welch hohe Maßstäbe an die Schüler angelegt wurden. Im Verlauf ihres Studiums lernten sie immer mehr über Wesensart und Verhalten von Menschen, durch den täglichen Umgang mit ihren Mitschülern wie mit ihren Meistern.

Die Schüler bekamen sehr schnell Respekt, vor der Institution des Tempels ebenso wie vor ihren Meistern, und das nicht nur in kämpferischer, sondern auch in psychologischer Hinsicht. Und sie lernten nicht nur viel über andere Menschen, sondern zuerst vor allem über sich selbst. So erhielten sie die Chance, durch ihre Ausbildung und ihre Erfahrungen in der Gemeinschaft, ihre eigene Persönlichkeit zu entwickeln und zu stärken und in Harmonie mit anderen Menschen zu leben. Ihre Schwächen und negativen Eigenschaften wurden bekämpft und alles Positive an ihnen wurde gefördert. So hatte jedes Mitglied des Klosters die Chance, ein besserer Mensch zu werden und ein positives Leben zu führen.

Wichtig für die Schüler war natürlich auch die Klostergemeinschaft, die wie eine große Familie funktionierte, in der jeder bestimmte Aufgaben für die Allgemeinheit erfüllen musste und gleichzeitig immer auf den Schutz und den Rückhalt dieser Gemeinschaft zurückgreifen konnte. Die Schüler, die sich für ihre Laufbahn im Tempel von ihren Familien trennen mussten, verloren damit einen wichtigen Bezugspunkt und ein bedeutendes Ideal in ihrem Leben. Doch durch die Einflüsse verschiedener Kulturen, besonders der türkischen und mongolischen Nomadenstämme im Norden, wandelte sich im Laufe der Zeit auch die Vorstellung der Chinesen über Familie und Zusammenhalt. Sie lernten, dass nicht nur Blutsbande eine Gemeinschaft zusammenhielten, sondern gemeinsame Interessen, eine gemeinsame Lebensphilosophie und die gemeinsame Arbeit. So fanden sie schnell Zugang zu den familiären Traditionen im Tempel und lernten, ihre Meister als Familienoberhäupter und ältere Familienmitglieder zu respektieren und zu schätzen. Auch in dieser Hinsicht war der Tempel also eine Charakterschule. Die Schüler lernten verschiedene Seiten des Lebens kennen und es wurde ihnen beigebracht, die für sie selbst wichtigen Ziele ihres Leben zu entdecken und sie beharrlich und überlegt zu verfolgen. Und in ihrem Arbeitsalltag im Kloster lernten sie viele praktische Dinge, da sie für viele Aufgaben in der Gemeinschaft eingesetzt wurden.

Der Shaolin-Tempel verfügte zu seinen Blütezeiten über ein ausgeklügeltes System von Spezialisierung und Arbeitsteilung. Spezialisierung musste sein, um absolute Fachleute in den einzelnen Fakultäten dieser Akademie hervorzubringen, das heißt in den Sparten des Ving Chun (Selbstschutz, Leibwächter/Bodyguard, Esoteric und Waffen), so wie sie auch heute bestehen. Die Arbeitsteilung war absolut notwendig, weil ohne sie die anfallende Arbeit nicht zu schaffen gewesen wäre.

Man muss bedenken: genau wie in jeder modernen Akademie fielen auch im Tempel jede Menge Organisations- und Verwaltungsarbeiten an. Es waren z. B. Studien- und Trainingspläne zusammenzustellen,

1.1. Geschichte des Ving Chun

die Schüler mussten verwaltet werden, von ihrem Arbeitseinsatz über den Ausbildungsverlauf bis zur Versorgung mit Kleidung und Nahrung, und über die Finanzen des Tempels (Einnahmen durch Spenden, Ausgaben für Nahrungsmittel, Waffen oder Medikamente) war eine genaue Buchführung nötig. Häufig fielen Instandsetzungsarbeiten an Gebäuden und Arbeitsgeräten an, und mit steigender Schülerzahl und zunehmender Größe des Tempels waren oft auch Erweiterungs- und Anbaumaßnahmen notwendig.

Und vor allem waren natürlich die täglichen Arbeiten in gemeinschaftlicher Arbeit zu erledigen, von der Reinigung der Räume über Reparaturarbeiten und Wäsche waschen bis zur Zubereitung des Essens. Ein Teil der Nahrungs- und Arzneimittel wurden im eigenen Anbau erzeugt, denn der Tempel besaß einige von wohlhabenden Förderern überlassene Ländereien. Was nicht selbst hergestellt werden konnte, musste auf Märkten oder bei reisenden Kaufleuten eingekauft werden (Stoffe für Kleidung, Papier, Öl und vieles mehr). Denn in dieser Akademie wurde nicht nur studiert, hier wurde auch gelebt, mit mehr als 2000 Menschen.

Zwei der wichtigsten Aufgaben der damaligen Meister waren deshalb die Organisation des Tempel-Lebens und die Festlegung von Regeln und Richtlinien, die unbedingt einzuhalten waren. Viele dieser Regeln sind heute noch als Traditionen erhalten, z. B. der Respekt vor Höheren und das Familienprinzip, nach dem die VC-Ving Chun-Gemeinschaft aufgebaut ist. Jeder musste seine Aufgabe in dieser Gemeinschaft genau kennen und sie gewissenhaft erfüllen, denn davon hing das Zusammenleben aller und der Erfolg des Studiums jedes einzelnen ab. Die Anweisungen und Entscheidungen der höheren Mönche und Meister waren genau zu befolgen, denn nur sie hatten die Erfahrungen und das nötige Wissen, um diese Tempelgemeinschaft zu organisieren und zu führen.

Der Langstock ist eine Waffe, die schon vor Jahrhunderten in China benutzt wurde und gehört heute in die höheren Trainingsprogramme des VC-Ving Chun. Sigung Sifu-Meister Birol Özden unterrichtet bereits einige seiner fortgeschrittenen Schüler an dieser Waffe.

Und auch heute ist ohne eine gute Organisation kein erfolgreiches Kampfkunstsystem denkbar. Hier zeigt uns zum einen die Geschichte, wie Kampfkunst mit großem Erfolg unterrichtet und im wahrsten Sinne des Wortes gelebt wurde. Zum anderen haben wir heute mit dem Konzept und den erfolgreichen VC-Ving Chun Organisationen von Sigung Sifu-Meister Birol Özden das beste Beispiel für die Logik dieser Grundprinzipien und für die erfolgreiche Anwendung in der Gegenwart und Zukunft.

Entstehung und Merkmale des Ving Chun

Wie schon erwähnt beschäftigte sich der größte Teil der Mitglieder des Shaolin-Tempels mit dem Kampftraining zum Zweck des Selbstschutzes. Dies war wichtig für den besonderen Ruf, den das Kloster hatte, und dies war es vor allem, was im Laufe der Zeit Scharen von Schülern anzog, die eben mehr wollten als nur Schriften zu studieren und zu meditieren.

Die Grundlage für das körperliche Training hatte Bodhidharma gelegt, als er zum Ausgleich für stundenlange Lesungen und Meditationen Atem- und Bewegungsübungen lehrte, die den Mönchen ihre Arbeit erleichtern sollten. Sein Ziel war vor allem die Gesunderhaltung des Körpers. Aber er wusste auch, dass man auf andere Weise auf seinen Körper achten musste, nämlich ihn bei einem Angriff zu schützen. Bodhidharma war aus Indien gekommen, wo die Kampfkunst eine lange Tradition hatte. So war ihm diese Welt nicht fremd. Er wusste, wie wirksam die Kampfkünste sein konnten und wie angesehen die alten Meister in der Bevölkerung waren. Vor allem kannte er die positive Wirkung, welche die Beschäftigung mit Praxis und Philosophie der Kampfkunst auf Körper und Geist eines Menschen ausübte, und brachte daher den Mönchen die besondere Bedeutung der philosophischen Seite des frühen Kung Fu und seinen gesundheitlichen Bezug bei.

Auch vor seiner Ankunft in China wurden dort natürlich schon die verschiedensten Formen von Selbstschutz praktiziert. Das eigene Leben und die eigene Gesundheit zu schützen, liegt in der Natur des Menschen. Dies erkennt man schon, wenn man kleine Kinder beim Raufen und Balgen beobachtet. Sogar bei Tierkindern sind solche spielerischen Kämpfe an der Tagesordnung, nicht nur um die Kräfte untereinander zu messen, sondern vor allem als Vorbereitung auf die Jagd und auf Macht- und Revierkämpfe usw. Bei Raufereien unter Kindern sind instinktive Bewegungen zu erkennen, die auch von Erwachsenen im Kampf eingesetzt werden, z. B. schlagen mit der offenen Hand, packen, festhalten und treten. Diese naturellen Bewegungen werden bis heute in vielen Kulturen in Form verschiedener Sportarten betrieben. Schon im Altertum wurde z. B. das Ringen als sportlicher Wettkampf unter anderem in Griechenland praktiziert. Auch die Römer veranstalteten schon früh eine Art Kampfsport zum Zweck der Volksbelustigung, nämlich die Kämpfe der Gladiatoren. Das Ringen hat sich bis heute erhalten, als Sportart und internationale olympische Disziplin ebenso wie auch in verschiedenen Ländern wie z. B. in der Türkei als beliebter Brauch und kulturelles Ereignis. Auch andere Sportarten wie z. B. Boxen sind aus den naturellen Kampfformen entstanden.

Hier liegt bereits der wesentliche Unterschied zwischen den Formen von Kämpfen, wie sie überall auf der Welt zur sportlichen Zwecken betrieben werden, und dem Selbstschutz, wie er im VC-Ving Chun unterrichtet wird.

VC-Ving Chun ist der Kampfkunst zuzuordnen, die sich genau von Kampfsport abgrenzt. Während es im Kampfsport um die körperliche Betätigung und das sportliche Kräftemessen nach festgelegten Regeln geht, steht in der Kampfkunst die Abwehr eines Angriffs und das Ausschalten des Gegners in kürzester Zeit im Vordergrund. Daneben stehen viele Kenntnisse und Fähigkeiten aus den Bereichen Philosophie,

1.1. Geschichte des Ving Chun

Psychologie, Menschenkenntnis, Naturwissenschaft usw., die der Kampfkunstschüler erwerben muss, um auch die geistige Seite und die Tradition seiner Kunst zu erfassen.

Anders als beim Kampfsport, der auch im asiatischen Raum weit verbreitet ist, erfordert es ein intensives Studium, wenn man eine Kampfkunst mit all ihren Details und Wissensgebieten lernen will. In den Zeiten des alten China war die normale Bevölkerung nicht imstande, soviel Zeit auf das Erlernen des Kung Fu zu verwenden. Deshalb war eine Ausbildung, die man heute als professionell bezeichnen würde, nur ausgesuchten Personen vorbehalten, die sich ausschließlich darauf konzentrieren konnten. Diese waren oft an Herrscherhäusern zu finden, wo sie keine andere Aufgabe als die Kampfausbildung hatten und wo sie als Schutztruppen für den Herrscher dienten. Ein weiterer Ort, an dem die Möglichkeit für ein lebenslanges und ausschließliches Studium der Kampfkunst bestand, war ein Kloster.

VC-Kampftraining in voller Schutzausrüstung unter den wachsamen Augen des Sigung Sifu-Meister Birol Özden.

So ist es nicht verwunderlich, dass diese Chance von den Shaolin-Mönchen genutzt wurde, und dass das Shaolin-Kloster Ursprungsort des Kung Fu und des Ving Chun wurde. Sie mussten sich mit nichts anderem als der Kampfkunst beschäftigen und wurden von erfahrenen Meistern ausgebildet. Und anders als in Militärorganisationen, in denen der Kampf als eine Form der Kriegsstrategie unterrichtet wurde, konnten die Mönche ganz ohne soldatischen Drill ihre individuelle Kampfausbildung durchlaufen, um im Kampf gegen einen oder mehrere Gegner bestehen zu können. Die Soldaten verbrachten zwar auch ihre gesamte Zeit mit dem Studium von Kriegführung und Kampf, aber sie lernten nur, als kleiner Teil einer großen Masse eine andere Masse von Menschen zu bekämpfen, und das nur nach genauen Befehlen, ohne eigene Entscheidungsfreiheit. Die Mönche dagegen lernten, auf eigene Verantwortung zu kämpfen, und zwar nur zu ihrem eigenen Schutz in einer gefährlichen Situation, nicht auf Befehl von anderen. Die Auffassung, dass die Kampfkunst nur zum eigenen Schutz und für die körperliche und geistige Gesundheit eingesetzt werden soll, wurde bereits Bodhidharma zugeschrieben. Außerhalb des Tempels wurden Kampftechniken verschiedener Art und die Fähigkeiten im Umgang mit Waffen oft als Machtmittel gegenüber Schwächeren genutzt. Im Shaolin-Kloster lernten die Mönche, ihre Fähigkeiten nicht zu negativen Zwecken einzusetzen. Dies ist auch heute noch in den VC-Ving Chun Schulen, die nach dem Konzept von Sigung Sifu-Meister Birol Özden Schüler ausbilden, ein wichtiger Aspekt, der neben vielen anderen Traditionen des Shaolin-Tempels überliefert wurde. Auch hier lernen die Schüler, sich nur in Gefahr mit VC-Ving Chun zu schützen und es nicht leichtsinnig oder als Druckmittel zu

1.1. Geschichte des Ving Chun

verwenden. Ganz besonders weil heute auch schon Kinder im VC-Ving Chun ausgebildet werden, ist dies ein wichtiger Punkt, den die VC-Ausbilder immer wieder herausstellen. Das führt natürlich auch dazu, dass genau wie vor Jahrhunderten im Shaolin-Kloster in den VC-Ving Chun-Unterrichtsstätten kein Platz für Leute ist, die Kampfkunst zu einem anderen Zweck lernen wollen als zu ihrem eigenen Schutz.

Sich effektiv schützen zu können, war für viele der Shaolin-Mönche aus praktischen Gründen eine Notwendigkeit. Im Laufe der Jahre wurden immer wieder zahlreiche Mönche auf Reisen geschickt, entweder um der Bevölkerung den Buddhismus nahe zu bringen oder um z. B. in Indien nach seinen Ursprüngen zu forschen und darüber im Kloster zu berichten. Oftmals wurden sie ausgesandt, um das Wissen der alten Mönche, die selbst nicht mehr so viel reisen konnten, zu ergänzen.

Sie beobachteten Tiere und Natur, brachten aber vor allem auch Neues über die Menschen, das Leben in den verschiedenen Teilen des Landes und natürlich über Kampftechniken und Waffen, die sie unterwegs gesehen hatten, mit zurück in den Tempel. Dies war ein wichtiger Teil der Forschung in der Shaolin-Akademie, denn daraus gewann man neue Erkenntnisse und verfeinerte sowohl die praktische wie auch die theoretische Seite des Ving Chun.

Doch meistens waren im alten China die Zeiten für Reisende sehr unsicher. Das Land wurde immer wieder von Unruhen erschüttert, die entweder durch Eroberungszüge und Machtkämpfe der Herrscher verursacht wurden, oder die hervorgerufen waren durch Aufstände der Bevölkerung, wenn es z. B. Dürrezeiten gab und das Volk seine Existenz bedroht sah. Darüber hinaus gab es immer wieder Überfälle von Räubern und Banditen, ganz besonders entlang der Handelswege, die oft auch den Mönchen als Reiseroute dienten. Hier waren aufgrund des florierenden Handels Geld und wertvolle Waren wie z. B. Seide zu holen, was viele Kriminelle anlockte. Die reichen Kaufleute und großen Karawanen schützen sich und ihr Hab und Gut durch Leibwächter, die häufig übrigens auch Mönche mit der entsprechenden Ving Chun-Ausbildung waren. Den Shaolin blieben nur zwei Möglichkeiten, um sicher zu reisen: entweder schlossen sie sich den Handelskarawanen an, waren damit aber sowohl zeitlich als auch bezüglich ihrer Reiseroute abhängig. Oder sie lernten, sich selbst zu schützen, und konnten dann unabhängig das ganze Land bereisen, so wie es ihre Lehr- und Studienreisen erforderten.

Dies war einer der Gründe, warum die alten Ving Chun-Meister manchmal ihr Wissen an jüngere Männer und Frauen weitergaben. Sie selbst waren oft nicht mehr in der Lage, eine so strapaziöse Reise auf sich zu nehmen, Die anderen Mönche, die nur Shaolin Kung Fu lernten, waren oft ebenfalls nicht mehr jung und kräftig genug dafür, denn bis sie ausreichende Fähigkeiten hatten, um sich wirkungsvoll mit ihren Kampftechniken zu schützen, waren etliche Jahre vergangen.

Also wurden auch jüngere Mönche im Ving Chun ausgebildet. Denn das war und ist auch heute noch einer der vielen Vorteile des VC-Ving Chun: es ist sehr schnell und einfach zu erlernen und man benötigt keinen jahrzehntelangen Unterricht, um sich im Gefahrensituationen gegen einen oder mehrere Gegner behaupten zu können.

Doch das ist nur eines der vielen charakteristischen Merkmale des VC-Ving Chun. Es unterscheidet sich in vielerlei Hinsicht von anderen Kampfsystemen, und es vereinigt durch die lange Tradition des Forschens und Studierens in der Shaolin-Akademie all die Prinzipien und Techniken in sich, die sich als logisch erwiesen haben. Und es lässt sich nicht eindeutig einer Stilrichtung zuordnen, was beim normalen Kung Fu und anderen Kampfkünsten häufig gemacht wird.

Die Chinesen unterteilen die Systeme grob in harte und weiche Kampfkünste. Beide Kategorien zeichnen sich durch viele Gegensätze aus.

Harte Systeme sind durch den Einsatz von Kraft gegen Kraft gekennzeichnet. Ein Angriff wird mit einem sofortigen Gegenangriff beantwortet. Oft wird die Vorwärtsbewegung eines Körperteils oder des ganzen Körpers zur Verstärkung der Kraft benutzt. Die Angriffe des Gegners werden in ihrer Bahn gestoppt, z. B. durch einen Block. Die eigenen Angriffe erfolgen mit Händen und Füßen sowie mit Knie und Ellbogen.

Die weichen Formen der Kampfkünste werden heute kaum noch zum Kampf eingesetzt, sondern dienen dem Sport und der Gesundheitspflege. Das beste Beispiel dafür ist das von Millionen von Chinesen am frühen Morgen ausgeübte Tai Chi Chuan. Für die weichen Systeme ist z. B. das Ausweichen vor dem gegnerischen Angriff, um ihn in die Leere laufen zu lassen, typisch. Häufig kommen Kreisbewegungen vor, die den Gegner auf der Bahn seines Angriffs am Kämpfer vorbeileiten.

Jemand, der eine weiche Kampfform ausübt, versucht oft seinem Gegner das Gleichgewicht zu nehmen. Daher werden viele Wurf- und Hebeltechniken angewendet.

Typisch für VC-Ving Chun ist die blitzschnelle, wirkungsvolle Reaktion auf das Verhalten des Gegners durch Vorwärtsgehen und Einsatz von Ellbogen oder Knie

Das Shaolin Kung Fu wird im allgemeinen den harten Kampfkünsten zugerechnet. VC-Ving Chun dagegen arbeitet mit Prinzipien aus beiden Richtungen, hart und weich. Nach dem Konzept von Sigung Sifu-Meister Birol Özden ist das ausschlaggebende Prinzip die Logik. Sie ist der wesentliche Kernpunkt des VC-Ving Chun, im praktischen Training wie auch im philosophischen Bereich der VC-Ving Chun Esoteric. Die Logik wird immer wieder sichtbar und führt so manches Mal im Unterricht zu sprachlosem Staunen der Schüler. Sie macht einen großen Teil der Faszination des VC-Ving Chun aus.

Den Grundsätzen der Logik entsprechend hat das VC-Ving Chun verschiedene charakteristische Merkmale. Ein wichtiges Prinzip im VC-Ving Chun besagt z. B., dass der VC-Kämpfer immer in gerader Linie nach vorn zum Gegner gehen muss, um seinen Angriff durch sein Körpergewicht und die Geschwindigkeit der Bewegung zu verstärken. Dieser Grundgedanke ist auch im Shaolin Kung Fu und anderen harten Systemen zu finden. Und Techniken wie Knie- und Ellbogenstöße, die oft den harten Kampfformen zugeschrieben werden, sind ein sehr bedeutender Bestandteil des Nahkampfes im VC-Ving Chun, und zwar aus gutem Grund.

VC-Ving Chun ist ein System, in dem viel auf engem Raum gekämpft wird. Mehr als in allen Stilrichtungen des Shaolin Kung Fu war den früheren Ving Chun-Meistern klar, dass ein Kampf in kürzester Zeit im Nahkampf entschieden werden muss, wenn man sich erfolgreich gegen einen aggressiven Gegner schützen will. In einer realen Kampfsituation bleibt meistens weder die Zeit für einen langen Abtausch von Techniken noch der Raum für lange und ausladende Bewegungen.

Im Shaolin Kung Fu setzte man dies aber häufig voraus, wenn im Kloster die Kung Fu-Techniken trainiert wurden. Doch hier hatte man auch den Platz und die idealen Bedingungen dafür. Die Ving Chun-Meister dagegen wussten, wie wenig wahrscheinlich es war, dass diese Verhältnisse auch dann eintreten würden, wenn ein reisender Mönch von einer Horde Banditen aus dem Hinterhalt überfallen wurde oder wenn es bei einer Veranstaltung plötzlich zu Unruhen kam. So wurde das Ving Chun im Laufe der Jahrhunderte immer mehr zu einer explosiven, kompromisslosen Kampfkunst, mit der sich der Kämpfer auch gegen kräftigere und gegen mehrere Gegner in kürzester Zeit durchsetzen kann.

Ving Chun weist aber auch Gemeinsamkeiten mit weichen Systemen auf. Die für die harten Systeme typische Idee, mit eigener Kraft gegen die Kraft des Gegners zu arbeiten, wird man im VC-Ving Chun vergeblich suchen. Hier wird der gegnerische Angriff nicht abgeblockt, sondern mit einer kreisförmigen Bewegung weich aufgenommen. Dieses Prinzip ist nach der Zerstörung des Tempels teilweise aus verschiedenen Gründen verlorengegangen, doch Sigung-Meister Birol Özden hat durch sein intensives Studium der Kampfkünste und des Ving Chun die Logik und Zweckmäßigkeit dieses Grundsatzes erkannt und zu einem elementaren Bestandteil seines VC-Ving Chun-Konzepts gemacht.

Sigung-Meister Birol Özden demonstriert die Gleichzeitigkeit von Aufnahme und Angriff im VC-Ving Chun und die Effektivität der VC-Nahkampftechniken, hier z.B. VC-Kniestoß.

Zu den Gemeinsamkeiten, die das VC-Ving Chun mit den sogenannten weichen Kampfkünsten hat, gehört auch das Ableiten der Kraft des Gegners. So bringt sich der VC-Kämpfer, statt einem Angriff seine eigene Kraft entgegenzusetzen, durch seine VC-Techniken und Wendungen oder Schritte aus der Angriffslinie und lässt den Gegner an sich vorbei in die Leere laufen. Nur so ist es für einen Menschen möglich, einen körperlich überlegenen Gegner auszuschalten.

Weitere typische Merkmale des VC-Ving Chun sind auf die Lage des Shaolin-Tempels und das spätere Verbreitungsgebiet des Ving Chun zurückzuführen. Die geographischen Gegebenheiten Chinas haben großen Anteil an der Entwicklung seiner Kampfkünste gehabt. So gliedern die Chinesen bis heute die Kung Fu-Systeme in nördliche und südliche Systeme. Diese Unterscheidung kommt daher, dass die Menschen im Norden des Landes anders lebten als im Süden.

Die weitläufigen Steppengebiete des Nordens und die wechselvolle Geschichte, die stets unter dem Einfluss der Steppen- und Nomadenvölker wie den Mongolen und Turkmenen stand, prägten nicht nur Leben, Wirtschaft und Kultur sehr stark, sondern natürlich auch

1.1. Geschichte des Ving Chun

die Kampftechniken. Für diese Völker hatten zum einen die Waffen einen hohen Stellenwert, und sie maßen ihrer Herstellung und dem Umgang mit Waffen große Bedeutung bei. Dies beeinflusste unter anderem auch die Waffentechniken im Ving Chun, die im Shaolin-Kloster entwickelt wurden. Ein zweiter wichtiger Faktor für Leben und Kampf der Steppenvölker waren die Pferde, durch die sie einen Vorteil beim Zurücklegen von Entfernungen hatten, die aber im Kampf die Möglichkeiten für den direkten Nahkampf begrenzten, der jedoch aufgrund des Einsatzes von Waffen ohnehin äußerst selten war.

Die Chinesen, die immer wieder kriegerische Auseinandersetzungen mit diesen Völkern hatten, passten ihre Kampftechniken an die Gegebenheiten an. Sie selbst waren es gewohnt, sich zu Fuß fortzubewegen. Die Bewohner des Nordens verfügten daher über kräftige Beine, die sie natürlich im Kampf auch einsetzten. So fanden in den nördlichen Systemen immer mehr Beintechniken, Sprünge und Tritte Eingang. Gerade weil die Techniken oft gegen Reiter eingesetzt wurden, machte man immer mehr hohe Tritte, oft in Verbindung mit einem Sprung. Diese führten jedoch dazu, dass der Kämpfer in diesen Momenten kein Gleichgewicht hatte und eine einmal gestartete Bewegung nicht mehr schnell genug abändern konnte, wenn der Gegner plötzlich auswich, was allerdings auf einem Pferd auch kaum möglich war.

All diese Einflüsse haben dazu geführt, dass die nördlichen Kung Fu- und Kampfstile oft von hohen Tritten, Sprüngen und ausladenden Bewegungen mit langgestreckten Armen und Beinen geprägt sind, die teilweise schon ballettartig anmuten. Die südlichen Systeme dagegen haben andere Merkmale, die sich ebenfalls durch Geschichte und Lebensweise der Menschen im Süden so entwickelten. So hatten z. B. die Menschen des Südens ihr Leben an die Hügel- und Gebirgslandschaften, in denen sie lebten, angepasst. Sie lebten von der Landwirtschaft und vom Handwerk und arbeiteten dabei viel und geschickt mit ihren Händen. Wenn sie sich selbst und ihre Erzeugnisse transportieren mussten, um z. B. ihre Ernte zum nächsten Markt zu bringen oder ihr handwerkliches Können auch in anderen Regionen anzubieten,

dann bewegten sie sich meist auf den Flüssen, die den ganzen Süden Chinas durchziehen. Die Wasserläufe stellten schon früh wichtige Verkehrswege dar, so wichtig, dass dort, wo sie fehlten, Kanäle als Verbindungsstücke gebaut wurden, z. B. schon zur Regierungszeit des ersten Kaisers Qin Shihuangdi im 3. Jh. v. Chr.

Durch diese Umstände hatten die Menschen im Süden meist sehr kräftige und geschickte Arme und Hände, einerseits durch ihre Arbeit in Landwirtschaft und Handwerk, andererseits durch den dauernden Umgang mit Rudern oder Stangen, mit deren Hilfe sie sich in ihren Booten vorwärtsbewegten. Diese Vorteile machten sie sich nicht nur im Umgang mit Waffen zunutze, sondern vor allem auch beim Kampf ohne Waffen. Sie arbeiteten vorwiegend mit Armtechniken, oft auch mit beiden Armen gleichzeitig.

All diese Faktoren bewirken, dass die Chinesen heute äußerst plakativ die verschiedenen Kung Fu-Stile in die zwei Kategorien "nördliches Bein" und "südliche Faust" einteilen. Die Beine spielten jedoch auch für die südlichen Kämpfer eine wichtige Rolle, und zwar bezogen auf ihr Gleichgewicht. Diese Menschen kämpften oft auf nicht ganz festem Untergrund, da die Flüsse häufig über die Ufer traten und der Boden sich in Schlamm verwandelte. Vielfach waren sie auch gezwungen, direkt in ihren Booten zu kämpfen, wo die Standfestigkeit kaum noch gegeben war. So lernten sie schnell, jede Bewegung mit dem größtmöglichen Maß an Gleichgewicht auszuführen. Sie vermieden die hohen Tritte und Sprünge, die im Norden so typisch waren, und lernten mit sicherem Stand zu kämpfen. Ihnen war der Kampf auf engem Raum vertraut, mit kurzen Bewegungen und blitzschnellen Aktionen.

Im Shaolin Kung Fu sind Elemente aus all diesen Kampfstilen enthalten, denn im Tempel wurde viel geforscht und es wurden immer wieder neue Erkenntnisse von den reisenden Mönchen mitgebracht. Ebenso hat sich die Kampfkunst aus dem Shaolin-Tempel im Laufe der Jahrhunderte nicht nur in China, sondern auch in anderen Ländern verbreitet, und so erkennt man heute in vielen anderen Systemen in ganz Asien Gemeinsamkeiten.

Die Ving Chun-Meister im Kloster nutzten wie die anderen Kung Fu-Meister die Informationen und Erfahrungen, die von außen in den Tempel gebracht wurden. Doch sie wussten sehr genau, welches Ziel sie mit ihrer Kampfkunst und der damit verbundenen Wissenschaft verfolgten. Deshalb wählten sie sorgfältig aus, welches Wissen dazu passte und welches nicht. Während z. B. andere Stile bis ins Detail das Kampfverhalten bestimmter Tierarten kopierten, beschränkten sich die Ving Chun Mönche darauf, aus dem Kampf von Tieren etwas über Reaktion, Schnelligkeit, Geschmeidigkeit und vor allem Taktik zu lernen. Sie waren aber nicht daran interessiert, mit dem Körper eines Menschen die Bewegungen eines völlig anders gebauten Tieres nachzuahmen.

Die Entstehung des Ving Chun und die spätere Verbreitung besonders im Süden bis nach Yunnan, wo nach der Zerstörung des Shaolin-Tempels Ng Mui ihrer Schülerin Yim Ving Chun begegnete, und nach Hongkong, wo Yip Man unterrichtete, führten zu vielen Gemeinsamkeiten des Ving Chun mit südlichen Kampfstilen. Dies lag aber vor allem an der Art, wie die Ving Chun Meister forschten und ihre Kampfkunst entwickelten. Sie konzentrierten sich, passend zu den Gesetzen der Logik, auf das, was für ihre Zwecke sinnvoll war. Da sie selbst keine Pferde hatten und kaum Kämpfe mit Reitern führten, waren die nördlichen Techniken für sie nicht geeignet. Dagegen erkannten sie die Bedeutung des Gleichgewichts und des sicheren Standes für einen Kämpfer. Sie stellten fest, dass ein richtiger Kampf innerhalb von Sekunden entschieden werden musste, und nicht durch einen langen Schlagabtausch, bei dem der Gegner müde gemacht wird. Gerade weil sie immer wieder das Ving Chun dahingehend verfeinerten, dass auch ein älterer und wenig kräftiger Mensch damit einen körperlich überlegenen Gegner besiegen konnte, arbeiteten sie mit Techniken und Prinzipien, die das auch ermöglichen. Auf diese Art und Weise hat sich das Ving Chun seit den Zeiten im Shaolin-Tempel, wo es als geheimes Wissen der alten Meister aufgebaut worden war, bis in die heutige Zeit entwickelt. Und so lernen in den VC-Schulen, die nach dem Konzept von Sigung Sifu-Meister Birol Özden arbeiten, die Schüler die wichtigsten Grundsätze des Ving Chun, die schon damals von den alten Mönchen als notwendig erkannt wurden.

Dazu gehört zum Beispiel, dass im VC-Ving Chun auf Tritte oberhalb der Hüfte verzichtet wird, weil dabei der Kämpfer für einen Moment sein Gleichgewicht aufgibt und sich damit gefährdet. Außerdem kann der Mensch im Bereich des Oberkörpers besser seine Arme einsetzen. Die Schüler lernen, schnell und explosiv frontal auf den Gegner zuzugehen, sofort Kontakt zu ihm zu suchen und niemals zurückzuweichen. Ein wichtiger Teil der Trainingsprogramme liegt wie schon zu Zeiten der Shaolin im Einsatz von Knie- und Ellbogentechniken, denn wenn der Kämpfer sich auf den Gegner zubewegt und Kontakt mit ihm geschlossen hat, bleibt kein Raum mehr für ausladende Arm- und Beintechniken. Und weil der Kampf im VC-Ving Chun auf engstem Raum stattfindet, wird im Unterricht viel Wert auf Schnelligkeit und gutes Reaktionsvermögen gelegt, denn in dieser Situation gibt es keine Zeit zum Überlegen mehr, sondern die Techniken müssen instinktiv erfolgen. Ein bedeutendes Prinzip ist auch heute noch die Gleichzeitigkeit von Aufnahme des gegnerischen Angriffs und eigenem Angriff. Der Ving Chun-Schüler lernt, sich zu schützen und gleichzeitig anzugreifen. Er lernt mit beiden Armen gleichzeitig zu kämpfen, um dem Gegner keine Zeit zum überlegen zu lassen. Oft werden auch Arm- und Beintechniken gleichzeitig eingesetzt. Der VC-Ving Chun Kämpfer nutzt die Kraft des Gegners zu dessen Nachteil aus und leitet sie an sich vorbei. Dies geschieht fast mühelos, da durch das intensive Studium der alten Meister auch die anatomischen und physikalischen Grundprinzipien des Menschen analysiert wurden und die Ving Chun-Kampftechniken im Sinne der Logik optimal darauf abgestimmt wurden. So ist es heute wie damals möglich, sich gegen jeden Gegner zu schützen, egal wie kräftig dieser ist und egal auf welche Weise er angreift. Das VC-Ving Chun hat für alle Situationen das passende Rezept, und das Können geht dem Schüler nach kurzer Zeit in Fleisch und Blut über, wenn er sich intensiv mit seinem VC-Ving Chun-Studium beschäftigt.

1.1. Geschichte des Ving Chun

Die Ving Chun-Meister im Shaolin-Tempel gaben ihr Wissen normalerweise nur an Schüler weiter, die sich im Laufe ihrer Ausbildung im Shaolin Kung Fu als würdig erwiesen hatten und die sie als ihre Nachfolger ausbilden wollten. Doch manchmal war es wichtig, einige Schüler sehr schnell in die geheimen Techniken einzuweisen, wenn sie in kurzer Zeit lernen mussten, effektiv zu kämpfen. Dies war wie schon erwähnt der Fall, wenn junge Leute mit guter körperlicher Verfassung auf strapaziöse Reisen durch ganz Asien geschickt wurden. Es kam aber auch vor, dass von einem Herrscher oder von reichen Kaufleuten und Adeligen Kämpfer angefordert wurden, die sie zu ihrem eigenen Schutz als Leibwächter oder Schutztruppe einsetzen wollten. Und manchmal wurden auch Ving Chun Kämpfer ausgeschickt, um irgendwo im Land die Bevölkerung im Kampf gegen Unterdrückung und Fremdherrschaft zu unterstützen. Ganz besonders nach der Zerstörung des Tempels taten sich die Ving Chun Mönche und -Nonnen immer wieder im Kampf gegen die Mandschuren hervor.

Doch dafür war es notwendig, diese Kämpfer sehr schnell auszubilden, um sie auch schnellstmöglich einsetzen zu können. Hier war Ving Chun die Lösung, denn es bot die Voraussetzungen für eine effektive Ausbildung in kurzer Zeit. Und so wurde das Wissen auch an jüngere Mönche weitergegeben. Dieser Tradition folgt auch heute Sifu Birol Özden mit seinem Unterrichtskonzept. In seinen Schulen lernen die Schüler in kurzer Zeit, sich in Gefahrensituationen wirkungsvoll zu schützen. Und sie brauchen dafür keine jahrelange Trainingserfahrung, sondern es genügt, wenn sie etwa ein Jahr intensiv alle Seiten des VC-Ving Chun studieren. Mit diesem Konzept ist Sigung Sifu-Meister Birol Özden in der gesamten Bundesrepublik und auch im Ausland erfolgreich tätig und bietet heute der breiten Bevölkerung das, was im Shaolin-Tempel nur wenigen Schülern vorbehalten war.

1. Typisch für VC-Ving Chun: Aufnahme eines Angriffs mit sofortigem Gegenangriff - präsentiert von Sigung Sifu-Meister Birol Özden.

2. Sifu zeigt den Einsatz von verschiedenen VC-Angriffstechniken.

Das Studium des Ving Chun im Shaolin-Tempel.

Ving Chun 詠春拳 wurde früher im Shaolin-Tempel in einer speziellen Abteilung unterrichtet, als die alten Meister die Notwendigkeit erkannt hatten, ihr Wissen an ausgewählte Personen weiterzugeben. Indem sie geeignete Mönche langsam zu ihren Nachfolgern heranbildeten, sorgten sie dafür, dass ihr Wissen nicht verlorenging. Gleichzeitig trugen sie durch die verschiedenen Einsätze der von ihnen ausgebildeten Kämpfer zur Verbreitung des Ving Chun auch außerhalb des Shaolin-Tempels bei. So konnten sie den Ruf des Ving Chun immer mehr erweitern und den Fortbestand ihrer Kunst sichern.

Innerhalb des Klosters waren Leben und Lernen genau organisiert. Nicht nur die alltäglichen Arbeiten waren aufgeteilt, sondern auch beim Studieren und Forschen gab es verschiedene Gruppen, die unterschiedliche Ausbildungsprogramme und Ausbildungswege hatten.

Welcher Schüler in welche Gruppe eingestuft wurde, entschieden die für die Ausbildung zuständigen Mönche. Sie beobachteten die Schüler bei ihrer Ankunft im Tempel und während ihrer gesamten Ausbildung. Sorgfältig analysierten sie Charakter, Fähigkeiten und innere Einstellung der Mönche und Nonnen, um jede Person dort einzusetzen, wo man ihr am besten helfen konnte oder wo sie gerade gebraucht wurde.

Die erfahrenen Mönche aus den Ving Chun-Abteilungen Esoteric, Leibwächter und Waffen wählten die Schüler aus, die in ihrem jeweiligen Bereich ausgebildet werden sollten. Manche Schüler hatten spezielle Fähigkeiten oder eine besondere Begabung für eine dieser Richtungen des Ving Chun. Wenn es den Zwecken des Ving Chun diente, setzte man sie im passenden Bereich ein und förderte ihre Ausbildung dort.

Effektiver Einsatz der Arme mit VC-Grund- und Angriffstechniken.

Ganz besonders die Meister der Esoteric hatten das Wissen und die Erfahrungen, um das Potential und die Defizite der Schüler zu erkennen, und so trugen sie maßgeblich dazu bei, jeden Schüler auf den richtigen Platz im Tempel zu setzen.

In den meisten Fällen begann die Laufbahn eines Schülers in der Selbstschutz-Abteilung des Shaolin-Tempels. Dort studierten sie die Grundlagen des Ving Chun. Manche von ihnen wurden später den anderen drei Abteilungen zugeordnet und dort in den Spezialdisziplinen des Ving Chun ausgebildet. Der Schwerpunkt des Ving Chun lag jedoch im Bereich Selbstschutz, und diese Abteilung stellte die größte im Tempel dar.

1.1. Geschichte des Ving Chun

Hier wurden all die Techniken, Übungen und Programme unterrichtet, mit denen die Mönche und Nonnen zu erfolgreichen Kämpfern ausgebildet wurden. Ein wichtiger Bestandteil des Trainings war damals genau wie heute das Chi Saoo-Training. Dieser spezielle Teil des Ving Chun Selbstschutzes, der übersetzt „klebende Arme" bedeutet, steht im unmittelbaren Zusammenhang damit, dass VC-Ving Chun ein System für den Nahkampf ist.

Die Ving Chun-Meister haben wie schon erwähnt auf diese Tatsache immer sehr großen Wert gelegt und deshalb dem Chi Saoo-Training einen so hohen Stellenwert eingeräumt. Dieses Training ist speziell auf die Situation abgestimmt, in der ein VC-Kämpfer Kontakt mit seinem Gegner geschlossen hat, den er von da an nicht mehr verlieren will.

Mit dem Kontakttraining des Ving Chun Chi Sao werden die Reflexe geschult und der Kämpfer lernt, nur noch durch das Fühlen der Bewegungen des Gegners blitzschnell zu reagieren. Dieses besondere Training führt zur absoluten Sicherheit und Schnelligkeit des VC-Kämpfers, weil er nicht mehr denken muss, und es macht das VC-Ving Chun so einzigartig.

Daneben wurden damals die Mönche und Nonnen in den übrigen Programmen des Selbstschutzes ausgebildet. Sie trainierten neben den Formen des Ving Chun unter anderem Schrittarbeit, Arm- und Beintechniken und Nahkampftechniken, in Einzelübungen und im Kampftraining mit Partner. Sie übten sich im Kampf gegen einen und gegen mehrere Gegner. Solche oder ähnliche Übungsprogramme zeigen noch heute alte Fresken, die man im Tempel gefunden hat und die den Trainingsalltag darstellen.

Das Training im Kloster war sehr vielseitig, da man allein wie auch mit Partner übte. Oft verließen die Mönche den Tempel, um in der freien Natur zu trainieren. Dabei analysierten sie z. B. Tiere oder übten sich im Kampf auf verschiedenen Untergründen (Fels, Schlamm, Wasser usw.) und bei unterschiedlichen Bedingungen. Es wurden gewissermaßen alle Situationen durchgespielt, die einem Mönch außerhalb des Klosters (z. B. auf einer Reise) begegnen konnten.

Auch im Tempel wurde ein möglichst realitätsnahes Trainingsprogramm aufgebaut.
Deshalb gab es nicht nur eine Waffenkammer für die Waffen-Ausbildung, sondern auch Übungsgeräte und eine Art Übungsparcours für den Selbstschutz. Hier wurde nach Abschluss bestimmter Lernprogramme das Können der Schüler geprüft, indem sie sich durch diesen Parcours durchkämpfen mussten. Dort waren mechanische Geräte, Hindernisse, Attrappen von Gegnern und ähnliches aufgebaut, die der Kandidat zu überwinden hatte.

Mit Hilfe spezieller Trainingsgeräte versuchte man, bestimmte Fähigkeiten besonders aufzubauen. Gutes Gleichgewicht und fester Stand wurden z. B. auf in den Boden gerammten Holzpfählen trainiert.

Sogar die Holzpuppe, im VC-Ving Chun der Meister eines Meisters, hat ihren Ursprung in den Übungsgeräten der Shaolin.

Doch die Mönche lernten nicht nur die praktische Seite, sondern auch die theoretische Seite des Selbstschutzes kennen. Dazu steuerten auch die anderen Abteile des Klosters ihr Wissen bei. Die Schüler erhielten von den Esoteric-Ausbildern unter anderem die nötigen Kenntnisse über die Anatomie des Menschen. So lernten sie, welche Stellen ihres Körpers sie in einem Kampf besonders schützen mussten und welche Stellen beim Gegner besonders geeignet waren, wenn man ihn schnell außer Gefecht setzen wollte. Von den Leibwächtern des Klosters, den Vorgängern der heutigen VC-Bodyguards, erfuhren die Selbstschutz-Mönche viel über die Bedeutung von Wachsamkeit und Umsicht sowie darüber, wie man seine Umgebung genau beobachtet.

Und auch das Wissen aus der Waffen-Abteilung floss in die Ausbildung im Ving Chun Selbstschutz ein. Die Schüler mussten nicht nur lernen, wie sich ein unbewaffneter Gegner bewegt und im Kampf verhält, sondern auch wie sich die Situation ändert, wenn der Gegner eine Waffe hat. Zwischen dem Waffen-Ving Chun und dem Ving Chun Selbstschutz ohne Waffen bestehen seit jeher Verbindungen, und die beiden Sparten haben sich immer gegenseitig beeinflusst.

So findet man in den höheren Formen des Selbstschutzes Waffen wie Langstock und Doppelmesser. Da die alten Meister wussten, dass sich die einzelnen Bereiche des Ving Chun gegenseitig ergänzen, sorgten sie für genügend Verbindungsmöglichkeiten, um das Ving Chun immer noch zu verbessern.

Einen nicht unerheblichen Teil ihrer Zeit wendeten die Ving Chun-Meister für die Auswahl und Ausbildung derjenigen Schüler auf, die sie für die Ausbilderlaufbahn im Tempel ausersehen hatten. Diese mussten neben dem normalen Trainingsprogramm, das auch die Schüler absolvierten, natürlich viele zusätzliche Spezialkenntnisse haben.

Ihnen wurde unter anderem beigebracht, auf welche Weise ein Schüler ausgebildet wird, wenn er effektiv lernen soll. Die angehenden Ausbildungsmönche mussten lernen, die Verschiedenartigkeit der Schüler im Shaolin-Tempel in ihrem Unterricht zu berücksichtigen. Denn dies war eine wichtige Erkenntnis: bei der Ausbildung von Schülern im Ving Chun geht es um Menschen. Und da alle Menschen körperliche und charakterliche Unterschiede haben, mussten die Mönche im Shaolin-Kloster mit all diesen Menschen umgehen können und sie alle zum selben Ziel bringen: ein perfekter Ving Chun-Kämpfer zu werden, für den Ving Chun Teil seines Lebens ist.

Auch heute noch ist der Umgang mit Menschen ein bedeutender Teil der Lernprogramme der VC-Ving Chun- Ausbilder. Um den Schulleitern der A.S.VC.-Lizenzschulen das entsprechende Wissen zu vermitteln, lässt Sigung Sifu-Meister Birol Özden in ihre Ausbildung die alten überlieferten Erkenntnisse des Ving Chun aus den alten Shaolin-Zeiten einfließen. Vor allem aber gibt er seine eigenen Erfahrungen aus jahrzehntelanger Kampfkunstpraxis und aus dem Kontakt mit tausenden von Schülern an seine Ausbilder weiter und steht ihnen stets mit Rat und Tat zur Seite, ganz im Sinne der alten Meister von Shaolin.

Die Power eines einfachen VC-Handflächenstoßes

1.2. Welt-Cheftrainer Sigung Sifu-Meister Birol Özden

VC-Seminar in Limburg

Hochtritte werden im VC-Ving Chun nicht gemacht - Sifu Birol Özden beherrscht sie trotzdem.

Seine langjährige Kampferfahrung, sein Können und die Effektivität des VC-Ving Chun demonstriert Sigung Sifu-Meister Birol Özden bei seinen vielen Seminaren sehr anschaulich. Auf den folgenden Seiten finden sich Impressionen von Lehrgängen in Köln, Bonn, Aachen, München und anderen Städten von Nord bis Süd.

Dabei zeigt er die Einsatzmöglichkeiten von VC-Selbstschutz-Techniken im Nahkampf ebenso wie VC-Ving Chun mit Waffen wie Stock und Machete. Und manchmal stellt er auch sein Können in anderen Kampfsportarten unter Beweis.

VC-Prüfungslehrgang in Stade

Der Gegner will Sifu Birol Özden packen, doch der setzt sofort seinen Ellbogen ein.

Großer Ausbilderlehrgang in der VC-Europa Akademie

1.2. Welt-Cheftrainer Sigung Sifu-Meister Birol Özden

Mit VC-Ving Chun zum Erfolg

VC-Ving Chun - das heißt den Gegner kontrollieren und durch VC-Nachkampftechniken am Weiterkämpfen hindern.

VC-Seminare in München, Bonn, Duisburg und Aachen - auch die VC-Ausbilder arbeiten in allen Städten erfolgreich mit VC-Ving Chun, als Gruppenleiter, Schulleiter oder Akademieleiter.

Beim Angriff mit einer Waffe ist der Gegner doppelt gefährlich, daher ist Schnelligkeit gefordert. Doch die VC-Techniken sind auf jede Waffe übertragbar und effektiv einzusetzen.

Copyright by Sigung Sifu-Meister Birol Özden 47

Mein Leben für Ving Chun!

Seit ich mich erinnern kann, war ich von klein auf von zwei Bestandteilen dieser Welt fasziniert: vom Kämpfen und von den Menschen.

Beides hat mich schon früh beschäftigt. Ich verbrachte meine Kindheit in Istanbul, einer beeindruckenden Metropole mit vielen Schönheiten, vielen historischen Stätten und viel Tradition, aber auch mit den Schattenseiten, die jede Millionenstadt hat.

Wir Kinder erlebten viele schöne Dinge und fühlten uns manchmal wie Abenteurer auf Eroberungszug. Natürlich waren wir Jungen oft in den Straßen der Stadt unterwegs. Ich liebte es, die Menschen zu beobachten und aus ihrem Verhalten zu lernen. Die täglichen Begegnungen der Menschen zeigten mir viel über das Leben. Ich sah Leute, die Tag für Tag fleißig ihrer Arbeit nachgingen, um ihre Familie zu ernähren und ihre Existenz zu sichern - und sah andere, die über genügend Geld und Einfluss verfügten, um mit ihren Familien ein Leben im Wohlstand zu führen. Es gab Stadtviertel mit großen Villen und teuren Autos und es gab welche, in denen man auf der Straße kleine Kinder traf, die schon arbeiten mussten statt zur Schule zu gehen.

Diese Stadt hat viele Gegensätze und spiegelt alle Facetten des Lebens wider. Das hat mich in meiner Kindheit sehr beeinflusst. Und dadurch begegnete ich dem zweiten Faktor, der mein Leben geprägt hat: dem Kampf!

Meine erfolgreiche Zeit beim Taekwondo

Training vor meiner ersten großen Schule in Aachen

Ich erkannte schnell die Gesetzmäßigkeiten, nach denen die Menschen handeln, und die Prinzipien, die ihr Leben bestimmen. Wer Stärke, Macht und Einfluss hat, gibt den Ton an, während die Schwachen sich unterordnen müssen. Das galt damals auf der Straße - und das gilt noch heute, ob in der Politik, der Geschäftswelt oder im gesellschaftlichen Leben. Ich lernte aus Wortgefechten von Händlern und Geschäftsleuten ebenso wie aus Straßenkämpfen, die ich beobachtete. Der Stärkere siegt, der Schwächere verliert - so lautete in allen Fällen das Fazit.

Erinnerungen an meine ersten Schüler! Viele halten heute noch den Kontakt zu mir, besuchen mich und meine Familie oder nehmen gern an großen Ereignissen wie z.B. meiner Geburtstagparty 2000 teil.

Doch welcher Mensch kann bestimmen ob er stark oder schwach ist? Ein Kind oder eine Frau hat nun einmal nicht den Körperbau eines kräftigen Mannes. Ein alter Mensch kann nicht mit einem jungen Menschen mithalten. Eine untrainierte Person ist gegenüber einem athletischen Sportler im Nachteil. Genau deshalb suchen sich gewalttätige Menschen, Straßenschläger und Kriminelle immer schwächere Opfer aus. Nie wird man in der Zeitung darüber lesen, dass ein Schläger jemanden angegriffen hat, der größer und kräftiger war als er.

Erfolgreiche Seminare auch für Waffen Spezial wie hier VC-Machete ...

Doch diese Tatsache empfand ich immer als ungerecht. Ich glaubte daran, dass es ein Mittel geben musste, um das zu ändern. Ich fing früh an, mich für Kampfsport zu interessieren, Bücher zu lesen und mir Kampfsportfilme anzusehen. Zuerst probierte ich Boxen und Ringen. Gerade das Ringen hat in der Türkei eine lange Tradition. Aber auch die anderen Kampfsportarten, die damals bekannt waren, wie Judo und Karate, lernte ich kennen. Doch ich merkte, das war Sport, da ging es um Wettkämpfe nach Regeln und um Schiedsrichter, die eingriffen und den Kampf steuerten. Das war aber nicht das, was ich auf den Straßen sah. Da gab es keine Regeln und niemanden, der einen Kampf beendete wenn er unfair war.

Also suchte ich weiter. Nachdem ich mit 12 Jahren nach Deutschland gekommen war, widmete ich mich auch hier neben der Schule und später neben der Lehre den verschiedensten Systemen und Stilen. Ich betrieb sehr erfolgreich Taekwondo bis zum Schwarzgurt, machte Aikido, verschiedene Waffensysteme wie Arnis und Escrima und vieles mehr. Schon immer war ich sehr ehrgeizig. Deshalb betrieb ich all diese Kampfsportarten mit sehr viel Einsatz und Erfolg. Ich lernte viele unterschiedliche Kung Fu Stile kennen und kam letztlich auf Ving Chun 詠春拳.

Bruce Lee und seine Filme ließen ahnen, dass es da etwas gab, was mehr war als alles was ich bisher kannte. Ich informierte mich und fand so das, was von da an mein Leben bestimmt: Ving Chun 詠春拳. Ich machte meine Ausbildung bei verschiedenen europäischen und asiatischen Lehrern und Meistern im In- und Ausland. Alles andere ließ ich sofort beiseite, denn ich hatte nun das gefunden was ich immer gesucht hatte. Ich reiste Tausende von Kilometern, um mein Wissen und Können zu vervollkommnen.

... oder Standard wie VC-Stock

Ving Chun macht es den Schwächeren möglich, sich gegen Stärkere erfolgreich zur Wehr zu setzen. Ving Chun ist für den realen Kampf, es ist frei und ohne Regeln. Ving Chun bringt den Menschen bei, keine Ängste zu haben und instinktiv und aus Reflex zu handeln. Ving Chun ist eben ein naturelles System, das alle Erfahrungen über Tiere und Menschen zu einem effektiven Nahkampfsystem verbindet.

Mein Ziel war schnell klar: ich wollte diese Kunst an andere Menschen weitergeben und etwas gegen Ungerechtigkeit und Unterdrückung tun, so wie es Tradition der alten Ving Chun Meister ist. Denn ist es nicht ungerecht, wenn ein junges Mädchen auf offener Einkaufsstraße von mehreren Jugendlichen angegriffen wird und sich nicht wehren kann? Ist es nicht unfair, wenn ein kräftiger Mann einer alten Frau auflauert um ihre Ersparnisse zu stehlen? Jeder Schüler und jede Schülerin, die bei mir etwas gelernt haben, wissen, sie können sich in solchen Fällen wehren, und sie tun das auch. Denn die nötige Psychologie lernen sie bei mir.

Ich wollte meinen Traum verwirklichen und sah schon vor vielen Jahren Ving Chun als mein Leben an. Schon früh begann ich, selbst zu unterrichten und blicke heute auf eine über 20jährige Erfahrung im Umgang mit Schülern zurück. Ich begann mit einer kleinen Schule - schon bald wurden es mehr. Ich unterrichtete am Anfang neben meinem Handwerks-Beruf in drei Schulen - und dann entschloss ich mich, Ving Chun zu meinem Beruf zu machen.

Ich bin heute meiner Familie sehr dankbar, denn gerade in dieser Zeit erhielt ich viel Unterstützung, um meine Pläne zu verwirklichen. Am Anfang war es nicht immer einfach. Oft verteilte ich bei Wind und Wetter meine Plakate, die ich vorher selbst entworfen und gezeichnet hatte. Ich trainierte hart und baute die nächsten Ving Chun Generationen auf. Vieles musste ich am Anfang allein oder mit ein, zwei Helfern machen. Heute habe ich ein großes Team und viele Ausbilder, die Aufgaben von mir übernommen haben.

**VC-Ving Chun heute -
viele begeisterte Schüler in einer großen Ving Chun Familie.**

Mit der Zahl der Ving Chun-Schulen und der Schüler stieg auch die Zahl der Leute, die ihre Hilfe anboten. Inzwischen haben viele meiner Assistenten und Schulleiter ihren früheren Beruf „an den Nagel gehängt" und arbeiten in meiner VC-Europa-Akademie oder in einer meiner anderen Akademien und Schulen. Auch sie sehen ihre Zukunft im VC-Ving Chun.

Früher waren die Zeiten anders als heute. Der Kampfsport allgemein war noch nicht so verbreitet wie jetzt. Es gab ein paar Lehrer und Meister, die ihren Unterricht in Turnhallen oder teilweise sogar bei sich zu Hause gaben. Als ich meine ersten Schulen eröffnet hatte, gab es viele Neugierige und viele Neider, die mich und meine höheren Schüler herausforderten. Niemand wollte glauben, dass man mit Ving Chun erfolgreich sein kann. Doch wir haben immer wieder bewiesen, wie zuverlässig Ving Chun im Kampf ist und wie gut und schnell jeder normale Bürger es lernen kann. Mit meinem Konzept hatte nicht nur ich Erfolg, sondern auch meine Schulleiter, die ich ausgebildet habe. Durch unsere Arbeit ist Ving Chun in den letzten 10 Jahren zu dem geworden, was es heute ist: eine Kampfkunst für jedermann mit sauberem Ruf und mit über 30.000 begeisterten Schülern und Schülerinnen aller Altersgruppen und Bevölkerungsschichten in über 500 VC-Ausbildungsstätten.

Für mich ist es die Erfüllung meines Traumes. Ich arbeite heute mit Menschen zusammen und entdecke trotz meiner langen Jahre Erfahrung immer wieder Neues darüber, wie die Menschen sind. Ich bin Kämpfer, Lehrer und Geschäftsmann in einer Person und bilde auch meine Leute aus, so zu sein und mit VC-Ving Chun Erfolg zu haben. Ob als Voll-Profi oder als Halb-Profi - Ving Chun bietet für jeden, der als Lehrer und Ausbilder arbeiten möchte, viele Möglichkeiten.

Früher waren die Schüler, die Ving Chun trainierten, auch anders als heute. Damals gab es im Training fast nur Männer, die sich mit vielen Arten von Kampfsport beschäftigt hatten - gewissermaßen die harten Jungs.

Wenn ich mir heute meine Schüler ansehe, dann freue ich mich immer wieder über die Vielfalt. Im Laufe der Jahre ist durch die Arbeit von mir und meinen Ausbildern VC-Ving Chun zu einem überall bekannten und anerkannten System für jeden Menschen geworden.

Unter meinen Schülern sind Hausfrauen und Handwerker genauso wie Geschäftsleute, Schauspieler, Ärzte, Anwälte und Manager. Jeder findet in der A.S.VC. und den dazu gehörigen VC-Organisationen das für ihn passende, auf seine finanziellen und zeitlichen Möglichkeiten abgestimmte Angebot. Deshalb gibt es Schüler in meinen Akademien, die eine Vollzeitausbildung über mehrere Wochen oder Monate machen, sowie Schüler, die individuellen Privatunterricht nehmen, Einzelstunden absolvieren oder in Kleingruppen trainieren. Und natürlich finden

Die Holzpuppe ist ein wichtiger Teil meines Ving Chun Lebens. Sie ist für mich der Meister eines Meisters.

Doch ich habe auch schon höhere Schüler an die ich diese Kunst weitergebe.

Die immense Bedeutung der Holzpuppe im Ving Chun werde ich in meinem Holzpuppen-Buch erklären und die Techniken zeigen.

sich in den Klassen für VC-Gruppenunterricht Menschen aller Altersgruppen, Schichten und Nationalitäten. Darauf bin ich besonders stolz, dass diese Menschen in meinen Schulen im Unterricht und auf meinen Seminaren in Harmonie und Eintracht miteinander trainieren und ihre Begeisterung für VC-Ving Chun teilen - egal zu welcher Religion sie gehören oder aus welchem Land sie stammen. Hier gibt es keine Vorbehalte, sondern nur eine große Kung Fu Familie - **meine Ving Chun Familie!**

Sigung Sifu-Meister Birol Özden im Licht der Öffentlichkeit

Sigung Sifu-Meister Birol Özden verfügt über Erfahrungen in vielen verschiedenen Kampfsportsystemen. Doch in erster Linie ist er natürlich Meister im VC-Ving Chun. Hier tritt er nicht nur als herrvorragender Kämpfer auf, sondern beherrscht die gesamte Palette der Ving Chun Bereiche und der darin verankerten Programme.

Bei seinen Seminaren demonstriert er immer wieder sein Können und seine Power - vom VC-Stockkampf bis zu VC-Biu Tze und Holzpuppe.

Die Macher der Fachzeitschriften für Kampfsport sind seit Jahren an Sifu Birol Özden interessiert. Sie haben längst erkannt, dass er einer der Großen ist und berichten regelmäßig über ihn und bringen ihn auf ihren Titelseiten. Doch auch die Tagespresse und verschiedene Journale und Zeitschriften haben bereits über ihn berichtet. Es gibt viele interessante Ansatzpunkte, sei es ein Besuch von Sigung Sifu-Meister Birol Özden anlässlich eines Seminars in einer seiner VC-Akademien oder Ereignisse wie z. B. ein Tag der offenen Tür. Alle Presseaktivitäten werden über das A.S.VC. Presseabteil koordiniert. Dadurch haben die Ausbilder und Schulleiter einen Vorteil, denn auch über sie und ihre Aktivitäten wird berichtet, und sei es nur eine kleine Notiz in der lokalen Presse über Neueröffnung einer Schule oder erweiterte Trainingszeiten. Diese zusätzliche Werbung ist für jeden Schulleiter viel wert, denn sie garantiert ihm die Aufmerksamkeit vieler Menschen in seiner Stadt.

Sigung Sifu-Meister Birol Özden selbst ist Interviewpartner bei auflagenstarken Zeitungen von Handelsblatt bis Bildzeitung. Besonders die verschiedenen Fernsehsender sprechen regelmäßig bei ihm vor. Ob SAT1, RTL, WDR oder das türkische Fernsehen - sie alle haben bereits über Sifu Birol Özden selbst berichtet, Reportagen über VC-Ving Chun ausgestrahlt oder Spezialbeiträge z. B. über Ving Chun für Kinder oder Frauen gesendet. Sigung Sifu-Meister Birol Özden und seine Schüler waren zu Gast in den bekannten Talkshows wie „Arabella", „Bärbel Schäfer" und der „Harald Schmidt-Show", wo es um Themen wie Frauen und Selbstverteidigung ging oder um die Verbreitung von Waffen bei Jugendlichen und von Gewalt auf der Straße.

Sifu Birol Özden - erfolgreiche Zusammenarbeit mit der Polizei

Eines von zahlreichen Fernsehinterviews mit Sifu Birol Özden

Filmaufnahmen mit Uwe Ochsenknecht

Überall wird Sifu Birol Özden als Experte eingeladen. Er hat bei Film-Dreharbeiten bereits als Berater gearbeitet, z. B. für einen Film mit Uwe Ochsenknecht. Er arbeitet aber auch sehr eng mit Institutionen wie Polizei, Bundesgrenzschutz, Bundeswehr und Spezialeinheiten zusammen. Durch seine Erfahrung und seine Kenntnisse ist er in der Lage, überall als Berater zu fungieren. Ob waffenloser Selbstschutz oder der Einsatz von Waffen - „was darf ich und wann darf ich?" sind für viele Polizisten und Sicherheitskräfte Fragen, die Sifu Birol Özden beantworten kann. Er ist selbst ausgebildeter Schießleiter und arbeitet mit der Polizei zusammen. Er berät aber auch Sicherheitsleute, wie sie z.B. in einer Massenveranstaltung schnell und vor allem unauffällig Störenfriede kontrollieren und von der Masse abtrennen können.

Prüfungsabnahme für den TÜV durch Welt-Cheftrainer Sigung Sifu-Meister Birol Özden

Selbst große Institutionen wie z. B. der TÜV arbeiten mit Sigung Sifu-Meister Birol Özden zusammen. Für den TÜV Rheinland führt er nicht nur einen Teil der Ausbildung von Sicherheitskräften durch, sondern nimmt im Auftrag der TÜV Akademie sogar die Prüfungen ab. Auch andere bundesweit tätige Sicherheitsfirmen haben bereits bei ihm bezüglich einer Zusammenarbeit angefragt. Doch nicht nur Sicherheitsunternehmen nutzen gern VC-Ving Chun für sich. Auch große Firmen, Hotelketten usw. arbeiten mit Sifu Birol Özden zusammen. Sie interessieren sich für VC-Ving Chun, um z. B. ihren Mitarbeitern ein wirkungsvolles System für ihren Schutz zu geben oder als eine Maßnahme zur Senkung des Krankenstandes. Viele Unternehmen tun es heute den asiatischen Firmen nach und bieten Kampfkunst als Ausgleich für ihre Mitarbeiter an.

Erfolgreiche Management-Seminare mit Sifu Birol Özden

Darüber hinaus bietet Sigung Sifu-Meister Birol Özden regelmäßig Ving Chun Management Seminare für Firmen wie für Geschäftsleute an. Er bringt nicht nur seinen eigenen Ausbildern bei, wie man erfolgreich sein Geschäft führt, sondern stellt sein Wissen auch interessierten Menschen zur Verfügung, die ihre eigene Firma nach seinem erfolgreichen Konzept führen wollen. Aufgrund der steigenden Nachfrage gründete er vor einem Jahr eine eigene Organisation für Management, die Ving Chun Chi Life Management Connection.

Nicht nur die erfolgreichen Erwachsenen sind Sifu Birol Özden wichtig. Er engagiert sich besonders in der

Arbeit mit Kindern und Jugendlichen sehr stark, die als die schwächsten Mitglieder unserer Gesellschaft häufig Gewalt ausgesetzt sind. In allen VC-Schulen werden Kinder ab 4 Jahren unterrichtet. Die VC-Europa-Akademie verfügt über eine der größten Kinder- und Jugendgruppen in der All Style Ving Chun, die von Sihing Tufan Özden, 15 Jahre jung und Sohn des VC-Ving Chun Meisters, erfolgreich geleitet wird. Die ganz Kleinen im Alter von 4 - 11 Jahre werden von der erst 13jährigen Tochter Sije Pinar Özden betreut, die ihre Kids ebenfalls sehr gut im Griff hat. Schon die Kinder lernen, Gefahren zu erkennen, sich nicht alles gefallen zu lassen, selbstbewusster aufzutreten und sich im Notfall zur Wehr zu setzen. Mehrmals jährlich startet Sigung Sifu-Meister Birol Özden sein Sonderprojekt „Kinder im Dunkeln", bei dem er gerade in der dunklen Jahreszeit Spezialkurse für Kinder anbietet. Er fördert Projekte, mit denen Jugendliche von der Straße geholt werden und bietet jungen Menschen Praktikumsplätze in der VC-Europa-Akademie, die von den staatlichen Schulen als berufsvorbereitende Praktika anerkannt werden. Darüber hinaus arbeiten die Ausbilder in der A.S.VC. All Style Ving Chun mit den Schulen zusammen und führen Projektwochen durch.

Viele Frauen, die vorher nie etwas mit Kampfsport zu tun hatten und oft nur für sich selbst ein wenig Selbstschutz lernen wollten, sind von der Faszination des Ving Chun gefesselt worden und haben es mit Hilfe von Sifu Birol Özden inzwischen in die ehemalige Männerdomäne VC-Ausbilder geschafft. Sie unterrichten heute als Diplom-Schulleiterinnen und weibliche VC-Lehrergrade erfolgreich in der All Style Ving Chun und beweisen, dass Ving Chun das absolute System für Frauen ist.

Neben all seiner Arbeit für VC-Ving Chun engagiert sich Sigung Sifu-Meister Birol Özden auch sozial. Er unterstützt regelmäßig durch zahlreiche Aktionen wie Tombolas z. B. den Weissen Ring oder die Aktion Mensch. Er organisierte eine große Hilfsaktion für die Erdbebenopfer in der Türkei 1999. Schon vor Jahren hat er seine eigene Stiftung U.B.Ö.C. gegründet, in der

Sigung Sifu-Meister Birol Özden überreicht einen Scheck an die Aktion Mensch

er Gelder sammelt und für einen guten Zweck bereitstellt, z. B. um bedürftigen Kindern teure Operationen zu bezahlen oder deren Berufsausbildung zu finanzieren. Die Anti-Drogen Initiative, die er erst vor kurzem unter dem Motto „No drugs, sonst bist du ein Wrack! ©" ins Leben gerufen hat, arbeitet bereits sehr erfolgreich mit verschiedenen Institutionen und wird zu einer weithin bekannten Kampagne aufgebaut.

Sifu Birol Özden stellt seine Anti-Drogen-Initiative vor

Nicht nur in Deutschland, sondern auch im Ausland ist Sigung Sifu-Meister Birol Özden sehr erfolgreich. Ob in seinem Heimatland, der Türkei oder in anderen Ländern wie Österreich und der Schweiz arbeiten die von Sifu Birol Özden eingesetzten Landeschefausbilder sehr erfolgreich. Und in den kommenden Jahren wird es noch mehr werden.

Durch Presseveröffentlichungen und Internet sind viele Interessenten auf das erfolgreiche Ausbildungskonzept von Sigung Sifu-Meister Birol Özden aufmerksam geworden. Täglich gehen Anfragen nach freien Lizenzgebieten und Ausbildungsmöglichkeiten ein. So werden ständig neue Stützpunkte im Ausland aufgebaut. Die Zahl der Akademien in den deutschen Großstädten vergrößert sich stetig, und immer mehr Schulleiter erkennen die Chance, als Vollprofi und Leiter einer VC-Akademie, in der die ganze Palette des VC-Ving Chun - vom Gruppenunterricht bis zur Spezialausbildung in allen VC-Organisationen - angeboten wird, erfolgreich zu arbeiten und gut vom VC-Ving Chun zu leben.

In den Ausbilder-Spezialseminaren lernen die angehenden VC-Ausbilder alles für ihr Geschäft - vom Umgang mit Computern bis hin zur Rhetorik

Hilfsaktion nach dem großen Erdbeben 1999! Sifu Birol Özden sammelte Decken, Kleidung und andere Hilfsgüter und schickte sie in die Türkei.

Die Absolventen vom TÜV-Rheinland bei ihrer Abschlussprüfung bei Sigung Sifu-Meister Birol Özden.

1.2. Welt-Cheftrainer Sigung Sifu-Meister Birol Özden

Die drei Säulen des Erfolges:

Sifu Birol Özden unterrichtet heute selbst nur seine höheren Ausbilder sowie Geschäftsleute im Privatunterricht.

Für seine anderen Schüler nimmt er sich auf seinen Lehrgängen und Seminaren viel Zeit.

guter Lehrer

guter Kämpfer

und guter Geschäftsmann

1.2. Welt-Cheftrainer Sigung Sifu-Meister Birol Özden

VC im TV

EINE INFO DER EVCC-PR-ABTEILUNG:

ZU BESUCH BEI BÄRBEL SCHÄFER

mal tief in den Knochen. Doch die anschließende Diskussion verlief nach dieser Demonstration anders - realistischer. Wo vorher Sprüche dominierten wie „... dann ziehe ich meine Gaspistole und setze sie auch ein ...," wurden die Waffen-Befürworter vorsichtiger. Die Stimmung im Studio schlug um. Wie man sich waffenlos gegen einen Messerangriff schützen kann zeigte

Das Team von Sifu Birol Özden in der „Harald Schmidt Show"

Sifu Birol Özden wird vom Fernsehen als Experte eingeladen.

Interviewtermin mit Sigung Sifu-Meister Birol Özden ...

Sifu Birol Özden zu Gast bei „Arabella"

... von Fernsehsendern im In- und Ausland.

Der WDR dreht eine Reportage über Sigung Sifu-Meister Birol Özden

Copyright by Sigung Sifu-Meister Birol Özden

1.3. Die A.S.VC. All Style Ving Chun

Im Jahr 1999 wurde die A.S.VC. All Style Ving Chun von **Sigung Sifu-Meister Birol Özden** als Dachverband für alle VC-Organisationen gegründet. Er hat überall in Europa VC-Ving Chun nach einem perfekten **Ving Chun Management** Konzept aufgebaut.

In der A.S.VC. trainieren und studieren in rund 500 VC-Akademien, VC-Centern, VC-Lizenzschulen und VC-AG's über 30.000 Schüler unter der Leitung von diplomierten Ausbildern und Lehrern VC-Ving Chun.

VC-Ving Chun in der A.S.VC. bietet den Schülern professionelles Training und den Lizenznehmern und Schulleitern ein professionelles Konzept für ihren beruflichen Erfolg mit VC-Ving Chun.

VC-Akademien gibt es in verschiedenen Großstädten. Hier wird die gesamte Palette des VC-Ving Chun angeboten: Gruppenunterricht, Kleingruppenunterricht, Privatunterricht, Kampfteamklassen und ein- bis mehrwöchige Kompaktausbildung für Schüler und Ausbilder. VC-Akademien werden von höheren Lehrergraden, die als Profis arbeiten, geleitet und sind zwischen 500 und 1500 m² groß.

VC-Center finden sich in größeren Städten. Auch hier gibt es ein breites Angebot von Gruppenunterricht, Privatunterricht und Kampfteamklassen. Sie umfassen eine Fläche von 200 bis 400 m². Auch in den VC-Centern arbeiten professionelle Diplom-VC-Lehrer. Den VC-Centern nachgeordnet sind die auf einzelne Stadtteile und kleinere Städte verteilten **VC-Lizenzschulen.** Hier läuft vor allem VC-Gruppenunterricht und, bei entsprechender Qualifikation des Ausbilders, Privatunterricht. Eine VC-Schule muss mindestens 150 m² groß sein. Die VC-Schulleiter unterrichten oft neben ihrem Beruf und nutzen VC-Ving Chun als zweites Standbein, oder sammeln in ihrer Schule Erfahrungen, um später Akademie- oder Centerleiter zu werden.

Groß, hervorragend ausgestattet und modern - die VC-Europa-Akademie

VC-Gruppen und VC-AG's sind sehr gut als Einstieg für Ausbilder geeignet. Ein neuer Ausbilder kann ab einer Fläche von 30 m² eine VC-AG öffnen oder ab 60 m² eine VC-Gruppe. Er kann in eigenen Räumen unterrichten oder, was für Neueinsteiger besonders kostengünstig ist, sich in einer Tanzschule, im Freizeitzentrum oder Fitness-Studio stundenweise einmieten.

Hell und geräumig - die VC-Akademie Bremen

Die VC-Akademie in Aachen

Das Bistro in der VC-Akademie München

Jeder Ausbilder kann ganz nach seinen finanziellen und zeitlichen Möglichkeiten VC-Ving Chun unterrichten, und viele lernen so ihr Geschäft „von der Pieke auf". Ein VC-Ving Chun Ausbilder kann mit 30 Schülern ebenso erfolgreich sein wie ein anderer mit 300 Mitgliedern. Das VC-Ving Chun Konzept kann jeder für seinen Erfolg einsetzen. Einzige Bedingungen sind Fleiß und Interesse - der Blick auf die Einnahmen allein reicht nicht aus. Ein Ausbilder muss für seine Schüler ein offenes Ohr haben und ihnen wirklich etwas beibringen, damit sie gern zum Training kommen und lange dabei bleiben.

Das Angebot in den Ausbildungsstätten erstreckt sich vom VC-Selbstschutz, der Organisation mit der größten Schülerzahl, über VC-Bodyguard, VC-Weapon, VC-Esoteric bis zu VC-Management. Jede Sparte wird in Spezialklassen in den VC-Lizenzschulen angeboten und in den VC-Akademien unterrichtet.

Dabei wird Wert gelegt auf eine hohe Unterrichtsqualität und auf intensives und effektives Training. Sifu Birol Özden setzt sein Können, seine weitreichenden Erfahrungen mit Menschen und die Erkenntnisse des VC-Ving Chun auch für die Unterrichtsphilosophie ein. Das heißt: es gibt keinen Unterricht „von der Stange", sondern jeder Schüler wird individuell betreut und gefördert. Doch nicht nur die Qualität des Unterrichtskonzeptes, sondern auch die der VC-Ausbilder ist garantiert, da jeder Ausbilder sich ständig weiterbilden muss und die einzelnen Stufen seiner Ausbilderlaufbahn mit Diplom abgeschlossen werden. Sifu Birol Özden nimmt persönlich die Ausbilderprüfungen ab und überzeugt sich laufend vom Niveau seiner Ausbilder.

Sitz der **A.S.VC. All Style Ving Chun** ist die **VC-Europa-Akademie** in Köln. Von hier werden die Ausbildungsstätten gelenkt und die VC-Lizenznehmer betreut. Egal welche Fragen oder Probleme auftauchen, der VC-Schulleiter kann jederzeit in der Verwaltung der A.S.VC. bei der zuständigen Abteilung nachfragen. **VC-Mitgliederverwaltung, VC-Ausbildungsabteil, VC-Presseabteil, VC-PR-Abteil, VC-Finanzabteil, VC-Artikelvertrieb, VC-Fotoabteil, VC-Grafikabteil, VC-Internetabteilung usw.** - für alle Bereiche stehen Ansprechpartner zur Verfügung. Egal ob ein neuer Lizenznehmer Fragen zum richtigen Standort für seine neue VC-Schule hat, ob bei einem Geschäftsführer eines VC-Centers der Computer streikt oder ob ein VC-Schulleiter einen Tag der offenen Tür veranstaltet und Fotomaterial für eine Pressemitteilung braucht - ein Anruf in der VC-Europa-Akademie genügt. Durch seine langjährige eigene Erfahrung als Lehrer und Schulleiter weiß Sifu Birol Özden natürlich genau, welche Aufgaben in einer VC-Schule anfallen und womit seine Ausbilder es bei ihrer alltäglichen Arbeit zu tun haben. So hat er die Zentralverwaltung in Köln entsprechend aufgebaut, damit die VC-Schulen überall optimal laufen.

Nicht nur in Deutschland, sondern auch im Ausland ist Sigung-Meister Birol Özden sehr erfolgreich. Jedes Land hat eine eigene Landesorganisation, die direkt der **A.S.VC. All Style Ving Chun** unterstellt ist. An der Spitze jeder Landesorganisation steht ein Landeschefausbilder, der von Sigung-Meister Birol Özden ausgewählt und eingesetzt wird. Er wird Mitglied der **United Ving Chun Landes Connection U.VC.L.C.**. Bewährt er sich mit seiner Arbeit, bekommt er den Sifu-Titel für sein Land verliehen. Die Rechte und Pflichten, die mit der Führung einer Landesorganisation verbunden sind, sind rechtlich genau geregelt. Denn alle Organisationen, Namen, Markenzeichen, Embleme usw. sind patentrechtlich geschützt. Das bietet jedem Inhaber einer Lizenz eine Absicherung.

Für jedes Land gibt es einen zuständigen VC-Lehrer. Falls Sie Interesse haben in einem dieser Länder VC-Ving Chun mit aufzubauen, melden Sie sich bei uns mit Foto und Lebenslauf. Wir teilen dann den zuständigen Ansprechpartner mit.

VC-Ving Chun around the world

Afrika	Africa Ving Chun Connection	AF.VC.C.	Luxemburg	Luxemburg Ving Chun Connection	LX.VC.C.
Ägypten	Egypt Ving Chun Connection	EG.VC.C.	Monaco	Monaco Ving Chun Connection	MO.VC.C.
Alaska	Alaska Ving Chun Connection	AK.VC.C.	Neuseeland	New Zealand Ving Chun Connection	NZ.VC.C.
Australien	Australia Ving Chun Connection	AS.VC.C.	Niederlande	Netherlands Ving Chun Connection	NL.VC.C.
Belgien	Belgium Ving Chun Connection	BL.VC.C.	Norwegen	Norway Ving Chun Connection	NW.VC.C.
Bosnien	Bosnian Ving Chun Connection	BO.VC.C.	Österreich	Austrian Ving Chun Connection	AU.VC.C.
Bulgarien	Bulgarian Ving Chun Connection	BU.VC.C.	Polen	Poland Ving Chun Connection	PL.VC.C.
China, Hongkong	China Ving Chun Connection	CH.VC.C.	Portugal	Portugal Ving Chun Connection	PR.VC.C.
Dänemark	Danmark Ving Chun Connection	DM.VC.C.	Russland	Russian Ving Chun Connection	RS.VC.C.
Finnland	Finland Ving Chun Connection	FL.VC.C.	Schottland	Scotland Ving Chun Connection	SC.VC.C.
Frankreich	France Ving Chun Connection	FR.VC.C.	Schweden	Sweden Ving Chun Connection	SD.VC.C.
Griechenland	Greece Ving Chun Connection	GR.VC.C.	Schweiz	Schweiz Ving Chun Connection	SW.VC.C.
Großbritannien	Great Britain Ving Chun Connection	GB.VC.C.	Serbien	Serbian Ving Chun Connection	SE.VC.C.
Indien	India Ving Chun Connection	IN.VC.C.	Slowakei	Slovakia Ving Chun Connection	SL.VC.C.
Iran	Persian Ving Chun Connection	PE.VC.C.	Spanien, Kanaren	Spain Ving Chun Connection	SP.VC.C.
Irland	Irish Ving Chun Connection	IR.VC.C.	Südamerika	South American Ving Chun Connection	SA.VC.C.
Island	Iceland Ving Chun Connection	IC.VC.C.	Tschechien	Czech Ving Chun Connection	CZ.VC.C.
Italien	Italian Ving Chun Connection	IT.VC.C.	Türkei	Türkiye Ving Chun Connection	T.VC.C.
Japan	Japan Ving Chun Connection	JP.VC.C.	Ungarn	Hungary Ving Chun Connection	HG.VC.C.
Kanada	Canadian Ving Chun Connection	CA.VC.C.	USA	USA Ving Chun Connection	USA.VC.C.
Kroatien	Croatia Ving Chun Connection	CR.VC.C.	Zypern	Cyprus Ving Chun Connection	CY.VC.C.
Liechtenstein	Liechtenstein Ving Chun Connection	LI.VC.C.			

Die acht VC-Organisationen

Zur **A.S.VC. All Style Ving Chun** als Dachorganisation gehören acht VC-Organisationen, die im Laufe der Jahre von Welt-Cheftrainer Sigung Sifu-Meister Birol Özden gegründet wurden und heute unter seiner Aufsicht stehen.

Die älteste Organisation ist die **E.VC.C. (Euro Ving Chun Connection)** für **VC-Ving Chun Selbstschutz**. Mit ihr begann vor gut 10 Jahren der Werdegang der VC-Ving Chun Familie von Sifu Birol Özden. In der E.VC.C. werden die Programme unterrichtet, die für den waffenlosen Kampf und den Selbstschutz für normale Bürger entwickelt und festgelegt wurden. Oberhaupt dieser VC-Organisation ist Sigung Sifu-Meister Birol Özden selbst.

Um **VC-Bodyguardausbildung und Sicherheitstraining** geht es in der **W.VC.B.S.C. (World Ving Chun Bodyguard Security Connection)**. Hier trainieren Profis und Normalbürger, nicht nur sich selbst, sondern auch andere Personen zu schützen - sei es der Auftraggeber als Schutzperson eines Profi-Bodyguards, aber genauso auch die Frau und die Familie eines Durchschnittsbürgers, der etwas für deren Sicherheit tun will. Diese Organisation wird von Deutschland-Cheftrainer für VC-Bodyguard, Dai Sisuk Akin Özden geleitet. Hier wird alles unterrichtet, vom Beobachten und Analysieren von Situationen über den Kampf mit und ohne Waffen bis hin zum Einsatz von Funkgeräten, Waffenkunde usw. - letzteres natürlich für die Profis.

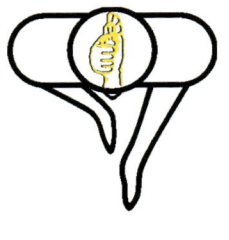

Die **I.VC.E.C. (International Ving Chun Esoteric Connection)** ist die Organisation, in der es weniger um das Kämpfen und mehr um die Philosophie des Ving Chun und um die geistige Stärke des Schülers geht. Hier reicht die Bandbreite vom **Körper- und Heiltraining** mit VC-Techniken und Programmen über **Meditation und Stressabbau** bis hin zu **Philosophie- und Psychologietraining** sowie um **Ving Chun Kommunikation und Rhetorik**.

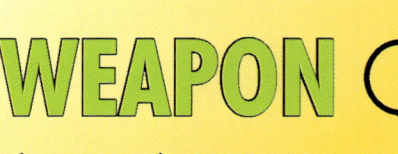

Eine ebenfalls sehr erfolgreiche Organisation ist die **VC.W.MA.C. (Ving Chun Weapon Martial Arts Connection)** für **VC-Waffenkampf** - von Stock bis Messer und Machete - deren Chefausbilder Dai Sihing Andreas Silbersack, langjähriger Schüler von Sifu Birol Özden, ist. Hier werden die Techniken und Programme aus dem VC-Selbstschutz auf die jeweilige Waffe übertragen. Schüler und Schülerinnen lernen so die Einsatzmöglichkeiten und natürlich die Gefahren von Waffen kennen, um sie besser einschätzen zu können und im Falle eines bewaffneten Angriffs richtig zu reagieren. Aber sie lernen auch, dass der Umgang mit Waffen eine große Verantwortung bedeutet und dass man nicht leichtsinnig damit umgehen oder sie als Mittel für die eigene Stärke ansehen darf.

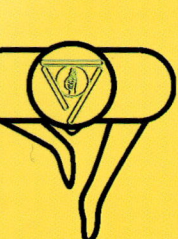

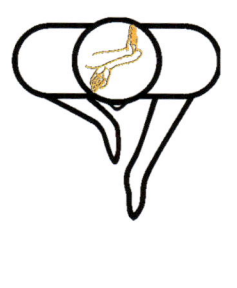

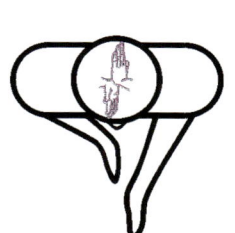

1.3. Die A.S.VC. All Style Ving Chun

DYNAMIC
VC.D.C.
Ving Chun Dynamic Connection

DYNAMIC DEFENSE
VC.DD.C.
Ving Chun Dynamic Defense Connection

DRILL ARTS
VC.DA.C.
Ving Chun Drill Arts Connection

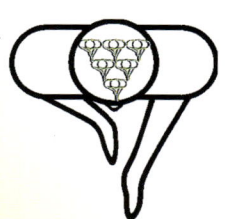

Chi Life Management
VC.CL.MC.
Ving Chun Chi Life Management Connection

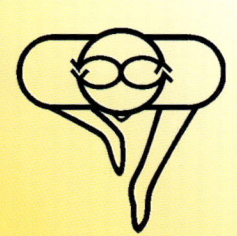

Die **VC.D.C. (Ving Chun Dynamic Connection)** für **VC-Dynamic, VC-Antibodenkampf, Nahkampf-Streetfighting und Powertraining** ist noch relativ jung, aber bereits sehr erfolgreich. Sie wird geleitet von Chefausbilder Dai Sihing Gerd Rütten, Diplom-Sportlehrer und langjähriger Schüler von Sifu Birol Özden. Die VC.D.C. ist die Organisation für alle diejenigen, die viel Action und Dynamic lieben. Hier wird Sparringstraining gemacht, aber auch Ausdauer- und Fitnesstraining, natürlich immer in Verbindung mit den VC-Ving Chun Techniken. Training für gezielten Muskel- und Körperaufbau, Konditionstraining und individuelle Ernährungsplanung runden die Programme ab.

Die **VC.DD.C. (Ving Chun Dynamic Defense Connection)** bietet Selbstschutz in Alltagssituationen. Hier werden Fälle durchgespielt, die täglich passieren. Überfälle in der U-Bahn, Angriffe im Parkhaus, Schlägereien in der Kneipe betreffen Frauen wie Männer. Durch realistisches Training an verschiedenen Orten werden Schüler und Schülerinnen auf gefährliche Situationen vorbereitet und lernen, sich durch richtiges Verhalten und durch ihre VC-Techniken zu schützen.

Zu den jüngeren Organisationen gehört die **VC.DA.C. (Ving Chun Drill Arts Connection)**, in der Ving Chun Programme in Verbindung mit Musik trainiert werden. Schon vor Jahrhunderten gehörten Bewegung und Musik auch im Kung Fu zusammen, und heute ist es einmal mehr in Mode, Kampfkunst und Taktgefühl zu verbinden. Durch die Musik kommen die weichen, runden und harmonischen Bewegungsabläufe des VC-Ving Chun hervorragend zum Ausdruck, und das begeistert viele Schüler.

Die **VC.CL.MC. (Ving Chun Chi Life Management Connection)** für ist die Organisation für Ving Chun Management Training für Durchschnittsbürger, Geschäftsleute und Firmen. Sigung-Meister Birol Özden hat als Geschäftsmann jahrzehntelange Erfahrung und hat diese Erfahrung mit viel Erfolg auch an seine VC-Schulleiter und Lizenznehmer, die als selbstständige Geschäftsleute arbeiten, weitergegeben. Deshalb lag es nahe, seine Kenntnisse auch Externen zur Verfügung zu stellen. So bietet er heute regelmäßig Seminare für Ving Chun Management in verschiedenen Städten und vor verschiedenen Kundenkreisen an.

Erfolg mit VC-Ving Chun

Erfolg mit VC-Ving Chun

Die Seminare von Welt-Cheftrainer Sigung Sifu-Meister Birol Özden sind immer gut besucht. Viele begeisterte Schüler der A.S.VC. All Style Ving Chun in ganz Europa lernen regelmäßig Spezialprogramme, legen Prüfungen ab und trainieren in den verschiedenen Bereichen des VC-Ving Chun. Sifu Birol Özden nimmt sich viel Zeit für seine Schüler und ist fast jedes Wochenende in einer anderen Stadt zu Gast.

Teilnehmer eines Sparring-Seminars in der VC-Europa-Akademie in Köln.

Erfolgreicher Prüfungslehrgang im VC-Center Köln.

VC-Spezialseminar in Bremen.

Die alte Aachener VC-Akademie platzte fast aus den Nähten beim letzten VC-Seminar.

VC-Sicherheits-Seminar in der VC-Bodyguard Akademie Düsseldorf.

VC-Management-Training mit Sigung Sifu-Meister Birol Özden.

Überall wird Sifu Birol Özden gern von seinen erfolgreichen VC-Ausbildern empfangen, die in ihren VC-Schulen, VC-Centern und VC-Akademien viele begeisterte Schüler unterrichten.

Großes Seminar in Düren - VC-Ving Chun unter freiem Himmel.

Ausbilderlehrgang in der VC-Europa-Akademie.

Gut besuchtes VC-Seminar in Bonn.

VC-Dynamic-Speziallehrgang für Nahkampf und Streetfighting.

Sigung Sifu-Meister Birol Özden zu Gast in der Zwickauer VC-Akademie.

VC-Bodyguard-Seminar in München - Die VC-Akademie begrüßt Sigung Sifu-Meister Birol Özden und Dai Sisuk Akin Özden.

Volles Haus bei der Neueröffnung der VC-Akademie Aachen.

Copyright by Sigung Sifu-Meister Birol Özden

1.4. Traditionen - VC-Ving Chun Gruß

Dieser Gruß bedeutet, dass ich als VC-Kämpfer im Friedenszustand bin und mein Geist, meine Seele und mein Körper sich in Ruhe befinden.
Er zeigt meinen Respekt für die Person die ich grüße.
Dieser Gruß ist zugleich Erkennungszeichen der VC-Ving Chun Leute.

Zum traditionellen Kung Fu gehören natürlich auch traditionelle Regeln. Die wichtigste ist der VC-Gruß, mit dem man seinen Respekt zeigt.
Mit einer leichten Verbeugung wird die Anerkennung des traditionellen Großmeisters Yip Man und des Meisters Sifu Birol Özden gezeigt.

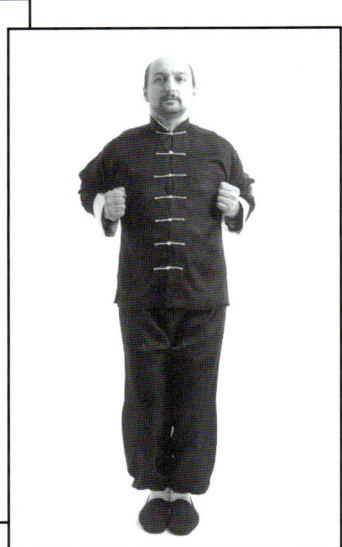

Eine typische Geste ist der VC-Handgruß. Sigung Sifu-Meister Birol Özden nimmt dazu den VC-Grundstand ein und demonstriert den VC-Handgruß. Er legt die rechte Faust in die Handfläche der senkrecht gestellten linken Hand und schiebt beide Hände leicht nach vorne. Grüßt ein Ving Chun Schüler seinen Sifu, verbindet er den VC-Handgruß mit der traditionellen Verbeugung.

Die wichtigsten Regeln und Umgangsformen, z. B. die spezielle Anrede von Meister und Lehrer sind in der VC-Schulordnung enthalten, die in jeder VC-Schule aushängt. Dadurch können alle in Harmonie miteinander VC-Ving Chun trainieren und studieren.

1.4. Traditionen - VC-Schulordnung

Die A.S.VC. ist eine Gemeinschaft, in der wir uns wohlfühlen und mit Freude und Respekt zusammen Ving Chun trainieren wollen. Darum ist mir unsere Schulordnung wichtig, die uns in diesem Sinne von Großmeister Yip Man überliefert wurde. Ein weiser Mann, der seine Schüler nicht nur zu guten Kämpfern ausbildete, sondern sie auch dazu erzog, die Menschen zu achten.

Daher bitte ich jeden von uns, sich bewusst an folgendes zu halten:

1. Bringe Deinen A.S.VC. Pass mit zum Unterricht, zum Privatunterricht, zu Lehrgängen, Prüfungen und zum Besuch auswärtiger VC-Ausbildungsstätten.

2. Bitte trage beim Training VC-Schutzkleidung. Zum Schutz vor Verletzungen empfehle ich folgende A.S.VC. Ausrüstung:

VC-T-Shirt, VC-Jogginghose, VC-Stiefel
VC-Handschuhe, VC-Schienbeinschoner
VC-Unterleibschutz für Frauen / Männer / Kinder
VC-Brustschutz für Frauen / Männer / Kinder
VC-Knie- und Ellbogenschoner
außerdem VC-Kopfschutz für das Kampf-Training

Zu Deinem eigenen und zum Schutz Deiner Kameraden trage bitte keine Metallgegenstände (Ketten, Armbänder, scharfe Ringe etc.) beim Training.

3. Erscheine bitte pünktlich zum Unterricht, damit er nicht gestört wird und Du nichts verpasst. Wir wollen alle möglichst viel vom Training haben.

4. Um Respekt vor Meister und Lehrern auszudrücken, mache Dir bitte folgende traditionelle Gesten zu eigen:

Symbolische Geste:
Beim Betreten und Verlassen des Unterrichtsraumes verbeuge Dich, um Deine Anerkennung für Großmeister Yip Man und Deinen Sifu zu bezeugen.

Persönliche Gesten:
Grüße Sigung Sifu-Meister Birol Özden
mit Verbeugung und VC-Handgruß,

Sihing mit Kopfnicken und VC-Handgruß,

Ausbilder mit VC Handgruß.

Wenn Du beim Unterricht von einem Ausbilder korrigiert worden bist, bedankst Du Dich durch den VC-Gruß.

Wenn Du bei uns bist, dann rede bitte alle mit ihren Ving Chun Familiennamen an:

den Meister (**Sifu** ⇨ Vater),
seine Frau (**Simo** ⇨ Mutter),

den Lehrer und die Ausbilder
(**Sihing** ⇨ älterer Bruder, **Sije** ⇨ ältere Schwester)

5. Habe Geduld mit Dir – Erfolge kommen nicht über Nacht. Trainiere nur das, was zu Deinem Unterrichtsprogramm gehört. Darüber soltest Du nach etwa drei Monaten eine Prüfung ablegen. Diese Prüfung wird vom Sifu durchgeführt und ist in einen Lehrgang integriert, so dass sie Dir kaum bewusst wird und keine Prüfungsangst entsteht. Dieser Lehrgang ist gleichzeitig eine Prüfung für Deinen Ausbilder. Sifu kontrolliert, ob er seine Aufgabe erfüllt hat, Dich als Schüler gut auszubilden.
Nach bestandener Prüfung erhältst Du eine Urkunde sowie eine entsprechende Eintragung in Deinen A.S.VC. Pass und wirst dann in Dein neues Unterrichtsprogramm eingeführt.

6. Dein Ziel ist die Beherrschung von Körper und Geist. Bewahre Dir dafür die nötige Energie und sei demütig.
Sei stets bereit, schwächeren Mitmenschen zu helfen, wenn sie in Not sind und Hilfe brauchen.

7. Respektiere die Meinung Deiner Mitmenschen. Verletze nicht die Gefühle von Anhängern anderer Kampfkünste, kritisiere nicht ihre Stile oder gar ihre Lehrer in der Öffentlichkeit. Wir wollen mit anderen Kampfkünstlern in Frieden leben.

8. Achte und liebe Deine Familie. Achte alle Menschen und bedenke, dass Ältere mehr Erfahrung haben als Du. Deshalb solltest Du ihre Worte respektieren.

9. Weihe niemals Außenstehende in VC-Techniken ein, A.S.VC. Mitglieder nur dann, wenn Du Ausbilder bist.

10. Vergiß nie, dass VC-Techniken eine gefährliche Waffe sind, die Du nur in Notwehr einsetzen darfst.

Der Notwehr-Paragraph (§227BGB):

1.) Eine durch Notwehr gebotene Handlung ist nicht widerrechtlich.

2.) Notwehr ist diejenige Verteidigung, welche erforderlich ist, um einen gegenwärtigen rechtswidrigen Angriff von sich oder einem anderen abzuwenden.
Respektiere bitte diese (traditionellen) Regeln und gib sie auch an Deine jüngeren Mitschüler weiter.

2.
VC-Trainingsprogramme für Einsteiger

2.1. VC-Grundstand

Aus dem VC-Grundstand heraus beginnen verschiedene Bewegungsabläufe und Aktionen im VC-Ving Chun. Er ist die Grundlage für viele VC-Programme. Deshalb ist der VC-Grundstand das erste, was ein VC-Ving Chun-Schüler lernt. Dabei lernt er nicht nur, wie er am Ende stehen muss. Auch die Reihenfolge, in der man den VC-Grundstand einnimmt, ist traditionell festgelegt und muss genau beachtet werden. Ausserdem wird bereits hier die Basis für die folgenden Programme, Schritte, Wendungen usw. gelegt. Deshalb sollte hier bereits auf Genauigkeit geachtet werden.

Der genaue Ablauf wird im folgenden von einer VC-Ausbilderin gezeigt.

1. Die VC-Ausbilderin stellt sich aufrecht hin, Kopf und Oberkörper sind gerade. Die Füße stehen eng, aber locker nebeneinander, so dass noch ein kleiner Spalt Platz dazwischen ist, damit keine Verkrampfung in den Beinen entsteht. Die Arme werden lang gestreckt seitlich neben dem Körper gehalten, dabei zeigen die Handflächen nach innen. Sie berühren den Körper, werden aber nicht an die Beine gepresst. Es besteht ein leichter Zug der Arme nach unten zum Boden, durch den die Arme gestreckt werden.

> Zu diesem Zeitpunkt sollte ein VC-Schüler nochmals ausatmen um entspannt stehen zu können. Die Bedeutung der Atmung und das richtige Atmen beim VC-Training spielt eine große Rolle in der VC-Ving Chun Esoteric. Ich werde die Zusammenhänge in meinem Buch über VC-Esoteric genau erklären.

Abb. 1

Abb. 2

2. Die VC-Ausbilderin schließt nun ihre Hände zu lockeren Fäusten. Dabei dürfen die Hände und Arme nicht verkrampft sein. Die Finger werden nicht ganz geschlossen, sondern es bleibt ein wenig Luft dazwischen, so als würde man etwas Zerbrechliches in den Händen halten. Diese Haltung der Hände ist ein lockerer Haltegriff, den man auch als VC-Laup Sao (greifende Hand) bezeichnet.

3. Nun zieht die VC-Ausbilderin ihre Arme eng am Körper hoch und lässt die Ellbogen dabei nach hinten wandern, so lange bis die Unterarme waagerecht sind und parallel zum Boden gehalten werden. In dieser Position sind die Hände in Brusthöhe, knapp neben dem Körper, jedoch ohne ihn zu berühren. So werden Verkrampfungen vermieden. Die Ellbogen zeigen gerade nach hinten. Sie dürfen nicht seitlich abgewinkelt werden. Die Hände schließen nach vorne etwa mit der Brust ab. Sie sollten nicht weiter nach vorn ragen als bis auf Höhe der Brust, damit die Schulter- und Brustmuskulatur optimal gedehnt wird.

Abb. 3

Copyright by Sigung Sifu-Meister Birol Özden

2.1. VC-Grundstand

Abb. 4

Abb. 5 45° 45°

Abb. 6 45° 45°

Abb. 6

Abb. 7

Abb. 7

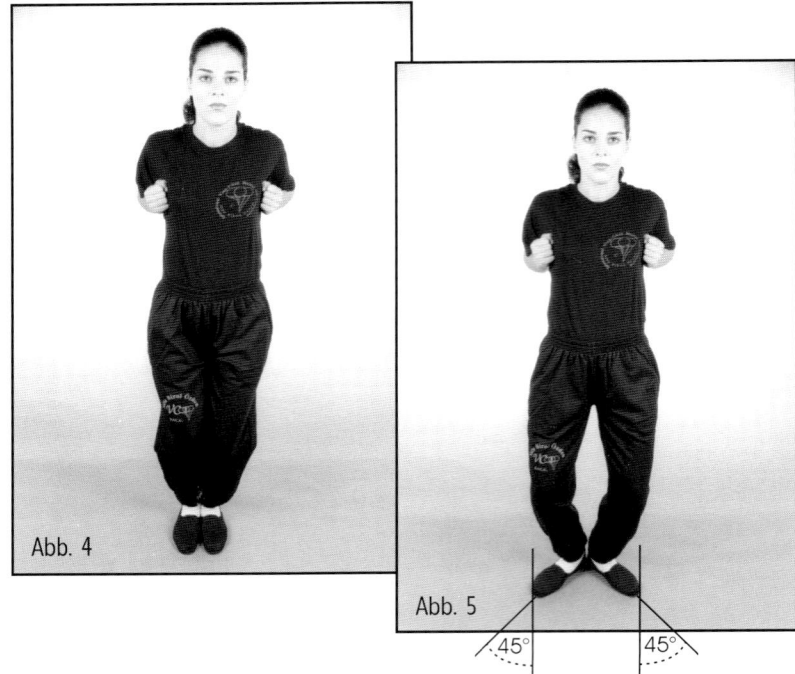

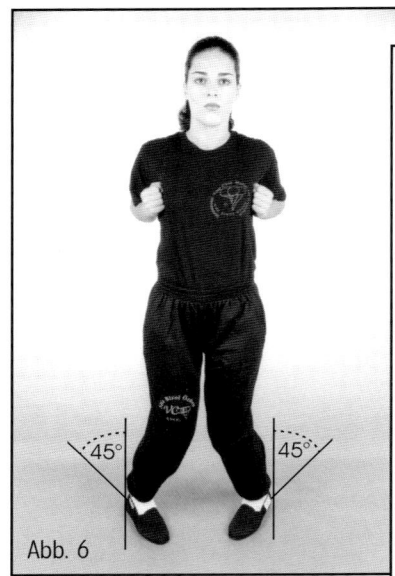

4. Die Arme werden weiter so gehalten, die Knie werden jetzt langsam nach vorn über die Fußspitzen hinweg gebeugt. Dabei muss die Sohle vollständig am Boden bleiben. So baut sich in den Beinen eine isometrische Spannung auf.

> Das isometrische Training ist ein wichtiger Bestandteil des VC-Ving Chun. Isometrisch bedeutet „gleiche Länge oder gleiches Maß". Das heißt, der Muskel wird auf gleichbleibender Länge unter Spannung trainiert. Es erfolgt keine Bewegung, man kann daher vom statischen Muskeltraining sprechen. Um die sich aufbauende Spannung im Körper zu lösen muss der VC-Schüler gleichmäßig ausatmen.

5. Die VC-Ausbilderin öffnet nun ihre Fußspitzen um 45 Grad, indem sie beide Füße um den Mittelpunkt der Fußsohlen nach außen dreht. Die Fersen bleiben noch nebeneinander stehen. Bei der Drehung bleiben die Fußsohlen komplett am Boden. Die Beine bleiben gebeugt.

6. Danach öffnet die VC-Ausbilderin ihre Fersen um 90 Grad, indem sie beide Füße um den Mittelpunkt der Fußsohlen nach außen dreht. Auch dabei bleiben die Fußsohlen komplett am Boden, und die Beine bleiben gebeugt. Am Ende dieser Bewegung haben die Beine ihre Position für den VC-Grundstand erreicht. Die Beine sind gebeugt, die Knie zeigen nach innen, ebenso wie die Fußspitzen in einem Winkel von 45 Grad. Die Haltung, die ihre Beine jetzt haben, wird auch als VC-Boung Geurk bezeichnet.

7. Jetzt werden die Hände geöffnet. Die Finger zeigen schräg nach vorn. Die Arme bleiben zunächst noch hinten.

2.1. VC-Grundstand

8. Dann schiebt die VC-Ausbilderin ihre Hände keilförmig nach vorn, bis sich die linke Hand genau vor der rechten Hand befindet. Die Hände berühren sich aber nicht. Beide Hände sind genau in der Mitte vor dem Körper auf Brusthöhe. Die Ellbogen sind tiefer als die Hände. Von den Ellbogen aus gesehen zeigen die Arme im Winkel von 45 Grad nach vorn. Die Ellbogen zeigen leicht nach außen und schützen die Seiten des VC-Kämpfers. Die Arme haben in dieser Position ihre VC-Kampfstellung erreicht. So wird die Haltung der Arme im VC-Grundstand bezeichnet. Die vordere, linke Hand bezeichnet man als Maun Sao (= suchende Hand), die den Kontakt zum Gegner sucht. Die hintere, rechte Hand ist der Wu Sao (= schützende Hand). Sie ist zuständig für den Schutz des VC-Kämpfers, besonders seines Kopfes. Deshalb muss diese Hand immer oben gehalten werden.

Abb. 8

Abb. 8

9. In dieser Position von Armen und Beinen hat die VC-Ausbilderin ihren VC-Grundstand vollständig eingenommen.

Abb. 9

Abb. 9

Abb. 10

Abb. 11

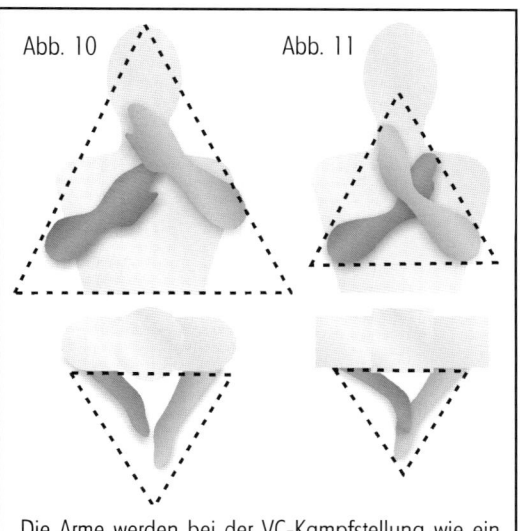

Die Arme werden bei der VC-Kampfstellung wie ein Schutzkeil, an dem der Gegner abrutschen muss, vor dem Körper gehalten. Dieser Schutzkeil deckt, wie Abb.10 zeigt, den gesamten Oberkörper ab. Würde man die Arme enger vor sich halten, würde automatisch auch der Schutzkeil kleiner, und dem Gegner würden sich Lücken öffnen (Abb.11). Aber ist es nicht besser, mit einem großen Schutzschild vor dem Gegner zu stehen als mit einem kleinen?

Dieser Stand wird auch als Siu Nim Tau-Stand bezeichnet, weil er die Ausgangsbasis für diese Form ist (siehe Kap.2.14.). Im VC-Grundstand ist ein intensives isometrisches Krafttraining, besonders für die Beine, enthalten. Die Muskulatur ist unter Spannung, die Bänder und Sehnen werden gedehnt, jedoch ohne den Rücken oder die Gelenke zu belasten. Ganz besonders für den Rücken ist der Grundstand eine sehr gesunde Haltung, da die Wirbelsäule in ihrer natürlichen s-förmigen Position ist. Dadurch können Rückenprobleme gemindert werden und Haltungsschäden wird auf diese Weise vorgebeugt. In dieser Position werden alle Bereiche des Körpers trainiert. Durch die zur Kampfstellung erhobenen Arme und den tiefen Sitz mit gebeugten Beinen sind alle Muskeln angespannt, der VC-Ving Chun-Kämpfer ist konzentriert.

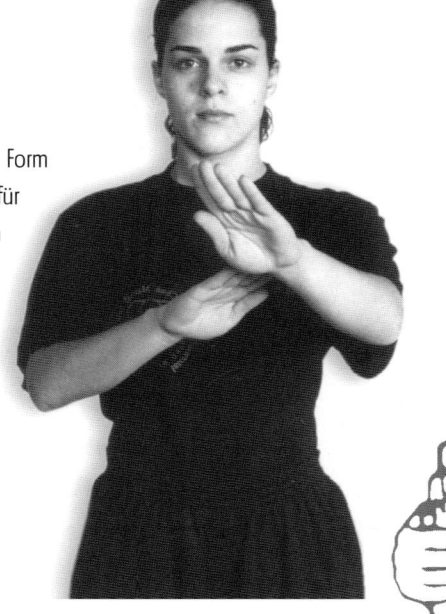

2.2. VC-Freischritt

Um aus dem VC-Grundstand zu einer aktiven, kampfbereiten Position zu kommen, wird im VC-Ving Chun ein spezieller Schritt benutzt, der VC-Freischritt. Damit befreit sich der VC-Kämpfer aus seiner Haltung und bewegt sich von seiner Basis nach vorn.

Die VC-Ausbilderin steht im VC-Grundstand. Um die Schrittarbeit beim VC-Freischritt deutlich zu machen werden die Arme angewinkelt und zum Doppel-Laup Sao hochgezogen. Sie macht jetzt mit dem linken Bein einen Schritt nach vorn und setzt den Fuß genau in der Mitte vor ihrem Körper ab. Der Fuß bleibt dabei um 45 Grad nach innen gedreht, wie schon im VC-Grundstand, das Knie zeigt dadurch ebenfalls weiterhin nach innen. Das Bein bleibt also die ganze Zeit ein VC-Boung Geurk. Bei diesem Schritt führt die VC-Ausbilderin ihr Bein eng über ihre Körpermitte nach vorn. Auf diese Weise deckt sie mit dem Bein ihren Unterleib ab und schützt ihn.

Das rechte Bein wird sofort dem linken Bein und dem Körper nachgezogen, bis es auf einer Linie mit dem vorderen Bein steht und das Körpergewicht auf dem hinteren Bein liegt. Die VC-Ausbilderin zieht es so weit heran, bis es genau unter ihrem Oberkörper ist. Der Fuß bleibt bei dieser Bewegung am Boden.

Durch die Vorwärtsbewegung mit dem linken Bein verstärkt sich die Spannung im rechten Bein. Deshalb gibt die VC-Ausbilderin dieser Spannung nach und dreht, während sie das Bein nach vorn zieht, den Fuß auf, bis die Fußspitze um 45 Grad nach außen zeigt. Dadurch zeigt auch ihr rechtes Bein nach außen. So wird es abgesetzt, und zwar so, dass die Füße parallel stehen und die Fußspitzen genauso wie die Fersen auf einer Linie liegen. Die folgende Sequenz zeigt die Bewegung in ihren Einzelteilen.

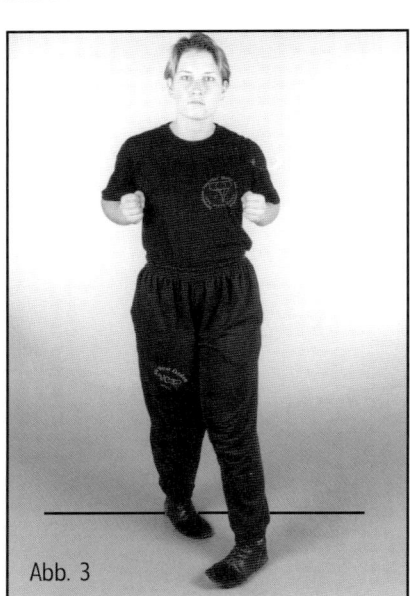

Abb. 1   Abb. 2   Abb. 3

Gewichtsverlagerung auf das rechte Bein, VC-Freischritt mit dem linken Bein.

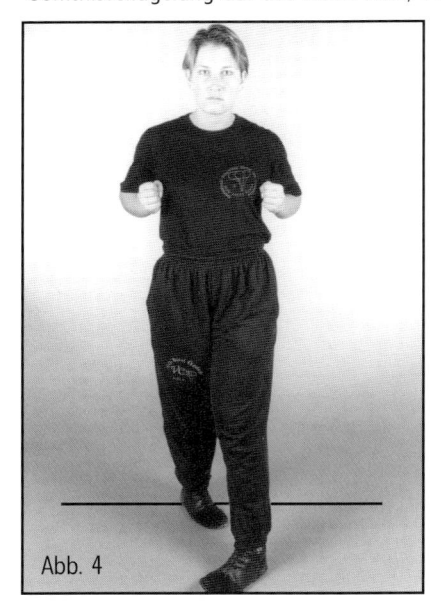

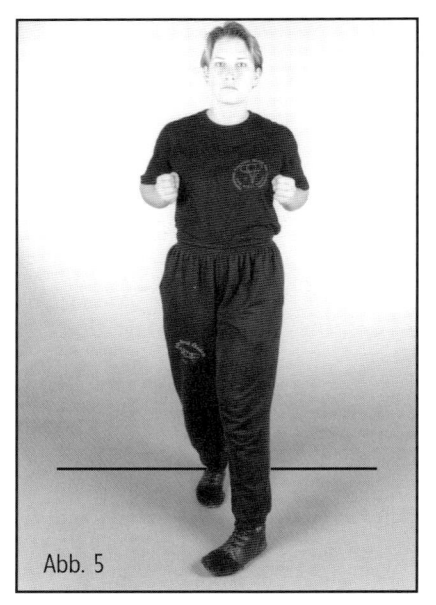

Abb. 4   Abb. 5   Abb. 6

Am Ende des VC-Freischritts hat sich die VC-Kämpferin aus dem VC-Grundstand gelöst und hat eine neue Position erreicht, die als VC-Vorwärtsstand bezeichnet wird.

2.3. VC-Kampfstand

Der VC-Kampfstand ist eine aktive Haltung. Der VC-Kämpfer ist dabei voll konzentriert und hat eine Position eingenommen, in der er kampfbereit ist. Er setzt sich zusammen aus der Haltung der Arme (VC-Kampfstellung) und der Position der Beine (VC-Vorwärtsstand). Der VC-Kampfstand wird eingenommen, indem der VC-Kämpfer aus dem Grundstand heraus einen Freischritt nach vorne macht (s. S. 70).

2.3.1. VC-Kampfstellung:

1. Die Arme befinden sich wie auch im VC-Grundstand in der VC-Kampfstellung mit links VC-Maun Sao und rechts VC-Wu Sao. Das bedeutet, dass die vordere Hand (VC-Maun Sao) für die Kontaktaufnahme mit dem Gegner zuständig ist (z. B. durch eine VC-Angriffstechnik) sowie dafür, die Angriffe des Gegners mit den VC-Grundtechniken aufzunehmen.

Die hintere Hand (VC-Wu Sao) schützt den VC-Kämpfer und wird deshalb immer oben gehalten. Gleichzeitig mit der anderen Hand wird sie für Angriffe eingesetzt.

2. Rechte und linke Hand können auch die Positionen tauschen, das heißt VC-Maun Sao ist dann rechts, VC-Wu Sao ist links.

Durch die keilförmige Stellung der Arme werden zwei wichtige Dinge erreicht: Der Oberkörper des VC-Kämpfers ist geschützt, da alle Angriffe des Gegners seitlich abgeleitet werden. Die Arme sind genau in der Mitte des Oberkörpers und decken ihn so optimal ab, da die tieferliegenden Ellbogen auch noch den Seiten des Oberkörpers Schutz bieten. Gleichzeitig ermöglicht dieser VC-Keil, dass der VC-Kämpfer seinen Gegner auf dem kürzesten Wege auf gerader Linie erreichen kann. Weil er sich nach vorn bewegt und sein Körpergewicht für seine Angriffe mit einsetzt, braucht er keine Kraft, um den Gegner effektiv zu treffen. Das Keilprinzip wirkt genauso wie der spitze Bug eines Schiffes, der das Wasser zerteilt und die Vorwärtsbewegung des Schiffes wesentlich schneller macht als es ein stumpfes Ende tun würde. Aus der VC-Kampfstellung kann der VC-Ausbilder mit den acht VC-Grundtechniken (siehe Kap.2.6.) alle Angriffe eines Gegners auf seinen Oberkörper sowie auf den Unterleib aufnehmen.

2.3.2. VC-Vorwärtsstand:

Beide Beine stehen nach dem VC-Freischritt genau hintereinander auf einer Linie im VC-Vorwärtsstand (Abb.3). Die Füße sind jeweils um 45 Grad gedreht, beim vorderen Bein nach innen, beim hinteren nach außen. Genau wie die Arme können auch die Beine ihre Position tauschen, das heißt, es kann auch das linke Bein vorn und das rechte hinten sein (Abb.4).

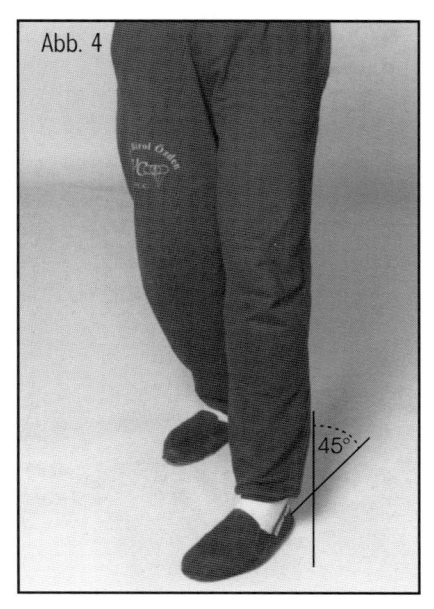

Das vordere Bein ist ein VC-Boung Geurk. Genauso wie im VC-Grundstand ist der Fuß und damit auch das Knie nach innen gedreht. Auf diese Weise deckt das vordere Bein das Standbein und den Unterleib des VC-Kämpfers ab, besonders wenn er es leicht anhebt und sich dadurch das Knie genau vor dem Unterleib befindet. Das vordere Bein ist frei von Gewicht und dient dazu, Angriffe auf die Beine mit Hilfe der VC-Beintechniken aufzunehmen und mit den VC-Kicks Nummer 1, 2 und 3 Beine und Unterleib des Gegners anzugreifen (siehe Kap.2.7. und 2.8.).

Copyright by Sigung Sifu-Meister Birol Özden

Das hintere Bein, das als Standbein dient, ist in der Position eines VC-Jaup Geurk, das heißt der Fuß ist um 45 Grad nach außen gedreht, und das Knie zeigt dadurch ebenfalls nach außen. Das Bein befindet sich direkt unter dem Körper des VC-Kämpfers und ist gebeugt. Je tiefer der VC-Kämpfer in dieser Position sitzt, desto größer ist seine Stabilität, besonders wenn er mit dem vorderen Bein arbeiten muß. Das hintere Bein muß genau auf einer Linie mit dem vorderen stehen, damit der Schutz für das Standbein optimal ist (Abb.5).

Abb. 5

Sowohl Arme wie auch Beine des VC-Ausbilders sind im VC-Kampfstand in der optimalen Position, um sie im Kampf effektiv einzusetzen und gleichzeitig den größtmöglichen Schutz für sich zu haben.
Diese Haltung ist nicht nur für den Kampf selbst positiv, sondern auch um ihn abzuwenden. Denn der VC-Kampfstand drückt keine Aggressivität, sondern eine abwehrende Haltung aus. Es ist als würde der VC-Kämpfer sagen: "Vorsicht, bleib wo du bist!".
Daher ist der VC-Kampfstand im Falle des Falles als Notwehrposition anerkannt und wird sogar von Gerichten als positiv angesehen.

2.4. VC-Vorwärtsschritt

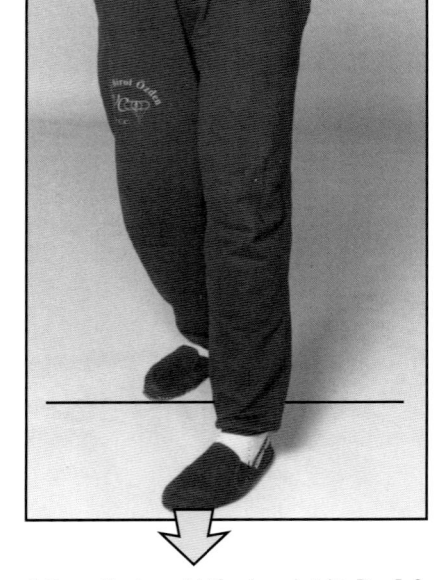

Will der VC-Kämpfer vom VC-Kampfstand aus die Distanz zum Gegner verkleinern und sich dafür nach vorn bewegen, so benutzt er dafür den VC-Vorwärtsschritt. Er steht in seiner Ausgangsposition im VC-Kampfstand an einer mittels Linie markierten Stelle.

Der VC-Kämpfer macht mit dem vorderen Fuß einen geraden Schritt nach vorn. Dabei behält er aber den Kopf und den Oberkörper so weit wie möglich hinten, um beides nicht in Gefahr zu bringen. Das Bein bleibt dabei im VC-Boung Geurk. Das Gewicht liegt auf dem hinteren Bein.

Der hintere Fuß wird sofort dem vorderen nachgezogen, so als wären beide mit einem Gummi verbunden, das bei einer Bewegung des vorderen Beines das hintere sofort heranzieht. Das Bein bleibt dabei im VC-Jaup Geurk. Für die Stabilität des VC-Kämpfers ist äußerst wichtig, dass er während des VC-Vorwärtsschritts das Körpergewicht auf dem hinteren Bein lässt, indem er es beugt und tief darauf sitzt. Ebenso wichtig ist, den Kontakt zum Boden zu halten, indem er den hinteren Fuß am Boden schleifend nachzieht. Der Fuß darf sich nicht vom Boden lösen. Selbst die Ferse sollte am Boden bleiben, so dass im Idealfall die gesamte Fußsohle schleifend nach vorne gezogen wird.

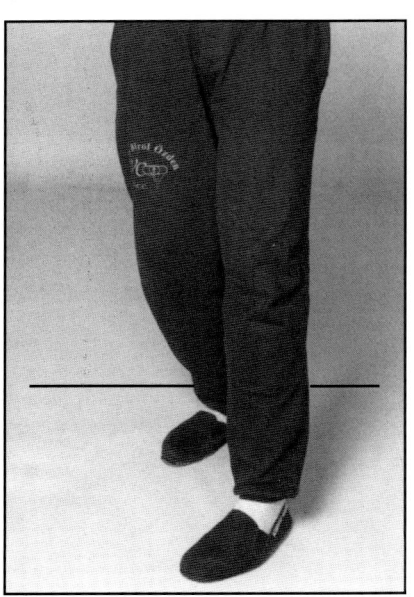

Der Fuß wird so weit dem vorderen nachgezogen, bis er direkt unter dem Körper des VC-Kämpfers steht und sein gesamtes Körpergewicht auf dem hinteren Bein liegt. Dies prüft der VC-Kämpfer, indem er den vorderen Fuß leicht anhebt. Steht er dann sicher, ist alles richtig.

Am Ende des VC-Vorwärtsschritts steht der VC-Kämpfer wieder im VC-Kampfstand, hat sich aber nach vorne bewegt.
Der gesamte Bewegungsablauf wird auf den folgenden Seiten nochmals von einer VC-Ausbilderin gezeigt.

Sie bewegt sich aus dem VC-Vorwärtsstand, bei dem sie die Hände zum Doppel-Laup Sao beiseite genommen hat, von der Basislinie mit einem VC-Vorwärtsschritt nach vorne.

2.4. VC-Vorwärtsschritt

Abbildung 1 bis 4: Bewegungsablauf beim VC-Vorwärtsschritt - Frotalansicht

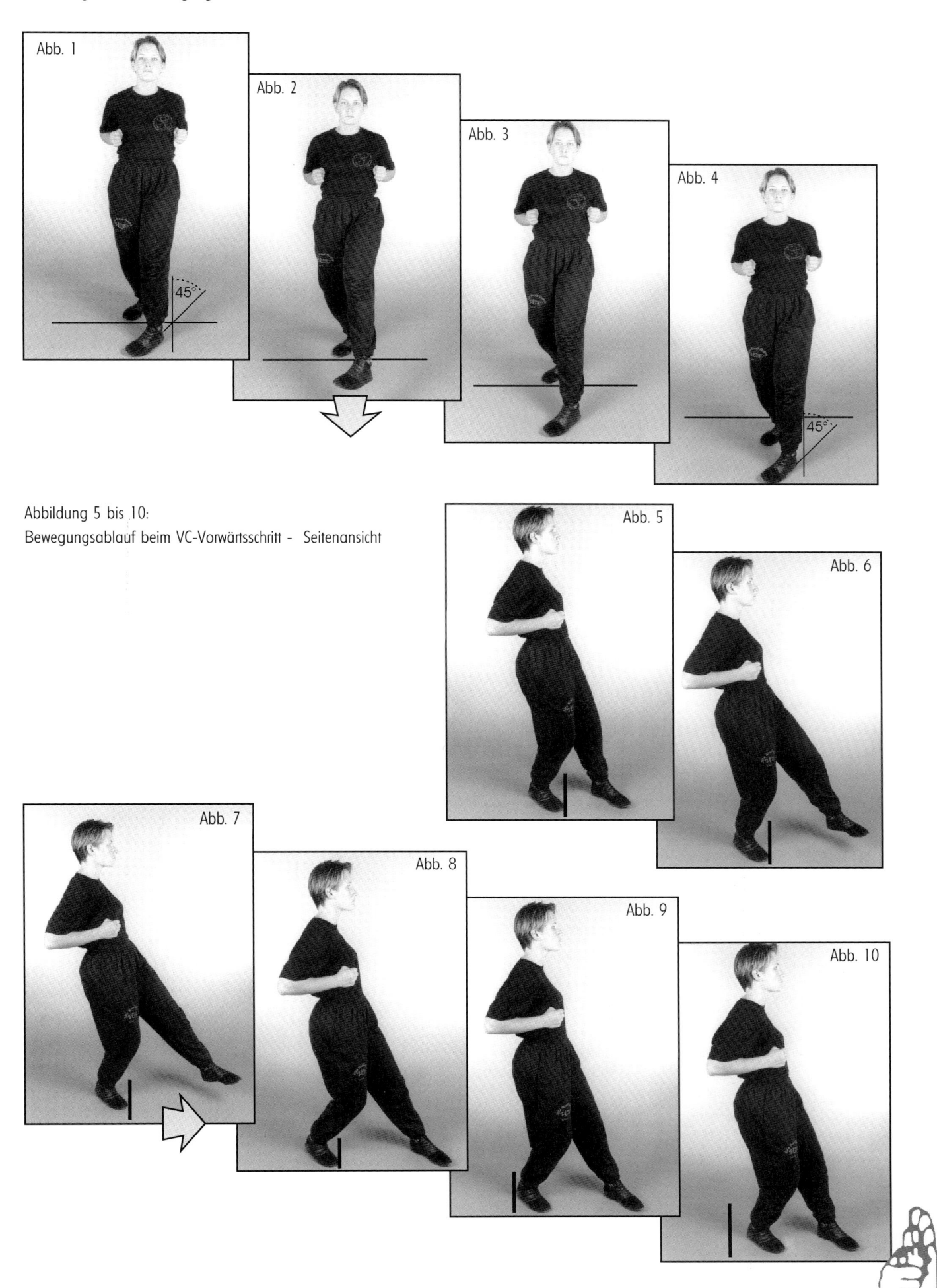

Abb. 1
Abb. 2
Abb. 3
Abb. 4

Abbildung 5 bis 10:
Bewegungsablauf beim VC-Vorwärtsschritt - Seitenansicht

Abb. 5
Abb. 6
Abb. 7
Abb. 8
Abb. 9
Abb. 10

Copyright by Sigung Sifu-Meister Birol Özden

2.5. VC-Angriffstechniken

Typisch für das VC-Ving Chun und ein wesentlicher Grund für seine Effektivität und Schnelligkeit ist der Einsatz der VC-Angriffstechniken. Sie erfolgen immer gleichzeitig mit der Aufnahme eines Angriffs und geben dem Gegner keine Zeit, auf seine fehlgeschlagene Aktion zu reagieren. Auf diese Weise nutzt der VC-Ving Chun-Kämpfer jede Sekunde, die er im Kampf zu Verfügung hat, optimal für sich aus.

Ist der Angreifer zu langsam, seine Angriffsabsicht aber eindeutig, setzt der VC-Kämpfer seine Angriffstechniken auch direkt und ohne Umschweife ein. Im Kampf bleibt keine Zeit zum Nachdenken oder Abwarten, daher ist derjenige erfolgreich, der keine Zeit verschenkt und seinen Gegner durch schnelle Angriffe außer Gefecht setzt. Deshalb gibt es im VC-Ving Chun keine langen Kämpfe, sondern der Angreifer wird innerhalb von wenigen Sekunden ausgeschaltet. Dies ist gerade für durchschnittliche Bürger wichtig, die keine geübten Kämpfer sind und die sich daher schnell und wirkungsvoll schützen müssen.

Ich will treffen - nicht kämpfen. Kämpfen dauert länger!
Sigung Sifu-Meister Birol Özden

2.5.1. VC-Angriffstechniken - VC-Handflächenstöße

Die einfachste VC-Angriffstechnik ist ein gerader VC-Handflächenstoß. Daher lernt der VC-Ving Chun-Schüler diese Technik auch gleich am Anfang. VC-Handflächenstöße sind auch für den unerfahrenen Schüler leicht zu lernen. Es besteht keine Verletzungsgefahr, weil der Schüler nicht mit den Fingerknöcheln, sondern mit dem Handballen schlägt. Da er lernt, die ganze Handfläche zum treffen zu nutzen, also die größtmögliche Fläche der Hand, ist er auch als Anfänger schon in der Lage, diese VC-Technik in einer Gefahrsituation einzusetzen. Gleichzeitig lernt er, die Power und Schlagkraft seiner VC-Handflächenstöße dadurch zu verstärken, dass er sie mit einem VC-Vorwärtsschritt nach vorne kombiniert und auf diese Weise sein eigenes Körpergewicht mit einsetzt.
Weitere Vorteile von VC-Handflächenstößen werden im Kap. 2.20. erläutert.

1. In den folgenden Beispielen wird der VC-Handflächenstoß auf zwei Arten demonstriert und erklärt: zuerst im VC-Grundstand, um nur die Technik selbst zu beschreiben, und dann im Zusammenhang mit dem VC-Vorwärtsschritt, um die Wirkung der Vorwärtsbewegung durch den Schritt zu erläutern. Die VC-Ausbilderin steht im VC-Grundstand und hat ihren linken Arm als VC-Maun Sao vorne, den rechten zum Schutz als VC-Wu Sao dahinter.

Abb. 1

2. Die vordere Hand der VC-Ausbilderin wird VC-Maun Sao genannt, was übersetzt „suchende Hand" bedeutet. Sie ist die erste, die mit dem Gegner Kontakt schließt, wenn der VC-Kämpfer seine Kampfstellung nach vorne schiebt. Sie ist am nächsten zum Gegner und macht deshalb auch, wenn der VC-Kämpfer direkt angreift, den ersten VC-Handflächenstoß.

Dazu schiebt die VC-Ausbilderin ihre linke Hand gerade nach vorne. Dabei nimmt sie den Ellbogen eng vor ihren Körper. Sie hebt den Arm, während sie ihn nach vorne streckt, so weit an, dass die Hand etwa auf der Höhe ihres Kopfes ist. Wichtig ist, dass sie den Arm nicht ganz durchstreckt, sondern ihn ganz leicht gebeugt lässt, um sich nicht zu verkrampfen.

Abb. 2

2.5.1. VC-Angriffstechniken - VC-Handflächenstöße

3. Während die VC-Ausbilderin den Arm nach vorne schiebt, winkelt sie die Hand an, bis ihre Handfläche genau nach vorne zeigt. Die Finger sind langgestreckt und zeigen nach oben. Damit ist der VC-Handflächenstoß abgeschlossen. Er wird am Anfang langsam und später immer schneller und mit immer größerer Power trainiert.

Abb. 3

4. Gleich auf den ersten startet die VC-Ausbilderin einen zweiten VC-Handflächenstoß mit rechts. Dazu lässt sie die erste Hand zunächst noch vorne und schiebt ihre zweite Hand, den VC-Wu Sao, eng oberhalb des vorderen Armes nach vorne.

Abb. 4

5. Erst wenn die zweite Hand fast vorne angekommen ist, wird die linke Hand der VC-Ausbilderin zum VC-Wu Sao. Die rechte Hand nimmt exakt den Platz der linken ein, das heißt alle VC-Handflächenstöße gehen immer auf die gleiche Stelle. Dadurch erhöht sich ihre Wirkung. Der VC-Wu Sao ist auf Höhe des Ellbogens des vorderen Armes, damit der Weg zum Gegner nicht zu lang wird und die VC-Ausbilderin schnell einen weiteren VC-Handflächenstoß machen kann.

Abb. 5

Abb. 5

6. Zum Schluss macht die VC-Ausbilderin noch einen dritten VC-Handflächenstoß, indem sie wieder den linken Arm aus der Wu Sao-Position eng über dem anderen Arm nach vorne schiebt. Kurz bevor dieser VC-Handflächenstoß komplett ausgeführt und die Hand fast am Ziel ist, wird ihre rechte Hand zum VC-Wu Sao, um für den VC- Handflächenstoß Platz zu machen.

Abb. 6

Abb. 6

Copyright by Sigung Sifu-Meister Birol Özden

2.5.1. VC-Angriffstechniken - VC-Handflächenstöße

Auf die beschriebene Weise kann ein VC-Kämpfer oder eine VC-Kämpferin beliebig viele VC-Handflächenstöße machen, je nachdem ob man sie kurz im Kampf einsetzt und dann weitere Techniken, z. B. VC-Ellbogen- und VC-Kniestöße, folgen lässt, oder ob man sie intensiv im Training übt, um Schnelligkeit und Kondition aufzubauen.

7. Im Kampf wird ein VC-Kämpfer seine VC-Handflächenstöße allerdings nicht aus dem VC-Grundstand machen. In einer Gefahrsituation nimmt er immer sofort den VC-Kampfstand ein, um eine aktive Position zu haben, in der er sowohl mit den Armen wie auch mit dem vorderen Bein schnell und flexibel agieren kann. Setzt er dann seine VC-Handflächenstöße ein, tut er dies in Verbindung mit einem VC-Vorwärtsschritt. Die Ausgangsposition dafür ist der VC-Kampfstand, wie in Abb. 7-9 am Wandsack demonstriert.

Abb. 7

8. Der VC-Ausbilder macht mit dem vorderen Bein, seinem VC-Maun Geurk, einen Schritt gerade nach vorne und zieht sofort das hintere Bein am Boden schleifend und gebeugt nach, bis es genau unter seinem Körper steht. So hat er das Körpergewicht auf dem hinteren Bein, kann stabil und sicher stehen und hat das vordere Bein frei von Gewicht.

Gleichzeitig mit diesem Schritt streckt er seine rechte Hand gerade nach vorne, und nimmt dabei den Ellbogen eng vor seinen Körper. Der Arm bleibt leicht gebeugt, die Hand ist vom Arm abgewinkelt, die Handfläche zeigt nach vorn und die Finger nach oben. Damit ist der VC-Handflächenstoß fertig.

Durch den VC-Vorwärtsschritt verleiht der VC-Ausbilder der Schlagkraft seines VC-Handflächenstoßes eine deutliche Steigerung. Die Vorwärtsbewegung des Körpers verstärkt die Wirkung des Handflächenstoßes und gibt dem VC-Kämpfer zusätzliche Energie. Daher ist es enorm wichtig, dass der Schritt genau zeitgleich mit dem Handflächenstoß gemacht wird, damit er seine Wirkung entfalten kann (Gleichzeitigkeitsprinzip). Das bedeutet, der VC-Ausbilder startet gleichzeitig mit dem VC-Vorwärtsschritt und dem VC-Handflächenstoß und ist auch mit beiden zur gleichen Zeit fertig. In dem Augenblick, wenn die Handfläche vorne am Ziel, in diesem Fall am Wandsack, angekommen ist, wird auch der vordere Fuß abgesetzt, und dann muss unmittelbar der hintere Fuß nachgezogen werden.

Abb. 8

VC-Handflächenstoß mit rechts

Abb. 9

9. Danach folgt ein weiterer VC-Handflächenstoß mit links, jetzt aber ohne Schritt.

VC-Handflächenstoß mit links

Sigung Sifu-Meister Birol Özden demonstriert die Wirkung von VC-Handflächenstößen im Kampf.

2.5.1. VC-Angriffstechniken - VC-Handflächenstöße

10. Der VC-Kämpfer kann jederzeit dem ersten VC-Handflächenstoß (hier mit rechts) einen zweiten und viele weitere folgen lassen. Er lässt dabei die erste Hand zunächst noch vorne und schiebt den VC-Wu Sao eng oberhalb des rechten Armes vor.

Abb. 10

VC-Handflächenstoß Nr. 1

11. Kurz bevor die zweite Hand ihr Ziel erreicht, wird die erste zum VC-Wu Sao. Die linke Hand trifft genau die Stelle, an der sich gerade noch die rechte Hand befunden hat. Diese wird bis zum Ellbogen des vorderen Armes gezogen und dort für den nächsten VC-Handflächenstoß bereit gehalten. Dieser VC-Handflächenstoß wie auch der nächste werden ohne einen weiteren Schritt aus dem Kampfstand heraus gemacht, da die Distanz durch den ersten Schritt schon überbrückt wurde.

Abb. 11

VC-Handflächenstoß Nr. 2

VC-Handflächenstoß Nr. 3

12. Schließlich macht der VC-Ausbilder noch einen dritten VC-Handflächenstoß, eng über den vorderen Arm hinweg. Die linke Hand wird erst kurz bevor die rechte vorne ist zum VC-Wu Sao. Die Ellbogen sind eng in der Mitte des Körpers.

Hier sind beliebig viele weitere VC-Handflächenstöße möglich. Hätte der VC-Ausbilder es mit einem Gegner zu tun, der vor ihm zurückweicht, würde er bei zusätzlichen VC-Handflächenstößen auch weitere VC-Vorwärtsschritte machen, um den Kontakt zum Gegner nicht zu verlieren. Der Angriff eines Gegners löst bei einem VC-Ving Chun Kämpfer immer eine **Kettenreaktion** aus.

Abb. 12

Eine Sequenz von VC-Handflächenstößen
- auch VC-Kettenhandflächenstöße genannt.

2.5.2. VC-Angriffstechniken - VC-Fauk Sao / VC-Handkantenschläge

Eine sehr effektive VC-Angriffstechnik ist der VC-Fauk Sao. Er unterscheidet sich vom VC-Handflächenstoß dadurch, dass der Gegner mit der Handkante statt mit der Handfläche getroffen wird. Der VC-Kämpfer muss bei dieser Technik also genauer zielen. Diese VC-Angriffstechnik wird z. B. für Schläge zum Kehlkopf oder zu den Augen verwendet und wird mit einer schneidenden Bewegung kombiniert. Der VC-Fauk Sao wird noch effektiver, wenn man dabei eine Vorwärtsbewegung macht.

1. Der VC-Ausbilder steht im VC-Kampfstand, hier bei einer Übung am Wandsack, und hat seinen rechten Arm als VC-Maun Sao vorne, den linken als VC-Wu Sao dahinter.

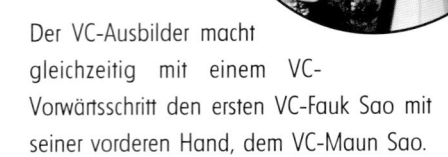

Der VC-Ausbilder macht gleichzeitig mit einem VC-Vorwärtsschritt den ersten VC-Fauk Sao mit seiner vorderen Hand, dem VC-Maun Sao.

Abb. 1

Dazu schiebt er seine rechte Hand von der VC-Kampfstellung aus gerade nach vorne. Er führt die Hand in der Mitte seines Körpers gerade vorwärts.

2. Während der VC-Ausbilder den Arm nach vorne schiebt und dabei das Ellbogengelenk etwas streckt, winkelt er die bisher gestreckte Hand an zum eigenen Körper hin an, das heißt er klappt sie am Handgelenk nach innen. Damit ist der VC-Fauk Sao fertig. Wichtig ist bei dieser VC-Angriffstechnik, dass der Arm im Ellbogengelenk und im Handgelenk deutlich gebeugt ist. Durch diese Beugung erreicht der VC-Kämpfer, dass er sein Ziel in einer leicht schneidenden Bewegung mit der Außenkante seiner Hand trifft.

Abb. 2

VC-Fauk Sao mit rechts

VC-Fauk Sao mit links

Gleich auf den ersten lässt der VC-Ausbilder einen zweiten VC-Fauk Sao mit links folgen. Dazu lässt er die erste Hand zunächst noch vorne und schiebt seinen VC-Wu Sao auf einer geraden, ansteigenden Linie vor, über die vordere Hand hinweg.

3. Wenn die zweite Hand fast vorne ist, wird die andere zum VC-Wu Sao. Wie die VC-Handflächenstöße gehen auch VC-Fauk Sao-Schläge immer auf eine Stelle, um die Wirkung zu verstärken. Die andere Hand ist auf Höhe des Ellbogens des vorderen Armes. Dort wird sie für einen weiteren VC-Fauk Sao bereitgehalten.

Wie alle VC-Angriffstechniken kann der VC-Fauk Sao beliebig oft wiederholt werden. Die Zahl ist abhängig von der Situation im Kampf. Im Training hängt die Zahl und die Schnelligkeit der VC-Fauk Sao-Schläge vom Trainingsziel und vom Trainingsprogramm ab. Sie können einzeln, langsam und präzise ebenso gut trainiert werden wie auf Schnelligkeit und Power. Wenn sie schnell erfolgen, wird auch der Schlageffekt dieser Technik sichtbar. Da aber beides notwendig zu lernen ist, kommen alle Varianten im VC-Training vor.

Abb. 3

Wird der VC-Fauk Sao im Kampf in Verbindung mit einem VC-Vorwärtsschritt eingesetzt, kann der VC-Kämpfer dadurch die Schlagkraft und Power seiner Angriffe steigern, weil er die Vorwärtsbewegung der Technik mit seinem eigenen Körpergewicht verstärkt.

4. Wird der VC-Fauk Sao trocken ohne Partner trainiert, schiebt der Trainierende seine vordere Hand gerade nach vorne und lässt sie auf einer geraden Linie bis auf Augenhöhe ansteigen. Der Winkel des Ellbogengelenks vergrößert sich dadurch, aber der Arm bleibt gebeugt. Die Hand wird nach innen geklappt, so dass die Handkante nach vorne gerichtet ist.

Die zweite Hand ist als Schutz zwischen der unteren Hand und dem Gesicht des VC-Kämpfers.

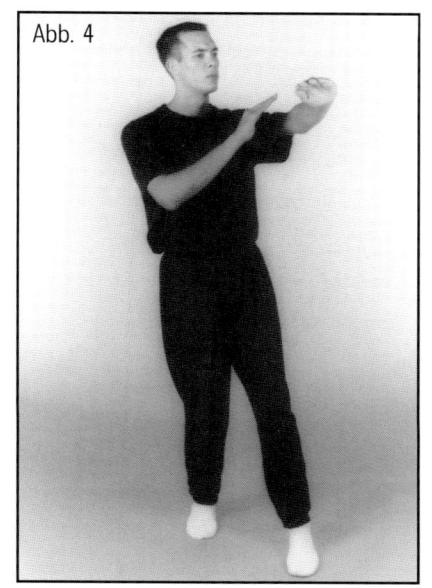

Abb. 4

VC-Fauk Sao

Powervoller Treffer - VC-Fauk Sao im Kampf, vorgeführt von Sigung Sifu-Meister Birol Özden

2.5.3. VC-Angriffstechniken - VC-Fingerstiche

Der VC-Fingerstich ist eine VC-Angriffstechnik, die direkt auf die empfindlichen Punkte des Gegners gerichtet ist, vor allem auf die Augen. Dabei muss der VC-Kämpfer genau zielen, daher ist für den VC-Fingerstich eine gewisse Übung vorteilhaft. Andererseits ist dieser Angriff aber auch so wirkungsvoll, dass der Gegner damit direkt gestoppt wird. Deshalb ist die Technik auch für einen Anfänger schon geeignet. Zur Verstärkung seiner Wirkung wird er im Kampf genau wie die anderen VC-Angriffstechniken mit einem VC-Vorwärtsschritt kombiniert.

Der VC-Ausbilder streckt zur Demonstration des VC-Fingerstichs seine vordere Hand von der VC-Kampfstellung aus gerade nach vorne.

Dazu führt er die Hand, genauso wie beim VC-Fauk Sao, in der Mitte seines Körpers auf einer geraden Linie vorwärts. Gleichzeitig bewegt er sie bis auf Augenhöhe nach oben. Der Arm wird etwas weiter gestreckt als beim VC-Fauk Sao, bleibt aber trotzdem noch leicht gebeugt.

Die Beugung des Arms bei den VC-Angriffstechniken wirkt ähnlich wie ein Stoßdämpfer und schont daher die Gelenke des VC-Kämpfers. Dies ist besonders bei intensivem Training, z. B. am Sandsack, überaus wichtig.

1. Die Hand wird im Handgelenk nur ganz leicht nach innen abgewinkelt. Die Finger zeigen schräg nach vorne, und der VC-Kämpfer trifft mit den drei äußeren Fingern der Hand. Auch beim VC-Fingerstich kommt zum Schlageffekt der Technik eine schneidende Bewegung dazu.

2. Die zweite Hand bleibt als Schutzhand (VC-Wu Sao) zwischen der vorderen Hand und dem Gesicht des VC-Kämpfers.

Abb. 1

VC-Fingerstich

Abb. 2

2.5.3. VC-Angriffstechniken - VC-Fingerstiche

3. Für die Steigerung der Effektivität der VC-Fingerstiche wird nochmals die Kombination der Technik mit dem VC-Vorwärtsschritt beim Training am Wandsack beschrieben. Um den VC-Vorwärtsschritt auszuführen, steht der VC-Ausbilder im VC-Kampfstand, damit er sich gerade nach vorne bewegen und sein Körpergewicht hinter den VC-Fingerstich setzen kann.

Abb. 3

VC-Fingerstich mit rechts

4. Der VC-Ausbilder führt mit seiner rechten Hand, dem VC-Maun Sao, den ersten VC-Fingerstich aus und streckt dafür seinen Arm nach vorne. Der Arm bleibt leicht gebeugt, die Hand wird etwas zum Körper hin gekippt, damit die drei äußeren Finger der Hand genau nach vorne zeigen.

Mit dem VC-Fingerstich zusammen macht der VC-Ausbilder einen VC-Vorwärtsschritt mit rechts. Er setzt dafür das vordere Bein in dem Moment vor seinem Standbein ab, wenn der VC-Fingerstich fertig ist. Das hintere Bein zieht er unmittelbar danach am Boden schleifend bis unter seinen Körper nach. Er hat sein Gewicht auf dem hinteren Bein und kann dadurch stabil stehen.

Der VC-Vorwärtsschritt wirkt so, als wären beide Beine miteinander verbunden, so dass das hintere Bein zwangsläufig die Bewegung mitmachen muss, die das vordere Bein ausführt.

Abb. 4

5. Danach macht der VC-Ausbilder einen weiteren VC-Fingerstich mit links und zieht die rechte Hand in die Wu Sao-Position.

Abb. 5

VC-Fingerstich mit links

VC-Fingerstich im Kampf - Sigung Sifu-Meister Birol Özden zeigt, wie präzise und gefährlich diese VC-Technik im Ernstfall ist.

Der VC-Kämpfer kann natürlich auch mehrere VC-Fingerstiche nacheinander machen, auch wenn in diesem Beispiel nur zwei davon ausgeführt werden. Die Zahl hängt ab von der Situation und vom Ziel des VC-Kämpfers. Im Kampf wird er wenige, aber absolut wirkungsvolle VC-Fingerstiche einsetzen und dann flexibel auf das Verhalten seines Gegners reagieren. Im Training dagegen wird er die Zahl der VC-Fingerstiche steigern, um einen optimalen Trainingserfolg zu haben.

Der VC-Fingerstich wird ebenso wie der VC-Fauk Sao und der VC-Handflächenstoß nicht nur als Folge von einzelnen Angriffen eingesetzt, sondern auch mit anderen VC-Techniken kombiniert. So kann jede VC-Grundtechnik, die der VC-Kämpfer für die Aufnahme eines gegnerischen Angriffs anwendet, zusammen mit einer der drei VC-Angriffstechniken ausgeführt werden. Der Ablauf und die Wirkungsweise der VC-Grundtechniken wird im nachfolgenden Abschnitt erläutert.

2.6. Die acht VC-Grundtechniken

VC-Kampfstand
VC-Fouk Sao
VC-Pauk Sao
VC-Taun Sao
VC-Boung Sao
VC-Kau Sao
VC-Jaum Sao
VC-Gaun Sao
VC-Gaum Sao

Die acht VC-Grundtechniken sind ein wesentlicher Bestandteil dessen, was der VC-Ving Chun-Schüler im Rahmen seiner Unterstufen-Ausbildung lernt. Dabei tauchen diese Techniken in den verschiedenen Programmen immer wieder auf und werden auf unterschiedliche Art unterrichtet, damit der VC-Schüler immer besser wird und er die Techniken schließlich ohne nachzudenken blitzschnell aus dem Reflex heraus ausführt. Er trainiert seine VC-Grundtechniken mit und ohne Partner, im Stand oder mit Schrittarbeit, im Formentraining und im Kampf. Auf diese Weise erhält er eine vielseitige und abwechslungsreiche Ausbildung, durch die er lernt, in jeder Situation richtig zu reagieren und seine VC-Techniken flexibel einzusetzen, so wie es bei einer Gefahr auf der Straße, die sich nicht vorauskalkulieren lässt, notwendig ist.

Die acht VC-Grundtechniken dienen dem Schutz vor Angriffen auf den Oberkörper und den Unterleib des VC-Ving Chun-Kämpfers. Mit Hilfe dieser VC-Techniken kann er alle Angriffe aufnehmen, um sie von seinem Körper abzuleiten und sich so zu schützen. Gleichzeitig erfolgen seine Gegenangriffe mit den im vorangegangenen Abschnitt erklärten VC-Angriffstechniken. Durch die Kombination von Aufnahme und Angriff verliert der VC-Kämpfer keine Zeit, denn die steht ihm im Kampf nicht zur Verfügung.

> *Eine Grundtechnik dient dem Schutz des Kämpfers. Eine Angriffstechnik dient dem Ausschalten des Gegners. Das ist das eigentliche Ziel im Ving Chun.*
> Sigung Sifu-Meister Birol Özden

Im folgenden werden die einzelnen VC-Grundtechniken erklärt und beschrieben. Sie werden als Übung im VC-Grundstand und im VC-Kampfstand vorgestellt.

Der VC-Kämpfer trainiert sie in diesen Beispielen in Kombination mit einem geraden VC-Handflächenstoß als Einzelübung ohne Partner. Die gleichen VC-Techniken kann er z.B. auch im Kampftraining VC-Laut Sao (Kap.2.17.) oder im VC-Daun Chi (Kap.2.15.) mit einem Partner trainieren oder sie allein in Kombination mit Schrittarbeit üben. Wichtig ist, dass sich in den verschiedenen Anwendungsformen die VC-Grundtechniken nicht ändern, sondern sie werden in jeder Situation auf die gleiche Weise effektiv eingesetzt.

2.6.1. VC-Grundtechnik - VC-Fouk Sao

Der VC-Fouk Sao gehört zum Programm für den ersten VC-Schülergrad (zu den VC-Graduierungsstufen siehe Kap. 3.7.). **Diese VC-Technik bedeutet übersetzt "leitender Arm".** Sie dient dazu, sich vor einem Angriff auf den Kopf, z. B. einem Schwinger, zu schützen. Mit dem VC-Fouk Sao wird der Druck des Angriffs seitlich am Kopf vorbei geleitet, ohne dass der VC-Kämpfer dabei selbst Kraft einsetzen muß.

1. Für den VC-Fouk Sao dreht der VC-Ausbilder seinen vorderen Arm, den VC-Maun Sao, nach außen. Der Ellbogen bewegt sich dabei nach innen, bis er genau vor der linken Schulter ist. Die Hand ist auf Höhe des Kopfes, und der Unterarm deckt den gesamten Bereich von der Schulter bis zum Kopf vor einem von der linken Seite kommenden Angriff ab. Hand und Unterarm befinden sich genau wie der Ellbogen von vorne gesehen vor der Schulter.

Gleichzeitig macht der VC-Ausbilder mit der hinteren Hand, also mit seinem Wu Sao, einen geraden VC-Handflächenstoß. (=Gleichzeitigkeitsprinzip im VC-Ving Chun)

Der VC-Fouk Sao im VC-Kampfstand

Abb. 1

Der VC-Fouk Sao im VC-Grundstand

Abb. 1

Selbstverständlich kann der VC-Kämpfer diese VC-Grundtechnik, genau wie alle anderen, auch auf der anderen Seite einsetzen. In dem Fall schiebt er seine rechte Hand zum Maun Sao vor und macht dann mit dem vorderen, also seinem rechten Arm einen VC-Fouk Sao, wieder in Kombination mit einem VC-Handflächenstoß mit der anderen Hand.

Abb. 1

2. Der VC-Ausbilder dreht beim VC-Fouk Sao nicht nur den Arm bis zu seiner Schulter nach außen, um auf diese Weise Kontakt mit dem Angreifer zu schließen. Er bewegt dabei auch den angewinkelten Arm nach vorn, um durch diese leicht kreisförmige Bewegung die Kraft aus dem Angriff zu nehmen und den eigenen Druck auf sein Ziel, nämlich den Kopf seines Gegners zu richten. Diese Wirkungsweise des VC-Fouk Sao wird am Beispiel des VC-Daun Chi (Kap.2.15.) und bei den Partnerübungen (Kap.2.16.) näher erläutert.

VC-Fouk Sao - Ansicht von der Seite

Abb. 2

VC-Fouk Sao - Ansicht von oben

Abb. 2

Der Unterarm ist daher beim VC-Fouk Sao nicht vertikal, sondern er ist, von der Seite betrachtet, schräg nach vorn gerichtet. Die Hand bildet eine gerade Linie mit dem Arm. Auf diese Weise ist der Abstand des Arms zum Kopf des VC-Kämpfers relativ groß, zum Kopf des Gegners aber relativ klein. So schützt sich der VC-Kämpfer, denn an diesem Arm befindet sich nach dem fertig ausgeführten VC-Fouk Sao auch der Kontaktpunkt mit dem Arm des Gegners.

Zur Verdeutlichung wurde der zweite Arm zum VC-Laup Sao zur Seite genommen.

2.6.2. VC-Grundtechnik - VC-Pauk Sao

Auch der VC-Pauk Sao ist Bestandteil des Programms für den ersten VC-Schülergrad. Bis zu seiner ersten Schülerprüfung lernt der VC-Ving Chun-Schüler den VC-Fouk Sao und den VC-Pauk Sao.

Die Bezeichnung Pauk Sao bedeutet "führender Arm" und beschreibt die typische Wirkung dieser VC-Grundtechnik. Mit dem VC-Pauk Sao schützt sich der VC-Ving Chun-Kämpfer vor einem gerade auf seinen Kopf gerichteten Angriff. Solche Angriffe sind meist sehr schnell, da sie mit einer kurzen Bewegung ausgeführt werden. Doch mit dem VC-Pauk Sao kann sich jeder vor dieser Gefahr schützen, selbst wenn er kein geübter Kämpfer ist.

Die Effektivität des VC-Pauk Sao liegt darin, dass der VC-Kämpfer dem Angriff des Gegners selbst eine kurze gerade Bewegung nach vorn entgegensetzt, die durch einen VC-Vorwärtsschritt noch verstärkt werden kann. Er schneidet die Bewegung des Gegners blitzschnell ab und leitet dessen Kraft seitlich ab. Er führt, wie es der Name der VC-Technik beschreibt, die Bewegung des Gegners an sich vorbei (vergleiche auch Kap.2.15. und Kap.2.16.). Dafür benötigt er keine Kraft, da er die Bewegung nicht abbremst, sondern sie nur in eine andere als die vom Gegner geplante Richtung weiterführt.

1. Beim VC-Pauk Sao schiebt der VC-Ausbilder seinen vorderen Arm, den VC-Maun Sao, nach vorne, um so Kontakt zum Arm des Gegners zu schließen. Trainiert er die Technik allein, so schiebt er aus der VC-Kampfstellung heraus seinen VC-Maun Sao nach vorn und lässt den Arm dabei leicht ansteigen. Zur Demonstration wird zuerst der VC-Pauk Sao allein gezeigt, die zweite Hand wird zum VC-Laup Sao. Der Arm hat seine Position für den VC-Pauk Sao erreicht, wenn sich das Handgelenk des VC-Kämpfers auf Kinnhöhe befindet. Die Hand ist vom Arm nochmals abgewinkelt.

Die Handfläche zeigt daher leicht nach unten, ist aber auch schräg nach vorne gerichtet.

Der VC-Ausbilder lässt beim VC-Pauk Sao seinen Arm gebeugt. Der Ellbogen ist tiefer als das Handgelenk. Der Unterarm zeigt im Winkel von 45 Grad nach vorn, und zwar einmal um 45 Grad nach oben ansteigend und gleichzeitig auch um 45 Grad vom Körper weg nach vorn gerichtet.

VC-Pauk Sao - Ansicht von der Seite

VC-Pauk Sao - Ansicht von oben

Der VC-Pauk Sao im VC-Grundstand

Der VC-Pauk Sao im VC-Kampfstand

2. Im normalen Training wie auch im Kampf macht der VC-Ausbilder gleichzeitig mit dem VC-Pauk Sao mit seiner hinteren Hand, dem VC-Wu Sao, einen geraden VC-Handflächenstoß eng über den vorderen Arm hinweg. Dabei sollten sich die beiden Arme nicht berühren, damit die Dynamik der Technik erhalten bleibt und nicht das Gewicht des oberen Arms auf dem unteren ruht.

3. Der VC-Pauk Sao kann ebenso mit der rechten Hand ausgeführt werden, wenn der VC-Kämpfer diese bei seiner VC-Kampfstellung als VC-Maun Sao vorne hat. In diesem Fall schiebt er den rechten Arm vor zum VC-Pauk Sao und macht den VC-Handflächenstoß mit links.

2.6.3. VC-Grundtechnik - VC-Taun Sao

Der VC-Taun Sao wird dem VC-Ving Chun-Schüler beigebracht, wenn er den 1. Schülergrad erreicht hat und sein Programm um zwei weitere VC-Grundtechniken, den VC-Taun Sao und den VC-Boung Sao, ergänzt wird. **Die Worte Taun Sao heißen übersetzt "tragender Arm".** Tatsächlich sieht die Technik auch so aus, als würde der VC-Kämpfer etwas auf seinem Arm tragen. (Daher ist es für den VC-Schüler eine kleine Lernhilfe, wenn er sich beim VC-Taun Sao vorstellt, dass er ein Tablett vor sich trägt.)

Der VC-Taun Sao wird bei Angriffen eingesetzt, die zur Schulter und zum Brustbereich gerichtet sind. Wird der VC-Kämpfer auf der Seite angegriffen, auf der er auch den VC-Maun Sao hat, entsteht ein VC-Taun Sao. Hat also der VC-Kämpfer seine Kampfstellung mit links Maun Sao, das heißt wenn er seinen linken Arm vorne hat und in Richtung seiner linken Schulter angegriffen wird, reagiert er darauf mit seinem VC-Taun Sao.

Der VC-Taun Sao leitet wie die anderen VC-Grundtechniken die Bewegung und die Kraft des Gegners in die Leere. Ein VC-Ving Chun-Schüler braucht dabei selbst keine Kraft, sondern er kombiniert die ablenkende Wirkung seiner Technik mit seiner eigenen Vorwärtsbewegung. Er gibt der Bewegung des Gegners nach und richtet sofort seinen Druck nach vorn (siehe auch Kap.2.15. und Kap.2.16.).

1. Für den VC-Taun Sao dreht der VC-Schüler seinen vorderen Arm, bis seine Handfläche nach oben zeigt. Dazu führt er seinen Ellbogen in die Mitte seines Körpers und dreht den Unterarm herum.

Der Ellbogen wird beim VC-Taun Sao sehr weit in die Körpermitte genommen. Auf diese Weise kann die Rücken- und Schultermuskulatur gedehnt und das Schultergelenk beweglich gemacht werden. Der Unterarm ist vom Arm abgewinkelt, die Finger zeigen nach vorn und die Hand ist flach.

Abb. 1

Abb. 2

2. Zusätzlich zum VC-Taun Sao führt der VC-Schüler mit seiner hinteren Hand einen geraden VC-Handflächenstoß aus.

Der VC-Taun Sao im VC-Grundstand

3. Für den VC-Taun Sao ist zu beachten, dass der Unterarm und die Hand vom Ellbogen aus leicht ansteigen. Zwischen dem Ellbogen und dem Körper muss ein Abstand in der Breite einer Hand sein. Würde der VC-Kämpfer den Arm am Körper abstützen, wäre das passiv und würde ihm einen Kampf erschweren.

Abb. 3

Abb. 3

VC-Taun Sao - Ansicht von der Seite

VC-Taun Sao - Ansicht von oben

4. Der VC-Taun Sao wirkt ähnlich wie eine Schraube, denn gleichzeitig mit der Drehung seines Armes vom VC-Maun Sao zum VC-Taun Sao schiebt der VC-Kämpfer den Arm nach vorne auf seinen Gegner zu. Durch diesen Schraubeffekt bohrt er sich in den Angriff eines Gegners hinein und verhindert damit, dass er getroffen wird. Diese Vorwärtsbewegung und der nach vorne gerichtete Druck machen den VC-Taun Sao so effektiv.

Der VC-Taun Sao wirkt ebenso gut bei einem Angriff auf die rechte Seite des VC-Kämpfers. In diesem Fall macht er seinen VC-Taun Sao mit dem rechten Arm und führt mit dem linken Arm einen VC-Handflächenstoß aus.

Abb. 4

Der VC-Taun Sao im VC-Kampfstand

2.6.4. VC-Grundtechnik - VC-Boung Sao

Auch der VC-Boung Sao gehört zu dem Programm, das ein VC-Ving Chun-Schüler für seine 2. Schülerprüfung lernen muss. **Boung Sao heißt übersetzt "schwingender Arm".**

Der VC-Boung Sao wird ebenso wie der VC-Taun Sao bei einem Angriff auf den Bereich von Brust und Schulter eingesetzt. Allerdings wendet der VC-Kämpfer den VC-Boung Sao an, wenn der Angriff auf seine gegenüberliegende Schulter gerichtet ist. Das heißt, wenn der VC-Kämpfer den linken Arm als Maun Sao vorne hat und er in Richtung auf seine rechte Schulter oder Brust angegriffen wird, kommt der VC-Boung Sao zum Einsatz. Er wird im folgenden von einer VC-Schülerin gezeigt.
Der VC-Boung Sao leitet den Angriff des Gegners in die Leere, da der VC-Kämpfer nicht versucht, dem Angriff eigene Kraft entgegenzusetzen, sondern dem Angriff nachgibt. Diese VC-Grundtechnik wirkt wie eine Art Falltür, in die der Gegner hineinfällt. Die Wirkung des VC-Boung Sao wird in den Kapiteln 2.15. und 2.16 genau gezeigt.

1. Beim VC-Boung Sao kippt die VC-Schülerin ihren VC-Maun Sao, in diesem Fall den linken Arm, um die Achse ihres Handgelenkes. Dafür hebt sie den Ellbogen so weit in die Höhe, bis er sich auf Höhe ihrer Schulter befindet. Die Schulter darf allerdings nicht hochgezogen werden, weil sich sonst der Arm verkrampft. Das Handgelenk bleibt bei der Bewegung genau in der Mitte vor dem Körper, wo es sich beim VC-Maun Sao bereits befunden hat.

Durch die Bewegung des Ellbogens fällt die Hand der VC-Schülerin nach unten. Wie bei einer Waage senkt sich die Hand in dem Maße, wie sich der Arm und der Ellbogen bewegen. Durch die Bewegung und die feste Position des Handgelenks bedingt dreht sich die Handfläche leicht nach vorn und zeigt so zum Gegner. Die Hand selbst ist locker, die Finger dürfen nicht angespannt werden.
Mit ihrer hinteren Hand, ihrem VC-Wu Sao, macht die VC-Schülerin einen geraden VC-Handflächenstoß, der über den vorderen Arm hinweg geht.

Abb. 1

Abb. 1

Der VC-Boung Sao im VC-Grundstand

Abb. 2
VC-Boung Sao - Ansicht von der Seite

Abb. 2
VC-Boung Sao - Ansicht von oben

2. Beim VC-Boung Sao spielt der Winkel zwischen Ober- und Unterarm eine große Rolle. Er darf nicht kleiner als 90 Grad werden, denn dann kann die VC-Schülerin den Druck, den ein Angreifer auf seine Technik ausübt, nur schwer halten, und der Gegner würde der VC-Kämpferin zu nah kommen. Daher ist der Winkel etwas größer als 90 Grad. Vom Unterarm aus geht der Druck nach vorn.

3. Der VC-Boung Sao ist nicht nur eine effektive Technik im Kampf, sondern er ist als Training auch sehr gut geeignet, um den Oberkörper der VC-Ving Chun Schülerin, speziell die Schultern, locker und geschmeidig zu machen.

Seinen Namen hat der VC-Boung Sao durch die Spannung, die im Arm aufgebaut wird, wenn er aus dem Kontakt eines Gegner mit dem VC-Maun Sao heraus nach hinten gebogen wird. Wird dieser Kontakt gelöst, z. B. wenn der Gegner seine Hand zurückzieht, schnellt der Arm nach vorn zum Gegner. Der Arm des VC-Kämpfer verhält sich beim VC-Boung Sao wie ein Ast, der zurückgebogen wird und dabei weich und biegsam nachgibt, der aber, wenn man ihn loslässt, blitzschnell wieder in seine Ausgangsposition zurückschwingt - daher der Name der Technik.

Dem VC-Kämpfer ist es gleichgültig, von welcher Seite er angegriffen wird. Auch der VC-Boung Sao ist auf beiden Seiten wirksam, nicht nur auf der gerade beschriebenen linken Seite. Hat der VC-Kämpfer seinen rechten Arm als VC-Maun Sao vorne und wird er auf die linke Schulter angegriffen, kann er ebenso gut seinen VC-Boung Sao einsetzen. Er reagiert darauf mit einem VC-Boung Sao mit seinem rechten Arm und gleichzeitig mit einem VC-Handflächenstoß mit links.

Abb. 3
Der VC-Boung Sao im VC-Kampfstand

2.6.5. VC-Grundtechnik - VC-Gaun Sao

Den VC-Gaun Sao lernt ein VC-Ving Chun-Schüler kennen, wenn er seinen 2. Schülergrad erreicht hat und die Programme für die 3. Schülerprüfung lernt. **In der deutschen Übersetzung bedeutet Gaun Sao "schneidender Arm".**

Diese Bezeichnung verdeutlicht sehr genau die Funktion des VC-Gaun Sao bei einem Angriff. Der VC-Ving Chun-Kämpfer setzt seinen VC-Gaun Sao ein, wenn er mit einem tiefen Schlag oder einem Tritt zu seinem Unterleib angegriffen wird. Dabei schneidet er die Bewegung des Gegners ab und leitet sie an sich vorbei, ohne dabei selbst Kraft anzuwenden. Mit dem VC-Gaun Sao kann sich jeder Mensch sehr leicht vor Angriffen zu seinem Unterleib schützen. Diese VC-Technik ist sehr einfach zu erlernen.

1. Um einen VC-Gaun Sao auszuführen, lässt der VC-Schüler seinen VC-Maun Sao, im Beispiel den linken Arm, nach unten sinken, bis sich sein Handgelenk genau vor seinem Unterleib befindet (siehe gegenüberliegende Seite). Diese Bewegung erfolgt schneidend, das heißt die Hand des VC-Schülers beschreibt einen leichten Bogen zu seinem Körper hin.
Der Arm darf nicht gestreckt werden. Er ist im Ellbogengelenk und im Handgelenk gebeugt. Die Handfläche zeigt dabei zum Körper.

2.6.5. VC-Grundtechnik - VC-Gaun Sao

2. Seinen VC-Wu Sao streckt der VC-Schüler vor zu einem geraden VC-Handflächenstoß in Höhe seines Kopfes.

Es ist für den VC-Gaun Sao sehr wichtig, dass der Arm genügend Abstand zum Körper hat und dass sein Druck nach vorn und niemals nach außen gerichtet ist. Der VC-Schüler lässt den Abstand zwischen seinem Ellbogen und dem Körper genauso groß wie vorher beim VC-Maun Sao. Der Unterarm zeigt vom Ellbogen aus etwas nach vorne in die Richtung des Gegners.

Abb. 1

Abb. 2

Der VC-Gaun Sao im VC-Grundstand

3. Der VC-Gaun Sao hat - wie es sein Name schon sagt - eine schneidende Wirkung. Der VC-Kämpfer unterbricht damit die Bewegung seines Gegners und schneidet sie ab, statt sie mit Kraft zu stoppen. Die Bewegung läuft weiter, allerdings in eine andere Richtung als vom Gegner beabsichtigt. Statt den Unterleib zu treffen, rutscht er zur Seite ab. Dies wird in Kampfübungen wie auch im VC-Daun Chi deutlich, wo der Schüler mit einem Partner trainiert, und wird in den entsprechenden Abschnitten in Kap. 2.15. und Kap. 2.16. deshalb nochmals genau erläutert und dargestellt. Wichtig ist aber, dass sich der VC-Ving Chun-Schüler, auch wenn er allein trainiert, über die Funktionsweise des VC-Gaun Sao klar ist. Man kann dessen schneidende Wirkung auch mit der einer Sense vergleichen, die immer in runden Bewegungen schneidet.

Der VC-Gaun Sao kann wie auch die anderen VC-Techniken genauso bei einem Angriff von der anderen Seite eingesetzt werden. Dann führt der VC-Kämpfer den VC-Gaun Sao mit rechts und den VC-Handflächenstoß mit links aus.

Abb. 3

Der VC-Gaun Sao im VC-Kampfstand

Abb. 4

VC-Gaun Sao - Ansicht von der Seite

Abb. 5

Abb. 4

VC-Gaun Sao - Ansicht von oben

Copyright by Sigung Sifu-Meister Birol Özden

2.6.6. VC-Grundtechnik - VC-Gaum Sao

Wie den VC-Gaun Sao lernt der VC-Ving Chun Schüler auch den VC-Gaum Sao, wenn er für seine 3. Schülerprüfung trainiert. Der VC-Gaum Sao hat viele Gemeinsamkeiten mit dem VC-Gaun Sao, aber es gibt auch Unterschiede. **Übersetzt bedeuten die Worte Gaum Sao "haltender Arm".**

Auch der VC-Gaum Sao wird gegen einen Angriff zum Unterleib angewendet. Im Unterschied zum VC-Gaun Sao geht der Angriff dabei jedoch weniger auf die Außenseite als vielmehr frontal in die Mitte bzw. auf die andere Seite des Körpers. Diese Bewegung des Gegners wird vom VC-Kämpfer vor seinem Körper gestoppt, und der Arm des Gegners wird in dieser Position gehalten, das heißt kontrolliert, während er seinerseits mit dem anderen Arm angreift (vergleiche auch Kap.2.15. und Kap.2.16.).

1. Beim VC-Gaum Sao lässt der VC-Ausbilder seinen vorderen Arm, in unserem Beispiel den linken, von seiner Position im VC-Maun Sao aus nach unten sinken. Am Anfang ähnelt die Bewegung der des VC-Gaun Sao. Während aber beim VC-Gaun Sao die Handfläche zum Körper hin gedreht wird, richtet sie der VC-Ausbilder für den VC-Gaum Sao nach vorn. Seine Handfläche zeigt schräg nach vorne, um auf diese Weise eine möglichst große Kontaktfläche zum Gegner zu haben. Die Finger sind gestreckt und zeigen nach rechts, wenn der VC-Ausbilder den VC-Gaum Sao wie hier im Beispiel mit links macht.

Die Hand des VC-Ausbilders befindet sich beim VC-Gaum Sao frontal vor seinem Körper auf der Höhe seines Unterleibs. Der Ellbogen ist etwas neben dem Körper. Der VC-Ausbilder hat seinen Arm im Ellbogengelenk und im Handgelenk gebeugt, um flexibel auf den Druck eines Gegners reagieren zu können. Der Arm wirkt dabei wie eine Art Stoßdämpfer. Durch diese Beugung bleibt der Arm locker und flexibel und verkrampft sich nicht.

Gleichzeitig mit seinem VC-Gaum Sao macht der VC-Ausbilder mit rechts einen geraden VC-Handflächenstoß.

2. Der Unterarm des VC-Ausbilders ist vom Ellbogen aus nach vorne in die Richtung des Gegners gerichtet. Zwischen dem Arm und dem Körper des VC-Ausbilders muss ausreichend Abstand sein. Sein Ellbogen ist daher etwa so weit wie zuvor beim VC-Maun Sao vom Körper entfernt. Der Abstand muss groß genug sein, damit ein Angreifer sich dem Körper des VC-Kämpfers nicht zu weit nähern kann. Dies wird deutlich, wenn der VC-Ving Chun-Ausbilder mit einem Partner trainiert (vgl. Kap. 2.15. und Kap. 2.16.).

Abb. 1    Abb. 1

Der VC-Gaum Sao im VC-Grundstand

Abb. 2   Abb. 2   Abb. 2

Der VC-Gaum Sao im VC-Kampfstand   **VC-Gaum Sao - Ansicht von der Seite**   **VC-Gaum Sao - Ansicht von oben**

Der VC-Gaum Sao kann wie auch die anderen VC-Techniken genauso bei einem Angriff von der anderen Seite eingesetzt werden. Dann führt der VC-Kämpfer den VC-Gaum Sao mit rechts und den VC-Handflächenstoß mit links aus.

2.6.7. VC-Grundtechnik - VC-Jaum Sao

Besitzt ein VC-Ving Chun-Schüler den 3. Schülergrad, fehlen ihm noch zwei VC-Grundtechniken aus dem VC-Unterstufenprogramm. Für seine 4. Schülerprüfung, die letzte in der Unterstufe, lernt er den VC-Jaum Sao und den VC-Kau Sao. **Die Übersetzung des Begriffes Jaum Sao lautet "sinkender Arm".**

Der VC-Jaum Sao wird bei Angriffen auf die Körpermitte angewendet. Versucht ein Gegner, den Bereich zwischen Brust und Hüfte auf der dem VC-Maun Sao gegenüberliegenden Seite zu treffen, dann reagiert der VC-Kämpfer mit einem VC-Jaum Sao (siehe auch Kap.2.15. und Kap.2.16.).

Dazu lässt er seinen Arm aus dem VC-Maun Sao sinken und schiebt ihn gleichzeitig nach vorne.

Die VC-Technik wird nachfolgend von einer VC-Ausbilderin demonstriert.

1. Die VC-Ausbilderin bewegt für den VC-Jaum Sao ihren Ellbogen nach innen, bis er genau vor dem Solarplexus ist. Aufgrund dieser sinkenden Bewegung könnte man beim VC-Jaum Sao auch vom „sinkenden Ellbogen" sprechen. Durch die Bewegung des Ellbogens sinkt der gesamte Arm der VC-Ausbilderin. Der Unterarm dreht sich, so dass seine Außenseite wie auch die Handkante schräg nach vorne zeigen. Ober- und Unterarm bilden einen Winkel von mindestens 90 Grad. Die Hand befindet sich in der Verlängerung des Armes. Bei dieser VC-Grundtechnik ist es wichtig, dass die Bewegung des Unterarms nicht nach außen, sondern nach vorne geht.

Abb. 1

Abb. 1

Abb. 2

Der VC-Jaum Sao im VC-Grundstand

Der VC-Jaum Sao im VC-Kampfstand

2. Mit der hinteren Hand, ihrem VC-Wu Sao, macht die VC-Ausbilderin einen geraden VC-Handflächenstoß, der über den vorderen Arm hinweg geht. Die Armtechniken bleiben gleich, auch wenn sie im VC-Kampfstand steht.

3. Der Druck des VC-Jaum Sao geht nach vorne, in die Richtung des Gegners. Um diesen Effekt zu verstärken, bewegt die VC-Ausbilderin nicht nur ihren Arm nach innen, sondern gibt zusätzlich in der Schulter nach. Dadurch kann sie den Ellbogen von ihrer Position vor dem Solarplexus aus gerade nach vorne schieben und auf diese Weise Druck auf dem Unterarm erzeugen. Daher muss beim VC-Jaum Sao eine Handbreite Abstand zwischen dem Ellbogen und dem Körper des VC-Kämpfers sein.

Abb. 3

Der VC-Jaum Sao ist sehr effektiv bei engen Angriffen, die durch ihre Schnelligkeit sehr gefährlich sind. Da der VC-Jaum Sao aber auch sehr eng ausgeführt ist und daher keine Zeit verloren geht, ist er selbst für weniger fortgeschrittene Schüler gut zu erlernen und effektiv im Kampf einzusetzen.

Diese VC-Grundtechnik ist so wie der VC-Taun Sao sehr gut geeignet, um die Schulter- und Rückenmuskulatur zu trainieren, die Bänder und Sehnen zu dehnen und die Schultern locker zu machen. Dies ist die Grundlage für die engen, sparsamen und zugleich schnellen Bewegungen, die das VC-Ving Chun auszeichnen.

Wird die VC-Kämpferin von der anderen Seite angegriffen, kann sie ebenfalls ihren VC-Jaum Sao einsetzen. Dann führt sie lediglich den VC-Jaum Sao mit ihrem rechten Arm und den VC-Handflächenstoß mit dem linken Arm aus, ohne dass sich an der Ausführung selbst etwas ändert.

VC-Jaum Sao - Ansicht von der Seite

Copyright by Sigung Sifu-Meister Birol Özden

2.6.8. VC-Grundtechnik - VC-Kau Sao

Neben dem VC-Jaum Sao wird auch der VC-Kau Sao dem VC-Ving Chun-Schüler beigebracht, wenn er die Programme für seine 4. Schülerprüfung lernt, die letzte im Bereich der Unterstufe. **Die Wörter Kau Sao bedeuten übersetzt "öffnender Arm"** und beschreiben sehr treffend die Wirkungsweise dieser VC-Grundtechnik.

Auch den VC-Kau Sao benötigt ein VC-Kämpfer, wenn jemand ihn auf seine Körpermitte angreift. Bei einem Angriff auf den Bereich zwischen Brust und Hüfte - auf der Seite des VC-Maun Sao - entsteht nach der ersten Kontaktaufnahme der VC-Kau Sao. Im Beispiel demonstriert die VC-Ausbilderin die Ausführung eines VC-Kau Sao mit dem linken Arm, der bei einem Angriff zu seiner linken Seite eingesetzt würde.

1. Die VC-Ausbilderin dreht, um einen VC-Kau Sao zu machen, ihren vorderen Arm aus dem VC-Maun Sao nach außen. Die Hand fällt dabei nach unten, der Ellbogen bewegt sich nach oben. Am Ende ist das Handgelenk genau vor ihrem Solarplexus. Der Ellbogen ist seitlich neben dem Körper.

Durch die Drehung des Armes zeigt die Handfläche der VC-Ausbilderin nach außen und damit weg von ihrem Körper. Der Druck ihres Armes richtet sich aber nach vorne zum Gegner.

Der VC-Kau Sao im VC-Grundstand    **Der VC-Kau Sao im VC-Kampfstand**

2. Mit ihrem zweiten Arm, dem VC-Wu Sao, macht die VC-Ausbilderin einen geraden VC-Handflächenstoß genau oberhalb des VC-Kau Sao, auf der Höhe ihres Kopfes.

3. Der Arm und die Hand der VC-Ausbilderin müssen Abstand zum Körper haben. Das bedeutet, dass der Winkel im Ellbogengelenk größer als 90 Grad sein muß. Auf diese Weise zeigt der Unterarm nach vorne. Der Druck des Armes geht zwar leicht nach außen, aber vor allem auch nach vorne in die Richtung des Gegners.

Der VC-Kau Sao ist eine öffnende Bewegung. Man kann dabei den Arm mit dem Flügel eines Kranichs vergleichen, der nach außen geöffnet wird. Diese Ähnlichkeit der Bewegung ist nicht zufällig, denn die alten Ving Chun-Meister im Shaolin-Kloster im alten China haben sich bei ihren Studien auch an den Bewegungen und Kampfabläufen von Tieren orientiert, da diese den logischen Gesetzmäßigkeiten entsprechen und daher zum Teil auch für den Menschen anwendbar sind.

VC-Kau Sao - Ansicht von der Seite 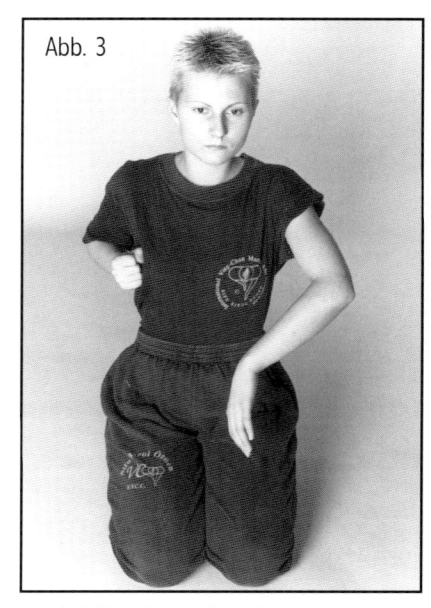   **VC-Kau Sao - Ansicht von oben**

Durch den VC-Kau Sao öffnet die VC-Ving Chun-Kämpferin einen engen Angriff ihres Gegners, um einerseits diesen Angriff auf die Seite abzuleiten, wo ihr dadurch keine Gefahr mehr droht. Auf der anderen Seite schafft sie sich auf diese Weise aber auch eine Lücke, die sie für weitere Angriffe ausnutzen kann.

Bei einem Angriff auf ihre rechte Seite macht die VC-Ausbilderin den VC-Kau Sao mit ihrem rechten Arm und den VC-Handflächenstoß mit dem linken Arm. Wieder kann sie ihre VC-Grundtechnik auf die gleiche Weise einsetzen, egal von welcher Seite der Angriff kommt. Das macht die Flexibilität eines VC-Ving Chun-Kämpfers aus und erklärt, warum er sich mit so wenigen Techniken effektiv schützen kann.

Übersicht der VC-Grundtechniken

VC-Fouk Sao

VC-Boung Sao

VC-Pauk Sao

VC-Gaum Sao

VC-Taun Sao

VC-Kampfstand

VC-Kau Sao

VC-Gaun Sao

VC-Jaum Sao

In den Beispielen für die verschiedenen VC-Grundtechniken wurde jede Technik mit einem VC-Handflächenstoß kombiniert. Natürlich gibt es auch andere Kombinationsmöglichkeiten. Im Kampf kann genauso der VC-Fauk Sao oder der VC-Fingerstich gemeinsam mit einer VC-Grundtechnik eingesetzt werden. Im normalen Techniktraining - allerdings niemals im Kampf - kann auch ganz auf den Einsatz der zweiten Hand verzichtet werden. Dann trainiert der Schüler z. B. nur eine VC-Technik wie den VC-Taun Sao, und nimmt den zweiten Arm mit VC-Laup Sao hoch. Diese Übung kommt unter anderem in der Siu Nim Tau vor, die im Abschnitt 2.14. genau erläutert wird. Dadurch kann sich der Schüler voll und ganz auf die VC-Grundtechnik konzentrieren. Wichtig für das Können des VC-Kämpfers und typisch für die Effektivität des VC-Ving Chun ist jedoch die Gleichzeitigkeit von Aufnahme und Angriff, also die Kombination von VC-Grundtechnik und VC-Angriffstechnik, so wie in den obigen Beispielen beschrieben. Ein fortgeschrittener VC-Schüler lernt sogar im Rahmen der höheren VC-Programme, mit beiden Armen gleichzeitig die VC-Grundtechniken auszuführen, was ihn noch flexibler und damit noch erfolgreicher im Kampf macht. Diese Übungen werde ich in meinem Ving Chun Lehrbuch für Fortgeschrittene erklären.

Copyright by Sigung Sifu-Meister Birol Özden

2.7. VC-Beintechniken

Zum Schutz des Oberkörpers setzt ein VC-Kämpfer seine VC-Grundtechniken ein. Um seine Beine zu schützen, gibt es die VC-Beintechniken. Das VC-Ving Chun folgt damit den natürellen Prinzipien und benutzt für jeden Bereich des Körpers die Gliedmaßen, die dafür zuständig sind - die Arme für hohe Angriffe und die Beine für tiefe Angriffe. Auf diese Weise vermeidet das VC-Ving Chun alles Überflüssige und wird durch die VC-Programme und durch mein Lernkonzept zu einem effektiven System, das jeder Durchschnittsbürger unabhängig von Alter, Geschlecht und Körperbau sehr schnell erlernen und mit dem er sich wirkungsvoll schützen kann.

Aus diesem Grunde gehören die VC-Beintechniken zu den wichtigsten Grundlagen, die der VC-Ving Chun-Schüler lernt. Sie gehören zum Programm, das bereits dem Anfänger beigebracht wird.

Bei allen VC-Beintechniken und den dazu gehörenden VC-Kicks spielt der VC-Kampfstand eine wichtige Rolle. Hier wird deutlich, wie unverzichtbar der richtige Stand ist. Dadurch, dass der VC-Kämpfer im VC-Kampfstand sein Körpergewicht völlig auf dem hinteren Bein hat, kann er mit dem vorderen Bein seine Techniken ausführen und treten, ohne dabei sein Gleichgewicht zu verlieren. Außerdem verliert er im Kampf keine wertvolle Zeit, weil er das Bein bereits frei hat und es nicht erst noch entlasten oder nach vorne nehmen muss (vgl. Kap.2.3.).

Auf diese Weise ist die Effektivität und Schnelligkeit der VC-Beintechniken bereits durch den Stand des VC-Kämpfers, also durch seine Basis im Kampf, gewährleistet.

2.7.1. VC-Fußkampfstellung

Die VC-Fußkampfstellung erfüllt die gleiche Funktion wie die Kampfstellung der Hände. Der Fuß wird bei Gefahr hochgenommen, und von dort aus kann der VC-Kämpfer flexibel auf alle Situationen, die sich im Kampf mit den Beinen ergeben, reagieren.

Im folgenden demonstriere ich diese wichtige Position.

Bevor ich die VC-Fußkampfstellung einnehme, stehe ich im VC-Kampfstand und habe das linke Bein vorne. Auf diese Weise schützte ich mein hinteres Bein. Zur Verdeutlichung der VC-Fußkampfstellung nehme ich beide Hände zum VC-Laup Sao hoch.

Nun nehme ich den vorderen Fuß gerade nach oben, und zwar so weit, bis das Knie oberhalb meiner Hüfte ist und der Fuß sich auf der Höhe des Unterleibs befindet (Abb.1).

Mein Bein ist gebeugt und bildet im Kniegelenk einen 90 Grad-Winkel. Ich ziehe die Fußspitze zu meinem Körper hin, so dass meine gesamte Fußsohle gerade nach vorne zeigt.

Abb. 1

Abb. 1

2.7.1. VC-Fußkampfstellung

Aus dieser Position heraus kann ein VC-Kämpfer sein Bein auf verschiedene Arten einsetzen: um direkt einen Tritt zu machen oder um den Angriff eines Gegners aufzunehmen und sich dadurch zu schützen. Durch die Position des Fußes und durch das angewinkelte Bein schützt er mit der VC-Fußkampfstellung seinen Unterleib.

Wichtig ist, dass der VC-Kämpfer stabil und sicher steht, was auch jeder neue VC-Ving Chun-Schüler mit wenig Übung schafft. Dazu muss er sein Gewicht auf dem hinteren Bein halten, dieses Bein beugen und sich damit etwas tiefer „setzen". Der Oberkörper muss dabei gerade sein, so dass Hinterkopf, Rücken und Ferse des Standbeins auf einer geraden Linie sind.

Natürlich steht ein VC-Ving Chun-Schüler oder VC-Ausbilder im Alltag nicht ständig im VC-Kampfstand, weil er eine Gefahr erwartet. Die VC-Techniken und das vor allem das VC-Training, mit dem die Techniken zu einer Selbstverständlichkeit werden, die jeder schnell und aus Reflex ausführt, sorgen aber dafür, dass er jederzeit blitzschnell in diese Position kommen kann. So lernt jeder Schüler, schnell aus dem VC-Grundstand nach vorne in den VC-Kampfstand zu kommen, indem er einen VC-Freischritt macht. Selbst wenn er normal und lässig steht und beide Füße nebeneinander hat, kann er mit einem eng über seine Mitte geführten VC-Freischritt in kürzester Zeit zum VC-Kampfstand kommen, bereit für den Kampf.

Für die VC-Fußkampfstellung gilt dasselbe. Im VC-Ving Chun-Training lernt jeder Schüler, die VC-Fußkampfstellung nicht nur aus dem VC-Kampfstand, sondern auch aus dem VC-Grundstand einzunehmen. Diese Übung bewirkt, dass der VC-Ving Chun-Schüler selbst aus einer normalen Standposition schnell den Fuß nach oben nehmen und von dort aus damit arbeiten kann. Denn auch beim normalen Stehen hat jeder Mensch entweder einen Fuß vor dem anderen, was dem Prinzip des VC-Kampfstandes entspricht, oder er hat beide Füße nebeneinander stehen, was wiederum dem VC-Grundstand gleichkommt.

Wenn ein VC-Kämpfer aus dem VC-Grundstand heraus den Fuß zur VC-Fußkampfstellung hebt, verbindet er die Bewegung des VC-Freischritts mit dem Anheben des Fußes vom Boden bis auf Unterleibshöhe.

Um diesen Ablauf zu demonstrieren, stehe ich zunächst im VC-Grundstand und ziehe die Hände zum VC-Laup Sao hoch, um den Blick auf die Beinarbeit zu lenken (Abb. 2).

Von hier aus nehme ich das rechte Bein eng über meine Körpermitte nach vorne und hebe es gleichzeitig bis auf Unterleibshöhe an. Diese Bewegung erfolgt schnell und mit einem Schwung, der durch die sich lösende Muskelspannung des rechten Beines entsteht.

Mit diesem Schwung des vorderen Beines dreht sich mein hinterer Fuß von innen nach außen, bis er eine Position im Winkel von 45 Grad eingenommen hat, bei der die Fußspitze nach außen zeigt, eben so, wie er auch im VC-Kampfstand steht (Abb. 3).

Abb. 2

Abb. 3

Egal ob ein VC-Kämpfer aus dem VC-Grundstand oder dem VC-Kampfstand zu seiner VC-Fußkampfstellung kommt, von hier aus setzt er seine VC-Beintechniken und VC-Kicks ein.

Copyright by Sigung Sifu-Meister Birol Özden

2.7.2. VC-Beintechnik - VC-Jaup Geurk

Abb. 1

Der VC-Jaup Geurk ist eine VC-Beintechnik, die beim Angriff eines Gegners zu den Beinen eingesetzt wird. Mit dieser VC-Technik nimmt der VC-Kämpfer den Angriff, z. B. einen Tritt, auf und leitet ihn ab, damit er nicht das Ziel trifft. Wie er diese Technik im Kampftraining mit einem Partner anwendet, zeigt Abb.1.

Um jedoch den Ablauf dieser VC-Beintechnik zu erklären, wird sie zunächst als Einzelübung aus dem VC-Grundstand und dann aus dem VC-Kampfstand beschrieben.

Der VC-Ausbilder steht im VC-Grundstand und hat den linken Arm als VC-Maun Sao vorne, den rechten als VC-Wu Sao dahinter.

Er hebt das linke Bein mit einem Schwung und einer engen Bewegung über seine Körpermitte zur VC-Fußkampfstellung hoch. Durch die Bewegung schützt er von Anfang an seinen Unterleib. Der Fuß befindet sich in der Kampfstellung vor dem Unterleib. Das Bein ist angewinkelt, so dass sich das Knie oberhalb der Hüfte befindet. Die Fußsohle zeigt nach vorne (vergleiche Abb.1 auf Seite 92).

Sofort dreht der VC-Ausbilder sein Bein im Hüftgelenk weiter nach außen, bis der Fuß und Knie im Winkel von 45 Grad nach außen zeigen. Die Fußsohle ist weiterhin nach vorne gerichtet, und die Beugung des Beines im Kniegelenk bleibt wie vorher. Das Bein selbst bleibt also stabil, nur seine Position wird verändert, bis der VC-Jaup Geurk erreicht ist (Abb.2).

Abb. 2

Abb. 2

Mit dieser VC-Beintechnik schützt der VC-Kämpfer seine Beine vor einem Angriff von außen, in diesem Fall von links. Der VC-Jaup Geurk kann ebenso mit dem rechten Bein gegen einen Angriff von der rechten Seite ausgeführt werden. Welche VC-Technik der VC-Kämpfer einsetzt, hängt von der Position ab, in der er vor dem Kampf steht, das heißt von der Position seiner Arme und Beine. Jeder Arm kann entweder als VC-Maun Sao vorne oder als VC-Wu Sao hinten sein. Das gleiche gilt für die Beine, die jeweils entweder Standbein oder VC-Maun-Geurk und damit aktives Bein sind.

Nach dem VC-Jaup Geurk dreht der VC-Ausbilder sein Bein in dieser Übung zurück in die VC-Fußkampfstellung und setzt den Fuß auf einer Linie vor seinem hinteren Bein ab. Nun steht er im VC-Kampfstand mit dem linken Bein als VC-Maun Geurk.

Als nächstes wird der VC-Jaup Geurk direkt aus dem VC-Kampfstand erklärt, und zwar mit dem rechten Bein.

Aus dem VC-Kampfstand hebt der VC-Ausbilder sein rechtes, vorderes Bein direkt und gerade nach oben und dreht es in eine senkrechte Position zur VC-Fußkampfstellung. Wieder ist der Fuß vor dem Unterleib und das Knie oberhalb der Hüfte (vergleiche Abb.3 auf Seite 93).

Wie im ersten Beispiel dreht er sein Bein sofort weiter nach außen zum VC-Jaup Geurk. Die Technik unterscheidet sich nicht von der ersten Übung aus dem VC-Grundstand heraus, da die VC-Fußkampfstellung in beiden Fällen zwischen den Stand und den VC-Jaup Geurk geschaltet ist.

Der VC-Kämpfer kann aber selbstverständlich den VC-Jaup Geurk auch direkt aus dem normalen Stand ausführen, z. B. wenn er bei Gefahr sein Bein nicht rechtzeitig zum VC-Kampfstand nach vorne genommen hat. Dann wird das Bein direkt aus dem Stand in einer Bewegung hochgehoben und nach außen gedreht (Abb.3). Die Bewegung führt aber immer über die Mitte des Körpers, um den Unterleib und das Standbein zu schützen.

Nach der VC-Beintechnik-Übung wird der Fuß wieder abgesetzt und der VC-Ausbilder nimmt so seinen VC-Kampfstand wieder ein. Im Kampf folgt auf diese Aufnahme in der Regel direkt ein Angriff mit VC-Kick 2 (siehe Kap.2.8.2.).

2.7.3. VC-Beintechnik - VC-Boung Geurk

Genau wie der VC-Jaup Geurk wird der VC-Boung Geurk für die Aufnahme von Angriffen auf die Beine eines VC-Kämpfers eingesetzt. Auch diese VC-Technik wird als Übung im VC-Grundstand sowie im VC-Kampfstand erklärt und demonstriert.

1. Der VC-Ausbilder steht im VC-Grundstand mit links VC-Maun Sao und rechts VC-Wu Sao.
Er hebt das linke, vordere Bein eng über seine Körpermitte, mit einer Bewegung wie beim VC-Freischritt, zur VC-Fußkampfstellung hoch.

Wieder ist der Fuß vor dem Unterleib, wobei die Fußsohle nach vorne zeigt. Das Bein wird im 90 Grad-Winkel angewinkelt, dadurch hebt sich das Knie bis über die Hüfte.

Der VC-Ausbilder dreht sein Bein sofort im Hüftgelenk weiter nach innen, bis der Fuß und Knie im Winkel von 45 Grad nach rechts zeigen. Die Fußsohle bleibt nach vorne gerichtet, das Bein ist gebeugt. Diese VC-Beintechnik wird als VC-Boung Geurk bezeichnet (Abb. 1). Dabei muss der VC-Ausbilder darauf achten, dass er seine Hüfte nicht zu weit mit dem Bein mitdreht, weil er sonst den Oberkörper nicht mehr frontal halten kann.

Nach dem VC-Boung Geurk-Übung setzt der VC-Ausbilder sein Bein gerade vor dem Standbein ab und steht damit im VC-Kampfstand mit dem linken Bein als VC-Maun Geurk.
Im Kampf würde der VC-Kämpfer nach der Aufnahme mit VC-Boung Geurk direkt einen VC-Kick 3 als Angriff folgen lassen (vgl. Kap.2.8.3.).

Der VC-Boung Geurk wird bei einem Angriff zur Innenseite des vorderen Beines bzw. auf das Standbein eingesetzt. Im obigen Beispiel würde der Angriff also von rechts erfolgen. Hat der VC-Kämpfer das andere Bein vorne, erfolgt der VC-Boung Geurk bei einem Angriff von links, über die Innenseite des Beines.

Abb. 2

Abb. 2

Abb. 3

2. Die zweite Übung erklärt, wie der VC-Ausbilder aus dem VC-Kampfstand heraus den VC-Boung Geurk ausführt. Dazu hebt er sein vorderes Bein, dieses Mal das rechte, gerade hoch und dreht es senkrecht, bis der Fuß bei gebeugtem Bein in der VC-Fußkampfstellung vor seinem Unterleib ist.
Von dort dreht er wieder das Bein im Hüftgelenk weiter nach innen, bis es im 45 Grad-Winkel gedreht ist.

Nach dem VC-Boung Geurk wird das Bein abgesetzt, und der VC-Ausbilder steht im VC-Kampfstand.
Wie der VC-Jaup Geurk kann der VC-Boung Geurk ohne die Zwischenposition des Beines in der VC-Fußkampfstellung auch sofort eingenommen werden, egal ob der VC-Kämpfer im VC-Grundstand oder im VC-Kampfstand steht. Wie immer muss er nur darauf achten, dass er das Bein eng über seine Körpermitte führt, um diese zu schützen.

Die Anwendung des VC-Boung Geurk im Kampf zeigt Abb. 3.

2.8. VC-Kicks

So wie die VC-Beintechniken für die Aufnahme von Angriffen den VC-Grundtechniken bei den Armen entsprechen, so erfüllen die VC-Kicks als direkte Angriffstechniken die gleiche Funktion, die VC-Handflächenstöße oder VC-Fingerstiche für die Arme haben.

Die Tatsache, dass die Fußsohle des VC-Kämpfers sowohl in der VC-Fußkampfstellung als auch bei den VC-Beintechniken gerade nach vorne in die Richtung des Gegners zeigt, hat eine große Bedeutung. In jedem Fall ist der VC-Kämpfer auf diese Weise optimal darauf vorbereitet, einen Tritt zum Gegner auszuführen. Im VC-Ving Chun gibt es drei verschiedene Kicks, die alle mit der flachen Fußsohle erfolgen. Dadurch wird die größtmögliche Power entwickelt, ohne dass eine Verletzungsgefahr besteht.

Weil die Fußsohle bereits nach vorne gerichtet ist, kann ein VC-Ving Chun-Kämpfer auf jede Situation blitzschnell reagieren und braucht den Fuß nicht mehr in die richtige Position zu bringen. Er muß lediglich, gleichgültig ob sich sein Bein in der VC-Fußkampfstellung oder im VC-Boung Geurk bzw. VC-Jaup Geurk befindet, das Bein gerade zum Gegner strecken, um diesen mit einem Kick zu treffen.

Deshalb sind die drei VC-Kicks sehr schnell und problemlos auszuführen. Das bringt besondere Vorteile im Kampf, gerade für Anfänger und für Menschen, die ihre VC-Selbstschutztechniken als Hobby und als schnell und einfach zu erlernende "Versicherung" für ihren Körper trainieren. Sie haben oftmals weder die Zeit noch die sportlichen Voraussetzungen, um jahrelang komplizierte Tritt-Techniken zu üben, die sie letztlich im realen Kampf auf der Straße bzw. in einer alltäglichen Gefahrensituation gar nicht einsetzen können.

Wie einfach die Ausführung der VC-Kicks ist, demonstriere ich für meine Leser auf den folgenden Seiten.
Die Möglichkeiten der VC-Kicks werden im Kapitel 2.17. und Kapitel 2.19. ebenfalls beschrieben.

2.8.1. VC-Kick 1

Abb. 1

1. Der VC-Kick 1 wird von mir als Einzelübung aus dem VC-Kampfstand gezeigt. Aus dieser Position heraus hebe ich, wie bereits beschrieben, mein vorderes Bein, im Beispiel das linke, zur VC-Fußkampfstellung hoch.
Die Hände befinden sich im VC-Laup Sao seitlich neben den Körper, da der VC-Kick 1 hier als Übung für die Beine gezeigt wird.

Mein Fuß befindet sich auf Unterleibshöhe, und meine Fußsohle zeigt nach vorne. Das Bein ist in der VC-Fußkampfstellung im rechten Winkel gebeugt, dadurch ist das Knie oberhalb der Hüfte.

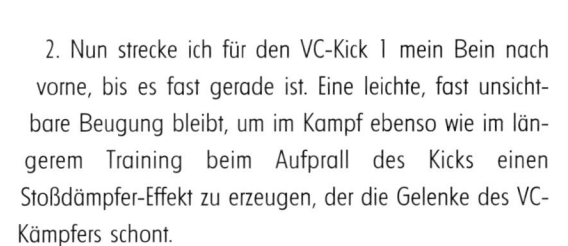

2. Nun strecke ich für den VC-Kick 1 mein Bein nach vorne, bis es fast gerade ist. Eine leichte, fast unsichtbare Beugung bleibt, um im Kampf ebenso wie im längerem Training beim Aufprall des Kicks einen Stoßdämpfer-Effekt zu erzeugen, der die Gelenke des VC-Kämpfers schont.

Abb. 2

3. Nun zeige ich den Kick aus dem VC-Kampfstand, die ein VC-Kämpfer bei Gefahr sofort einnimmt. Die Arme befinden sich als VC-Maun Sao und VC-Wu Sao wie ein Schutzkeil vor meinem Körper. Ich hebe das vordere Bein zur VC-Fußkampfstellung und machte von da aus einen geraden VC-Kick 1.

Gleichzeitig mit dem VC-Kick 1 schiebe ich meine Hände in der VC-Kampfstellung leicht nach vorne, um den Oberkörper zu sichern.

Abb. 4

Beim fertig ausgeführten VC-Kick 1 befindet sich das gesamte Bein eines VC-Kämpfers sowie sein Fuß auf der Höhe seines Unterleibs. Das Standbein ist dabei so wie vorher im VC-Kampfstand gebeugt, um dem Körper Stabilität zu verleihen. Die Fußsohle

Abb. 3

ist immer noch gerade nach vorne gerichtet und trifft einen Gegner in den Unterleib, so wie es Abb.4 zeigt.
Nach dem VC-Kick 1 setzt der VC-Kämpfer sein Bein mit einem Schritt nach vorne wieder zum VC-Kampfstand ab. Durch diese Vorwärtsbewegung verstärkt er die Wirkung seines Kicks mit seinem eigenen Körpergewicht und macht ihn so noch effektiver.

Der VC-Kick 1 ist ebenso einfach wie wirkungsvoll. Er wird im VC-Ving Chun-Unterricht schon Anfängern beigebracht, damit sie sich bereits nach wenigen Trainingsstunden effektiv schützen können. Dasselbe gilt für die VC-Kicks 2 und 3.

2.8.2. **VC-Kick 2**

Auch für den VC-Kick 2 hebt ein VC-Kämpfer sein rechtes, vorderes Bein aus dem VC-Kampfstand zur VC-Fußkampfstellung hoch.

1. Von dort dreht er sein Bein, genau wie beim VC-Jaup Geurk, nach außen, so dass Knie und Fußspitze im Winkel von 45 Grad nach außen zeigen. Während er das Bein dreht, streckt er es gleichzeitig nach vorne und senkt dabei den Fuß bis auf Kniehöhe ab. Wieder bleibt das Bein beim Tritt leicht gebeugt und damit locker, und wieder schiebt der VC-Ausbilder seine VC-Kampfstellung beim Kick leicht vor. Sein Standbein bleibt gebeugt, damit er beim Treten stabil stehen kann.

Wenn der VC-Kick 2 fertig ist, ist der Fuß des VC-Ausbilders auf Kniehöhe. Die Fußsohle zeigt nach vorne. Der VC-Kick 2 richtet sich im Kampf auf das Knie des Gegners, um ihn so einfach wie möglich kampfunfähig zu machen (Abb.2). Da das Knie ein sehr empfindlicher Körperteil ist, benötigt ein VC-Kämpfer dazu keine besondere Kraft oder Geschicklichkeit. Das macht diesen VC-Kick zu einer auch von Anfängern und im Kampf unerfahrenen Menschen sehr gut einsetzbaren Selbstschutztechnik.

Nach dem VC-Kick 2 wird das Bein, wie schon beim VC-Kick 1, mit einer Vorwärtsbewegung wieder zum VC-Kampfstand abgesetzt und das hintere Bein sofort nachgezogen. Auf diese Weise bewegt sich der VC-Ausbilder auch bei diesem VC-Kick nach vorne, um ihm mehr Power zu geben.

2.8.3. **VC-Kick 3**

Wie schon bei den vorherigen beiden VC-Kicks hebt der VC-Ausbilder auch beim letzten, dem VC-Kick 3, sein Bein aus dem VC-Kampfstand zur VC-Fußkampfstellung an.

1. Nun dreht er sein rechtes Bein nach innen, ähnlich der Bewegung des VC-Boung Geurk. Gleichzeitig streckt er es nach vorne und senkt den Fuß sogar noch weiter als beim VC-Kick 2 ab, nämlich bis auf Höhe des Schienbeins. Knie und Fußspitze zeigen jetzt im Winkel von 45 Grad nach innen, in diesem Fall also nach links. Die VC-Kampfstellung wird etwas nach vorn geschoben, das Standbein ist gebeugt.

2.8.3. VC-Kick 3

2. Beim VC-Kick 3 trifft der Fuß des VC-Kämpfers das Schienbein des Gegners. Dabei ist wichtig, dass die Fußsohle nach vorne gerichtet ist, damit der Tritt seine volle Wirkung entfaltet. Auch der Kick 3 ist eine verläßliche Schutztechnik für erfahrene VC-Kämpfer wie für weniger trainierte Menschen, da der Gegner mit geringstmöglichem Aufwand zuverlässig außer Gefecht gesetzt wird.

Der VC-Kick 3 wird ebenfalls durch eine Vorwärtsbewegung des VC-Kämpfers in seiner Wirkung verstärkt, bei der das Standbein am Boden schleifend nachgezogen wird und das Körpergewicht hinten bleibt. Am Ende steht der VC-Ausbilder wieder im VC-Kampfstand.

Der VC-Kick 3 arbeitet wie der VC-Kick 2 nach dem Kreuzprinzip. Da, wenn der VC-Kämpfer mit geradem Fuß zum Bein eines Gegners treten würde, die Gefahr des Abrutschens besteht, wird der Fuß um 45 Grad gedreht und bildet so ein Kreuz mit dem Bein des Gegners. Das hat zum einen den Vorteil, dass die Treffsicherheit und damit die Effektivität der VC-Kicks erhöht wird. Zum anderen wird bei der Kombination mit den zugehörigen VC-Beintechniken (vgl. Abschnitt 2.7.) keine unnötige zusätzliche Bewegung erforderlich, sondern das Bein wird im gleichen Winkel auf kürzestem Weg zum Gegner gestreckt (Abb.3).

Abb. 2

Beim VC-Kicktraining ohne einen Partner ist besonders wichtig, auf die richtige Höhe der drei VC-Kicks zu achten. Da sich der VC-Schüler oder VC-Ausbilder dabei nicht am Körper des Gegners als Ziel orientieren kann, richtet er sich nach seinem eigenen Körper und trainiert den VC-Kick 1 auf Unterleibshöhe, den VC-Kick 2 auf der Höhe seines eigenen Knies und den VC-Kick 3 knapp darunter etwa auf Höhe seines Schienbeins.

Die Beine sollten bei den VC-Kicks, den Prinzipien der Logik folgend, höchstens bis zur Hüfte angehoben werden. Für Angriffe auf den Oberkörper setzt der VC-Ving Chun-Kämpfer seine Arme ein.

Alle VC-Kicks können genauso auch mit dem anderen Bein ausgeführt werden. Die generelle Einsetzbarkeit der VC-Techniken, die bei dem VC-Grund- und Angriffstechniken bereits festgestellt wurde, gilt auch für die Beine. Immer hängt es davon ab, welche Seite näher zum Gegner ist.

Die einzelnen VC-Kicks können auch miteinander kombiniert und als eine Abfolge von Tritten ausgeführt werden. Dabei setzt der VC-Kämpfer nach dem ersten Kick das Bein nicht ab, sondern kehrt zurück zur VC-Fußkampfstellung, um sofort den nächsten VC-Kick folgen zu lassen.

Die Abfolge mehrerer VC-Kicks wird als VC-Kettenkicks bezeichnet. Es können z. B. mehrere VC-Kick 1 direkt aufeinander trainiert werden. Eine übliche Kombination ist die von oben nach unten verlaufende Folge von VC-Kick 1, VC-Kick 2 und VC-Kick 3. Daneben sind alle anderen Zusammensetzungen der verschiedenen VC-Kicks möglich. Das bringt für den VC-Ving Chun-Unterricht den Vorteil, dass die Programme vielseitig sind und immer neue Möglichkeiten bieten. Außerdem lernt der VC-Ving Chun-Schüler, flexibel mit seinen VC-Selbstschutz-Techniken umzugehen und immer neue Situationen zu trainieren. Dadurch erhält er größere Sicherheit, wenn er tatsächlich in Gefahr gerät, denn die lässt sich niemals vorausberechnen, sondern erfordert schnelles, instinktives Handeln, ohne über die richtige Technik nachzudenken.

Abb. 3

VC-Kick 1

VC-Kick 2

VC-Kick 3

Copyright by Sigung Sifu-Meister Birol Özden

2.8. VC-Beintechniken und VC-Kicks im Kampf

Genauso wie sich jeder einzelne VC-Kick mit den anderen kombinieren lässt, kann ein VC-Kämpfer auch seine VC-Beintechniken mit den VC-Kicks verbinden. Das passiert, wenn er im Kampf angegriffen wird und den Angriff mit einer VC-Beintechnik, also mit VC-Jaup Geurk oder VC-Boung Geurk, aufnimmt und ableitet. Um der Aufnahme unmittelbar seinen eigenen Angriff folgen zu lassen, setzt er sein Bein nicht ab, sondern streckt es sofort mit einem VC-Kick zum Gegner.

Der Fuß, der sich beim VC-Jaup Geurk etwas von der Körpermitte des VC-Kämpfers nach links bewegt hat, wird mit dem VC-Kick in die Mitte des Körpers zurückgeführt. Auf dieser Linie trifft der VC-Kick 2 sein Ziel. Durch den Ablauf von VC-Beintechnik und VC-Kick ergibt sich eine runde Bewegung, die es dem VC-Kämpfer ermöglicht, auch kräftige Tritte weich aufzunehmen, die Kraft des Gegners abzuleiten und unmittelbar darauf seinen eigenen Angriff folgen zu lassen.

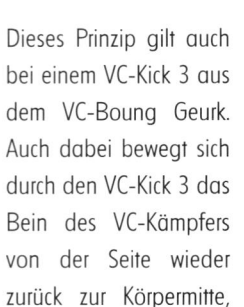

VC-Kick 2

Dieses Prinzip gilt auch bei einem VC-Kick 3 aus dem VC-Boung Geurk. Auch dabei bewegt sich durch den VC-Kick 3 das Bein des VC-Kämpfers von der Seite wieder zurück zur Körpermitte, wo der VC-Kick 3 trifft. Wieder ergibt sich durch die Kombination von seitlicher Aufnahme und Vorwärtsbewegung eine runde, weiche Bewegung, durch die der VC-Kämpfer ohne eigene Kraft auskommt und trotzdem effektiv treten kann.

Durch die Gleichzeitigkeit der Techniken im VC-Ving Chun, die jeder VC-Schüler bereits als Anfänger trainiert, kann er viele Kombinationen einsetzen. Er kann z. B. seine Armtechniken mit gleichzeitig erfolgenden Kicks kombinieren, kann seinen Gegner mit VC-Kicks kontrollieren und gleichzeitig seine VC-Ellbogenstöße einsetzen oder die VC-Kicks mit VC-Laup Sao verbinden (siehe unten).

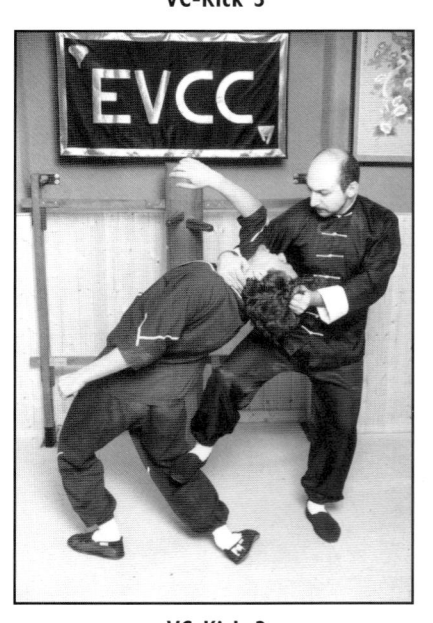

VC-Kick 3

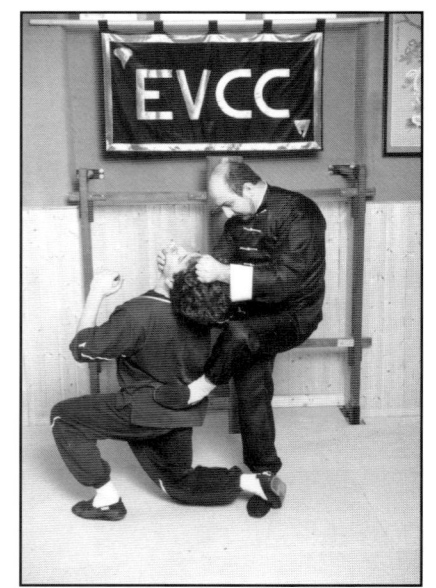

VC-Kick 3

VC-Kick 3

VC-Kick 2

2.9. VC-Chigeurk

Durch die VC-Beintechniken und VC-Kicks lernt jeder VC-Ving Chun Schüler sehr schnell, seine Beine auf kurze Distanz blitzschnell und effektiv einzusetzen. VC-Ving Chun ist ein Nahkampfsystem, und auf genau diese Nähe konzentriert sich ein VC-Kämpfer. Denn schließlich hat niemand im Ernstfall, wenn ein aggressiver Angreifer vor ihm steht, viel Platz für Hochtritte oder ausladende Rundkicks. Bei einem Überfall im Park oder auf einer freien Fläche wäre das möglicherweise noch vorstellbar. Doch was ist mit den Situationen, in denen Schlägereien oder Überfälle entstehen? In der überfüllten Disco, in einer engen Toilette, auf Großveranstaltungen wie Fußballspielen oder Konzerten, im Parkhaus, eingekeilt zwischen zwei parkenden Autos .... die Beispiele sind endlos. Für all diese Fälle sind die kurzen, fast unsichtbaren VC-Nahkampftritte optimal.

Besonders gut geeignet sind sie für Menschen, die im Bereich Sicherheit tätig sind. Polizisten, Sicherheitskräfte und Angehörige von Spezialeinheiten trainieren seit Jahren bei mir. Zu ihrem Ausbildungsprogramm gehört viel Beinarbeit, das heißt Einsatz von Kicks und Beintechniken im Kampf. Diese Programme sind auch Bestandteil der VC-Bodyguard-Ausbildung. Hier wird sogar noch ein Spezialprogramm unterrichtet, das VC-Chigeurk.

Mittels VC-Chigeurk versetzen wir Polizisten, Bodyguards und Spezialkräfte in die Lage, so zu arbeiten, dass es von den umstehenden Menschen kaum wahrgenommen wird. Das VC-Chigeurk beinhaltet viele Techniken zur Kontrolle eines Gegners, im Stand und bis zum Boden. Die Beinarbeit wird fast immer von Kontrolltechniken wie dem VC-Laup Sao begleitet (s. Kapitel 2.11). Mit einfachen Mitteln kann eine Sicherheitskraft durch VC-Ving Chun den Gegner in die Knie zwingen und ihn dort kontrollieren. Die VC-Techniken können auch und gerade in einer großen Menschenmenge eingesetzt werden, in der viele Sicherheitskräfte, Polizisten usw. häufig arbeiten.

Chigeurk bedeutet soviel wie „klebende Beine". Es ist die Umsetzung des Reflextrainings VC-Chi Saoo (klebende Arme) auf die Beine. Hier geht es darum, mit den Beinen ständigen Kontakt zum Gegner zu halten, sozusagen an ihm zu kleben, um etwaige Beinangriffe zu fühlen. Denn bei engem Kontakt mit dem Gegner, z. B. in einer Clinchposition, kann ich es mir nicht leisten, ständig nach unten auf seine Beine zu sehen. Ich schaue ihm in die Augen, klebe mit meinem vorderen Bein an seinem und benutze meinen Tastsinn und meine Reflexe. Zieht er sein Knie hoch, fühle ich es und reagiere, will er mich fegen, gebe ich seinem Druck nach und trete auf kürzestem Weg zu seinem ungeschützten Standbein. Die Vorübungen für das VC-Chigeurk trainieren meine Schüler auch im VC-Selbstschutz, damit sie lernen wie es ist, wenn ein Gegner versucht zu fegen oder aus dem engen Kontakt heraus zu treten. Denn Angreifer, die diesen engen Kampf beherrschen, sind sehr gefährlich. Die VC-Schüler lernen jedoch, locker zu bleiben und weich wie Wasser zu sein und trotzdem blitzschnell, direkt und geradlinig den Gegner zu treffen. Dieses besondere Training von Schnelligkeit und Geschmeidigkeit ist der Grund, warum die VC-Ving Chun Leute so schnell sind. Die Programme für den Bereich Ving Chun Bodyguard werde ich im VC-Bodyguard Buch für die Unterstufe erklären, an dem ich bereits arbeite. Hier werde ich auch einen näheren Einblick in das VC-Chigeurk geben.

2.10. VC-Nottechniken - VC-Wendungen

Ein wichtiger Bestandteil der Beinarbeit im VC-Ving Chun sind die VC-Wendungen. Im Kampf werden VC-Wendungen als Nottechniken eingesetzt. Aber auch in den verschiedenen Trainingsprogrammen wie in der Siu Nim Tau und im VC-Daun Chi kommen Wendungen vor. Und schließlich lebt auch die Schrittarbeit im VC-Ving Chun-Training von der Kombination mit Wendungen.

Es sind drei Formen der VC-Wendung zu unterscheiden, die ein VC-Ving Chun-Schüler im Rahmen seiner Unterstufenprogramme lernt: die 45 Grad-Wendung, die 90 Grad-Wendung und die 180 Grad-Wendung.

2.10.1. VC-Nottechnik - VC-Wendung um 45 Grad

Die 45 Grad-Wendung im VC-Ving Chun erfolgt aus dem VC-Grundstand. Sie wird in der Unterstufe im VC-Daun Chi trainiert und kommt in Satz 1, 6 und 7 der Siu Nim Tau vor. Aber sie kann auch als Einzelübung trainiert werden, z. B. in Verbindung mit einer VC-Technik. Ein Anfänger übt sie manchmal auch, damit er sich besser auf seine Beine konzentrieren kann, mit auf dem Rücken verschränkten Armen.

Im Kampf wird sie z.B. eingesetzt, wenn ein Angriff mit einer der VC-Grundtechniken aufgenommen wurde und der Gegner seinen Druck auf den VC-Kämpfer verstärkt. Um aus dieser Notsituation herauszukommen, macht der VC-Kämpfer eine 45 Grad-Wendung als Nottechnik.

1. Eine VC-Wendung um 45 Grad kann nach rechts wie auch nach links erfolgen. Um sie zu veranschaulichen, demonstriert der VC-Schüler eine Wendung nach links. Dazu nimmt er den VC-Grundstand ein und zieht die Arme zum VC-Laup Sao hoch.

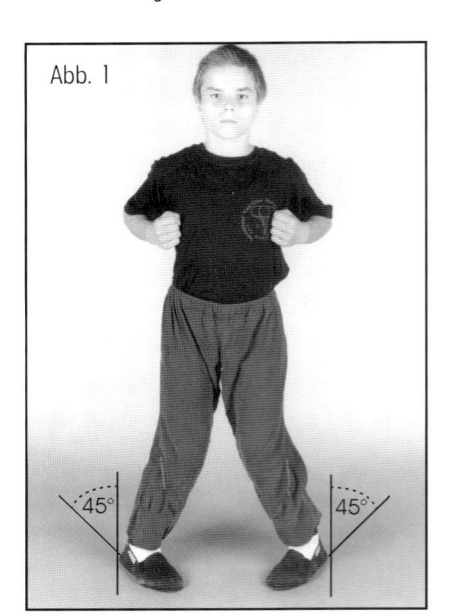

Abb. 1

2. Für die VC-Wendung dreht der VC-Schüler seinen Oberkörper um 45 Grad und verlagert sein Gewicht auf das rechte Bein. Sein linker Fuß dreht sich nach außen um insgesamt 90 Grad. Im VC-Grundstand zeigt der Fuß im Winkel von 45 Grad nach innen. Bei der Wendung wird er um seinen Mittelpunkt gedreht, ohne dass sich dabei die Fußspitze oder die Ferse vom Boden heben. Der Fuß wird auf der gesamten Sohle gedreht, so als wäre er in seinem Mittelpunkt am Boden festgeheftet. Auf diese Weise werden bei der Drehung die Winkel genau eingehalten. Der VC-Kämpfer dreht seinen Fuß so lange, bis er im Winkel von 45 Grad nach außen zeigt, im Beispiel des VC-Schülers nach links. Insgesamt ist damit eine Änderung um 90 Grad geschehen. Nun stehen beide Füße des VC-Schülers parallel zueinander.

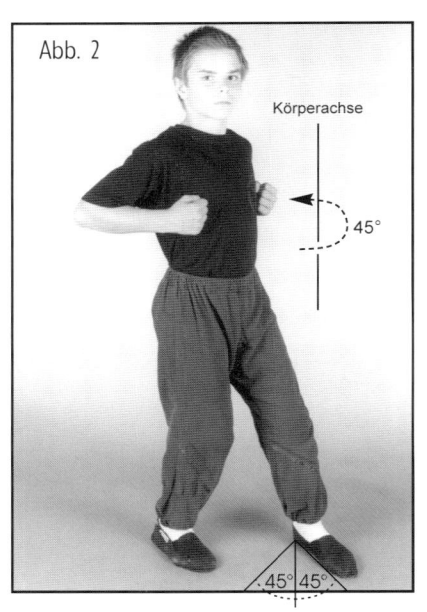

Abb. 2

Abb. 3

Abb. 4

3. Bei einer VC-Wendung um 45 Grad nach rechts geht der VC-Kämpfer auf die gleiche Weise vor, aber er wendet in dem Fall den Oberkörper nach rechts, lässt den linken Fuß stehen und dreht den rechten nach außen.

4. Der Impuls zur Wendung erfolgt im Kampf durch den Druck des Gegners auf dem Arm / die Technik des VC-Kämpfers. Dieser Impuls setzt sich über Arm, Schulter, Oberkörper und Hüfte bis zum Bein von oben nach unten fort (vgl. auch Kap.2.15.).

Die Beine bleiben auch in der VC-Wendung gebeugt. Das Gewicht ist auf dem hinteren Bein, in diesem Falle dem linken. Die Arme bleiben im VC-Jaum Sao und im VC-Handflächenstoß und sind auch nach der VC-Wendung nach vorne zum Gegner gerichtet.

2.10.1. VC-Nottechnik - VC-Wendung um 45 Grad

Die Wirkung der Wendung als Nottechnik wird vom VC-Schüler nun in Verbindung mit der VC-Grundtechnik gezeigt.

Die Technik bleibt vorne (beim Gegner), während der Körper weggewendet wird. So bringt sich der VC-Kämpfer aus dem Gefahrenbereich und leitet den Angriff des Gegners weg.

Der VC-Schüler zeigt dies nachfolgend mit den 8 VC-Grundtechniken. Im jeweils linken Bild demonstriert er die VC-Grundtechnik mit Wendung und behält die zweite Hand im VC-Laup Sao. Rechts daneben zeigt er, wie die Technik und die Wendung mit einem gleichzeitigen Angriff durch VC-Handflächenstoß erfolgt. Auch hier demonstriert er alle 8 VC-Techniken.

VC-Fouk Sao mit 45 Grad Wendung

VC-Pauk Sao mit 45 Grad Wendung

VC-Taun Sao mit 45 Grad Wendung

VC-Boung Sao mit 45 Grad Wendung

VC-Gaun Sao mit 45 Grad Wendung

VC-Gaum Sao mit 45 Grad Wendung

VC-Kau Sao mit 45 Grad Wendung

VC-Jaum Sao mit 45 Grad Wendung

2.10.2. VC-Nottechnik - VC-Wendung um 90 Grad

Eine VC-Wendung um 90 Grad unterscheidet sich, was die Beinarbeit angeht, nicht von der 45 Grad-Wendung. Um diese Wendung zu demonstrieren, beginnt der VC-Schüler wieder im VC-Grundstand. Beide Füße zeigen im Winkel von 45 Grad nach innen. Sein linker Arm ist als VC-Maun Sao vorne, sein rechter Arm als VC-Wu Sao dahinter. Dann nimmt er beide Arme zum VC-Laup Sao nach hinten (Abb. 1).

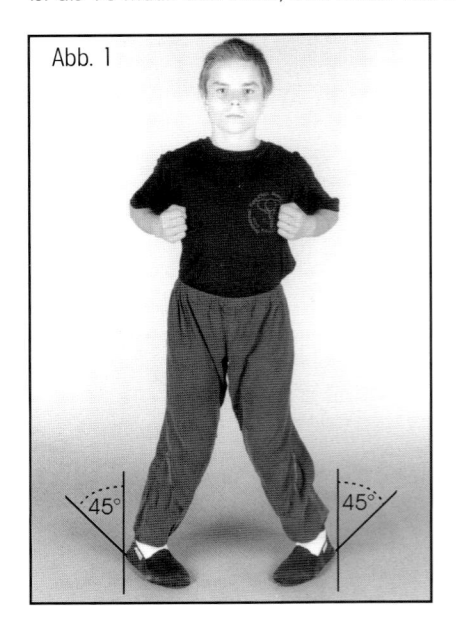

Abb. 1 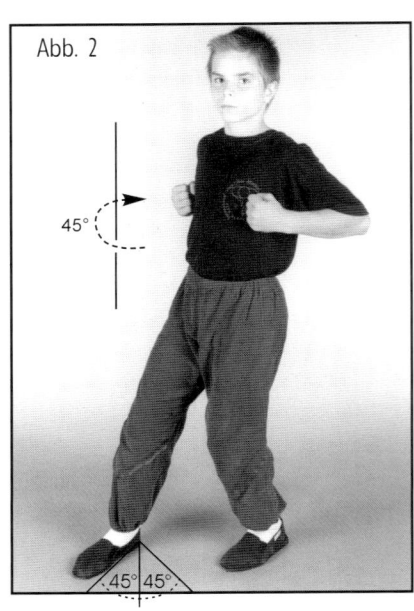 Abb. 2 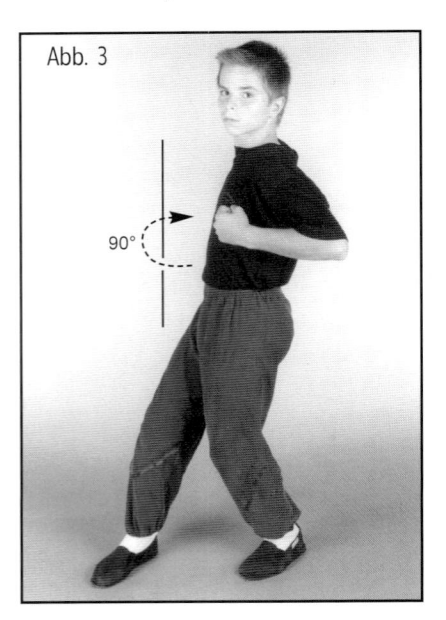 Abb. 3

Genau wie bei der VC-Wendung um 45 Grad lässt er jetzt den linken Fuß an seinem Platz. Den rechten Fuß dreht er genau um seinen Mittelpunkt, so lange bis er im Winkel von 45 Grad nach außen zeigt und damit parallel zum anderen Fuß steht. Insgesamt hat sich somit der Fuß wieder um 90 Grad zu seiner Ausgangsposition gedreht (Abb. 2).

Im Unterschied zur 45 Grad-Wendung wird der Oberkörper um 90 Grad gegenüber dem VC-Grundstand gewendet (Abb. 3).

Betrachtet man den Stand des VC-Schülers nach der 90 Grad-Wendung, so erkennt man, dass er jetzt im VC-Kampfstand steht, das heißt in der Position, in die er aus dem Grundstand auch mit einem VC-Freischritt gelangt. Doch mit Hilfe der Wendung hat er seine Richtung geändert, so dass er nun nicht mehr frontal, sondern von der Seite zu sehen ist.

Auf die gleiche Weise kann der VC-Schüler auch eine Wendung nach links machen, indem er seinen linken Fuß nach außen dreht, bis er parallel zum rechten steht, und den Oberkörper um 90 Grad nach links dreht (Abb. 4).

Mit Hilfe der VC-Wendungen kann der VC-Kämpfer alle denkbaren Richtungen um seinen Körper herum schnell und einfach erreichen. Das wird in den höheren Programmen wichtig, wo z. B. ab der Mittelstufe die Einführung in den Kampf gegen mehrere Gegner beginnt. Durch die Wendungen wird der VC-Ving Chun-Schüler frühzeitig darauf vorbereitet, sich nicht nur in eine Richtung zu orientieren. Später hilft im das, auch in Verbindung mit der Schrittarbeit vor allem dem VC-Zickzackschritt, sich flexibel auf alle Situationen einzustellen, die im Kampf entstehen können, und sich immer frontal zum Gegner zu bewegen. In der Unterstufe begegnet die VC-Wendung um 90 Grad dem VC-Schüler vor allem im 4. Satz der Siu Nim Tau (siehe Kap.2.14.). Für die Mittelstufe werden die Programme im zweiten Band dieses Lehrbuches erklärt.

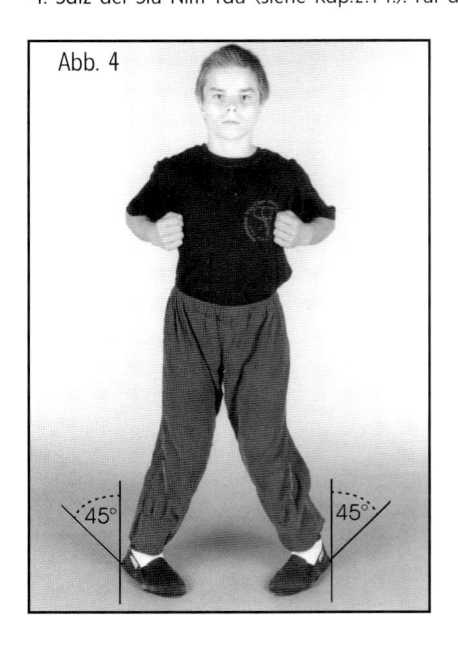

Abb. 4  Abb. 4 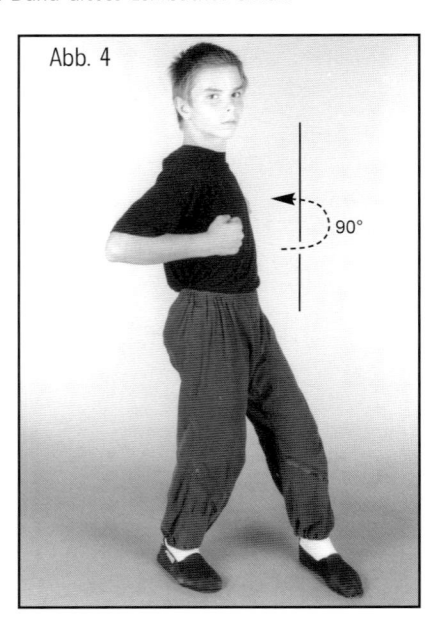 Abb. 4

2.10.3. VC-Nottechnik - VC-Wendung um 180 Grad

Die VC-Wendung um 180 Grad setzt sich genau betrachtet aus zwei 90 Grad-Wendungen zusammen. Diese Wendung wird vor allem beim Training der VC-Schrittarbeit benutzt. Wenn z.B. ein Schüler seinen VC-Vorwärtsschritt trainiert, muss er am Ende seiner Strecke nicht jedes mal wieder von neuem den VC-Kampfstand einnehmen, sondern er baut hier seine 180 Grad-Wendung ein. Die Wendung wird vom VC-Schüler deshalb aus dem VC-Kampfstand demonstriert (Abb. 1).

Abb. 1

Vom VC-Kampfstand aus dreht sich der VC-Schüler zunächst mit einer VC-Wendung um 90 Grad nach rechts. Dazu dreht er erst den Kopf, um nach hinten zu schauen und dann die Schultern (Abb. 2). Dann wendet er den Oberkörper um 90 Grad und dreht dabei gleichzeitig den linken Fuß, ebenfalls um 90 Grad, bis er so wie sein rechter Fuß im Winkel von 45 Grad nach innen zeigt. Damit hat er den VC-Grundstand erreicht (Abb. 3). Nun macht er einen Handwechsel und schiebt die rechte Hand zum VC-Maun Sao vor (Abb. 4).

Abb. 2

Abb. 3

Der VC-Schüler bleibt aber nicht im VC-Grundstand stehen, sondern dreht seinen Oberkörper direkt weiter um 90 Grad nach rechts. Dabei dreht er seinen rechten Fuß auf der gesamten Fußsohle um den Mittelpunkt herum, bis er im Winkel von 45 Grad nach außen zeigt. Wieder stehen beide Füße parallel zueinander. Der VC-Schüler steht wieder im VC-Kampfstand, hat sich aber insgesamt um 180 Grad gewendet (Abb. 5).

Abb. 4

Abb. 5

Seine Hände haben bei dieser Demonstration ihre Position passend zu den Beinen gewechselt. Während der VC-Schüler vor der 180 Grad-Wendung links VC-Maun Sao und links auch VC-Maun Geurk hatte, hat er danach den rechten Arm und das rechte Bein als VC-Maun Sao bzw. VC-Maun Geurk vorne.

Bei der 180 Grad-Wendung ist sehr wichtig, dass die Füße nacheinander und nicht gleichzeitig gedreht werden. Trotzdem unterbricht der VC-Kämpfer seine Bewegung im VC-Grundstand nicht, sondern wendet sich in einem Stück so lange weiter, bis die Wendung um 180 Grad erfolgt ist.

2.10.3. VC-Nottechnik - VC-Wendung um 180 Grad

Nachdem der VC-Schüler diesen einfachen Ablauf der VC-Wendung, bei dem die Hände nur gewechselt werden, gelernt hat, trainiert er die 180 Grad-Wendung in Verbindung mit VC-Handflächenstößen. Denn im Falle einer Gefahr müssen direkt die Hände eingesetzt werden können. Dabei greift er schon zu Beginn der Wendung mit seiner Hand über seine gegenüberliegende Schulter hinweg nach hinten und streckt den Arm mit einem VC-Handflächenstoß, dem dann noch weitere folgen.

Der VC-Kämpfer dreht dabei seinen Körper von oben nach unten. Zuerst wendet er den Kopf, um über seine Schulter nach hinten zu sehen. Er schiebt seine linke Hand über die Schulter, und streckt seinen Arm mit einem Handflächenstoß nach hinten. Er zieht die Schulter und die Hüfte der Richtung des Armes nach und dreht dann die Beine und schließlich die Füße nacheinander, bis er schließlich völlig gewendet ist (Abb 6-11).

Abb. 6

Abb. 7

Abb. 8

Abb. 9

Abb. 10

Abb. 11

Die VC-Wendung um 180 Grad lernt der VC-Ving Chun-Schüler nicht nur als Teil der Beinarbeit im Rahmen der praktischen Programme. Vor allem lernt er diese Wendung, um sich im Notfall blitzschnell einem Angreifer zuzuwenden, der hinter ihm auftaucht. Mit Hilfe der 180 Grad-Wendung kann er sich in kürzester Zeit herumdrehen, um wieder frontal zum Gegner zu stehen. Gleichzeitig setzt er schon während der Wendung seine VC-Angriffstechnik ein. So ist er immer noch im Vorteil, selbst wenn er vorher unachtsam oder abgelenkt war und sich ein Angreifer hinter ihn bewegen konnte.

Mit den beschriebenen VC-Wendungen ist ein VC-Kämpfer in der Lage, einen Radius von 360 Grad um seinen Körper herum schnellstmöglich zu überblicken. Daran ist zu erkennen, wie flexibel er damit im Kampf ist und welche Vorteile ihm das verschafft. Die VC-Wendungen sind eine wichtige Grundlage der VC-Trainingsprogramme und begegnen dem VC-Schüler immer wieder, egal ob in der Unterstufe oder später in den höheren Programmen. Die Grundprinzipien bleiben dabei immer gleich: es wird immer auf der ganzen Fußsohle gewendet, um die Winkel besser einzuhalten und um den größtmöglichen Kontakt zum Boden und damit so viel Stabilität wie möglich zu erhalten. Das vordere Bein ist immer unbelastet und das hintere Bein trägt als Standbein, das durch das genau auf einer Linie vor ihm stehende vordere Bein ständig geschützt ist, das Körpergewicht des VC-Kämpfers.

Alle Bestandteile und Trainingsinhalte des VC-Ving Chun bauen nach meinem Konzept logisch aufeinander auf und ergänzen sich. Dadurch erkennt der VC-Schüler schnell die Zusammenhänge, und das VC-Ving Chun erschließt sich ihm wie die Teile eines Puzzles, die er mehr und mehr zu einem Ganzen zusammenzufügen lernt.

2.11. VC-Nottechnik - VC-Laup Sao

Der VC-Laup Sao ist eine weitere VC-Nottechnik. Der Name bedeutet übersetzt "greifende Hand" und beschreibt damit genau die typische Wirkung des VC-Laup Sao. Das Greifen ist für den Menschen eine naturelle Bewegung,

1. um etwas oder jemanden festzuhalten
2. um sich selbst an etwas oder jemandem festzuhalten.

Abb. 1

Abb. 2

Will ein Mensch z. B. einen anderen am Gehen hindern, packt er ihn am Arm und hält ihn fest. Droht ein Mensch auf glattem Boden oder an einem Abgrund auszurutschen, greift er instinktiv nach einem sicheren Halt. Das erfordert kein Nachdenken, sondern geschieht aus Reflex und deshalb blitzschnell.
Siehe dazu auch Kap. 2.17.

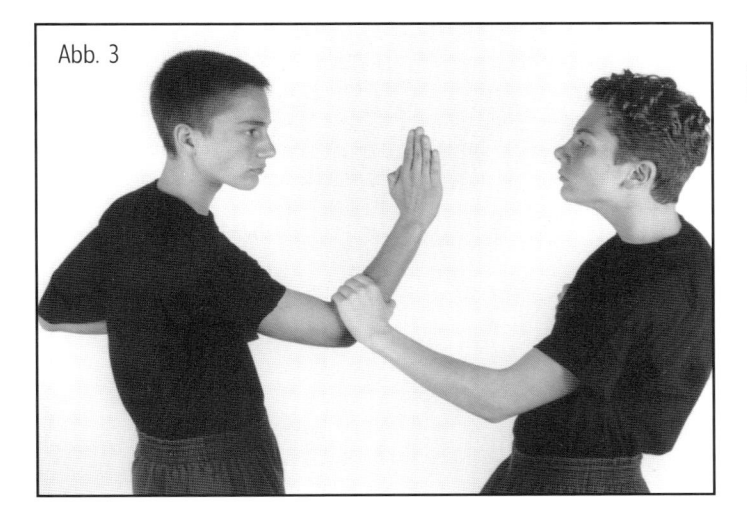

Abb. 3

Grundprinzip des Ving Chun:
Wie du mir, so ich dir!
Gibst du mir die Hand, gebe ich dir die Hand.
Lachst du mich an, lache ich dich an.
Schlägst du mich, schlage ich dich.

Sigung Sifu-Meister Birol Özden

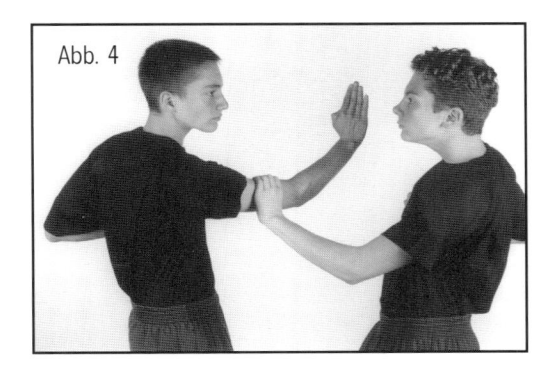

Abb. 4

Auf die gleiche Art wird der VC-Laup Sao im Kampf eingesetzt. Mit dem VC-Laup Sao kann ein VC-Kämpfer seinen Gegner überall greifen, z. B. am Handgelenk, am Unterarm, am Ellbogen oder am Oberarm (Abb. 1 bis 4). Er kann den Arm des Gegners von der Innenseite oder Aussenseite packen. Seine Position zum Gegner spielt für ihn dabei keine Rolle, denn der VC-Laup Sao funktioniert immer auf die gleiche Weise (Abb. 5 - 6)

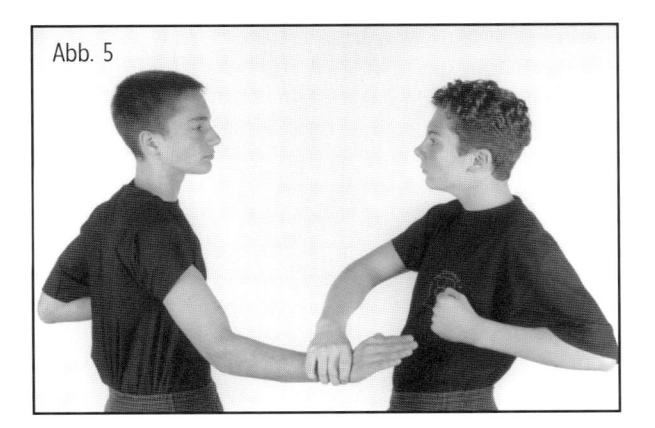

Abb. 5

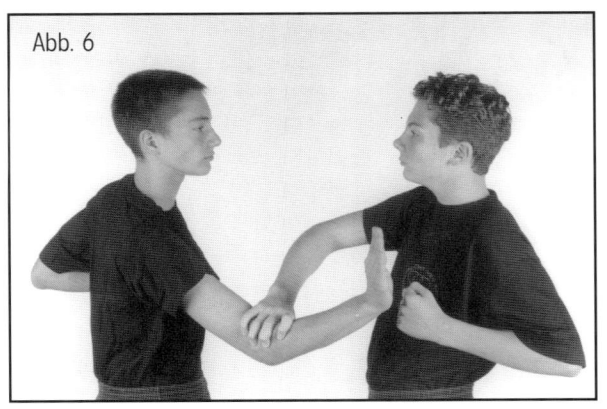

Abb. 6

2.11. VC-Nottechnik - VC-Laup Sao

Mit dem VC-Laup Sao hält der VC-Ving Chun Kämpfer seinen Gegner fest
- um zu verhindern dass sich der Gegner wegzieht, wenn er ihn angreifen will
- um ihn zu kontrollieren, damit er nicht mehr angreifen kann.

Man unterscheidet zwischen dem **einfachen VC-Laup Sao** (Abb. 1), der mit einer Hand ausgeführt wird, und dem **doppelten VC-Laup Sao** (Abb. 2 - 6), bei dem der VC-Kämpfer den Gegner mit beiden Händen packt.

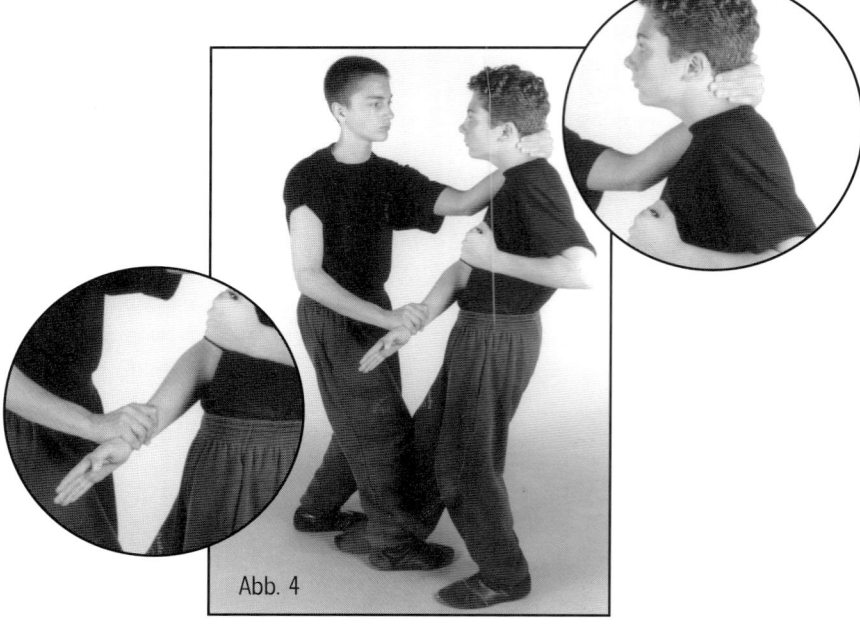

Abb. 1

Abb. 2

Abb. 3

Abb. 4

Aus beiden Varianten heraus greift der VC-Kämpfer seinen Gegner, dessen Bewegungsfreiheit nun eingeschränkt ist, mit seinen VC-Nahkampftechniken wie Kniestoß oder Ellbogenstoß an. Dafür ist es sehr wichtig, den VC-Laup Sao stabil genug auszuführen, damit sich der Gegner nicht losreißen kann. Das bedeutet, der Laup Sao-Griff muss fest sein und der VC-Kämpfer muss mit einen Druck nach vorne zum Gegner aufbauen. Andernfalls würde er ihn auf sich selbst ziehen und sich so gefährden.

Abb. 5

Abb. 6

2.11. VC-Nottechnik - VC-Laup Sao

Der VC-Laup Sao dient als zusätzliche Sicherung des mit der Technik kontrollierten Armes. Dieser Technik-Laup Sao kann bei allen acht VC-Grundtechniken eingesetzt werden.

1. Der VC-Kämpfer hat den Angriff eines Gegners aufgenommen und leitet mit VC-Fouk Sao dessen Arm an sich vorbei, während er das Gesicht mit einem VC-Handflächenstoß trifft. Um zusätzliche Sicherheit zu erreichen und zu verhindern, dass der Gegner, wenn er getroffen wird, seinen Arm wegzieht, greift der VC-Kämpfer aus seiner Technik VC-Fouk Sao den Arm und hat so eine zusätzliche Kontrolle.

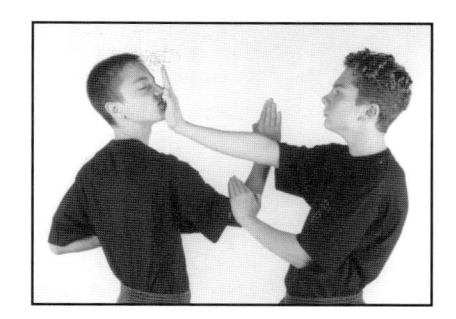

Abb. 1

Abb. 2

2. In diesem Beispiel macht der VC-Kämpfer beim Angriff seines Gegners einen VC-Pauk Sao mit einem gleichzeitigen VC-Handflächenstoß zu dessen Gesicht. Damit der Gegner, wenn er getroffen wird, seinen Arm nicht fallen lässt, greift der VC-Kämpfer aus dem VC-Pauk Sao den Arm und kontrolliert so den Ellbogen des Gegners.

3. Aus dem VC-Taun Sao greift der VC-Kämpfer den Arm seines Gegners und hält ihn mit VC-Laup Sao, während sein Handflächenstoß dessen Gesicht trifft.

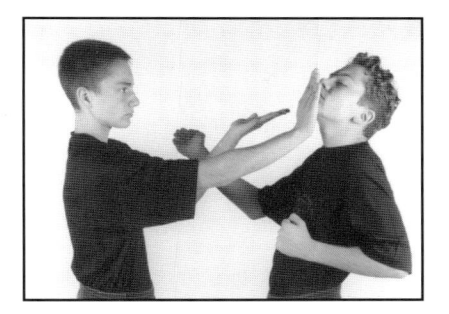

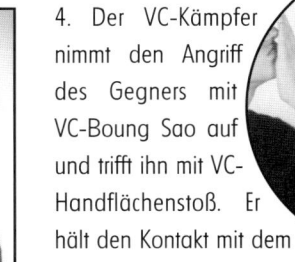

Abb. 3

4. Der VC-Kämpfer nimmt den Angriff des Gegners mit VC-Boung Sao auf und trifft ihn mit VC-Handflächenstoß. Er hält den Kontakt mit dem Arm und dreht seine Hand zum VC-Laup Sao, um so den Gegner zu kontrollieren.

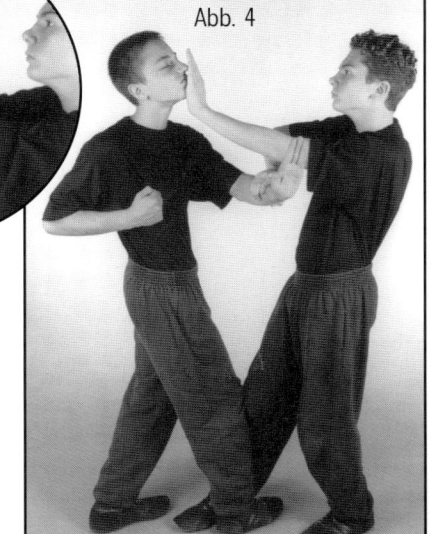

Abb. 4

Copyright by Sigung Sifu-Meister Birol Özden

2.11. VC-Nottechnik - VC-Laup Sao

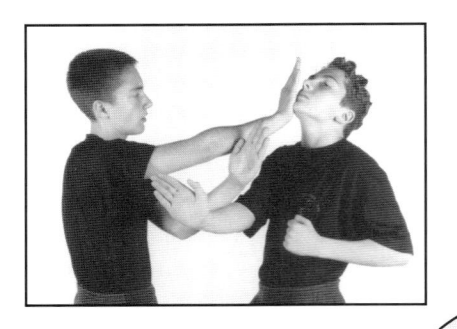

5. Auch für den VC-Jaum Sao lässt sich der VC-Laup Sao sehr leicht einsetzen. Nach der Aufnahme des Angriffs durch den Gegner und dem eigenen Angriff mit VC-Handflächenstoß senkt der VC-Kämpfer die Hand und greift den Arm des Gegners mit VC-Laup Sao.

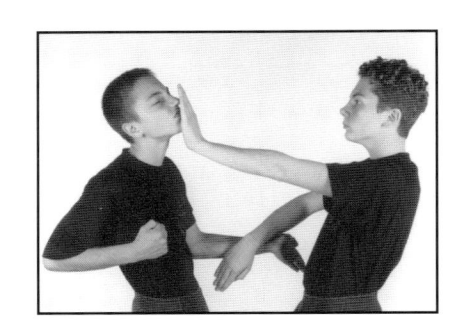

Abb. 5

Abb. 6

6. Vom VC-Kau Sao aus benötigt der VC-Kämpfer ebenfalls nur eine leichte Bewegung der Hand, um mit VC-Laup Sao den gegnerischen Arm zu kontrollieren, während er den Angreifer mit einem VC-Handflächenstoß trifft.

7. Auf einen zu seinem Unterleib gerichteten Angriff reagiert der VC-Kämpfer z. B. mit VC-Gaun Sao, durch den der Angriff zur Seite geleitet wird. Gleichzeitig macht er einen Handflächenstoß zum Gesicht des Gegners. Vom VC-Gaun Sao aus muss der VC-Kämpfer seine Hand nur - ohne den Arm wegzuziehen - leicht herumdrehen, um den Arm des Gegners mit VC-Laup Sao festzuhalten.

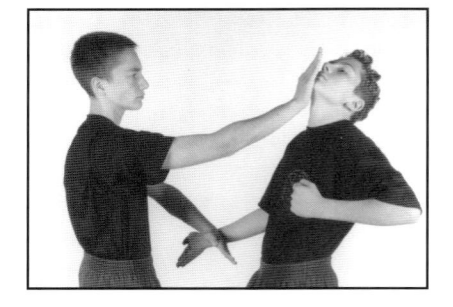

Abb. 7

Abb. 8

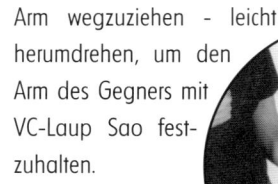

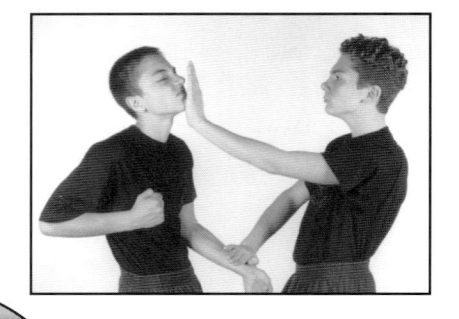

8. Aus dem VC-Gaum Sao ist der VC-Laup Sao sogar noch einfacher. Der VC-Kämpfer schließt nur die Finger der Hand, die den gegnerischen Angriff aufgenommen hat, um den Arm des Gegners und kann ihn so wirkungsvoll kontrollieren.

2.11. VC-Nottechnik - VC-Laup Sao

Den VC-Laup Sao setzt der VC-Kämpfer vor allem ein, um nach dem ersten Angriff die nächste Aktion zu starten. Das bedeutet in erster Linie, wenn der Gegner mit einem VC-Handflächenstoß getroffen wurde, packt ihn der VC-Kämpfer, um seine weiteren Nahkampftechniken wie z. B. VC-Ellbogenstoß oder VC-Kniestoß anzuwenden. Er kontrolliert den Gegner, um sich selbst vor weiteren Angriffen zu schützen und um zu verhindern, dass der Gegner sich wegzieht. Dann kann er selbst weitere VC-Techniken einsetzen. Die nachfolgenden Bilder zeigen dies an einigen Beispielen.

1. Der VC-Kämpfer kontrolliert den rechten Arm seines Gegners mit einem VC-Laup Sao und übt Druck darauf aus, so dass der linke Arm des Gegners gleichzeitig mit gefesselt wird. Nun hat er genügend Platz, um ohne Gefahr für sich selbst einen VC-Ellbogenstoß zum Gesicht des Gegners auszuführen.

2. Hier sichert sich der VC-Kämpfer mit einem VC-Laup Sao vor dem vorderen Arm des Gegners, damit dieser ihn nicht treffen kann, wenn er einen VC-Ellbogenstoß zum Gesicht macht.

Abb. 1

Abb. 2

3. Der VC-Kämpfer kontrolliert den Arm seines Gegners mit VC-Laup Sao und hält ihn damit von seinem eigenen Körper entfernt. Mit dem anderen Arm macht er einen VC-Laup Sao am Nacken des Gegners, um zu verhindern, dass er sich nach hinten zieht. So kann er den Gegner in der optimalen Position halten, um einen VC-Kick 2 gegen sein Standbein zu machen. Damit kann er ihn z.B. fegen und dann am Boden weiterkämpfen.

4. Hier macht der VC-Kämpfer eine Kombination von VC-Techniken auf engem Raum. Er kontrolliert mit VC-Laup Sao den vorderen Arm seines Gegners, macht dabei einen Ellbogenstoß zur Brust des Gegners und fesselt auf diese Weise gleichzeitig dessen zweiten Arm. Zur selben Zeit trifft der VC-Kämpfer sein Kinn mit einem seitlichen VC-Handflächenstoß. Mit dem vorderen Bein hat er leichten Druck zum Knie des Gegners, damit der sein Bein nicht unbemerkt einsetzen kann.

5. Der VC-Kämpfer hat nach dem ersten Angriff seinen Gegner am Arm und am Nacken mit VC-Laup Sao kontrolliert und kann ihn so mühelos mit VC-Kniestoß in den Unterleib treffen oder sein vorderes Bein fegen.

Abb. 3

Abb. 4

Abb. 5

2.11. VC-Nottechnik - VC-Laup Sao

1. Während der VC-Kämpfer seinen Angreifer mit VC-Kick 2 zum Knie und mit seitlichem VC-Handflächenstoß zum Kopf trifft, kontrolliert er mit VC-Laup Sao den Angriffsarm.

> Der VC-Laup Sao ist in jeder Kampfsituation einsetzbar. Auch im VC-Antibodenkampf aus dem Bereich VC-Dynamic wird er sehr oft verwendet, um den Gegner zu kontrollieren und für die eigenen Angriffe Platz zu schaffen. Die Trainingsprogramme der VC-Ving Chun Dynamic finden sich in meinem VC-Dynamic Lehrbuch, das zur Zeit in Vorbereitung ist.

Abb. 1

Abb. 2

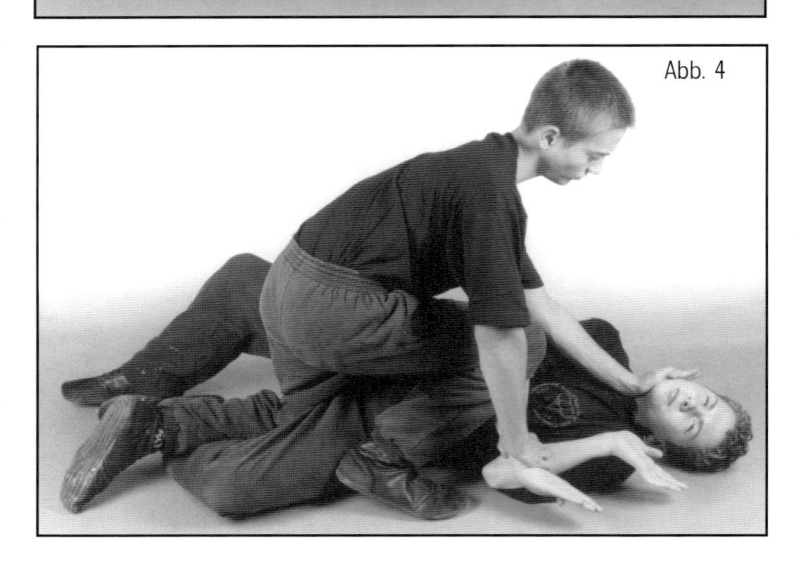

Abb. 3

2. Im oberen Beispiel kontrolliert der VC-Kämpfer den Arm des Gegners mit VC-Laup Sao damit er nicht schlagen kann, und packt ihn gleichzeitig mit dem anderen Arm mit VC-Laup Sao an der Kehle. Als zusätzliche Sicherung hält er dabei mit seinem Unterarm den zweiten Arm des Gegners gefesselt, indem er Druck darauf ausübt.

3. In diesem Beispiel fesselt der VC-Kämpfer mit VC-Laup Sao an den Handgelenken des Gegners beide Arme und hindert ihn dadurch am Kämpfen. So hat er ausreichend Platz um den Kopf des Gegners mit VC-Handflächenstoß zu treffen.

Abb. 4

4. Auch hier fesselt der VC-Kämpfer die Arme des Gegners mit VC-Laup Sao und trifft dessen Kopf mit einem seitlichen VC-Handflächenstoß.

Alle Beispiele zeigen die Effektivität der VC-Techniken auf engem Raum. Der VC-Laup Sao ist eine natürliche Bewegung, die mühelos von jedem Menschen unabhängig von Körpergröße und Kondition ausgeführt werden kann. Von der geöffneten Hand aus - bei VC-Grundtechnik wie bei VC-Angriffstechnik - ist es nur eine kleine greifende Bewegung, um daraus einen VC-Laup Sao zu machen. Das zeigt einmal mehr, wie vorteilhaft es ist, mit offenen Händen zu kämpfen (vgl. auch Kap. 2.20).

2.12.1. VC-Nottechnik - VC-Sidestep

> Der VC-Sidestep ist ebenso wie die VC-Wendung eine Nottechnik. Die Wendung wird als zusätzliche Sicherung eingesetzt, wenn der Gegner Druck auf die Technik ausübt (vgl. auch Kap. 2.10.1.). Dann weicht der VC-Kämpfer dem Druck aus, indem er seinen Körper vom Druck und damit von der Gefahr weg wendet.
>
> Der Vorteil dabei ist, dass der VC-Kämpfer sich auf diese Weise schützt, selbst wenn der Gegner kräftemäßig überlegen ist. Würde er versuchen, dem Druck des Gegners durch eigene Körperkraft zu begegnen, stünde der Sieger in den meisten Fällen von vornherein fest. Da VC-Ving Chun aber ein System für alle Menschen ist, funktioniert es nach bestimmten Prinzipien. Und eines dieser Prinzipien besagt, den Angriff des Gegners in die Leere laufen zu lassen, wodurch sein Vorhaben scheitert.
>
> Auch der VC-Sidestep wirkt nach diesem Prinzip. Ein Sidestep entsteht durch Druck des Gegners auf die Körpermitte des VC-Kämpfers. Das bedeutet, wenn in einer Kampfsituation Kontakt geschlossen ist, kann der VC-Kämpfer zusätzlich zu seiner VC-Grundtechnik einen VC-Sidestep machen, z.B. wenn der Gegner deutlich größer und kräftiger ist. Damit verschwindet der VC-Kämpfer aus der direkten Angriffslinie, und die Kraft des Gegners wird in die Leere geleitet. Somit bedeutet der VC-Sidestep eine zusätzliche Sicherheit für die Technik. Der VC-Kämpfer ist also doppelt geschützt, denn er hat bei jeder Technik die Möglichkeit, eine Nottechnik einzusetzen.

Das charakteristische an den Nottechniken VC-Wendung und VC-Sidestep ist, auszuweichen aber nicht zurückzuweichen. Der oberste Grundsatz, der jedem VC-Schüler von Anfang an beigebracht wird, ist "gehe niemals zurück". Der VC-Sidestep folgt dieser Maxime, denn der VC-Kämpfer setzt sich mit diesem Schritt seitlich neben seinen Angreifer. Er selbst bleibt dabei aber frontal zum Gegner ausgerichtet, damit er seinerseits optimal angreifen kann.

Dadurch entstehen zwei Effekte:
1. Der Angreifer ist verwirrt, weil er seinen Angriffsplan nicht erfolgreich umsetzen kann.
2. Gleichzeitig wird er vom Angriff des VC-Kämpfers, der jetzt plötzlich nicht mehr als Opfer vor ihm, sondern als Angreifer vor ihm steht, getroffen.

Die Grafiken auf den nachfolgenden Seiten illustrieren die verschiedenen Möglichkeiten, die der VC-Kämpfer beim VC-Sidestep hat. Wohin er sich bewegt hängt davon ab, wie er selbst zum Angreifer steht und welches Bein er im VC-Kampfstand vorne hat.
Deshalb werden alle Varianten des VC-Sidestep basierend auf einer Ausgangsposition dargestellt, in der ein VC-Kämpfer vor einem Angreifer steht. Bei dieser kurzen Distanz steht er selbstverständlich im VC-Kampfstand (vgl. Kap. 2.3.), das heißt, er hat ein Bein vorne zum Schutz und zum Kämpfen, während sein Standbein durch das vordere Bein geschützt ist. Sein Körpergewicht liegt auf dem hinteren Bein, die Arme sind zur Kampfstellung erhoben. Jeder Anfänger lernt im VC-Ving Chun, bei drohender Gefahr diese Position einzunehmen und sich so blitzschnell kampfbereit zu machen.

Es gibt lediglich zwei Varianten für ihn:
A) er hat entweder das rechte Bein vorne (rechts Maun Geurk)
1. von hier aus macht er einen VC-Sidestep nach links
2. oder einen VC-Sidestep nach rechts

B) oder er hat das linke Bein vorne (links Maun Geurk)
1. von hier aus macht er einen VC-Sidestep nach links
2. oder einen VC-Sidestep nach rechts

Für jede dieser Alternativen gibt es zwei Arten des VC-Sidestep.
Wie sein Gegner steht, ob er seine Beine nebeneinander hat oder hintereinander, ist für den VC-Kämpfer gleichgültig. Er führt seinen Sidestep auf die nachfolgend beschriebene Weise aus, egal wie sich der Gegner aufstellt. Ausschlaggebend ist nur der Druck des Gegners, der durch dessen Angriff auf den Körper des VC-Kämpfers ausgeübt wird.

Auf den folgenden Seiten werden die acht möglichen Arten des VC-Sidestep nacheinander erläutert.

Wie die Ausführung im Kampf aussieht, zeigt hier Welt-Cheftrainer Sigung Sifu-Meister Birol Özden.

2.12.1. VC-Nottechnik - VC-Sidestep

VC-Sidestep Variante A):
der VC-Kämpfer steht im VC-Kampfstand vor dem Gegner und hat den rechten Fuß vorne

A1) Der VC-Kämpfer macht einen VC-Sidestep nach links.

Möglichkeit 1:
Er setzt den linken Fuß seitlich herum und setzt dann den rechten davor. Nun steht er 45 Grad zum Gegner, steht aber immer noch im VC-Kampfstand.

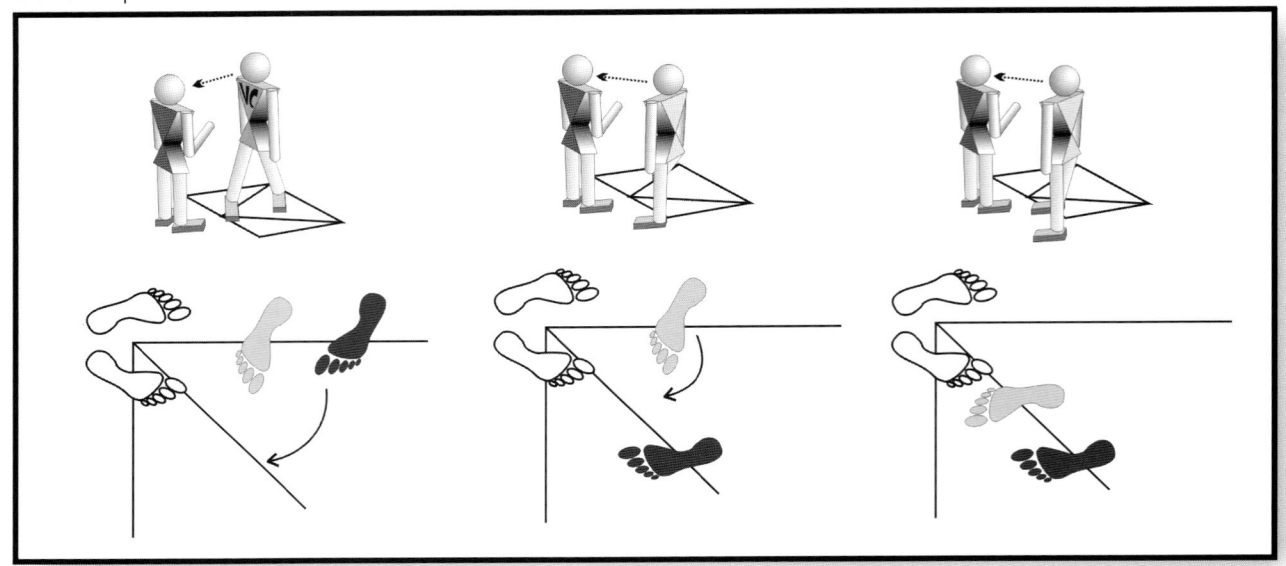

Möglichkeit 2:
Er zieht den linken Fuß seitlich nach vorne und setzt den rechten dahinter. Wieder steht er 45 Grad im VC-Kampfstand zum Gegner.

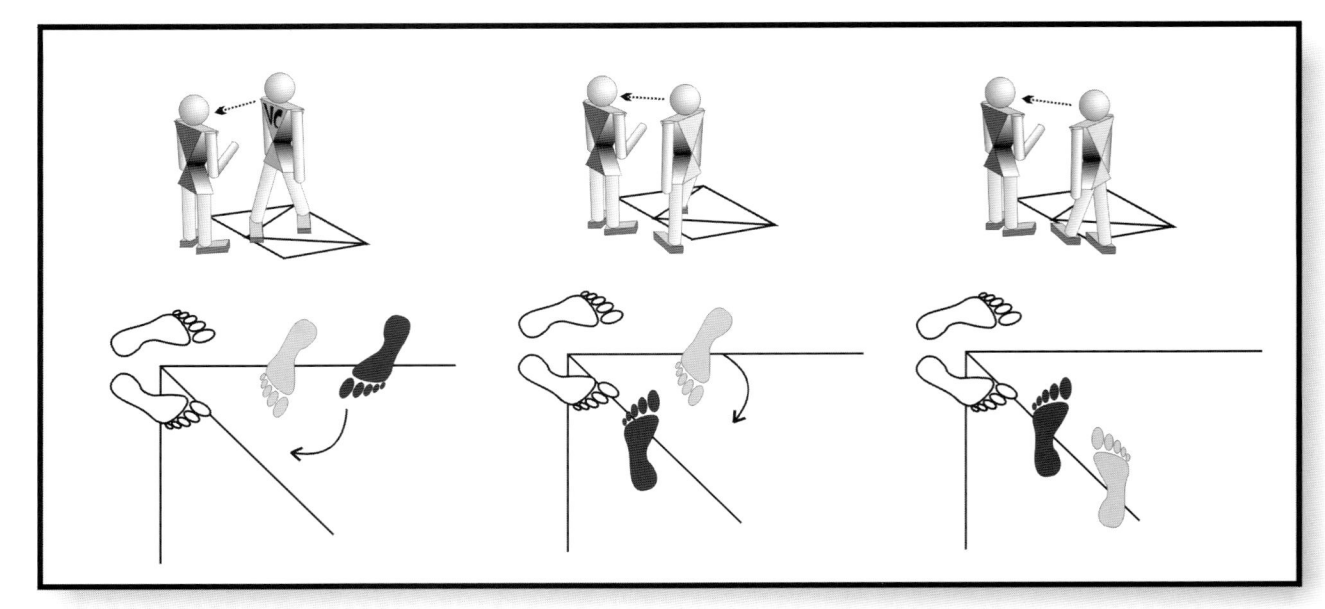

VC-Sidestep Variante A):

der VC-Kämpfer steht im VC-Kampfstand vor dem Gegner und hat den rechten Fuß vorne

A2) Der VC-Kämpfer macht einen VC-Sidestep nach rechts.

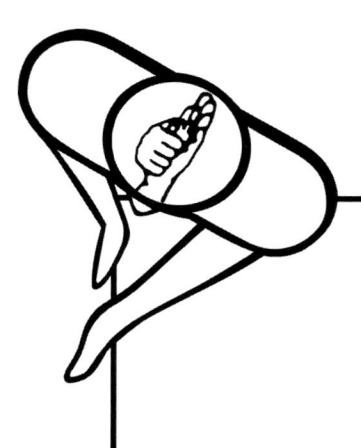

Möglichkeit 1:

Er setzt den rechten Fuß seitlich herum und setzt dann den linken dahinter. Nun steht er 45 Grad zum Gegner, wieder im VC-Kampfstand.

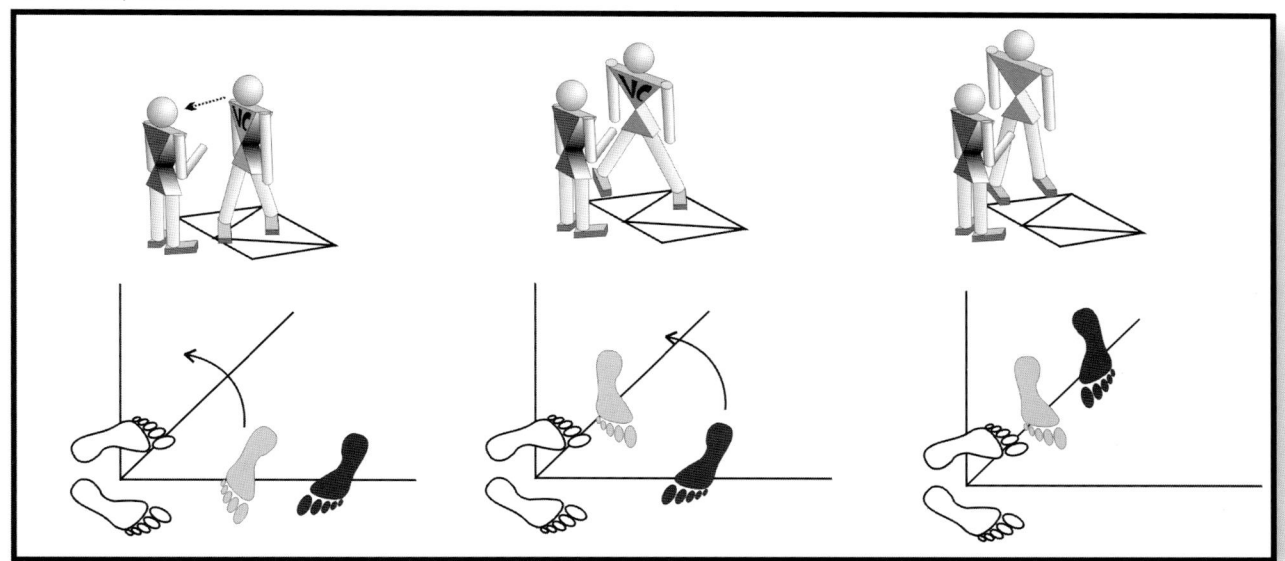

Möglichkeit 2:

Er zieht den linken Fuß zur Seite und setzt den rechten davor. Wieder steht er 45 Grad im VC-Kampfstand zum Gegner.

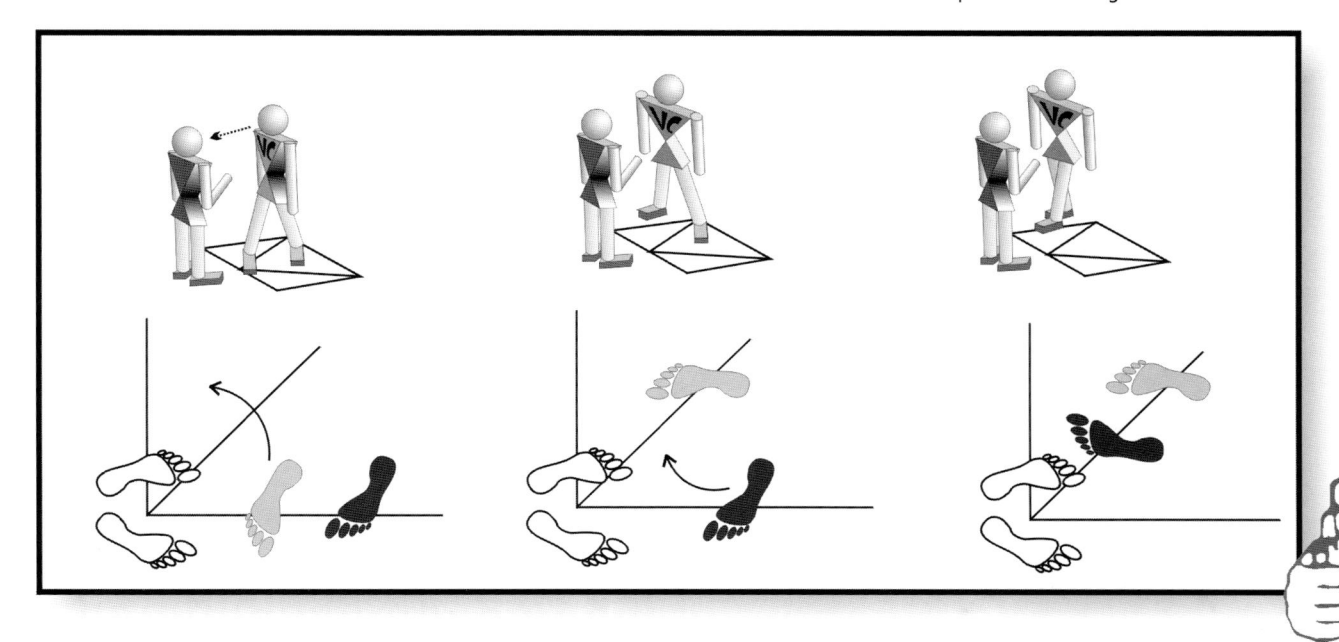

2.12.1. VC-Nottechnik - VC-Sidestep

VC-Sidestep Variante B):
der VC-Kämpfer steht im VC-Kampfstand vor dem Gegner und hat den linken Fuß vorne

B1) Der VC-Kämpfer macht einen VC-Sidestep nach links.

Möglichkeit 1:
Er setzt den linken Fuß zur Seite und zieht dann den rechten dahinter. Er steht 45 Grad zum Gegner im VC-Kampfstand.

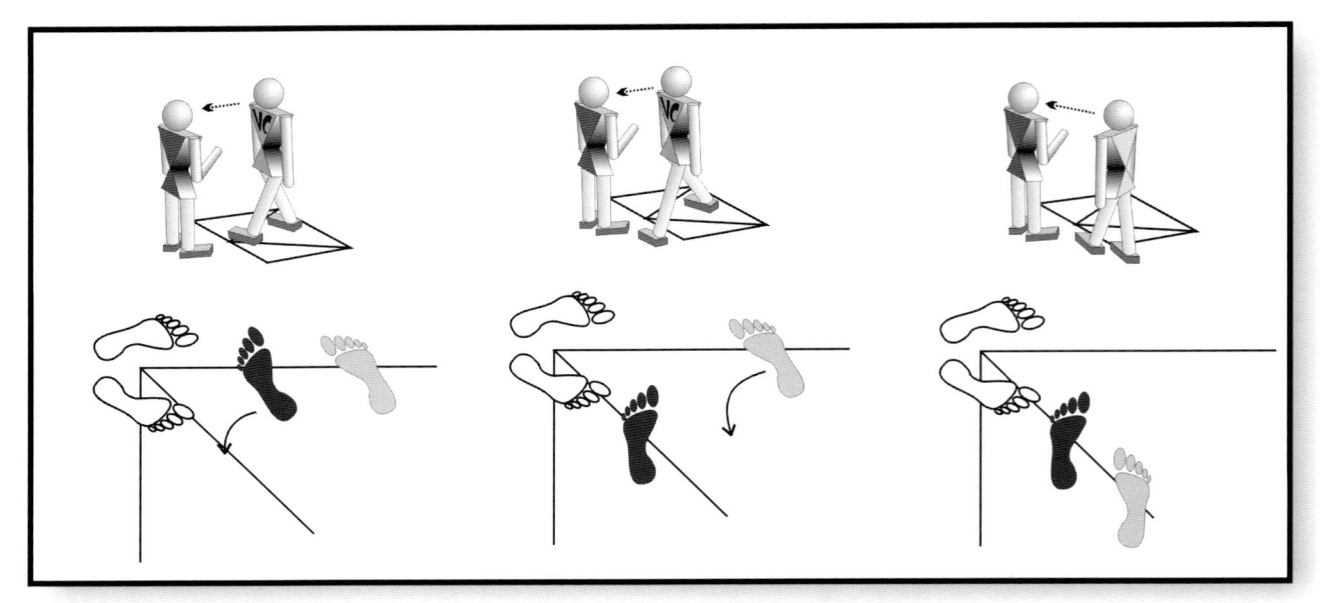

Möglichkeit 2:
Er zieht den linken Fuß herum und setzt den rechten davor. Wieder steht er 45 Grad im VC-Kampfstand zum Gegner.

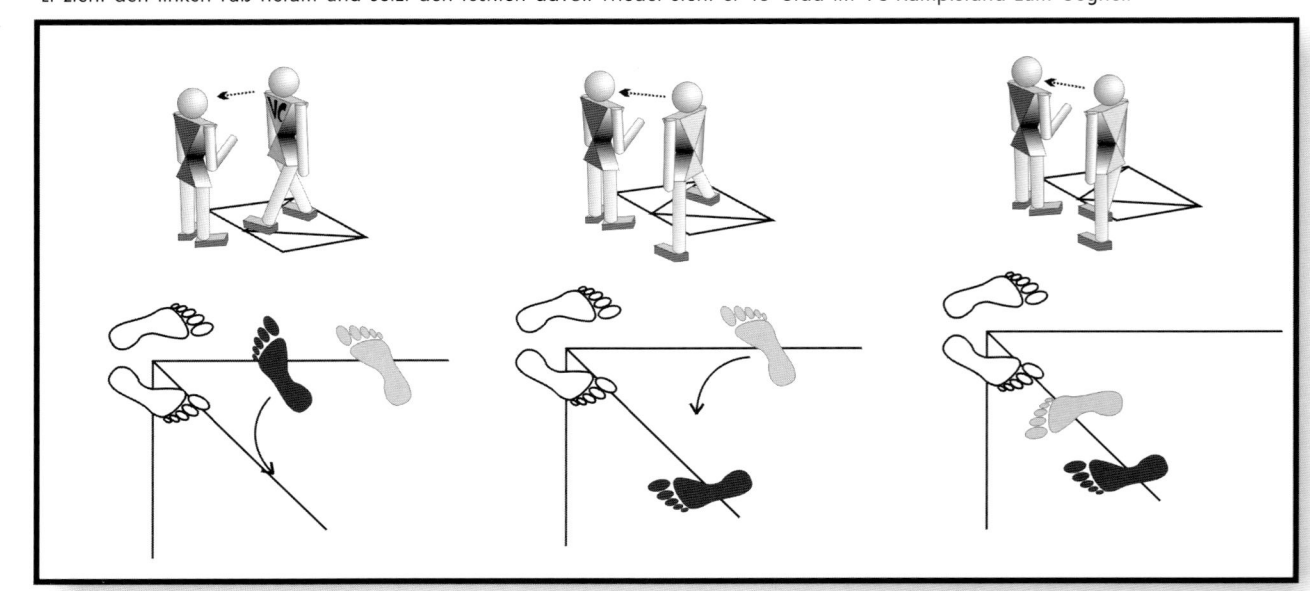

VC-Sidestep Variante B):
der VC-Kämpfer steht im VC-Kampfstand vor dem Gegner und hat den linken Fuß vorne

B2) Der VC-Kämpfer macht einen VC-Sidestep nach rechts.

Möglichkeit 1:
Er setzt den rechten Fuß zur Seite und setzt dann den linken davor. Nun steht er 45 Grad zum Gegner, wieder im VC-Kampfstand.

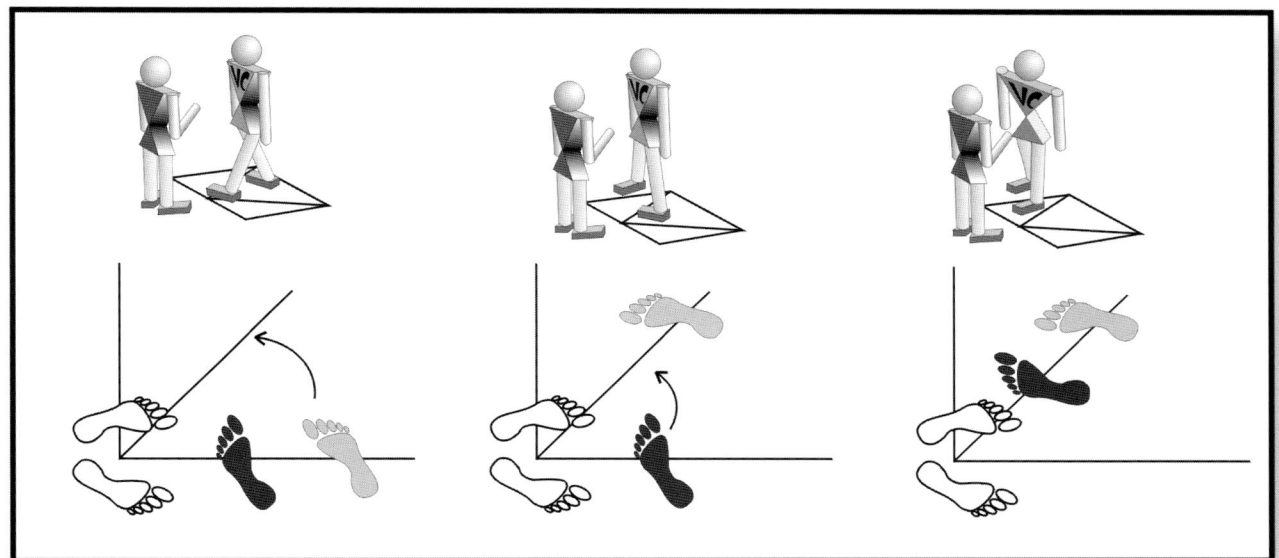

Möglichkeit 2:
Er zieht den rechten Fuß seitlich vor und setzt den linken dahinter. Wieder steht er 45 Grad im VC-Kampfstand zum Gegner.

2.12.2. Übersicht der VC-Nottechniken

Die auf den vorangegangenen Seiten erläuterten VC-Techniken aus den Unterstufenprogrammen

- **VC-Wendung**
- **VC-Laup Sao** und
- **VC-Sidestep**

gehören zu den acht VC-Nottechniken. Eine VC-Nottechnik ist eine Technik, die ein VC-Kämpfer als weitere Sicherheit zu seinen VC-Techniken einsetzt. Denn es schadet nicht, im Kampf eine zusätzliche Versicherung zu haben, z.B. wenn der Boden rutschig ist oder ein Mensch durch eine Krankheit, durch zu wenig Schlaf oder andere Umstände nicht so fit ist, wie es im optimalen Falle sein sollte. VC-Ving Chun ist ein System für Durchschnittsbürger, die keine Kampfmaschinen sind sondern ganz normale Menschen mit Problemen und Schwächen. Für sie ist VC-Ving Chun die Lösung. Und für brenzlige Situationen hat ein VC-Kämpfer seine VC-Nottechniken, mit denen er auch in auf den ersten Blick nachteiligen Situationen kämpfen kann.

Ein System ohne Notausgang (Nottechnik) ist kein perfektes System.

Sigung Sifu-Meister Birol Özden

Die acht VC-Nottechniken

1. VC-Wendung	Zusätzliche Sicherung, wenn der Gegner Druck auf die Technik ausübt, der Körper wird von der Gefahr weggewendet.
2. VC-Laup Sao	Technik, um die nächste Aktion zu starten (z. B. Festhalten für Knie/Ellbogen) und zusätzliche Sicherung des mit der Technik kontrollierten Armes (z. B. Pauk Laup, Fouk Laup)
3. VC-Sidestep	Entsteht durch Druck des Gegners auf die Körpermitte, zusätzliche Sicherheit für die Technik.
4. VC-Jaut Sao	Wenn Gegner seinen Druck konstant hält und keinen Impuls gibt.
5. sinkender Ellbogen	Zur Unterstützung der Technik, wenn der Gegner viel Druck darauf ausübt, oder wenn der Gegner den Angriffsarm senkt.
6. falscher Impuls	Dient dazu, den Gegner in die Falle zu locken, indem man ihn dazu bringt, einen Impuls zu geben (z. B. durch Druck des VC-Kämpfers auf den Angriffsarm, um so eine neue Technik zu erzeugen).
7. irritieren des Gegners	Einsatz mehrerer Techniken, z. B. Hand/Fuß-Kombinationen oder Kombinationen von Handtechniken.
8. Kampffläche verkleinern	Verringerung des Abstandes zum Gegner, damit er nicht mehr kämpfen kann.

2.13.1. VC-Nahkampftechniken - VC-Kniestoß

Abb. 1

Training von VC-Kniestößen am Sandsack.

Der VC-Kniestoß gehört zu den **VC-Nahkampftechniken** im VC-Ving Chun und ist eine der effektiven Waffen im VC-Ving Chun, die auf kürzeste Distanz eingesetzt werden.

VC-Kniestöße können sehr gut am Sandsack oder an der Pratze trainiert werden, denn dort kann der Schüler seine eigene Power entdecken und die Wirkung seines Kniestoßes immer weiter verbessern (vgl. Kap.2.19.). Doch auch im Kampftraining müssen VC-Kniestöße geübt werden, denn jeder Schüler muss lernen, wie er seinen Gegner dabei festhält und kontrolliert.

Der VC-Kniestoß wird dann eingesetzt, wenn der Gegner bereits so nah ist, dass die Distanz für VC-Kicks zu kurz ist. Das ist z.B. der Fall, wenn ein VC-Kämpfer auf den ersten Angriff seines Gegners mit VC-Grund- und Angriffstechniken reagiert hat und nun den Angreifer gepackt hält, um ihn am weiteren Kämpfen zu hindern (Abb. 1).

Die Art, wie ein VC-Kniestoß gegeben wird, hängt ab von der Postition, in die der VC-Kämpfer seinen Angreifer genommen hat. Er kann sein Knie gerade hochziehen oder einen seitlichen Kniestoß ausführen, so wie in Abb. 2 demonstriert.

Abb. 2

Ein Kniestoß ist auch für einen Anfänger oder eine Anfängerin sehr einfach und ohne Gefahr für sich selbst einzusetzen. Er entspricht dem natürlichen Bewegungsmuster eines Menschen und geschieht oft aus reinem Reflex, wenn ein Mensch von einem Angreifer gepackt wird und instinktiv sein Knie hochzieht. Gerade für Frauen und Mädchen ist der Kniestoß hervorragend zur Verteidigung geeignet, denn sie kommen bei Überfällen oft in die Situation, dass ein Angreifer sie z. B. an den Schultern packt und sie festhalten oder zu Boden ziehen will. Selbst im äußersten Fall, wenn eine Frau bereits am Boden liegt, kann sie sich mit VC-Kniestößen und VC-Ellbogenstößen hervorragend zur Wehr setzen (siehe auch Kap.3.1. - Frauen-Selbstverteidigung).

Copyright by Sigung Sifu-Meister Birol Özden

2.13.2. **VC-Nahkampftechniken - VC-Ellbogenstoß**

Auch der VC-Ellbogenstoß ist eine Technik für sehr kurze Distanzen und wird deshalb zu den **VC-Nahkampftechniken** gerechnet. Ist die Distanz zum Gegner kürzer als eine Armlänge, so dass die VC-Angriffstechniken wie Handflächenstoß, VC-Fauk Sao und VC-Fingerstich nicht mehr nötig sind, verwendet der VC-Ving Chun Kämpfer den VC-Ellbogenstoß.

Es gibt verschiedene Arten, die ein VC-Schüler im Laufe seiner Ausbildung lernt. Die einfachste Art ist der fallende Ellbogen (links oben im Bild). Mit dem Ellbogenknochen tritt der VC-Kämpfer seinen Angreifer zuverlässig, egal in welcher Position sich dieser befindet (s. Beispiele unten). Bevor der VC-Ellbogenstoß angewendet wird, hat im allgemeinen der VC-Ving Chun Kämpfer auf einen Angriff des Gegners mit seinen VC-Techniken reagiert, Kontakt geschlossen und ist so in die Nahkampfposition gekommen.

Die verschiedenen Arten des VC-Ving Chun Ellbogenstoßes werden in Perfektion in der VC-Biu Tze Form trainiert. Ich werde diese Form zu einem späteren Zeitpunkt in einem Lehrbuch erklären. Typisch für VC-Ving Chun ist, dass selbst Anfänger schon lernen, mit Ellbogen zu kämpfen - anders als in anderen Systemen, die diese Techniken erst später beibringen.

2.13.2. VC-Nahkampftechniken - VC-Ellbogenstoß

Genau wie der VC-Kniestoß kann auch der VC-Ellbogenstoß hervorragend am Sandsack trainiert werden. Für diese Technik ist weder Kraft noch körperliche Geschicklichkeit nötig. Die Bewegung liegt im natürlichen Rahmen jedes Menschen und erfordert keine besonderen Dehnübungen, Gymnastik oder ähnliches.

Der VC-Ellbogenstoß ist äußerst zuverlässig und bringt für den Ausführenden keine Verletzungsgefahr. Er ist schnell und effektiv, da er nur eine kurze Bewegung benötigt. In den meisten Fällen wird er in Verbindung mit dem VC-Laup Sao eingesetzt, mit dem der Angreifer festgehalten wird (vgl. Kap. 2.11.).

Der VC-Ellbogenstoß hat wie der VC-Kniestoß eine hohe Bedeutung. Diese Techniken sind typisch für den direkten Nahkampf, und genau dafür ist das gesamte VC-Ving Chun entwickelt worden. Solange ein Angreifer zu einem VC-Kämpfer genügend Abstand hält (mehr als eine Arm- oder Beinlänge), ist er keine direkte Gefahr. Trotzdem beobachtet und analysiert der VC-Kämpfer die Körperhaltung und Mimik des Angreifers.

Kommt ein Angreifer unerlaubt und in aggressiver Absicht in die direkte Nähe eines VC-Kämpfers, wird er sich mit seinen VC-Techniken zur Wehr setzen. Der Anfänger lernt dafür in erster Linie einfache VC-Handflächenstöße und VC-Kicks. Je fortgeschrittener der Kämpfer ist, desto mehr setzt er im Nahkampf seine VC-Ellbogentechniken ein. So lernen höhere VC-Ving Chun Leute auch, gegen solche Gegner, die ihre Ellbogen auf kurze Distanz einsetzen können, zu kämpfen. Das beweist unter anderem folgende Tatsache: Bei der Holzpuppe, dem „Meister eines Ving Chun-Meisters", stellen die aus dem Körper herausragenden „Arme" nicht wirklich die kompletten Arme eines Menschen dar, sondern vielmehr die Oberarme bis zum Ellbogen. So lernen die höheren Meisterschüler, mit VC-Ving Chun im absoluten Nahkampf perfekt zu werden.

2.14. VC-Siu Nim Tau

Siu Nim Tau bedeutet „der erste konzentrierte Gedanke" und ist das erste Formentraining, das der VC-Ving Chun-Schüler lernt. Er konzentriert sich völlig auf diese Form und führt seine Gedanken zum VC-Ving Chun - er beschäftigt sich also damit und kann dadurch intensiv lernen. Daher kommt der Name der Siu Nim Tau.

In der VC-Siu Nim Tau übt der VC-Kämpfer für sich allein nach einem festgelegten, traditionellen Ablauf seine VC-Ving Chun-Techniken und -Programme. Gleichzeitig trainiert er mit diesen Techniken und Bewegungsabläufen auf intensive Art seinen Körper. Alle Bewegungen sind auf bestimmte Kampfsituationen zurückzuführen, die der VC-Kämpfer durch wiederholtes Üben der Siu Nim Tau verinnerlicht, so dass er in die Lage versetzt wird, im Kampf ohne Nachdenken zu reagieren. Deshalb wird die Siu Nim Tau auch als **erste Kampfform im VC-Ving Chun bezeichnet.**

Die Siu Nim Tau fördert Ruhe und Ausgeglichenheit. Der VC-Schüler konzentriert sich nur auf seine Bewegungen und Techniken und läuft die Form ruhig und gleichmäßig. Auf diese Art dient die Siu Nim Tau der Verbesserung der Techniken, aber nicht zuletzt auch dem Abbau von Stress und der Förderung innerer Gelassenheit. Sie ist damit ein hervorragendes Mittel gegen die negativen Einflüsse des Alltags wie Leistungsdruck, psychische Belastungen, Rastlosigkeit usw.

Selbst auf störende Charaktereigenschaften wirkt sich die Siu Nim Tau bei intensivem Training positiv aus. So lernen ungeduldige Schüler, ihre Ungeduld besser zu kontrollieren. Sogar bei hyperaktiven Kindern wurden in den verschiedenen VC-Kindergruppen gute Erfolge erzielt. Nervöse Menschen werden ruhiger und können ihren Stress loswerden.

Außerdem bietet die Siu Nim Tau einen hervorragenden Ausgleich zum Kampf- und Powertraining. Mit dieser Übung lernt der angehende Kämpfer innere Ruhe und Konzentration kennen. Beides sind wichtige Fähigkeiten in einer Gefahrensituation. Hier gilt es einerseits, sich kompromisslos selbst zu schützen, aber gleichzeitig nicht in Panik zu verfallen, sondern ruhig und mit klarem Kopf die antrainierten Fähigkeiten einzusetzen.

Lernpsychologie im VC-Ving Chun

Der VC-Schüler lernt durch die Konzentration auf Ablauf und Genauigkeit der Techniken, sich mit VC-Ving Chun intensiv zu beschäftigen und sich immer wieder selbst zu korrigieren. Er bekommt zuerst anhand von einfachen Abläufen und Techniken eine Basis, auf die später weiter aufgebaut wird. In der Siu Nim Tau sind viele einzelne Techniken und Bewegungen enthalten, die für die weiterführenden Programme fundamental wichtig sind. Immer wieder begegnen ihm Stücke, die er schon in der Unterstufe trainiert hat. Nur wenn der VC-Schüler am Anfang durch die Siu Nim Tau diese Bausteine genau lernt, ist er später in der Lage, auch höhere Programme zu trainieren. Die Bedeutung dieser Form ist deshalb sehr groß, und sie sollte im Training nicht vernachlässigt werden.

> *Die Siu Nim Tau ist die Basis des Ving Chun - das Fundament für das Haus.*
> Sigung Sifu-Meister Birol Özden

Am Beispiel der Siu Nim Tau wird die Lernpsychologie deutlich, die auf mein VC-Ving Chun Konzept zurückzuführen ist.
Der Grundsatz der Lernpsychologie lautet: Zuerst lernt der Schüler den Ablauf, dann trainiert er seine Schnelligkeit und schließlich den Kampf.

Nach diesem Lehrprinzip werden dem Schüler alle Programme im VC-Ving Chun beigebracht, vom einfachen VC-Handflächenstoß über die VC-Siu Nim Tau und VC-Chaum Kiu bis zu VC-Sektionen und der VC-Biu Tze, der höchsten Form im VC-Ving Chun. Immer werden am Anfang die allgemeine Grundlagen beigebracht. Je weiter der Schüler kommt, desto mehr Einzelheiten lernt er zu jeder Technik und zu jedem Programm, desto mehr geht es neben dem Ablauf selbst um Schnelligkeit und kämpferische Power.

Die VC-Siu Nim Tau lernt der VC-Ving Chun-Schüler schrittweise im Rahmen seiner Unterstufen-Programme.

Mit jeder neuen Gradierung lernt er zwei neue Sätze. Für die erste Schülerprüfung lernt er Satz 1 und 2, für die zweite Schülerprüfung Satz 3 und 4. Geht er vom 2. Schülergrad weiter auf die 3. Gradierung, kommen zu seinem Programm die Sätze 5 und 6 hinzu. Und schließlich, für seine 4. Schülerprüfung, lernt er Satz 7 und 8 und hat damit am Ende der Unterstufe das komplette Programm der VC-Siu Nim Tau erarbeitet.

In der Mittelstufe baut der VC-Ving Chun Schüler mit der VC-Chaum Kiu Form weiter auf der Siu Nim Tau auf. Dieses Programm ist Teil von Band 2 meines Lehrbuches.

VC-Grundstand einnehmen

Die Siu Nim Tau besteht aus acht verschiedenen Sätzen. Am Beginn der Übung steht jedoch der VC-Grundstand. Die VC-Ausbilderin nimmt daher ihren VC-Grundstand ein (wie unter Punkt 2.1. beschrieben). Da die Ausgangsbasis der Siu Nim Tau der VC-Grundstand ist, wird er auch als Siu Nim Tau-Stand bezeichnet. Beide Beine stehen im 45 Grad Winkel nach innen gedreht, als VC-Boung Geurk.

2.14.1. 1. Satz VC-Siu Nim Tau

Die VC-Ausbilderin schiebt als erstes ihre VC-Kampfstellung leicht nach vorn. Sie nimmt den hinteren, rechten Arm mit VC-Laup Sao zur Seite und dreht die vordere, Hand, also die linke, so dass ihre Handfläche zu ihr zeigt. Der Arm bleibt dabei gebeugt, der Ellbogen bleibt auf der gleichen Höhe wie in der VC-Kampfstellung. Auf diese Weise zeigt die Handfläche zur gegenüberliegenden Schulter.

2.14.1. 1. Satz VC-Siu Nim Tau

Die Technik, die die VC-Ausbilderin hier ausführt, ist ein VC-Taun Sao, aber kein frontaler, sondern ein gewendeter VC-Taun Sao. Nachdem die VC-Ausbilderin ihre VC-Technik gemacht hat, wendet sie ihren Körper um 45 Grad nach links. Dies tut sie, indem sie ihr Gewicht auf das rechte Bein verlagert, den rechten Fuß aber in ihrer Position am Boden lässt, das heißt der rechte Fuß bleibt um 45 Grad nach innen gedreht. Wichtig ist, dass der VC-Kämpfer bei seiner Wendung seine VC-Technik vorn lässt und nur den Körper wegdreht, ohne die Hand nach hinten zu ziehen (vgl. Kap.2.10.1.).

Durch die Wendung des Körpers dreht sich der linke Fuß nach außen. Der Fuß wird dabei um seinen Mittelpunkt gedreht, so als wäre er dort am Boden befestigt. Die Sohle bleibt vollständig am Boden, die VC-Ausbilderin hebt weder die Fußspitze noch die Ferse hoch. Vor der Drehung ist der linke Fuß gemäß seiner Position im VC-Grundstand um 45 Grad nach innen gedreht. Bei der VC-Wendung dreht die VC-Ausbilderin nun so lange ihren Fuß, bis er um 45 Grad nach außen zeigt und parallel zum anderen Fuß steht.

1. Am Ende dieser Wendung zeigen beide Füße und der Oberkörper um 45 Grad nach links, von der ursprünglichen, frontalen Position der VC-Ausbilderin aus gesehen. Das linke Bein steht jetzt im VC-Jaup Geurk. Nur der Kopf bleibt in seiner Position, das heißt die VC-Ausbilderin blickt weiterhin gerade nach vorne und dreht den Kopf bei der VC-Wendung nicht mit. Die VC-Wendung ist eine Ausweichbewegung, mit der ein VC-Kämpfer seinen Körper von einem frontalen Angriff wegwendet, um ihn aus der Gefahrenzone herauszubringen.

2. Nun führt die VC-Ausbilderin ihre linke Hand aus dem VC-Taun Sao heraus mit einer zum Körper hin rundlichen, schneidenden Bewegung nach unten, bis sie in der Mitte des Körpers den Unterleib abdeckt. Der Ellbogen behält seinen Abstand zum Körper bei. Auch jetzt zeigt die Handfläche zum Körper. Diese VC-Technik ist ein VC-Gaun Sao.

Abb. 1

Abb. 2

VC-Gaun Sao

3. Danach nimmt der VC-Ausbilder die linke Hand wieder zum VC-Taun Sao hoch. Bei diesem zweiten Taun Sao ist die Handfläche etwas weiter nach oben gedreht. Sie zeigt zum Gesicht der VC-Ausbilderin. Der Ellbogen hat immer noch den gleichen Abstand zum Körper wie vorher, der Blick der VC-Ausbilderin bleibt weiterhin nach vorn gerichtet.

Zum Schluß des 1. Satzes wendet die VC-Ausbilderin ihren Körper zurück in den VC-Grundstand, indem sie das Körpergewicht wieder in die Mitte zwischen den Beinen verlagert und den linken Fuß über den Mittelpunkt der Fußsohle zurückdreht, bis er wieder um 45 Grad nach innen zeigt. Auch hier bleibt die Fußsohle bei der Drehung wieder am Boden. Der rechte Fuß bleibt in seiner Position stehen. Beide Beine haben nun wieder die Position eines VC-Boung-Geurk erreicht, der Oberkörper ist wieder frontal.

Abb. 3

VC-Taun Sao

2.14.1. 1. Satz VC-Siu Nim Tau

Abb. 4

4. Gleichzeitig mit dieser Drehung schiebt die VC-Ausbilderin beide Hände keilförmig nach vorn, bis sie ihre Position VC-Maun Sao und VC-Wu Sao wieder erreicht haben. Dabei ist die linke Hand wie am Anfang vorn, wird also vom VC-Taun Sao zum VC-Maun Sao. Damit steht die VC-Ausbilderin wieder im VC-Grundstand.

5. Um den Bewegungsablauf auf der anderen Seite zu wiederholen, macht die VC-Ausbilderin einen Handwechsel. Dazu schiebt sie die hintere, rechte Hand knapp über der anderen nach vorn. So haben beide Hände ihre Position getauscht und die rechte Hand ist zum VC-Maun Sao, die linke zum VC-Wu Sao geworden.

Abb. 5

Wieder steht die VC-Ausbilderin im VC-Grundstand und läuft ihre Form jetzt auf der anderen Seite:

Abb. 6

Abb. 6

VC-Taun Sao

6. • VC-Kampfstellung vorschieben

• VC-Taun Sao rechts, VC-Laup Sao links und Wendung nach rechts (linkes Bein bleibt stehen)

Abb. 7

Abb. 8

VC-Gaun Sao

VC-Taun Sao

7. • VC-Gaun Sao rechts

8. • VC-Taun Sao rechts

• Wendung zurück zum VC-Grundstand, Hände vorschieben zur VC-Kampfstellung, dabei wird der VC-Taun Sao zum VC-Maun Sao.
• Handwechsel, die linke Hand wird zum VC-Maun Sao, die rechte Hand zu VC-Wu Sao.
• Die VC-Ausbilderin steht wieder im VC-Grundstand und hat damit ihren 1. Satz Siu Nim Tau beendet.

2.14.2. 2. Satz VC-Siu Nim Tau

1. Der 2. Satz der Siu Nim Tau beginnt im VC-Grundstand, den die VC-Kämpferin am Ende des 1. Satzes wieder eingenommen hat. Aus dem VC-Grundstand schiebt die VC-Ausbilderin ihre VC-Kampfstellung leicht nach vorn und macht dann einen VC-Freischritt mit links, so wie diese Bewegung unter Punkt 2.2 beschrieben wird.

Abb. 1

Abb. 2

2. Gleichzeitig mit dem Schritt lässt sie ihre linke Hand, also den VC-Maun Sao, auf gerader Linie nach vorne schnellen, bis der Arm fast gestreckt ist, die Hand um 90 Grad abgewinkelt ist und die Handfläche nach vorn zeigt. Diese Angriffstechnik ist ein gerader VC-Handflächenstoß, der das Gesicht des Gegners trifft. Wichtig ist dabei, dass der Arm leicht gebeugt bleibt und der Ellbogen nach unten zeigt. Der VC-Handflächenstoß ist in dem Augenblick fertig, in dem der vordere Fuß abgesetzt wird. Er erfolgt also zeitgleich mit der Vorwärtsbewegung des Körpers. Auf diese Weise wird die Wirkung des VC-Handflächenstoßes verstärkt (=Gleichzeitigkeitsprinzip des VC-Ving Chun).

Abb. 3

Abb. 3

Abb. 3

3. Unmittelbar auf diesen ersten VC-Handflächenstoß folgt ein weiterer, der auf denselben Punkt wie schon der erste trifft. Dazu wird im letzten Moment, wenn der nächste VC-Handflächenstoß sein Ziel fast erreicht hat, die vordere Hand zum VC-Wu Sao.

4. Zum Abschluss erfolgt nochmals ein Handflächenstoß mit links.

5. Nach dem dritten VC-Handflächenstoß wird die hintere Hand zum VC-Laup Sao zur Seite genommen. Der vordere, linke Arm wird gestreckt und die Hand so gedreht, dass die Handfläche nach oben zeigt.

Abb. 4

Abb. 5

2.14.2. 2. Satz VC-Siu Nim Tau

VC-Hauen Sao

6. Nun klappt die VC-Ausbilderin in einer Bewegung ihre Hand hoch, zieht die Fingerspitzen zum Körper hin und dreht dabei die Hand um das Handgelenk herum.

Die Hand kreist weiter, bis die Finger nach außen zeigen und die Spannung in Sehnen und Muskeln deutlich spürbar ist. Der Arm darf dabei aber nicht gedreht werden.

Zum Schluß der ersten Bewegung die in Abb.6 in Einzelsequenzen dargestellt ist wird die Hand nach innen geklappt.

Abb. 6

Abb. 6

Abb. 6

Abb. 6

Abb. 6

7. Dann zieht die VC-Ausbilderin ihre Hand nach außen.

8. Anschließend wird die Hand wieder nach innen gezogen.

Abb. 7

Abb. 8

2.14.2. 2. Satz VC-Siu Nim Tau

Abb. 9

Abb. 9

Abb. 9

9. Danach führt die VC-Ausbilderin eine zweite Bewegung der Hand aus, bis die Finger nach unten zeigen, und klappt die Hand mit gestreckten Fingern nach oben.

Abb. 10

Abb. 10

10. Nun klappt die VC-Kämpferin die Hand mit gestreckten Fingern nach unten und wieder nach oben.

11.1. bis 11.6. Anschließend wird die Hand wieder ausgestreckt, die erste Drehung wiederholt und die Hand nochmal nach außen und dann nach innen geklappt.

Abb. 11.1

Abb. 11.2

Abb. 11.3

2.14.2. 2. Satz VC-Siu Nim Tau

Abb. 11.4

Abb. 11.5

Abb. 11.6

Die Handgelenksarbeit aus dem 2. Satz Siu Nim Tau wird **Hauen Sao** genannt, was **„kreisende Hand"** bedeutet. Bei diesem Training wird der Arm genau vor dem Körper gehalten. Das Handgelenk befindet sich dabei auf Höhe des Kehlkopfs. Der Arm muss die ganze Zeit über gestreckt bleiben, und nur die Hand darf sich bewegen, um den optimalen Effekt zu erzielen. Mit der VC-Hauen Sao werden Bänder und Sehnen gedehnt und die Muskeln aufgebaut. So erhält der VC-Kämpfer stabile Arme und Handgelenke, die er im Kampf braucht. Gleichzeitig werden die Hand- und Schultergelenke gelockert und der VC-Kämpfer erreicht für seinen Körper mehr Flexibilität.

Abb. 12

Abb. 13

12. Die VC-Ausbilderin nimmt am Ende ihrer Handgelenksarbeit die vordere Hand zum VC-Maun Sao und zieht gleichzeitig das vordere Bein auf seine Basis, das heißt auf die Höhe, auf der das hintere Bein steht. Auch dabei macht sie mit dem Bein wieder eine runde Bewegung über ihre Körpermitte, um den Unterleib zu schützen. Am Ende dieser Bewegung sind wieder beide Beine um 45 Grad nach innen gedreht, stehen auf einer Höhe und die VC-Ausbilderin hat ihr Gewicht genau in der Mitte. Die hintere Hand schiebt sie jetzt vor zum VC-Wu Sao. Damit steht sie wieder im VC-Grundstand.

13. Jetzt macht die VC-Kämpferin einen VC-Handwechsel, wie im 1. Satz beschrieben, und läuft ihren 2. Satz auf der anderen Seite.

14. • VC-Kampfstellung vorschieben. VC-Freischritt rechts, mit VC-Handflächenstoß rechts.

Abb. 14

2.14.2. 2. Satz VC-Siu Nim Tau

Abb. 15

Abb. 15

Abb. 15

15. • zweiter VC-Handflächenstoß mit links

16. • dritter Handflächenstoß mit rechts

17. • Der linke Arm wird zum VC-Lauo Sao, die VC-Ausbilderin macht ihre VC-Hauen Sao rechts

Abb. 16

Abb. 17

17.1 • Sie dreht ihre Handfläche nach oben, zieht die Fingerspitzen zum Körper und lässt die Hand um das Handgelenk kreisen und klappt die Hand nach innen.

Abb. 17.1

Abb. 17.1

2.14.2. 2. Satz VC-Siu Nim Tau

Abb. 17.1

Abb. 17.1

Abb. 17.1

17.2 • Sie klappt die Hand nach außen und wieder nach innen.

Abb. 17.2

Abb. 17.2

17.3 • Dann lässt sie die Hand weiter kreisen, bis die Finger nach unten zeigen und klappt die Hand nach oben.

Abb. 17.3

Abb. 17.3

Abb. 17.3

2.14.2. 2. Satz VC-Siu Nim Tau

17.4 • Sie klappt die Hand nach unten und wieder nach oben.

Abb. 17.4

Abb. 17.4

17.5 • Zuletzt wiederholt sie die erste Drehung der Hand und klappt dann die Hand wieder nach außen und zurück nach innen.

Abb. 17.5

Abb. 17.5

Abb. 17.5

Abb. 17.5

Abb. 17.5

Abb. 17.5

Danach nimmt sie die Arme in die VC-Kampfstellung.
Die VC-Ausbilderin geht zum VC-Grundstand und schiebt die linke Hand wieder vor zum VC-Maun Sao.
Am Ende des 2. Satzes steht die VC-Ausbilderin wie am Anfang im VC-Grundstand und hat links VC-Maun Sao, rechts VC-Wu Sao.

2.14.3. 3. Satz VC-Siu Nim Tau

Abb. 1

Abb. 2

Abb. 2

VC-Taun Sao (frontale Ansicht)   **VC-Taun Sao (seitliche Ansicht)**

1. Der 3. Satz der Siu Nim Tau beginnt im VC-Grundstand, den die VC-Kämpferin am Ende des 2. Satzes wieder eingenommen hat. Die Beine bleiben während des gesamten Satzes in dieser Position stehen.

2. Die VC-Ausbilderin schiebt ihre VC-Kampfstellung leicht nach vorn. Dann macht sie mit dem hinteren, rechten Arm einen VC-Laup Sao und dreht gleichzeitig ihren vorderen Arm vom VC-Maun Sao herum zu einem VC-Taun Sao. Dabei nimmt sie den Ellbogen ganz eng in die Mitte, so dass er wie auch Unterarm und Hand auf einer geraden Linie vor der Körpermitte liegen. Unterarm und Hand steigen leicht an, die Hand befindet sich auf der Höhe des Solarplexus.

Abb. 3

Abb. 3

Abb. 3

3. Jetzt folgt wieder eine VC-Hauen Sao-Bewegung, ähnlich wie im 2. Satz. Die VC-Ausbilderin klappt die Hand hoch, zieht die Finger zum Körper hin und dreht die Hand um das Handgelenk herum, erst seitlich, dann nach unten.
Wichtig ist, dass der Ellbogen eng am Körper und nach innen gedreht bleibt, um eine optimale Dehnung von Armmuskulatur und Schulter zu erreichen.

Die Drehbewegung wird fortgesetzt bis Hand und Arm wieder eine gerade Linie bilden, d.h. bis zum VC-Maun Sao. Der Ellbogen geht dabei wieder nach außen. Der Arm steigt bei dieser Bewegung leicht an, das Handgelenk befindet sich jetzt etwa auf Brustmitte, aber immer noch genau auf der Zentrallinie des Körpers.

2.14.3. 3. Satz VC-Siu Nim Tau

4. Aus der Bewegung von der Handgelenksarbeit über den fast unsichtbar entstandenen VC-Maun Sao schiebt die VC-Ausbilderin ihren Arm weiter nach vorn zu einem VC-Pauk Sao. Bei dieser VC-Technik befindet sich die Hand etwa auf Kopfhöhe, da die VC-Kämpferin mit ihr einen Angriff zum Kopf aufnimmt. Die VC-Ausbilderin hat dazu ihren Arm nochmals etwas ansteigen lassen und ihn nach vorn geschoben. Jetzt zeigt ihr Unterarm im 45 Grad-Winkel nach vorn, und auch die Hand ist vom Handgelenk aus nochmals leicht geneigt. Das Handgelenk befindet sich immer noch auf der Mittellinie des Körper, nun aber auf Höhe des Kehlkopfes.

Abb. 4

VC-Pauk Sao

Abb. 5

5. Nach dem VC-Pauk Sao wird der Arm in VC-Wu Sao-Haltung mit geraden Fingern an die Brust angelegt, so dass das Handgelenk auf der Höhe des Solarplexus liegt. Der Unterarm ist schräg, die Hand leicht vom Arm abgewinkelt.

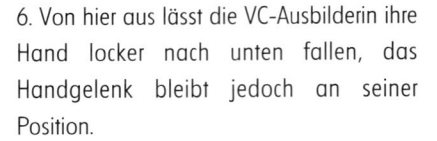

Abb. 6

6. Von hier aus lässt die VC-Ausbilderin ihre Hand locker nach unten fallen, das Handgelenk bleibt jedoch an seiner Position.

VC-Wu Sao

Abb. 7

7. Dann schiebt sie den Arm in dieser Position nach vorne, indem sie den Ellbogen ganz eng am Körper entlang in die Mitte nimmt. Dadurch bewegen sich Unterarm und Hand genau in Körpermitte nach vorn.

Abb. 8

8. Nun erfolgt eine erneute Drehbewegung der Hand über den VC-Maun Sao und weiter zum VC-Pauk Sao (wie unter Punkt 4).

VC-Pauk Sao

2.14.3. 3. Satz VC-Siu Nim Tau

Abb. 9

Abb. 9

Abb. 9

VC-Wu Sao

9. Wieder zieht sie die Hand zurück zum Solarplexus, lässt sie ein zweites Mal fallen und schiebt den Arm wieder vor.

Abb. 10

10. Noch einmal dreht die VC-Ausbilderin ihre Hand um das Handgelenk herum und schiebt den Arm vor zum dritten VC-Pauk Sao.

Abb. 11

11. Ein letztes Mal nimmt die VC-Ausbilderin das Handgelenk zum Solarplexus zurück.

VC-Pauk Sao

VC-Wu Sao

Abb. 12

12. Von hier wird die Hand nicht noch einmal fallen gelassen, sondern die VC-Ausbilderin schiebt sie direkt vor zum VC-Pauk Sao.

Abb. 13

13. Jetzt lässt sie das Handgelenk an seinem Platz und nimmt den Ellbogen in die Mitte, so dass Ellbogen, Unterarm und Handgelenk auf einer Linie vor der Körpermitte liegen, etwa auf Brusthöhe.

VC-Pauk Sao

Copyright by Sigung Sifu-Meister Birol Özden

135

2.14.3. 3. Satz VC-Siu Nim Tau

VC-Handflächenstoß

14. Von dort streckt sie den Arm zum VC-Handflächenstoß.

15. Die VC-Ausbilderin dreht die Handfläche nach oben und macht nun ihre Handgelenksarbeit Hauen Sao, genau wie im 2. Satz.

Dazu dreht sie in einer zusammenhängenden Bewegung die Handfläche nach oben, klappt ihre Hand hoch, zieht die Fingerspitzen zum Körper hin und dreht die Hand um das Handgelenk herum, bis die Finger nach unten zeigen, lässt die Hand weiter kreisen, bis die Finger nach innen zeigen und klappt die Hand mit gestreckten Fingern nach außen und nach innen.

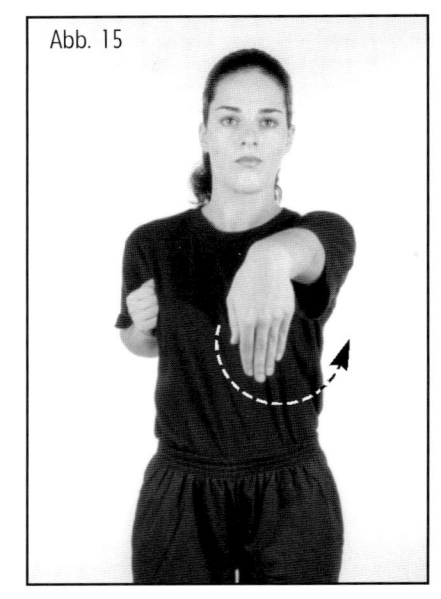

2.14.3. 3. Satz VC-Siu Nim Tau

16. Schließlich klappt sie die Hand nach außen und nochmals nach innen.

17. Danach führt die VC-Ausbilderin eine zweite Drehbewegung der Hand aus, allerdings nur soweit, bis die Finger nach oben zeigen.

18. Nun klappt sie die Hand mit geraden Fingern nach unten und wieder nach oben.

2.14.3. 3. Satz VC-Siu Nim Tau

Abb. 19 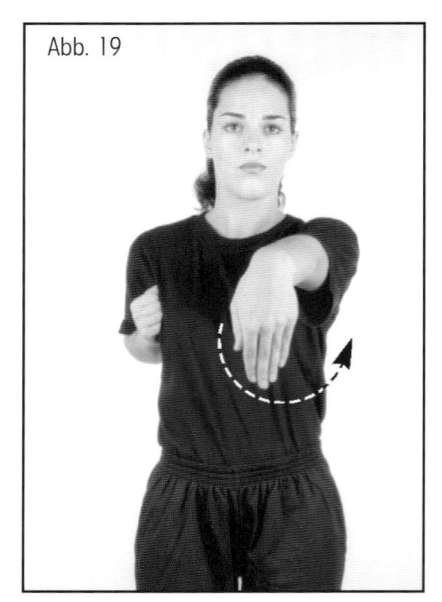 | Abb. 19  | Abb. 19

19. Anschließend lässt sie die Hand nochmals kreisen und wiederholt den ersten Teil der VC-Hauen Sao.

Abb. 19  | Abb. 19  | Abb. 19

Abb. 20  | Abb. 21 | Abb. 21

VC-Taun Sao (frontale Ansicht) — **VC-Taun Sao (seitliche Ansicht)**

20. Nach der Hauen Sao nimmt die VC-Ausbilderin ihre Hände in die VC-Kampfstellung und macht einen Handwechsel, so dass ihre rechte Hand als VC-Maun Sao vorne ist.

21. Jetzt wiederholt die VC-Ausbilderin den 3. Satz Siu Nim Tau auf der anderen Seite. Die VC-Ausbilderin schiebt die VC-Kampfstellung und macht VC-Laup Sao links und VC-Taun Sao rechts.

2.14.3. 3. Satz VC-Siu Nim Tau

Abb. 22

Abb. 22

Abb. 22

22. • Sie lässt die rechte Hand mit einer Hauen Sao-Bewegung um das Handgelenk kreisen, nimmt den Ellbogen nach außen und schiebt den Arm vor zum VC-Pauk Sao.

Abb. 22

VC-Pauk Sao

23. • Jetzt nimmt sie den Arm zurück zum Solarplexus.

Abb. 23

VC-Wu Sao

Abb. 24

Abb. 24

Abb. 25

VC-Pauk Sao

24. • Die Hand wird nun fallen gelassen, der Ellbogen nach innen genommen und der Arm nach vorn geschoben.

25. • Die VC-Ausbilderin dreht ihre Hand nochmals um das Handgelenk herum und schiebt wieder ihren Arm vor zum VC-Pauk Sao.

2.14.3. 3. Satz VC-Siu Nim Tau

26. • Wieder zieht sie die Hand zurück zum Solarplexus, lässt sie ein zweites Mal fallen und schiebt den Arm wieder vor.

Abb. 26
VC-Wu Sao

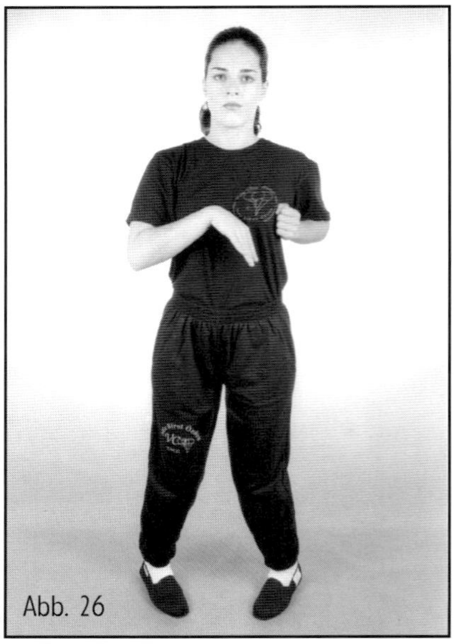

Abb. 26

Abb. 26

Abb. 27
VC-Pauk Sao

27. • Noch einmal lässt die VC-Ausbilderin ihre Hand um das Handgelenk kreisen und schiebt den Arm vor zum dritten VC-Pauk Sao.

28. • Ein letztes Mal nimmt die VC-Ausbilderin den Arm zum Solarplexus zurück.

Abb. 28
VC-Wu Sao

Abb. 29
VC-Pauk Sao

Abb. 30

Abb. 30
VC-Handflächenstoß

29. • Jetzt schiebt sie die Hand direkt vor zum VC-Pauk Sao.

30. • Sie nimmt den Ellbogen in die Mitte und macht von dort aus einen geraden VC-Handflächenstoß.

2.14.3. 3. Satz VC-Siu Nim Tau

VC-Hauen Sao

31.1-31.19 • Die VC-Ausbilderin macht ihre Handgelenksarbeit Hauen Sao mit rechts.

Sie dreht ihre Handfläche nach oben, zieht die Fingerspitzen zum Körper und lässt die Hand um das Handgelenk kreisen, bis die Finger nach innen gekippt sind. Dann klappt sie die Hand nach außen und wieder nach innen. Sie lässt die Hand weiter kreisen, bis die Finger nach oben zeigen und klappt die Hand nach unten und wieder nach oben. Zuletzt dreht sie die Hand weiter bis nach innen und klappt die Hand nochmals nach außen und zurück nach innen.

Abb. 31.1

Abb. 31.2

Abb. 31.3

Abb. 31.4

Abb. 31.5

Abb. 31.6

2.14.3. 3. Satz VC-Siu Nim Tau

Abb. 31.7

Abb. 31.8

Abb. 31.9

Abb. 31.10

Abb. 31.11

Abb. 31.12

Abb. 31.13

2.14.3. 3. Satz VC-Siu Nim Tau

Abb. 31.14    Abb. 31.15    Abb. 31.16

Abb. 31.17    Abb. 31.18    Abb. 31.19

Nach der Hauen Sao nimmt die VC-Ausbilderin ihre Hände zurück zur VC-Kampfstellung, macht einen Handwechsel und schiebt ihre linke Hand nach vorn.

Am Ende des 3. Satzes steht die VC-Ausbilderin wie am Anfang im VC-Grundstand und hat links VC-Maun Sao, rechts VC-Wu Sao.

詠 春 拳

2.14.4. 4. Satz VC-Siu Nim Tau

1. Der 4. Satz der Siu Nim Tau beginnt im VC-Grundstand, den die VC-Kämpferin am Ende des 3. Satzes wieder eingenommen hat.

2. Aus dem VC-Grundstand schiebt die VC-Ausbilderin ihre VC-Kampfstellung leicht nach vorn und nimmt dann ihren rechten Arm zum VC-Laup Sao zur Seite.

Nun zieht sie den linken Arm am Körper entlang zum Hebel nach oben, so als würde sie einen Gegenstand ganz eng am Körper hochziehen, bis ihre Hand unterhalb der Achsel ist. Dabei zieht sie den Arm so weit wie möglich hoch, um ihre Schulter zu dehnen. Die Schulter wird jedoch nicht angehoben, sondern nur der Arm wird bewegt. Auch der Oberkörper bleibt gerade. Die Finger sind leicht angezogen.

Abb. 1

Abb. 2

Gleichzeitig mit der Armbewegung wendet die VC-Ausbilderin ihren Körper um 90 Grad nach rechts. Ihr Blick bleibt aber weiter nach vorn in die ursprüngliche Richtung gerichtet.

Bei dieser Wendung nimmt die VC-Ausbilderin ihr Gewicht auf das linke Bein, das aber in seiner Position stehen bleibt. Den rechten Fuß dreht sie, ohne die Sohle vom Boden zu heben, bis er wie auch das Knie um 45 Grad nach außen zeigt. Jetzt stehen beide Füße wie auch bei der 45 Grad-Wendung im 1. Satz parallel zueinander. Den Oberkörper dreht sie allerdings um 90 Grad. Am Ende der Wendung zeigt die linke Schulter nach vorn. Die Beine stehen im VC-Vorwärtsstand. Das vordere Bein steht im VC-Boung Geurk, das hintere im VC-Jaup Geurk.

Abb. 3

Abb. 4

Abb. 5

seitlicher VC-Handflächenstoß

3. Nun klappt die VC-Ausbilderin ihre Handfläche zum Boden hin.

4. Sie drückt den Arm eng am Körper mit einem seitlichen Handflächenstoß nach unten, so als würde sie einen Bolzen gerade nach unten in den Boden drücken.

5. Jetzt nimmt die VC-Ausbilderin ihren Arm gebeugt nach hinten und führt dabei die Hand eng am Körper entlang, so dass der Handrücken schließlich am Rücken auf Höhe des Hosenbundes an der Wirbelsäule anliegt. Der Ellbogen zeigt nach hinten, und beide Ellbogen werden zur Dehnung der Brustmuskulatur und zur Lockerung der Schultergelenke so weit wie möglich nach innen gebogen.

22.14.4. 4. Satz VC-Siu Nim Tau

Abb. 6

rückwärtiger VC-Handflächenstoß

6. Von dort streckt die VC-Ausbilderin ihren linken Arm zu einem tiefen, rückwärtigen VC-Handflächenstoß auf die Höhe des Unterleibs. Die Finger zeigen dabei nach unten, die Hand ist vom Arm nach unten abgewinkelt.

7. Dann zieht sie die Hand wieder zum Rücken.

Abb. 7

Abb. 8

8. Die VC-Ausbilderin dreht sich um 90 Grad in den Grundstand, bis der Fuß wieder um 45 Grad nach innen zeigt und das Körpergewicht genau in der Mitte zwischen beiden Beinen liegt. Auch hierbei lässt sie die gesamte Fußsohle am Boden und dreht den Fuß um dessen Mittelpunkt.
Dabei führt sie die Hand eng am Körper entlang nach vorn, bis sie mit dem Handrücken an der Brust anliegt. Die Handfläche zeigt jetzt nach vorn, die Finger nach oben. Das Handgelenk ist auf Höhe des Solarplexus.

Abb. 9

tiefer VC-Handflächenstoß

9. Nun folgt ein tiefer VC-Handflächenstoß nach vorn auf Höhe des Unterleibs.

Abb. 10

VC-Laun Sao

10. Dann hebt die VC-Ausbilderin den Arm bis auf Brusthöhe und winkelt ihn dabei an, so dass zwischen Schulter und Oberarm und sowie zwischen Ellbogen und Unterarm jeweils ein 90 Grad-Winkel entsteht. Der Unterarm ist parallel zum Oberkörper und genau waagerecht. Die linke Hand befindet sich somit vor der rechten Schulter, die Handfläche zeigt nach unten und die Finger sind auf Höhe der Schulter. Diese VC-Technik ist ein VC-Laun Sao.

2.14.4. 4. Satz VC-Siu Nim Tau

11. Die VC-Ausbilderin streckt den Arm und klappt ihn dazu erst in der Schulter, dann im Ellbogen nach hinten, bis er gerade gestreckt auf Höhe der Schulter zur linken Seite zeigt, parallel zum Boden. Die Hand darf dabei nicht weiter als bis zur Schulter nach hinten genommen werden. Diese Bewegung ist ein seitlicher VC-Fauk Sao, der einen neben dem VC-Kämpfer stehenden Gegner trifft.

Abb. 11

Abb. 11

VC-Fauk Sao

12. Jetzt zieht die VC-Ausbilderin den Arm nochmals kurz nach außen, um das Schultergelenk zu dehnen. Dann klappt sie ihn erst im Ellbogengelenk und danach in der Schulter wieder im 90 Grad-Winkel ein zum VC-Laun Sao.

Abb. 12

Abb. 12

VC-Laun Sao

13. Die VC-Ausbilderin lässt den Arm angewinkelt und senkt den Ellbogen so lange ab, bis er in der Körpermitte vor dem Solarplexus ist. Der Winkel zwischen Ober- und Unterarm wird dabei nicht verändert. Nun schiebt sie den Arm leicht vor, indem sie die Schulter etwas nach vorne fallen lässt. Die nun entstandene Technik ist ein VC-Jaum Sao, was passend zur Bewegung soviel wie „sinkender Arm" bedeutet.

Abb. 13

Abb. 14

VC-Jaum Sao

14. Anschließend dreht die VC-Ausbilderin die Handfläche nach oben zum VC-Taun Sao, und zwar mit einer leicht hebenden Bewegung, so als habe sie ein Tablett in der Hand, das sie einige Zentimeter anhebt. Dieser VC-Taun Sao ist wieder genau in der Mitte vor dem Körper, der Unterarm und die Hand steigt an.

VC-Taun Sao

2.14.4. 4. Satz VC-Siu Nim Tau

Abb. 15

15. Nun wird die Handfläche nach unten gedreht. Der Ellbogen bleibt dabei in der Körpermitte. Mit einem VC-Jaut Sao, das heißt mit einer leicht runden Vorwärtsbewegung und leichtem Druck nach unten wird der Arm in der Körpermitte etwas nach vorn geschoben.

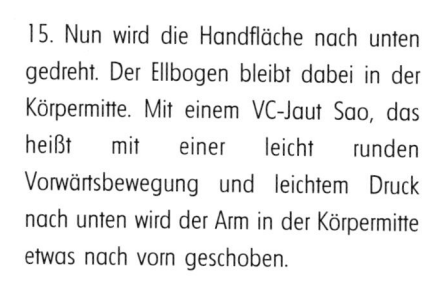

Abb. 16

16. Von dort aus streckt die VC-Ausbilderin den Arm zum VC-Fingerstich in Augenhöhe. Der Arm ist leicht gebeugt, die Hand ist etwas vom Handgelenk abgewinkelt, so dass Mittel-, Ring- und kleiner Finger nach vorn zeigen.

VC-Jaut Sao

VC-Fingerstich

Abb. 17

17. Der Arm wird nun gesenkt, wobei die Hand nach oben abgewinkelt wird, bis am Ende der Bewegung die Hand auf Höhe des Unterleibs ist, wie beim tiefen Handflächenstoß am Anfang dieses Satzes. Diese Technik ist allerdings ein VC-Gaum Sao. Dabei wird nicht gestoßen, sondern in einem Kontaktpunkt (in diesem Fall wäre es die ganze Handfläche auf dem Arm eines Gegners) wird der Druck gehalten.

Abb. 18

18. Zum Schluss hebt die VC-Ausbilderin den Arm wieder hoch und klappt dabei die Hand wieder nach unten. Der Arm wird bis auf Kinnhöhe angehoben. Dies entspricht einem Handgelenksstoß zum Kinn eines Gegners.

VC-Gaum Sao

VC-Handgelenksstoß

Abb. 19

19. Die VC-Ausbilderin nimmt beide Hände in die VC-Kampfstellung, macht einen Handwechsel, so dass die rechte Hand als VC-Maun Sao vorn ist, und wiederholt den 4. Satz auf der anderen Seite.

Abb. 20

20. • VC-Kampfstellung vorschieben, VC-Laup Sao links, rechten Arm hochziehen und 90 Grad-Wendung nach links, Blick nach vorn. Die rechte Schulter zeigt nach vorn.

Copyright by Sigung Sifu-Meister Birol Özden

2.14.4. 4. Satz VC-Siu Nim Tau

21. • Handfläche nach unten öffnen.

22. • seitlicher VC-Handflächenstoß nach unten

seitlicher VC-Handflächenstoß

23. • der Arm wird am Körper entlang gebeugt nach hinten geführt, bis die Hand am Rücken anliegt. Beide Ellbogen werden nach innen gezogen

24. • tiefer, rückwärtiger VC-Handflächenstoß auf Höhe des Unterleibs

rückwärtiger VC-Handflächenstoß

25. • Die Hand wird zum Rücken gezogen, die VC-Ausbilderin dreht sich um 90 Grad in den VC-Grundstand. Dann wird die Hand eng am Körper entlang bis zum Solarplexus geführt, wo das Handgelenk anliegt. Der Handrücken wird zur Brust hin gezogen, wodurch Spannung im Arm entsteht.

tiefer VC-Handflächenstoß

26. • Die Spannung löst sich zum tiefen VC-Handflächenstoß, frontal auf Höhe des Unterleibs.

2.14.4. 4. Satz VC-Siu Nim Tau

Abb. 27

VC-Laun Sao

27. • Die VC-Ausbilderin hebt den Arm zum VC-Laun Sao und klappt ihn dann auf zum seitlichen VC-Fauk Sao.

Abb. 27

Abb. 27

VC-Fauk Sao

Abb. 28

Abb. 28

28. • Dehnung der Schulterkapsel durch leichten Zug nach außen, dann zurück zum VC-Laun Sao.

VC-Laun Sao

Abb. 29

VC-Jaum Sao

29. • Arm senken zum VC-Jaum Sao und leicht vorschieben

Abb. 30

VC-Taun Sao

30. • hebender VC-Taun Sao

Abb. 31

VC-Jaut Sao

31. • Handfläche nach unten drehen, Arm vorschieben mit VC-Jaut Sao, mit einer leicht runden Bewegung und leichtem Druck nach unten.

2.14.4. 4. Satz VC-Siu Nim Tau

Abb. 32

VC-Fingerstich

Abb. 32

VC-Gaum Sao

Abb. 32

VC-Handgelenksstoß

32. • Der Arm schnellt zum VC-Fingerstich auf Augenhöhe nach vorn. Dann wird der Arm gesenkt zum Unterleib zu einem VC-Gaum Sao und danach wieder hochgenommen zum Handgelenksstoß auf Kinnhöhe. Hierbei wird die Hand nach unten geklappt.

Die VC-Ausbilderin nimmt beide Hände zur VC-Kampfstellung und macht einen Handwechsel, indem sie die linke Hand zum VC-Maun Sao vorschiebt.

Am Ende des 4. Satzes steht die VC-Ausbilderin wie am Anfang im VC-Grundstand und hat links VC-Maun Sao, rechts VC-Wu Sao.

Isometrisches Training im VC-Ving Chun

Im VC-Ving Chun gibt es viele Übungen, die ein **isometrisches Training** beinhalten, z. B. der VC-Grundstand in der Siu Nim Tau. Die Vorsilbe Iso... bedeutet gleich, isometrisch heißt also gleiche Meter, bezogen auf unser Maßsystem. Das isometrische Training erfolgt ohne Geräte. Die Muskeln werden nicht bewegt, sondern es liegt eine statische Arbeit vor. Die Länge der Muskeln bleibt gleich, die Muskulatur ist angespannt. Das isometrische Training ist sehr effektiv und trainiert die Muskeln intensiv. Aufgrund der sich aufbauenden Spannung ist es ratsam, während des Trainings gleichmäßig auszuatmen, als Ausgleich zur Anspannung der Muskulatur.

Im Gegensatz zum isometrischen Training wird beim dynamischen Muskeltraining der Muskel angespannt und unter dieser Belastung bewegt. Diese dynamische Arbeit dient der besseren Muskelkoordination und dem Aufbau von Muskelkraft. Es kommt im VC-Ving Chun in Form von verschiedenen Übungen für VC-Physio- und Ausdauertraining vor (vgl. Kap. 2.18) sowie im VC-Kraft Chi Saoo und anderen Programmen. Viele dieser Übungen sind Bestandteil der VC-Ving Chun Dynamic und werden daher in meinem Lehrbuch für **VC-Dynamic** eingehend erläutert.

2.14.5. 5. Satz VC-Siu Nim Tau

Abb. 1

Abb. 2

Abb. 3

VC-Pauk Sao

1. Der 5. Satz der Siu Nim Tau beginnt im VC-Grundstand, den die VC-Kämpferin am Ende des 4. Satzes wieder eingenommen hat.

2. Aus dem VC-Grundstand schiebt die VC-Ausbilderin ihre VC-Kampfstellung leicht nach vorn. Sie zieht den rechten Arm mit VC-Laup Sao zur Seite und schiebt gleichzeitig die vordere Hand vor zum VC-Pauk Sao. Das Handgelenk ist auf Höhe des eigenen Kehlkopfes. Die Hand ist auf Kopfhöhe und wird vom Arm leicht abgewinkelt. Der Unterarm ist vom Körper aus 45 Grad nach vorn gerichtet und steigt ebenfalls in einem Winkel von 45 Grad vom Ellbogen aus an. Die Beine bleiben während des gesamten Satzes im VC-Grundstand stehen.

3. Vom VC-Pauk Sao aus nimmt die VC-Ausbilderin den linken Ellbogen nach innen in die Körpermitte und dreht die Hand seitlich, so dass die Finger jetzt nach außen zeigen. Der Arm bleibt angewinkelt. Dabei darf sie den Arm nicht zurückziehen, sondern das Handgelenk behält seinen Abstand zum Körper der VC-Kämpferin.

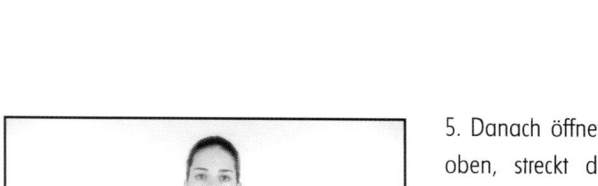

4. Nun streckt die VC-Ausbilderin ihren Arm mit einem seitlichem VC-Handflächenstoß vor, wobei die Hand sich auf Kinnhöhe befindet.

5. Danach öffnet sie die Handfläche nach oben, streckt den Arm und macht die Handgelenksarbeit Hauen Sao genauso wie im 2. Satz.

Abb. 4

seitlicher VC-Handflächenstoß

Abb. 5

2.14.5. 5. Satz VC-Siu Nim Tau

Abb. 6

Abb. 6

Abb. 6

Abb. 6

Abb. 6

Abb. 7

Abb. 7

VC-Hauen Sao

6. Die VC-Ausbilderin klappt dazu ihre Hand hoch, zieht die Fingerspitzen zum Körper hin und dreht die Hand um das Handgelenk herum, bis die Finger nach unten zeigen.
Sie lässt die Hand weiter kreisen, bis die Finger nach innen zeigen.

7. Dann klappt sie die Hand mit gestreckten Fingern nach außen und wieder nach innen.

2.14.5. 5. Satz VC-Siu Nim Tau

Abb. 8    Abb. 8    Abb. 8

8. Danach führt die VC-Ausbilderin eine zweite Drehbewegung der Hand um das Handgelenk herum, bis die Finger nach oben zeigen.

9. Nun klappt sie die Hand mit geraden Fingern nach unten und wieder nach oben.

10. Anschließend wiederholt sie die erste Drehung.

Abb. 9    Abb. 9

Abb. 10    Abb. 10    Abb. 10

2.14.5. 5. Satz VC-Siu Nim Tau

Abb. 10

Abb. 10

Abb. 10

Abb. 11

11. Nach der VC-Hauen Sao nimmt die VC-Ausbilderin ihre Hände in die VC-Kampfstellung und macht einen Handwechsel, so dass ihre rechte Hand als VC-Maun Sao vorne ist.

Nun läuft die VC-Ausbilderin den 5. Satz Siu Nim Tau auf der anderen Seite.

12. • VC-Kampfstellung vorschieben, VC-Laup Sao links, VC-Pauk Sao rechts

Abb. 12

VC-Pauk Sao

Abb. 13

13. • Die VC-Ausbilderin nimmt den Ellbogen in die Körpermitte, dreht dabei die Hand seitlich und macht einen seitlichen VC-Handflächenstoß.

Abb. 13

seitlicher VC-Handflächenstoß

2.14.5. 5. Satz VC-Siu Nim Tau

VC-Hauen Sao

14.1-14.19 • Handfläche öffnen, Arm strecken, von dort aus macht die VC-Ausbilderin ihre Handgelenksarbeit Hauen Sao.

Sie dreht dazu ihre Handfläche nach oben, zieht die Fingerspitzen zum Körper und lässt die Hand um das Handgelenk kreisen, klappt die Hand nach außen und wieder nach innen. Dann lässt sie die Hand nochmal kreisen, bis die Finger nach oben zeigen und klappt die Hand nach unten und wieder nach oben. Zuletzt wiederholt sie die erste Drehung der Hand und klappt dann die Hand wieder nach außen und zurück nach innen.

Abb. 14.1

Abb. 14.2

Abb. 14.3

Abb. 14.4

Abb. 14.5

Abb. 14.6

Abb. 14.7

Abb. 14.8

Copyright by Sigung Sifu-Meister Birol Özden

2.14.5. 5. Satz VC-Siu Nim Tau

Abb. 14.9

Abb. 14.10

Abb. 14.11

Abb. 14.12

Abb. 14.13

Abb. 14.14

Abb. 14.15

Abb. 14.16

2.14.6. 6. Satz VC-Siu Nim Tau

Abb. 14.17

Abb. 14.18

Abb. 14.19

Die VC-Ausbilderin nimmt beide Hände zurück zur VC-Kampfstellung und macht einen Handwechsel, indem sie die linke Hand zum VC-Maun Sao vorschiebt.

Am Ende des 5. Satzes steht die VC-Ausbilderin wie am Anfang im VC-Grundstand und hat links VC-Maun Sao, rechts VC-Wu Sao.

2.14.6. 6. Satz VC-Siu Nim Tau

Abb. 1

1. Auch der 6. Satz der Siu Nim Tau beginnt im VC-Grundstand, in den die VC-Kämpferin am Ende des 5. Satzes zurückgekehrt ist.

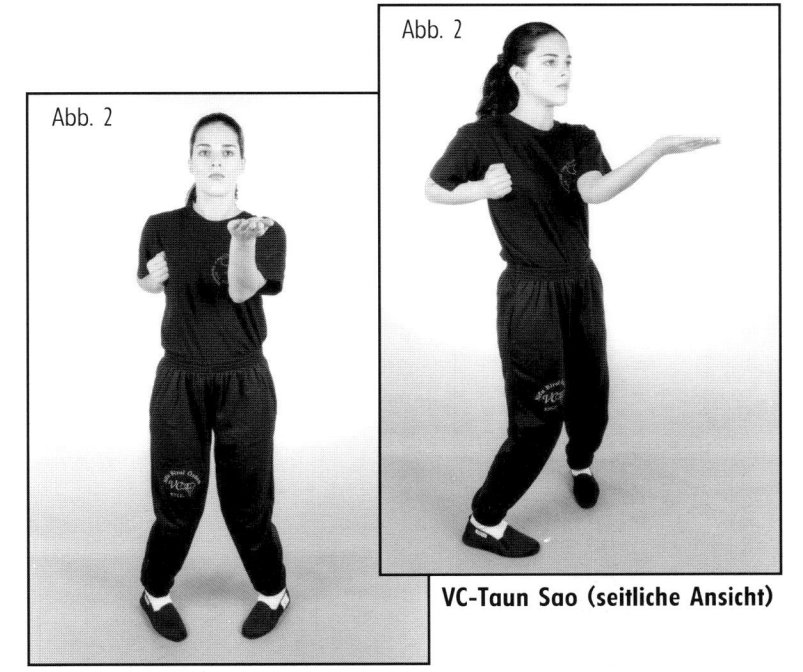

Abb. 2

Abb. 2

VC-Taun Sao (frontale Ansicht)

VC-Taun Sao (seitliche Ansicht)

2. Die VC-Ausbilderin schiebt als erstes wieder ihre VC-Kampfstellung leicht nach vorn. Nun nimmt sie den rechten Arm als VC-Laup Sao zur Seite. Gleichzeitig dreht sie den linken Arm zum VC-Taun Sao. Hierbei befinden sich Ellbogen und Hand nicht direkt vor dem Körper wie im 3. Satz, sondern sie bleiben etwa in der Mitte zwischen Brustbein und Schulter. Der Arm und die Hand steigen leicht an, die Hand ist auf Höhe der Schulter.

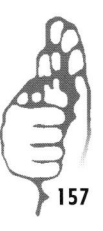

2.14.6. 6. Satz VC-Siu Nim Tau

3. Jetzt dreht die VC-Ausbilderin den linken Arm, das heißt sie hebt den Ellbogen an, lässt die Hand nach unten fallen und dreht dabei die Handfläche nach außen. Es ist eine öffnende Bewegung. Die dadurch entstehende VC-Technik, der VC-Kau Sao, bedeutet übersetzt „öffnender Arm". Der Name beschreibt sehr treffend das Ziel dieser VC-Technik. Sie wird vom VC-Kämpfer eingesetzt, um beim Gegner eine Lücke zu öffnen. Das Handgelenk befindet sich dabei genau in der Mitte des Körpers vor dem Solarplexus. Die Schulter soll dabei nicht hochgezogen werden. Der Arm muß locker bleiben. Vom Unterarm geht Druck nach außen, aber gleichzeitig macht der ganze Arm auch Druck nach vorn.

4. Unmittelbar nachdem die VC-Ausbilderin ihren VC-Kau Sao gemacht hat, wendet sie den Oberkörper um 45 Grad nach links, verlagert ihr Gewicht auf das rechte Bein und dreht den linken Fuß, bis sie um 45 Grad nach außen zeigt und parallel zum rechten Fuß steht. Der genaue Bewegungsablauf für die 45 Grad-Wendung wurde bereits für den 1. Satz detailliert beschrieben und ist unter Kap.2.14.1. und Kap. 2.10. nachzulesen.

5. Nun wendet sich die VC-Ausbilderin wieder in den VC-Grundstand. Dazu dreht sie den Oberkörper und den linken Fuß in die ursprüngliche Position zurück. Gleichzeitig macht sie mit dem linken Arm einen VC-Jaum Sao. Dazu senkt sie den Ellbogen ab und schiebt ihn bis auf die Höhe ihres Solarplexus nach innen. Der Unterarm zeigt nach vorn und bildet mit dem Oberarm einen 90 Grad-Winkel. Die VC-Ausbilderin lässt ihre Schulter leicht nach vorn fallen und schiebt dadurch den Arm noch etwas vor. Diese VC-Technik kommt auch im 4. Satz der Siu Nim Tau vor.

6. Die VC-Ausbilderin wendet sich sofort weiter nach rechts, indem sie den Körper um 45 Grad dreht und dazu das Gewicht auf das linke Bein verlagert und den rechten Fuß soweit aufdreht, bis er parallel zum linken steht und im 45 Grad-Winkel nach außen zeigt. Den Arm lässt sie im VC-Jaum Sao, bis die Wendung beendet ist.

7. Nach dem VC-Jaum Sao mit Wendung lässt nun die VC-Ausbilderin den Arm mit einer schneidenden Bewegung nach unten fallen, bis die Handfläche sich genau vor ihrem Unterleib befindet. Der Ellbogen wird dabei vom Körper weg wieder nach außen geführt. Der Arm ist im Ellbogen- und Handgelenk gebeugt. Es ergibt sich auf diese Weise ein VC-Gaun Sao. Gleichzeitig mit dem VC-Gaun Sao wendet sie sich in den VC-Grundstand.

8. Die VC-Ausbilderin bleibt nicht im VC-Grundstand, sondern macht sofort wieder eine 45 Grad-Wendung nach links und behält dabei ihren VC-Gaun Sao bei. Diese Technik ist bereits aus dem 1. Satz Siu Nim Tau bekannt. Sie lässt die Technik aber wie auch bei den anderen Wendungen vor ihrem Körper und zieht sie nicht nach hinten zurück.

Abb. 3 — VC-Kau Sao
Abb. 4 — VC-Kau Sao mit Wendung 
Abb. 5 — VC-Jaum Sao 
Abb. 6 — VC-Jaum Sao mit Wendung 
Abb. 7 — VC-Gaun Sao 
Abb. 8 — VC-Gaun Sao mit Wendung

2.14.6. 6. Satz VC-Siu Nim Tau

Abb. 9
VC-Taun Sao

9. Noch einmal wendet sich die VC-Ausbilderin zurück zum VC-Grundstand und hebt dabei den Arm aus dem VC-Gaun Sao wieder hoch zum VC-Taun Sao. Anders als am Anfang dieses Satzes ist jedoch diese VC-Technik weiter außen. Ellbogen und Hand befinden sich genau vor der linken Schulter. Der Unterarm steigt aber wie beim ersten VC-Taun Sao leicht an und die Hand ist auf Höhe der Schulter.

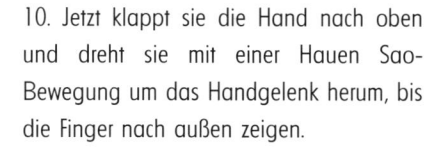

10. Jetzt klappt sie die Hand nach oben und dreht sie mit einer Hauen Sao-Bewegung um das Handgelenk herum, bis die Finger nach außen zeigen.

Abb. 10

Abb. 10

Abb. 10

Abb. 10

Abb. 11

Abb. 12
tiefer VC-Handflächenstoß

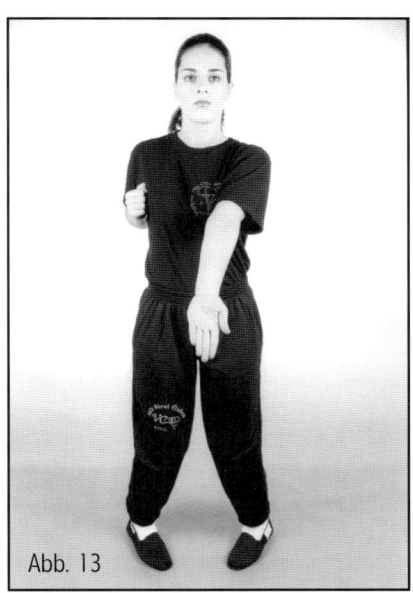

Abb. 13

11. Sie nimmt den Ellbogen wieder in die Mitte ihres Körpers, bis der Ellbogen vor dem Solarplexus ist und die Handfläche nach vorn zeigt.

12. Von hier folgt ein seitlicher Handflächenstoß nach unten auf die Höhe des Unterleibs.

13. Nun wird die Hand gestreckt, wobei die Handfläche nach vorn zeigt.

2.14.6. 6. Satz VC-Siu Nim Tau

VC-Hauen Sao

14. In dieser Position macht die VC-Ausbilderin ihre Handgelenksarbeit Hauen Sao. Der Ablauf ist dabei derselbe wie im 2. Satz der Siu Nim Tau.

Die Hand wird hochgeklappt, die Fingerspitzen werden zum Körper hingezogen und die VC-Ausbilderin dreht dabei die Hand um das Handgelenk herum, bis die Finger nach innen zeigen.

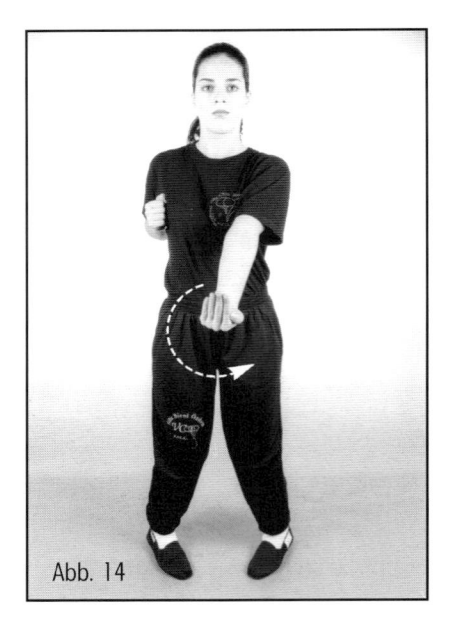

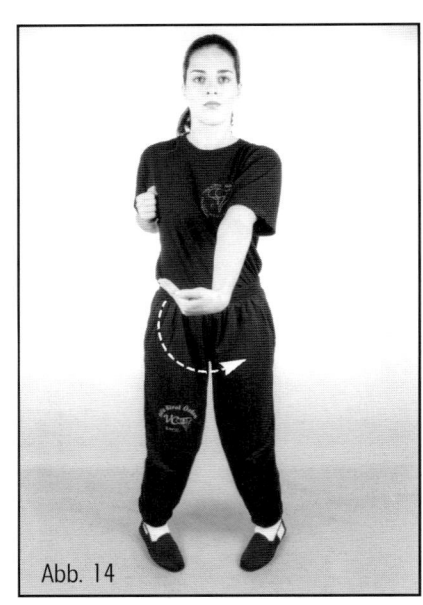

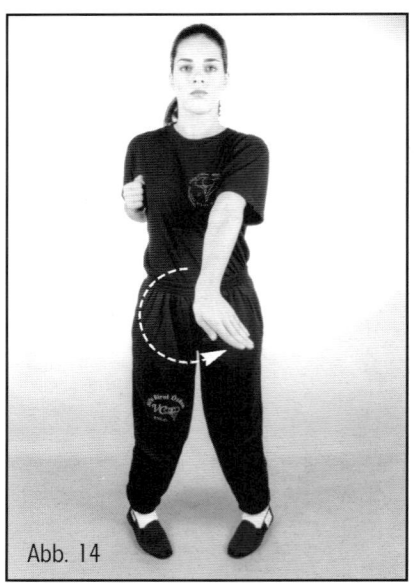

Abb. 14

Abb. 14

Abb. 14

Abb. 14

Abb. 14

15. Die Hand wird nach außen und wieder nach innen geklappt, bleibt aber weiter in ihrer Position vor dem Unterleib.

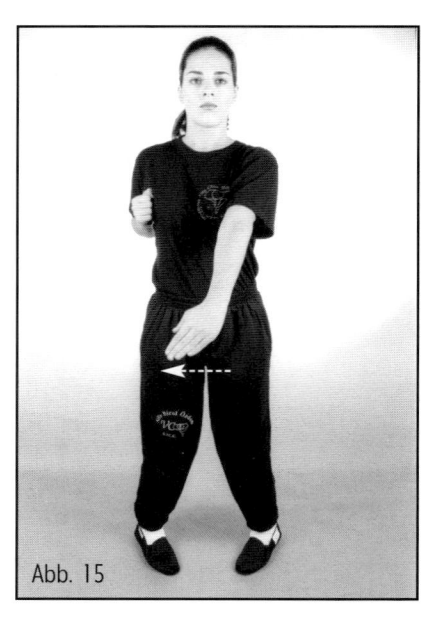

Abb. 15

Abb. 15

2.14.6. 6. Satz VC-Siu Nim Tau

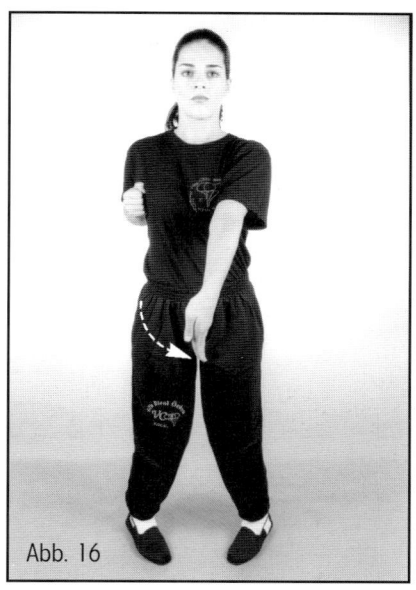

Abb. 16

Abb. 16

Abb. 16

16. Weitere Drehung der Hand, bis die Finger nach oben zeigen.

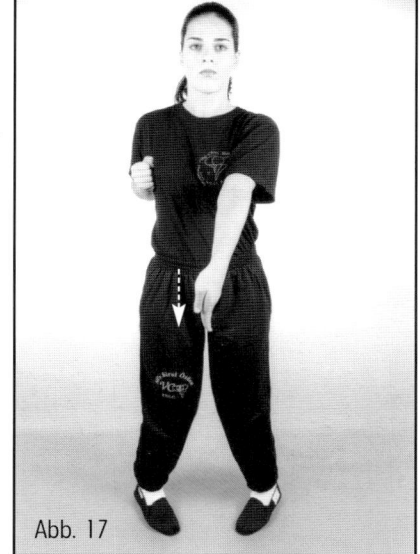

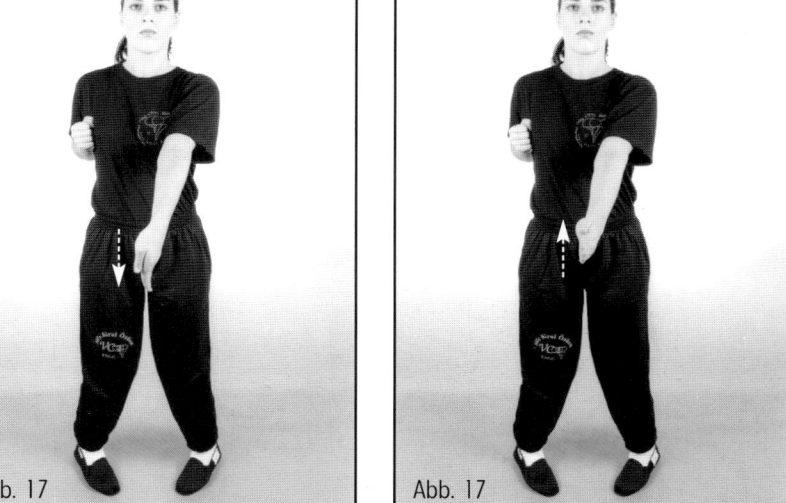

17. Die Hand wird mit geraden Fingern nach unten und nochmals nach oben geklappt.

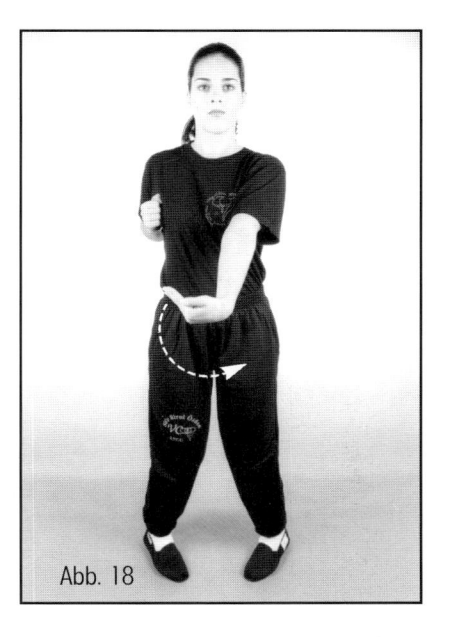

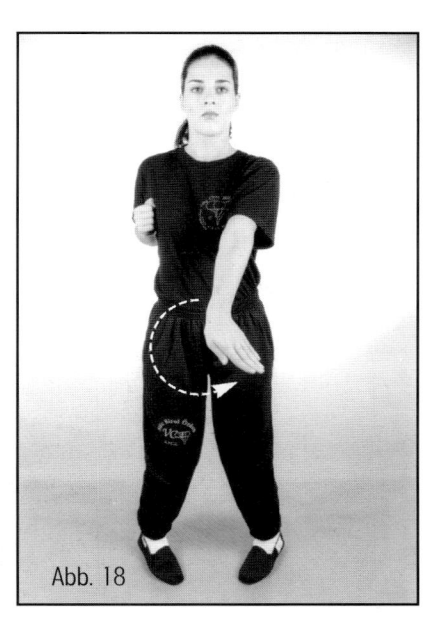

18. Anschließend wird die erste Drehung der Hand wiederholt.

Abb. 17

Abb. 17

Abb. 18

Abb. 18

Abb. 18

2.14.6. 6. Satz VC-Siu Nim Tau

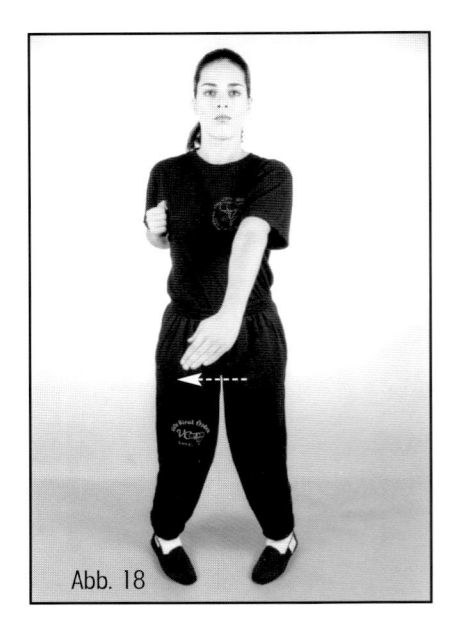

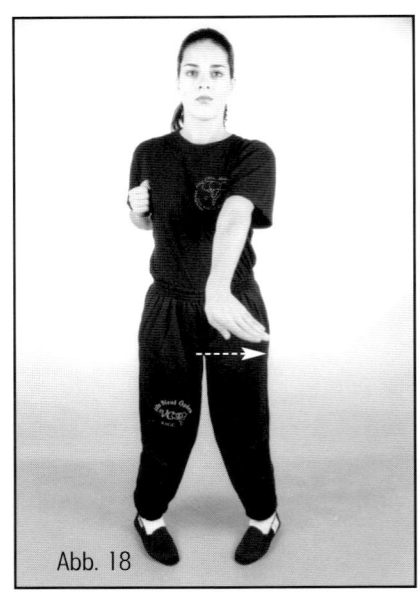

Abb. 18 Abb. 18 Abb. 18

19. Nach der Hauen Sao nimmt die VC-Ausbilderin beide Hände in die VC-Kampfstellung und schiebt die rechte Hand vor zum VC-Maun Sao.

Danach wiederholt die VC-Ausbilderin den 6. Satz auf der anderen Seite.

Abb. 19

Abb. 20 — **VC-Taun Sao (frontale Ansicht)**

Abb. 20 — **VC-Taun Sao (seitliche Ansicht)**

20. • VC-Kampfstellung vorschieben, links VC-Ellbogenstoß, rechts VC-Taun Sao

2.14.6. 6. Satz VC-Siu Nim Tau

Abb. 21 — VC-Kau Sao

Abb. 21 — VC-Kau Sao mit Wendung

21. • rechts VC-Kau Sao, erst im VC-Grundstand, dann mit 45 Grad-Wendung nach rechts

22. • Wendung zum VC-Grundstand, dabei Wechsel vom VC-Kau Sao zum VC-Jaum Sao, dann 45 Grad-Wendung nach links.

23. • Wendung zum VC-Grundstand, dabei Wechsel vom VC-Jaum Sao zum VC-Gaun Sao, dann 45 Grad-Wendung nach rechts.

Abb. 22 — VC-Jaum Sao

Abb. 22 — VC-Jaum Sao mit Wendung

Abb. 23 — VC-Gaun Sao mit Wendung

Abb. 23 — VC-Gaun Sao mit Wendung

Bei der Bewegung der Ausbilderin von der 45 Grad-Wendung nach links über den VC-Grundstand bis zur 45 Grad-Wendung nach rechts ist zu beachten, dass keine Pause entsteht, wenn sie in den VC-Grundstand kommt. Es ist sehr wichtig, dass die VC-Technik, in diesem Fall der VC-Jaum Sao, bereits in der Mitte im VC-Grundstand fertig ist, doch danach wird der Körper direkt weiter gewendet. Die Wendung ist eine Nottechnik, die der VC-Kämpfer einsetzt, wenn die normale VC-Technik nicht reicht, z. B. weil der Gegner starken Druck macht. Wichtig ist, dass die Bewegung nach dem VC-Grundstand sofort weitergeht und die VC-Wendung zügig durchgeführt wird. Diese Merkmale gelten für alle Wendungen, die die VC-Ausbilderin im 6. Satz macht. Jedesmal ist die VC-Technik im VC-Grundstand fertig, und die VC-Ausbilderin macht mit der Technik eine 45 Grad-Wendung.

Ein weiterer wichtiger Punkt ist, dass bei allen Wendungen jeweils nur ein Fuß gedreht wird und der andere an seinem Platz stehen bleibt, und dass die Wendungen auf der ganzen Fußsohle erfolgen. Die Füße werden also nicht vom Boden gehoben. Und egal in welche Richtung sich die VC-Ausbilderin im 6. Satz der Siu Nim Tau wendet, ihr Blick bleibt die ganze Zeit über nach vorn gerichtet.

2.14.6. 6. Satz VC-Siu Nim Tau

Abb. 24

24. • Wendung zurück zum VC-Grundstand, dabei Wechsel vom VC-Gaun Sao zum VC-Taun Sao direkt vor der rechten Schulter.

Abb. 25

25. • Drehung der rechten Hand nach oben und das Handgelenk herum, bis die Finger nach außen zeigen.

Abb. 25

Abb. 25

Abb. 25

Abb. 26

Abb. 26

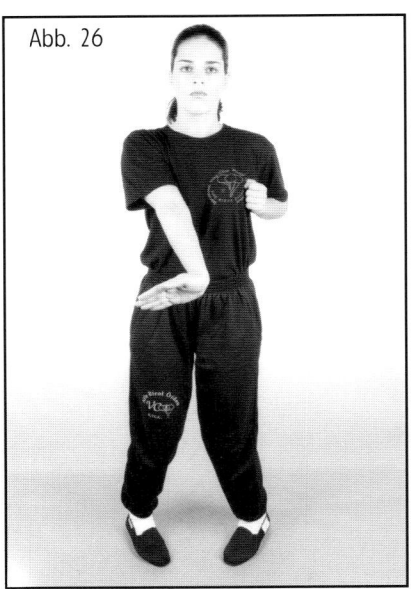

Abb. 27

tiefer seitlicher VC-Handflächenstoß

26. • Der Arm wird in die Mitte des Körpers genommen, und es folgt ein seitlicher Handflächenstoß mit rechts nach unten auf die Höhe des Unterleibs.

27. • Nun dreht die VC-Ausbilderin ihre Handfläche nach vorn, und führt vor ihrem Unterleib eine tiefe Handgelenksarbeit Hauen Sao aus.

2.14.6. 6. Satz VC-Siu Nim Tau

VC-Hauen Sao

28. • Die Hand wird hochgeklappt, die Fingerspitzen werden zum Körper hin gezogen und die VC-Ausbilderin dreht dabei die Hand um das Handgelenk herum, bis die Finger nach innen zeigen.

Abb. 28

Abb. 28

Abb. 28

Abb. 28

Abb. 28

29. • Die Hand wird auf Höhe des Unterleibs nach außen und wieder nach innen geklappt.

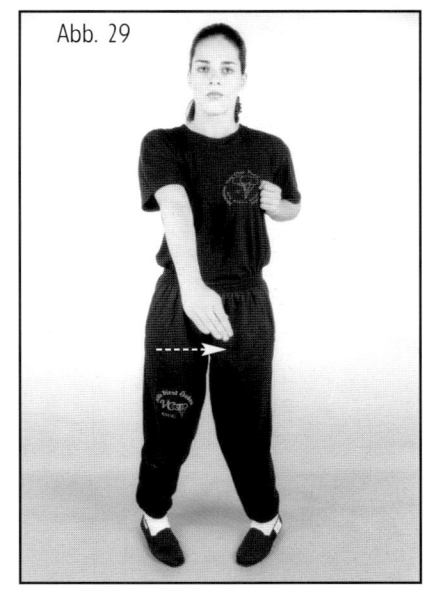

Abb. 29

Abb. 29

Copyright by Sigung Sifu-Meister Birol Özden

2.14.6. 6. Satz VC-Siu Nim Tau

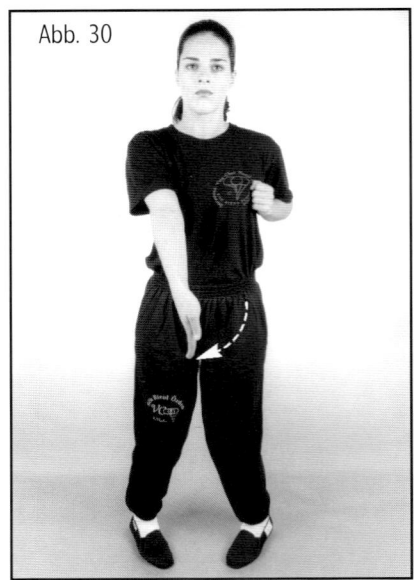

Abb. 30

Abb. 30

Abb. 30

30. • Die VC-Ausbilderin dreht ihre Hand weiter bis die Finger nach oben zeigen.

Abb. 31

Abb. 31

31. • Die Hand wird nun mit geraden Fingern nach unten und wieder nach oben geklappt.

32. • Anschließend wird die erste Drehung wiederholt.

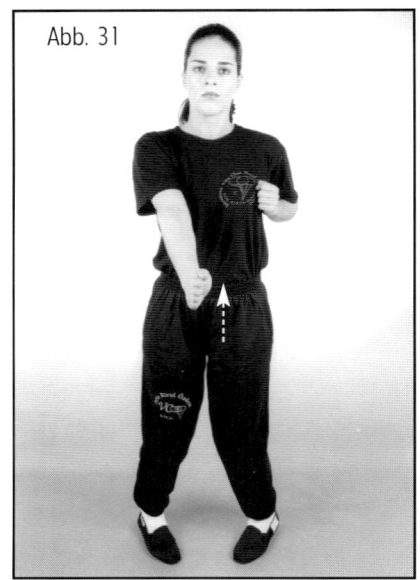

Abb. 32

Abb. 32

Abb. 32

2.14.6. 6. Satz VC-Siu Nim Tau

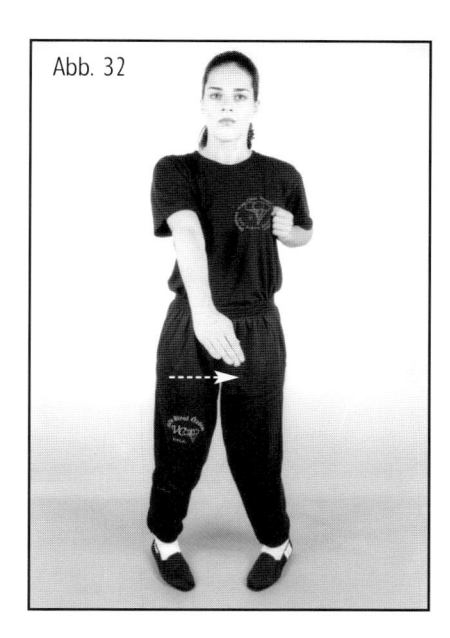

Abb. 32   Abb. 32   Abb. 32

Nach der Hauen Sao nimmt die VC-Ausbilderin beide Hände in die VC-Kampfstellung und macht einen Handwechsel, so dass die linke Hand wieder VC-Maun Sao wird.

Am Ende des 6. Satzes steht die VC-Ausbilderin wieder wie am Anfang des Satzes im VC-Grundstand und hat links VC-Maun Sao, rechts VC-Wu Sao.

Die **VC-Siu Nim Tau** kann nicht nur im VC-Grundstand trainiert werden, sondern auch in verschiedenen Sitzpositionen (Abb. 33 Bodensitz, Abb. 34 Schneidersitz). Dabei werden die Armtechniken der Siu Nim Tau genauso ausgeführt wie im Stand. Lediglich die Schritte und Wendungen fallen weg. Das gleiche gilt für den Einbeinstand, bei dem die Sätze der Siu Nim Tau auf einem Bein stehend ausgeführt werden.

Abb. 33

Abb. 34

Diese Übungen kommen aus der VC-Ving Chun Esoteric. Dabei geht es um die perfekte Ausführung der Techniken, um Heiltraining und um Stressabbau. Die Schüler lernen durch mein VC-Esoteric Konzept, mit VC-Ving Chun innere Ruhe und Zufriedenheit zu finden und ihren Körper intensiv zu trainieren.

Die Programme der VC-Ving Chun Esoteric werde ich in einem gesonderten Lehrbuch vorstellen und erklären.

2.14.7. 7. Satz VC-Siu Nim Tau

1. Der 7. Satz der Siu Nim Tau beginnt im VC-Grundstand, den der VC-Kämpfer am Ende des 6. Satzes wieder eingenommen hat.

2. Die VC-Ausbilderin schiebt ihre VC-Kampfstellung leicht nach vorn, nimmt dann den rechten Arm mit VC-Laup Sao zur Seite und macht mit dem vorderen Arm einen VC-Boung Sao. Dazu kippt sie den Arm wie eine Waage, auf deren eine Seite ein Gewicht gelegt wird. Der Ellbogen kommt hoch, bis er oberhalb der Schulter ist, wobei die Schulter locker bleiben sollte und nicht mit nach oben gezogen werden darf.

Die Hand fällt nach unten, wo sie locker und leicht nach vorn geöffnet hängt. Sie darf nicht verkrampft werden. Der Drehpunkt des Arms liegt im Handgelenk, das seine Position während der Bewegung vom VC-Maun Sao zum VC-Boung Sao nicht verändert. Der Winkel zwischen Ober- und Unterarm ist größer als 90 Grad.

Abb. 1

Abb. 2

VC-Boung Sao

Abb. 3

VC-Boung Sao mit Wendung

Abb. 4

VC-Taun Sao

Abb. 5

3. Nun macht die VC-Ausbilderin eine Wendung um 45 Grad nach rechts, bis beide Füße im 45 Grad-Winkel und parallel zueinander stehen. Der Blick der VC-Ausbilderin bleibt auch bei der Wendung nach vorn gerichtet.

4. Danach wendet sich die VC-Ausbilderin zurück in den VC-Grundstand und dreht dabei den Arm vom VC-Boung Sao herum zum VC-Taun Sao. Dazu senkt sie den Ellbogen nach unten und nimmt ihn nach innen vor den Solarplexus. Das Handgelenk bleibt dabei an derselben Stelle vor dem Körper der VC-Ausbilderin fest, und sie dreht ihren Arm um diesen Punkt herum. Dieser VC-Taun Sao ist wie beim 3. Satz genau in der Mitte des Körpers, aber etwas höher.

5. Nun klappt die VC-Ausbilderin ihre Handfläche nach unten und zieht die Finger zu sich heran, soweit es geht. Dies ist eine weitere gute Übung zur Dehnung und Stabilisierung des Handgelenks. Die VC-Ausbilderin darf dabei jedoch nicht den Arm bewegen oder nach hinten ziehen. Der Abstand zwischen ihrem Körper und dem Ellbogen bleibt gleich, genauso wie der Winkel zwischen Ober- und Unterarm. Auf diese Weise werden besonders die Bänder und Sehnen im Unterarm gedehnt und die Muskulatur gestärkt.

2.14.7. 7. Satz VC-Siu Nim Tau

6. Anschließend streckt die VC-Ausbilderin den Arm nach vorn zum umgedrehten VC-Handflächenstoß. Ihr Handgelenk befindet sich auf Höhe ihres Kehlkopfes, und die Finger zeigen gerade nach unten. Sie zieht nochmals die Finger zum Körper hin, um eine Dehnung zu erreichen.

VC-Hauen Sao

7. Zum Schluss richtet sie die Hand wieder auf, so dass die Handfläche nach oben zeigt, und wiederholt die bekannte Handgelenksarbeit aus dem 2. Satz.
Dazu zieht sie die Fingerspitzen zum Körper hin und dreht die Hand um das Handgelenk herum, bis die Finger nach innen zeigen.

VC-Handflächenstoß

2.14.7. 7. Satz VC-Siu Nim Tau

8. Dann klappt sie die Hand mit gestreckten Fingern nach außen und wieder nach innen.

Abb. 8

Abb. 8

9. Danach dreht die VC-Ausbilderin ihre Hand weiter, bis die Finger nach oben zeigen.

Abb. 9

Abb. 9

Abb. 9

10. Nun klappt sie die Hand mit geraden Fingern nach unten und wieder nach oben.

Abb. 10

Abb. 10

2.14.7. 7. Satz VC-Siu Nim Tau

11. Anschließend wiederholt sie die erste Drehung.

Abb. 11

Abb. 11

Abb. 11

Abb. 11

Abb. 11

Abb. 11

12. Nach der Hauen Sao nimmt die VC-Ausbilderin ihre Hände in die VC-Kampfstellung und macht einen Handwechsel, so dass ihre rechte Hand als VC-Maun Sao vorne ist.

Abb. 12

Copyright by Sigung Sifu-Meister Birol Özden

2.14.7. 7. Satz VC-Siu Nim Tau

Jetzt wiederholt die VC-Ausbilderin den 7. Satz Siu Nim Tau auf der anderen Seite.

Abb. 13
VC-Boung Sao

Abb. 14
VC-Boung Sao mit Wendung

Abb. 15
VC-Taun Sao

13. • VC-Kampfstellung vorschieben, links VC-Laup Sao, rechts VC-Boung Sao

14. • 45 Grad-Wendung nach links

15. • Wendung zurück zum VC-Grundstand mit VC-Taun Sao direkt vor dem Körper.

16. • Die Handfläche wird nach unten geklappt und die Finger werden zum Körper hin gezogen, ohne dass sich dabei der Arm bewegt.

Abb. 16
VC-Hauen Sao

17. • Der Arm wird nach vorn gestreckt zum umgedrehten VC-Handflächenstoß, das Handgelenk ist dabei auf Kehlkopfhöhe. Die Finger zeigen gerade nach unten.

Abb. 17

18.1-18.19 • Die Hand wird nach vorne gestreckt, so dass die Handfläche nach oben zeigt, dann folgt die Handgelenksarbeit Hauen Sao auf der rechten Seite.

Die VC-Ausbilderin dreht zuerst ihre Hand um das Handgelenk herum bis die Finger nach innen zeigen, klappt die Hand nach außen und wieder nach innen. Dann lässt sie die Hand nochmal kreisen, bis die Finger nach oben zeigen und klappt die Hand nach unten und wieder nach oben. Zuletzt wiederholt sie die erste Drehung der Hand und klappt dann die Hand wieder nach außen und zurück nach innen.

Abb. 18.1

2.14.7. 7. Satz VC-Siu Nim Tau

Abb. 18.2

Abb. 18.3

Abb. 18.4

Abb. 18.5

Abb. 18.6

Abb. 18.7

Abb. 18.8

2.14.7. 7. Satz VC-Siu Nim Tau

Abb. 18.9

Abb. 18.10

Abb. 18.11

Abb. 18.12

Abb. 18.13

Abb. 18.14

Abb. 18.15

Abb. 18.16

| Abb. 18.17 |  Abb. 18.18 |  Abb. 18.19 |

Nach der Hauen Sao nimmt die VC-Ausbilderin ihre Hände zur VC-Kampfstellung, macht einen Handwechsel und schiebt ihre linke Hand nach vorn.

Am Ende des 7. Satzes steht die VC-Ausbilderin wie am Anfang im VC-Grundstand und hat links VC-Maun Sao, rechts VC-Wu Sao.

2.14.8. 8. Satz VC-Siu Nim Tau

1. Auch der 8. und letzte Satz der Siu Nim Tau beginnt im VC-Grundstand, den die VC-Kämpferin am Ende des 7. Satzes wieder eingenommen hat. Die Beine der VC-Ausbilderin bleiben bis zum Schluss des Satzes in ihrer Position im VC-Grundstand stehen. Der Blick bleibt die ganze Zeit nach vorne gerichtet.

2. Zuerst schiebt die VC-Ausbilderin ihre VC-Kampfstellung leicht nach vorn.

Dann lässt sie den vorderen, linken Arm nach vorne schießen zum VC-Fingerstich. Die Finger sind beim Kampf in Augenhöhe, der Arm ist ganz leicht gebeugt, so dass Mittel-, Ring- und kleiner Finger die vordersten Punkte ihres Körpers bilden.

Abb. 1

Abb. 2

Gleichzeitig nimmt sie den VC-Maun Sao unter den anderen Arm, wo die VC-Ausbilderin mit dem Handrücken den Trizeps berührt. Die Hand zeigt um 45 Grad nach oben und die Finger sind nach vorn gerichtet. Die VC-Ausbilderin baut mit dieser Hand etwas Druck zu ihrem linken Arm auf, um eine Spannung zu erzeugen. Diese Spannung benötigt sie, um anschließend die Hand zu einem zweiten VC-Fingerstich nach vorne schnellen zu lassen.

VC-Fingerstich links

2.14.8. 8. Satz VC-Siu Nim Tau

Übergang zum nächsten VC-Fingerstich   **VC-Fingerstich rechts**

3. Nun folgt ein zweiter VC-Fingerstich, dieses Mal mit rechts. Der linke Arm wird unter den anderen Arm gezogen und die linke Hand so wie vorher die rechte am anderen Oberarm angelegt, um neue Spannung aufzubauen.

Übergang zum nächsten VC-Fingerstich   **VC-Fingerstich links**

4. Auf dieselbe Art folgen ein dritter, vierter und fünfter VC-Fingerstich, wobei jedesmal die andere Hand Kontakt mit dem Arm schließt. Der fünfte VC-Fingerstich wird mit der linken Hand ausgeführt.

VC-Fingerstich rechts   **VC-Fingerstich links**

2.14.8. 8. Satz VC-Siu Nim Tau

5. Danach lässt die VC-Ausbilderin ihren linken Arm vorn und macht mit dem rechten einen sechsten und damit letzten VC-Fingerstich, so dass jetzt beide Arme leicht gebeugt nach vorne zeigen.

VC-Hauen Sao

6. Jetzt dreht die VC-Ausbilderin beide Handflächen nach oben und führt ihre Handgelenksarbeit VC-Hauen Sao mit beiden Händen gleichzeitig aus:

Abb. 5

VC-Fingerstiche

Abb. 6

7. Die VC-Ausbilderin klappt beide Hände hoch, zieht die Fingerspitzen zum Körper hin und dreht die Hände um das Handgelenk herum, bis die Fingerspitzen nach innen zeigen.

Abb. 7

Abb. 7

Abb. 7

Abb. 7

Abb. 7

2.14.8. 8. Satz VC-Siu Nim Tau

8. Nun zeigen die Handflächen der VC-Ausbilderin nach unten. Sie klappt beide Hände gleichzeitig mit geraden Fingern nach außen und wieder nach innen.

9. Danach führt die VC-Ausbilderin eine weitere Drehbewegung der Hände aus, bis die Finger nach oben zeigen.

10. Nun klappt die VC-Kämpferin die Hände mit gestreckten Fingern nach unten und wieder nach oben.

2.14.8. 8. Satz VC-Siu Nim Tau

12. Danach wird die erste Drehung der Hände wiederholt.

Abb. 12

Abb. 12

Abb. 12

Abb. 12

Abb. 12

Abb. 12

2.14.8. 8. Satz VC-Siu Nim Tau

13. Bei diesem Satz erfolgt keine Wiederholung auf der anderen Seite. Statt dessen dreht die VC-Ausbilderin ihre beiden Handflächen noch einmal nach oben. Sie macht noch einmal die erste Kreisbewegung aus der Hauen Sao, indem sie die Hände hochklappt und nach innen, nach unten und dann nach innen kreisen lässt.

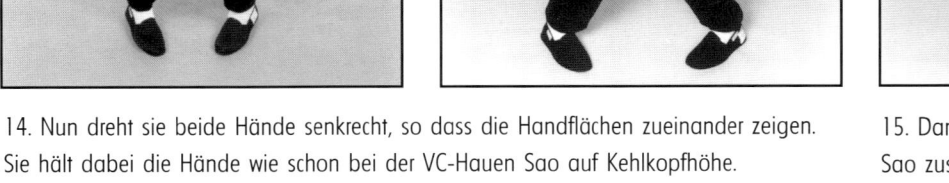

Abb. 13

Abb. 13

Abb. 13

Abb. 13

Abb. 13

Abb. 14

Abb. 14

Abb. 15

14. Nun dreht sie beide Hände senkrecht, so dass die Handflächen zueinander zeigen. Sie hält dabei die Hände wie schon bei der VC-Hauen Sao auf Kehlkopfhöhe.

15. Dann zieht sie die Finger zum VC-Laup Sao zusammen.

2.14.8. 8. Satz VC-Siu Nim Tau

16. Nun nimmt sie beide Arme gleichzeitig mit dem doppelten VC-Laup Sao zur Seite, so wie sie es in den vorhergegangenen Sätzen der Siu Nim Tau mit jeweils einem Arm gemacht hat.

Abb. 16

Abb. 17

Abb. 17

17. Jetzt dreht sie den rechten Fuß wieder gerade und zieht den linken Fuß an den rechten heran, so dass beide wieder nebeneinander stehen, wie zu Beginn der Siu Nim Tau, als sie den VC-Grundstand einnahm. Die Beine bleiben dabei aber noch gebeugt.

18. Zum Schluß ihrer VC-Siu Nim Tau richtet die VC-Ausbilderin sich wieder auf, indem sie die Beine streckt und gleichzeitig rechts und links eng neben dem Körper beide Arme zum VC-Handflächenstoß zum Boden streckt, wobei die Handflächen nach unten zeigen.

Abb. 18

Abb. 18

Bei dieser letzten Bewegung, der Streckung von Armen und Beinen, sollte der VC-Schüler kräftig ausatmen, um sich von der während der Übung verbrauchten Luft zu befreien und gleichzeitig die Spannung, die sich dabei aufgebaut hat, zu lösen.

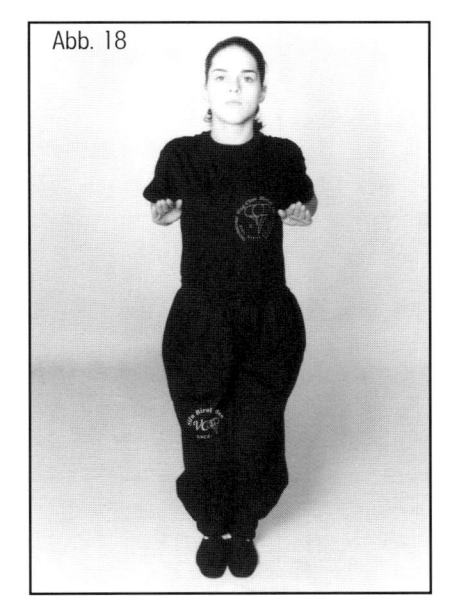

Damit hat die VC-Ausbilderin ihre VC-Siu Nim Tau mit allen acht Sätzen beendet. Sie kann diese Übung entweder komplett wiederholen oder auch nur einzelne Sätze trainieren, je nachdem, welche Bereiche ihres Körpers sie aufbauen und mit welcher Intensität sie trainieren will.

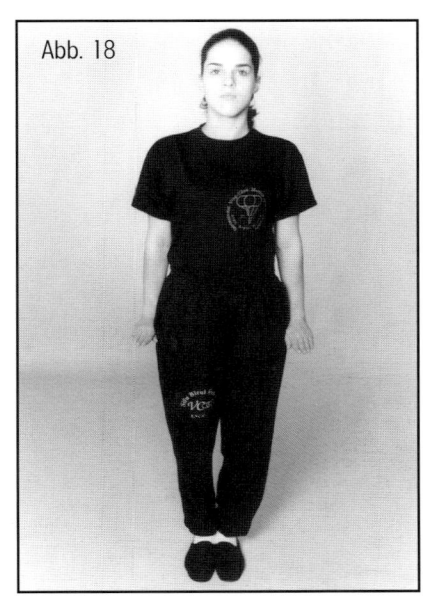

2.15. **VC-Daun Chi**

Das VC-Daun Chi ist eine spezielle Übung, mit der die Reflexe des VC-Ving Chun-Schülers trainiert werden. Dieses Programm wird in der Unterstufe unterrichtet. Je nach seiner Graduierung übt der VC-Schüler im VC-Daun Chi die acht VC-Grundtechniken, die bereits als Einzelübung beschrieben wurden. Für die 1. Schülerprüfung werden VC-Fouk Sao und VC-Pauk Sao trainiert. Bis zur 2. Prüfung folgen VC-Taun Sao und VC-Boung Sao und zur 3. Prüfung VC-Gaun Sao und VC-Gaum Sao. Zum Programm der 4. und letzten Unterstufenprüfung gehören zusätzlich noch der VC-Kau Sao und der VC-Jaum Sao.

VC-Daun Chi wird mit einem Partner trainiert. Es dient, nachdem die VC-Schüler in Einzelübungen den Ablauf der VC-Grundtechniken gelernt haben, der Vorbereitung auf das Kampftraining VC-Laut Sao. Der VC-Schüler lernt, wie er auf den Angriff eines Gegners reagieren muss und wie die VC-Techniken im Kontakt mit dem Gegner entstehen. Diese Prinzipien werden dann in den VC-Kampfprogrammen auf powervolle und realistische Weise umgesetzt.

Im VC-Daun Chi lernt der VC-Schüler die Bedeutung des Kontakts mit dem Gegner kennen. Es ist eine Vorstufe des für das VC-Ving Chun typischen Kontakt- und Reflextrainings VC-Chi Saoo, das ab der Mittelstufe unterrichtet wird. Chi Sao bedeutet "klebende Arme" und beschreibt präzise den Sinn dieser Kampfform, mit beiden Armen am Gegner kleben zu bleiben, den Kontakt nicht zu verlieren und aus dem Kontakt heraus reflexartig zu kämpfen.

Zur Vorbereitung auf dieses einzigartige Training lernt der VC-Ving Chun Schüler im VC-Daun Chi die Grundlagen kennen, auf die er später im VC-Chi Saoo aufbaut, aber zunächst einmal mit einem Arm. Das erleichtert dem Anfänger das Lernen und führt ihn trotzdem schon früh in die Prinzipien ein, die typisch für das VC-Ving Chun sind und die es so effektiv machen. Das VC-Chi Saoo wird in Band 2 dieses Lehrbuches genau erklärt.

In folgenden Abschnitt werden zuerst der Ablauf und die wichtigsten Grundlagen des VC-Daun Chi erläutert. Dann wird die Ausführung aller acht VC-Grundtechniken im VC-Daun Chi genau beschrieben.

Reize und Reflexe

Ein Reflex ist die immer gleichbleibende Reaktion des Körpers auf einen bestimmten Reiz.

Bei Reflexen ist der Weg über das Gehirn ausgeschlossen. Auf einen Reiz wird direkt vom Rückenmark aus der motorische Nerv angesprochen. Das Rückenmark ist daher das Reflexorgan. Beispiele für Reflexe: Kniesehnenreflex, Speichelfluß.

Reflexe sind von der Natur aus eingerichtet, um Schäden von unserem Körper abzuwenden Ein Beispiel: berührt ein Mensch versehentlich eine heiße Herdplatte (= Reiz), zieht der die Hand in Bruchteilen von Sekunden ohne bewusstes Nachdenken zurück (= Reflex). Solche bedingten Reflexe werden angelernt. Im VC-Ving Chun folgen durch das Reflextraining VC-Daun Chi, VC-Chi Saoo und VC-Chigeurk viele Bewegungen direkt auf Impulse des Rückenmarks, nicht über das Gehirn. Das Gelernte wird im Unterbewusstsein gespeichert. Rückenmark und Muskeln haben ein Gedächtnis, das heißt der Körper speichert die Informationen dort ab und kann sie von dort wieder abrufen. Dadurch spart ein VC-Kämpfer wertvolle Millisekunden, weil er nicht über seine Bewegungen bewusst nachdenkt und der Weg der Informationen kürzer ist.

Aufstellung im VC-Daun Chi

Das VC-Daun Chi ist wie bereits erwähnt eine Partnerübung. Zu Beginn stellen sich beide Partner einander gegenüber auf. Sie nehmen den VC-Grundstand ein, schieben jedoch die Arme nicht zur Kampfstellung vor (Abb. 1). Statt dessen schließen sie mit einem Arm miteinander Kontakt. Der zweite Arm bleibt bei beiden VC-Kämpfern als VC-Laup Sao hinten (Abb. 2).

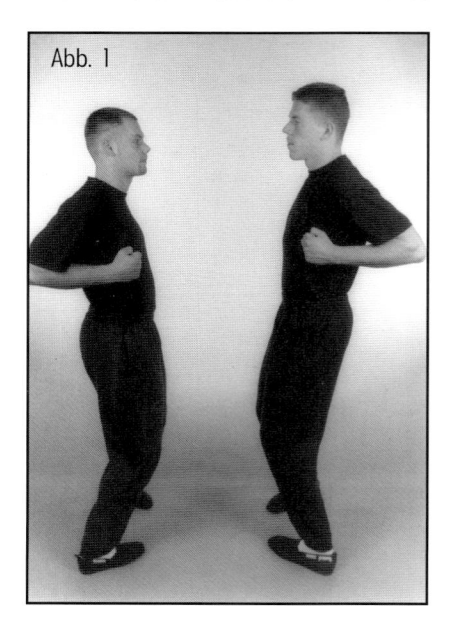

Abb. 1

Der Kontakt entsteht mit den sich gegenüberliegenden Armen, das heißt wenn ein Partner z. B. den rechten Arm vorstreckt, schließt der andere den Kontakt mit seinem linken Arm. Die Arme sind dabei so miteinander verschränkt, dass einer der beiden VC-Kämpfer den Arm außen hat und der andere innen. Die Ellbogen werden ganz eng in die Mitte des Körpers gezogen, und beide Partner legen ihre Hand auf dem Unterarm des Partners auf. Dazu muß derjenige, dessen Arm sich außen befindet, die Hand etwas nach innen drehen, und der andere seine Hand leicht nach außen klappen. Diese Position der Arme wird als VC-Knotenpunkt bezeichnet. Dabei bauen beide Partner einen leichten Druck nach vorne auf.

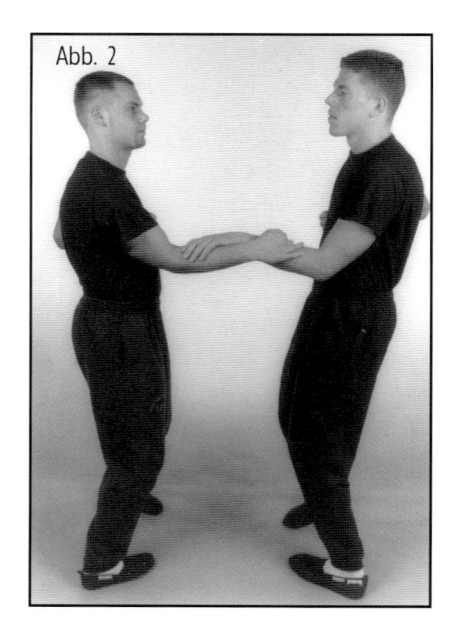

Abb. 2

Diese Position beinhaltet ein sehr gutes Training für Schulter- und Rückenmuskulatur. Der VC-Schüler wird durch die enge Haltung aber gezwungen, den Arm weit nach vorne bzw. nach innen zu nehmen, wodurch die Rückenmuskulatur verlängert und Brust- und Schultermuskulatur aufgebaut wird. Die Bänder und Sehnen werden gedehnt und der Oberkörper wird beweglicher. Der VC-Schüler sollte dabei aber nicht verkrampft sein und darf die Schulter nicht nach vorne fallen lassen, sondern muss den Oberkörper gerade lassen.
Vor allem aber ist der VC-Knotenpunkt die Position, in die beide VC-Kämpfer immer wieder zurückkehren, wenn sie eine VC-Grundtechnik trainiert haben. Er bildet für jede Einzelübung immer den Anfangs- und Endpunkt.

Um beide Seiten des Körpers gleichmäßig zu trainieren, wird der VC-Knotenpunkt rechts genauso wie links eingenommen, damit so auf beiden Seiten die acht VC-Grundtechniken geübt werden können. Das trägt wesentlich zur Flexibiltät eines VC-Kämpfers bei. Ihm ist es später im Kampf gleichgültig, aus welcher Richtung ein Angriff kommt, da er mit seinen VC-Techniken immer die passende Antwort darauf hat.

Ablauf des VC-Daun Chi

Beide VC-Kämpfer beginnen ihre Übung im VC-Knotenpunkt. Einer der beiden übernimmt im VC-Daun Chi die Rolle des Angreifers, der andere führt daraufhin seine VC-Grundtechniken aus. Auf diese Weise übt der VC-Schüler die Aufnahme von Angriffen eines Gegners und lernt dabei, sich zu schützen, sogar wenn der Gegner ganz nah vor ihm steht. Sein Partner lernt, richtig anzugreifen und die Zielrichtung und Wirkung von Angriffen zu erkennen. Während des VC-Daun Chi werden die Rollen der beiden VC-Kämpfer ständig gewechselt, so dass beide optimal vorbereitet werden, da sie beide Seiten eines Kampfes kennenlernen.
Vom VC-Knotenpunkt aus bewegt der Angreifer seinen Ellbogen nach außen und hebt den Arm zum VC-Maun Sao. Sein Druck richtet sich nun genau in die Mitte des Gegners. Sein Partner fühlt die Bewegung und den Druck. Er reagiert, indem er seinen Kontakt am Handgelenk des VC-Angreifers hält, das heißt er bleibt an dieser Stelle kleben, so als wären beide Personen dort miteinander verbunden. Er nimmt ebenfalls den Ellbogen nach außen und schiebt seinen Arm zum VC-Maun Sao vor. Dabei hat er genauso viel Druck zum VC-Angreifer wie dieser zu ihm. Ihre Handgelenke befinden sich genau zwischen den beiden Partnern (Abb. 1).

Abb. 1

Aus dem VC-Maun Sao beginnt der VC-Angreifer seine Angriffe, und der Partner folgt mit seinem Arm der Bewegung. So entstehen die verschiedenen VC-Grundtechniken, die nachfolgend im einzelnen erläutert werden. Nach der Ausführung des Angriffs geht der Angreifer wieder mit seinem Arm zurück zum VC-Maun Sao. Der Partner, der gerade seine VC-Technik geübt hat, folgt ihm und macht ebenfalls wieder einen VC-Maun Sao. Dann nimmt der Angreifer den Arm eng vor den Körper. Der Partner folgt ihm und beide legen die Hand wieder auf den Unterarm des Partners auf. So sind beide in den VC-Knotenpunkt zurückgekehrt. Von hier aus wiederholt sich der Ablauf für einen neuen Angriff.
Beim VC-Daun Chi ist es überaus wichtig, dass der Angreifer gewissermaßen das Kommando gibt. Er ist derjenige, der eine Aktion durch seinen Impuls einleitet. Der Partner, der die Rolle des VC-Kämpfers hat, darf nicht von sich aus agieren, sondern folgt die ganze Zeit den Bewegungen des Angreifers. Er reagiert also nur auf die Impulse des Angreifers, die er durch den Kontaktpunkt der Arme genau fühlen kann. Deshalb muss er die Arme nicht mit den Augen verfolgen, sondern trainiert sein Unterbewusstsein. Am besten ist es, wenn sich beide Partner in die Augen sehen. Wenn die Schüler fortgeschritten sind oder wenn ein Schüler mit einem VC-Ausbilder allein trainiert, z. B. im Privatunterricht, wird manchmal auch die VC-Augenbinde eingesetzt. Dem VC-Schüler werden damit die Augen verbunden, so dass er völlig auf sein Gefühl angewiesen ist und lernt, sich absolut darauf zu verlassen und aus dem Reflex zu handeln.

Copyright by Sigung Sifu-Meister Birol Özden

Auf diese Weise sind höhere VC-Ving Chun-Kämpfer in der Lage, auch blind zu kämpfen. Das ist im Kampf wichtig, wo die Kämpfer so eng stehen, dass keine Zeit mehr bleibt, mit den Augen die Situation zu erfassen und dann mit Armen oder Beinen zu reagieren. Die Reflexe entstehen aus dem Körperkontakt wesentlich schneller, und das ist ein wichtiger Vorteil des VC-Ving Chun.

Im Kampf dauert es zu lange, über das Auge die Signale an das Gehirn zu vermitteln und von dort an die Rezeptoren in den Armen zu leiten. Auf kurze Distanz ist Schnelligkeit nötig. Die Schnelligkeit entsteht durch Training, weil die Reflexe trainiert werden und die Signale direkt von Rückenmark aus an die Rezeptoren übertragen werden - ohne Umweg über Auge und Gehirn (siehe auch S.194).

Das VC-Daun Chi hat neben dem Training der Armtechniken auch noch den Vorteil, dass auch die Beine intensiv trainiert werden. Die VC-Schüler stehen dabei mit den Beinen im VC-Grundstand. Die Beine sind die ganze Übung hindurch gebeugt, da der Schüler tief sitzen bleiben muss. Das bringt ihm ein effektives isometrisches Training, bei dem die Muskeln ohne jede Bewegung intensiv trainiert und die Bänder und Sehnen gedehnt werden.

Eine zweite Möglichkeit, das VC-Daun Chi zu trainieren, ist der Einsatz der VC-Wendung (siehe auch Kap.2.10.). Dabei übt der VC-Schüler zusätzlich die 45 Grad-Wendung und den VC-Freischritt. Gleichzeitig lernt er, wie die acht VC-Grundtechniken im Zusammenhang mit einer VC-Wendung auszuführen sind.

Der genaue Ablauf des VC-Daun Chi wird nun durch zwei VC-Ausbilder für die einzelnen VC-Grundtechniken beschrieben und demonstriert, zuerst nur im VC-Grundstand und dann in Verbindung mit einer VC-Wendung. Die Ausführung der Übung bleibt bei allen acht VC-Techniken gleich und wird deshalb am Beispiel des VC-Fouk Sao detailliert und bei den weiteren VC-Grundtechniken etwas zusammengefasst erklärt.

2.15.1. VC-Fouk Sao im VC-Daun Chi

Die zwei VC-Ausbilder nehmen den VC-Grundstand ein und verschränken ihre Arme (rechts für den VC-Angreifer, links für den VC-Kämpfer) zum VC-Knotenpunkt. Der Arm des VC-Angreifers ist auf der Außenseite, da er einen Angriff von außen durchführen will (Abb. 1).

Der Angreifer hebt nun seinen Arm zum VC-Maun Sao, sein Partner folgt ihm. Damit haben beide ihre VC-Kampfstellung eingenommen. Der VC-Laup Sao wurde neben den Körper gezogen, da es sich beim VC-Daun Chi um einarmiges Chi Saoo handelt (Abb. 2).

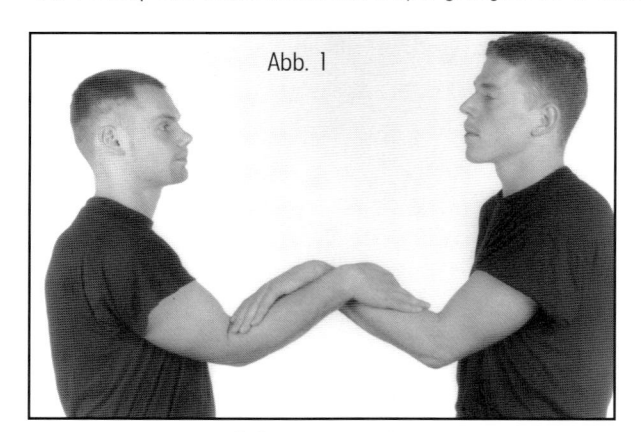

VC-Knotenpunkt

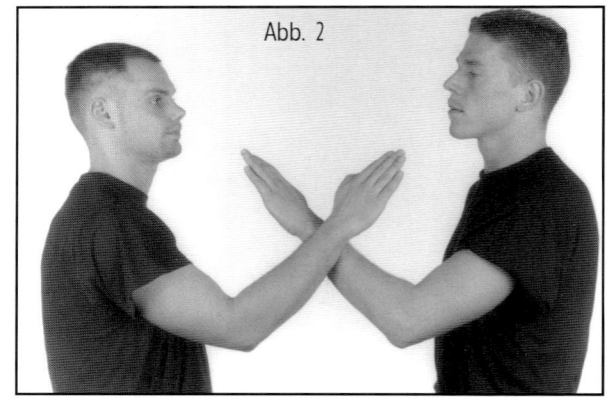

VC-Maun Sao

Der VC-Angreifer nimmt nun seinen Arm zu einem offenen Schwingerangriff in Form eines seitlichen VC-Handflächenstoßes nach außen. Der Angriff richtet sich zum Kopf des Gegners. Der Partner folgt seiner Bewegung, indem er den Kontakt am Arm hält. Er nimmt seinen Ellbogen bis vor die Schulter nach innen und hebt den Arm zum VC-Fouk Sao, so dass sein Unterarm seinen Kopf auf der ganzen Länge abdeckt (Abb. 3). Auf diese Weise kann der Angreifer ihn nicht treffen, denn sein Angriff wird in die Leere geleitet.

Der Arm des VC-Kämpfers ist beim VC-Fouk Sao angewinkelt, und Unterarm und Hand zeigen auf einer ansteigenden Linie zum Gegner. Der Druck richtet sich beim VC-Fouk Sao nach vorne zum Kopf des Gegners. Der Kontakt wird gehalten.

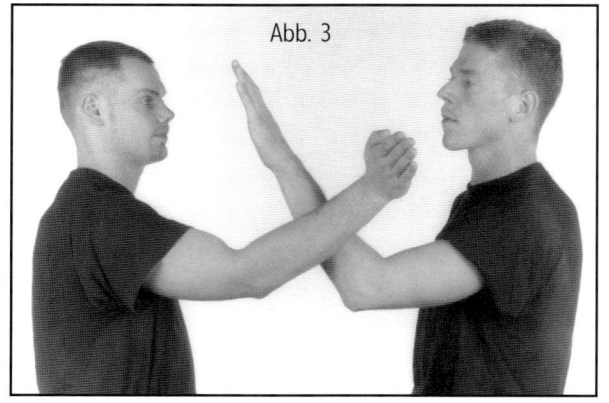

VC-Fouk Sao

Dadurch ist der Angreifer gezwungen, seinen Ellbogen nach innen zu nehmen, um nicht seinerseits getroffen zu werden. Hätte er den Ellbogen bei seinem Angriff zu weit außen, wie es bei einem normalen, rund ausgeführten Schwingerangriff der Fall wäre, würde er sofort getroffen. Auf diese Weise lernt ein VC-Schüler, wie er sich auch in der Rolle des Angreifers selbst schützen kann. Sein Partner dagegen lernt neben seiner VC-Technik, die ihn vor einem Angriff schützt, die Lücken seines Gegners zu erkennen und diese für einen eigenen Angriff zu nutzen.

Nach dem Angriff nimmt der VC-Angreifer seinen Arm zuerst zum VC-Maun Sao und dann zum VC-Knotenpunkt. Auch bei dieser Bewegung bleibt der Partner an seinem Arm kleben und hält den Kontakt, um nicht die Kontrolle über die Aktionen des Gegners zu verlieren. Auch er macht zunächst wieder VC-Maun Sao und geht dann gemeinsam mit dem Angreifer zum VC-Knotenpunkt.

Nun kann entweder der VC-Angreifer den Angriff zum VC-Fouk Sao wiederholen oder einen Angriff für eine andere VC-Grundtechnik geben. Nach mehreren Angriffen wechseln die Partner im Training ihre Rollen, damit jeder beide Seiten der Kampfübung trainieren kann. In unserem Beispiel wiederholt der VC-Ausbilder, der die Rolle des VC-Angreifers übernommen hat, seinen Angriff, aber jetzt zu einem VC-Fouk Sao mit Wendung. Dazu gehen wieder beide Partner vom VC-Knotenpunkt aus mit einem Arm in die VC-Kampfstellung, indem der VC-Angreifer seinen Arm zum VC-Maun Sao vorschiebt und der Partner ihm folgt.

Wieder greift der VC-Angreifer mit einem seitlichen VC-Handflächenstoß, bei dem sein Ellbogen zu seinem eigenen Schutz eng vor dem Körper ist und die Hand nach außen zeigt, zum Kopf des Partners an. Dieser reagiert wie schon beim ersten Mal mit VC-Fouk Sao (Abb. 3).

Beide VC-Ausbilder haben den gleichen Druck auf ihrem Arm, so dass sie sich im Gleichgewicht befinden. Der Druck von beiden geht nach vorne. Damit ist jedoch nur ein leichter Druck gemeint, der nötig ist um Spannung im Arm aufzubauen. Was passiert, wenn der Angreifer von hier aus zusätzlichen Druck macht, zeigen nun die beiden VC-Ausbilder.

Der VC-Angreifer versucht, da er seinen Angriff nicht zum Ziel bringen konnte, den Druck auf den Gegner zu erhöhen. Das ist typisch für Kämpfer auf der Straße, die oft mit Kraft zum Ziel kommen wollen. Dazu setzt der Angreifer sein eigenes Körpergewicht ein und macht einen VC-Freischritt genau in die Mitte der Beine seines Partners. Diesem zusätzlichen Druck könnte der VC-Kämpfer nur mit genügend eigener Körperkraft standhalten, das heißt der Stärkere der beiden Gegner würde gewinnen.

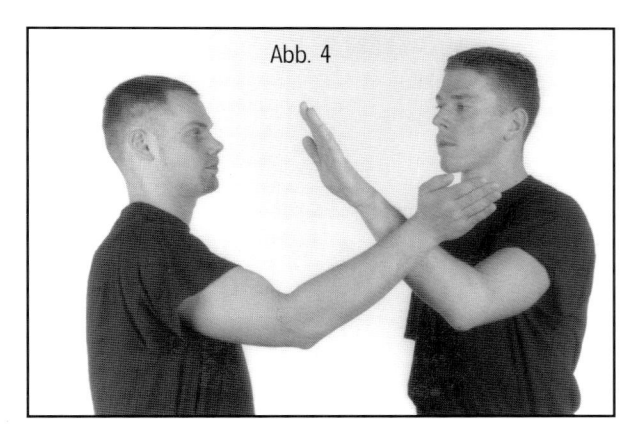

Abb. 4

VC-Ving Chun ist aber ein System, durch das auch körperlich unterlegene Personen sich schützen können. Der VC-Kämpfer versucht daher gar nicht erst, eigene Kraft gegen eine stärkere Person einzusetzen. Im Gegenteil, die Kraft des Angreifers wird diesem sogar zum Verhängnis.

In dem Augenblick, in dem der Angreifer seinen VC-Freischritt macht und dadurch den Druck auf die VC-Technik seines Gegners erhöht, macht der VC-Kämpfer eine VC-Wendung um 45 Grad nach links (siehe auch Kapitel 2.10.1).

Damit bringt er seinen Oberkörper weg von der Gefahr, ohne auch nur einen Schritt zu machen. Trotzdem kann er den Kontakt zum Angreifer halten, denn er lässt den Arm an seiner bisherigen Position. Der Druck des VC-Angreifers fließt so am VC-Kämpfer vorbei und er bleibt geschützt (Abb. 4).

Abb. 4

Danach nimmt der VC-Angreifer seinen Fuß wieder zum VC-Grundstand, und der Partner wendet sich, da er nun wieder Raum bekommt und sein eigener Druck wieder nach vorne fließen kann, ebenfalls zum VC-Grundstand. Nun ist der Angreifer gezwungen, seinen Druck zu halten, denn sonst wird der VC-Kämpfer eine Lücke, z. B. wenn der Angreifer den Arm zu weit zurückziehen würde, sofort zu einem eigenen Angriff ausnutzen.

Nachdem beide VC-Ausbilder wieder im VC-Grundstand stehen, gehen sie wieder zum VC-Maun Sao und dann zum VC-Knotenpunkt. Der Arm des VC-Angreifers befindet sich wie am Anfang der Übung außen.

2.15.2. VC-Pauk Sao im VC-Daun Chi

Die zwei VC-Ausbilder behalten ihre Postion im VC-Grundstand bei und führen die Übung mit einem VC-Pauk Sao vor. Dazu müssen sie jedoch im VC-Knotenpunkt die Position ihrer Arme ändern. Für den Angriff zum VC-Pauk Sao, der eng in der Mitte des Körpers ausgeführt wird, muss der Arm des VC-Angreifers auf der Innenseite sein. Sein Partner ist auf der Außenseite (Abb. 1).

Der Angreifer schiebt seinen Arm zum VC-Maun Sao vor. Der Gegner reagiert darauf ebenfalls mit VC-Maun Sao. Der VC-Wu Sao bleibt bei beiden als VC-Laup Sao auf der Seite (Abb. 2).

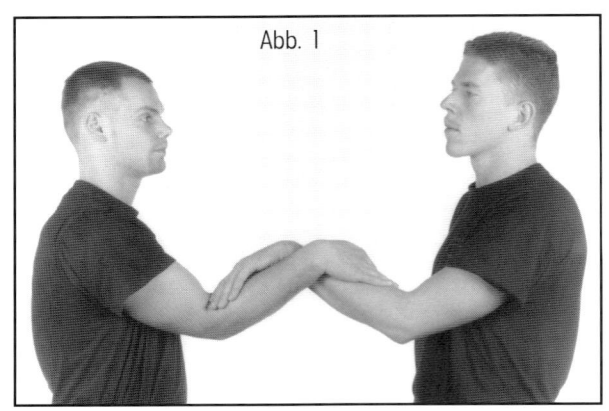

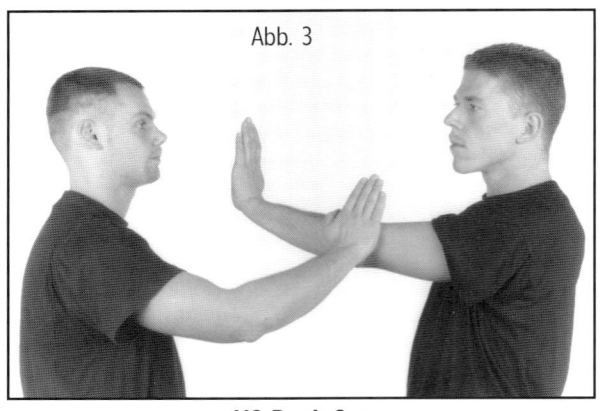

Abb. 1 — VC-Knotenpunkt

Abb. 2 — VC-Maun Sao

Abb. 3 — VC-Pauk Sao

Jetzt streckt der VC-Angreifer seinen Arm zu einem geraden Angriff mit einem VC-Handflächenstoß zum Kopf des Gegners. Sein Partner hält seinen Druck, schließt mit seiner Handfläche Kontakt zum Arm des Angreifers und rutscht vom Handgelenk bis zum Ellbogen, den er mit seinem VC-Pauk Sao kontrolliert. Seine Hand ist vom Unterarm abgewinkelt. Der Unterarm zeigt im Winkel von 45 Grad nach vorne und genauso nach oben. Der Druck des VC-Kämpfers geht in die Richtung des VC-Angreifers (Abb. 3).

Durch die Winkel seines Armes und durch die gleichbleibende Druckrichtung erreicht der VC-Kämpfer, dass der Angriff seines Gegners von der ursprünglichen Richtung abweicht und seitlich an seinem Kopf vorbeigeleitet wird, wo er für ihn ungefährlich ist.

Nach diesem Angriff geht der VC-Angreifer wieder zum VC-Maun Sao und zum VC-Knotenpunkt, wobei ihm der VC-Kämpfer folgt.

Anschließend folgt der VC-Pauk Sao in dieser VC-Daun Chi-Übung in Verbindung mit einer Wendung. Zuerst schieben wieder beide VC-Ausbilder ihren Arm zur VC-Kampfstellung mit VC-Maun Sao vor.

Der VC-Angreifer greift erneut mit einem geraden VC-Handflächenstoß zum Kopf des VC-Kämpfers an, der am Arm seines Gegners entlang in den VC-Pauk Sao gleitet, mit dem er den Ellbogen kontrolliert.

Der VC-Angreifer macht einen VC-Freischritt auf den Partner zu und verstärkt dadurch seinen Druck auf die Technik des VC-Kämpfers. Dieser gibt sofort nach und macht eine VC-Wendung um 45 Grad nach links (Abb. 4). Das liegt daran, dass der Druck beim VC-Pauk Sao aus einer anderen Richtung, nämlich von innen kommt. Bei der VC-Wendung wendet der VC-Kämpfer seinen Körper immer vom Druck weg, um ihn in die Leere zu leiten.

Abb. 4

Der VC-Kämpfer kontrolliert dabei weiter den Ellbogen des Angreifers durch seinen eigenen, nach vorne gerichteten Druck, denn der könnte ihm sonst sehr gefährlich werden, weil er so nah ist.

Nun geht der VC-Angreifer in den VC-Grundstand, und der Partner dreht sich wieder frontal in den VC-Grundstand. Der VC-Angreifer zieht seinen Arm zurück zum VC-Maun Sao. Dabei gleitet die Hand des VC-Kämpfers am Arm entlang, bis der alte Kontaktpunkt am Handgelenk des Gegners erreicht ist und er ebenfalls einen VC-Maun Sao macht. Schließlich gehen beide wieder in den VC-Knotenpunkt.

2.15.3. **VC-Boung Sao im VC-Daun Chi**

1. Der Angriff zum VC-Boung Sao wird von außen ausgeführt. Daher befindet sich der Arm des VC-Angreifers im Knotenpunkt auf der Außenseite, der VC-Kämpfer hat seinen Arm innen (Abb. 1). Der VC-Angreifer schiebt seinen Arm zum VC-Maun Sao vor, sein Partner folgt ihm (Abb. 2).

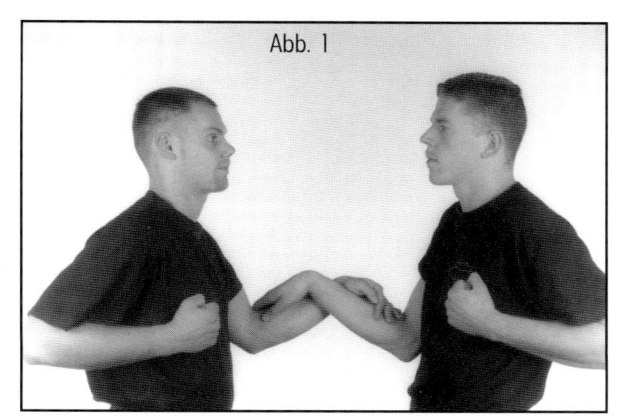

Abb. 1

VC-Knotenpunkt

Abb. 2

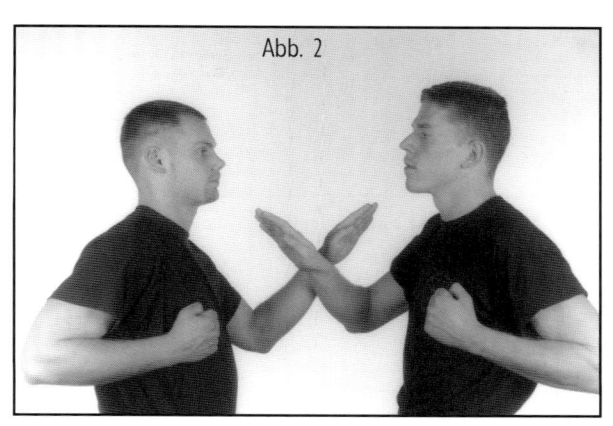

VC-Maun Sao

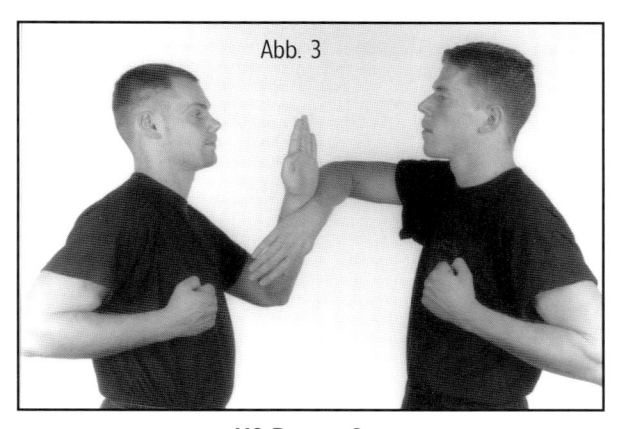

Abb. 3

VC-Boung Sao

Von hier aus greift der VC-Angreifer mit einem VC-Handflächenstoß den Partner an. Sein Angriff richtet sich auf die seinem Arm gegenüberliegende Seite des VC-Kämpfers, in unserem Beispiel also auf dessen linke Seite. Ziel seines Angriffs ist der Bereich von Brust und Schulter. Durch den Druck des Angreifers kippt der VC-Kämpfer seinen Arm in den VC-Boung Sao. Sein Ellbogen hebt sich bis er höher als seine Schulter ist und die Hand fällt locker nach unten. Die Handfläche ist nach vorne geöffnet. Sein Handgelenk bleibt in der Mitte vor seinem Körper (Abb. 3).

Der Angriff schlägt fehl, weil der Angreifer mit dem Druck, den er auf den VC-Maun Sao des VC-Kämpfers aufgebaut hat, wie durch eine sich plötzlich öffnende Falltür in die Leere fällt. Der VC-Kämpfer arbeitet diesem Druck nicht entgegen, sondern gibt ihm nach. Gleichzeitig entsteht dadurch wie bei einem Ast, der gebogen wird, eine Spannung im Arm. Diese bewirkt einen Druck vom Arm des VC-Kämpfers zum Angreifer hin. Der Arm strebt, genauso wie der gebogene Ast, in seine Ausgangsposition zurück. Würde der Angreifer den Arm wegnehmen, würde der VC-Boung Sao durch die freiwerdende Spannung nach vorne schießen. Deshalb ist es für den VC-Angreifer wichtig, beim Angriff seinen Arm zu beugen und den Ellbogen nach unten vor seinen Körper zu nehmen, sonst würde er selbst vom Arm des VC-Kämpfers getroffen.

Das Kontakttraining VC-Daun Chi bietet dem VC-Schüler eine hervorragende Möglichkeit, diese charakteristischen Merkmale des VC-Boung Sao zu erkennen und ihn dadurch intensiv zu trainieren. Der VC-Kämpfer erkennt nicht die Bewegung seines Gegners mit den Augen, sondern er fühlt den Druck des Angreifers und spürt zugleich die Wirkung seines eigenen Drucks durch den Kontakt. Dabei handelt es sich, je fortgeschrittener der VC-Kämpfer ist, um ganz geringe Impulse, die er sofort erkennt und auf die er dann reagiert.

Nach dem Angriff zum VC-Boung Sao gehen VC-Angreifer und VC-Kämpfer wieder in den VC-Maun Sao und zum VC-Knotenpunkt.

> Die Einhaltung dieser Einzelschritte: VC-Knotenpunkt - VC-Maun Sao - VC-Technik - VC-Maun Sao - VC-Knotenpunkt empfehle ich meinen VC-Schülern als Einstieg in das VC-Daun Chi. Deshalb erkläre ich an dieser Stelle die Schritte im Detail. Sobald ein VC-Schüler diesen Ablauf kennt, werden im VC-Daun Chi die einzelnen Angriffe direkt vom VC-Knotenpunkt aus gegeben. So entsteht ein fließender Ablauf und der VC-Schüler trainiert sein Unterbewusstsein - und seine Reflexe.

Nun wird der VC-Boung Sao mit einer VC-Wendung ausgeführt. Der VC-Angreifer schiebt seinen Arm erneut zum VC-Maun Sao vor. Sein Partner fühlt die Bewegung und folgt ihm, ebenfalls mit einem VC-Maun Sao.
Wieder greift der VC-Angreifer den Gegner in Richtung auf dessen linke Schulter mit einem eng ausgeführten VC-Handflächenstoß an. Der VC-Kämpfer gibt dem Druck nach und macht einen VC-Boung Sao.

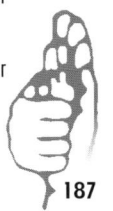

Der VC-Angreifer bewegt sich mit einem VC-Freischritt auf den Partner zu, um den Druck auf dessen Technik zu erhöhen. Der VC-Kämpfer macht eine 45 Grad-Wendung nach links und bringt so seinen Körper aus dem Gefahrenbereich heraus (Abb. 4). Den Druck des Angriffs lässt er in die Richtung weiter laufen, die der VC-Angreifer eingeschlagen hat. Durch die VC-Wendung ist jedoch das Ziel, die Schulter des VC-Kämpfers, nicht mehr dort wo sie, als der Angriff begann, noch gewesen war. Der VC-Kämpfer ist quasi von der Bildfläche verschwunden.

Nach diesem Angriff zieht der VC-Angreifer sein Bein zum VC-Grundstand. Der VC-Kämpfer dreht sich daraufhin ebenfalls wieder in den VC-Grundstand. Dann nehmen VC-Angreifer und VC-Kämpfer ihren Arm zum VC-Maun Sao.

Zum Schluss gehen beide VC-Ausbilder in den VC-Knotenpunkt.

2.15.4. VC-Taun Sao im VC-Daun Chi

Vom VC-Knotenpunkt aus greift der VC-Angreifer erneut an, dieses Mal zum VC-Taun Sao. Dazu hat er im VC-Knotenpunkt seinen Arm auf der Außenseite, denn der Angriff zum VC-Taun Sao wird von außen ausgeführt (Abb. 1). Der VC-Angreifer hebt den Arm zum VC-Maun Sao. Der VC-Kämpfer, dessen Arm innen ist, hält den Kontakt am Handgelenk und richtet seinen Arm ebenfalls zum VC-Maun Sao auf (Abb. 2).

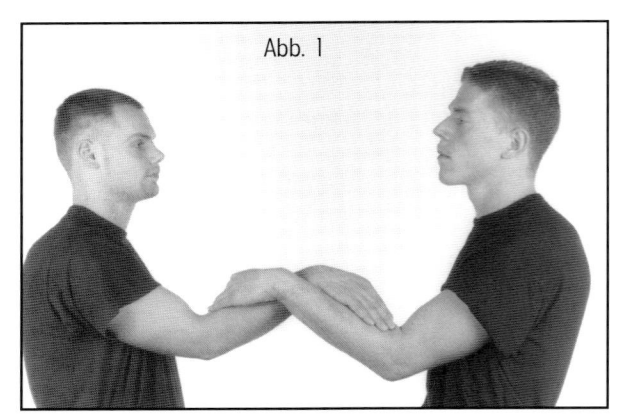

VC-Knotenpunkt

VC-Maun Sao

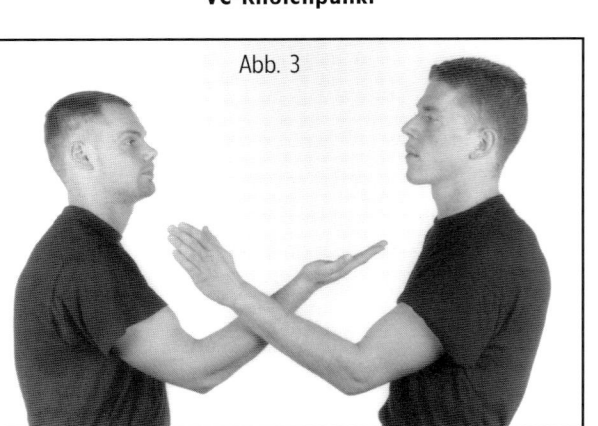

VC-Taun Sao

Nun greift der VC-Angreifer den VC-Kämpfer mit einem seitlichen VC-Handflächenstoß an, ähnlich wie zuvor beim VC-Fouk Sao. Der Angriff geht jedoch statt zum Kopf zum Bereich von Brust und Schulter. Dabei greift der Angreifer auf die gleiche Seite an, auf der sich die Arme der beiden Partner befinden, in diesem Fall also auf die rechte Seite des VC-Kämpfers. Der VC-Kämpfer nimmt seinen Ellbogen vor den Körper und dreht den Arm, bis die Handfläche nach oben zeigt, mit einer schraubenartigen Bewegung nach vorne. Die Finger sind gestreckt. Unterarm und Hand bilden nun eine ansteigende Linie und befinden sich vor der Brust des VC-Kämpfers (Abb. 3).

Bei der Bewegung zum VC-Taun Sao wird der Arm nach vorne geschoben und Druck zum Angreifer hin erzeugt. Der Ellbogen des VC-Kämpfers muss Abstand zum Körper haben, um diesen Druck aufzubauen. Er wird vom VC-Maun Sao aus nach innen genommen, da der Angriff zum VC-Taun Sao sehr eng erfolgt. Der VC-Angreifer nimmt beim Angriff seinen Ellbogen ebenfalls eng vor den Körper, um sich zu schützen, denn wenn er das nicht täte, könnte der VC-Kämpfer vom VC-Taun Sao aus sofort selbst angreifen.

Nach dem Angriff zum VC-Taun Sao führt der VC-Angreifer seinen Ellbogen wieder nach außen zum VC-Maun Sao und geht danach in den VC-Knotenpunkt. Der VC-Kämpfer dreht daraufhin seinen Arm, ohne den Kontakt zum Angreifer zu verlieren, ebenfalls wieder zum VC-Maun Sao herum und folgt dem VC-Angreifer bis zum VC-Knotenpunkt.

Anschließend greift der VC-Angreifer zu einem VC-Taun Sao mit Wendung an. Dazu macht er zunächst wieder einen VC-Maun Sao. Sein Partner reagiert darauf ebenfalls mit VC-Maun Sao.

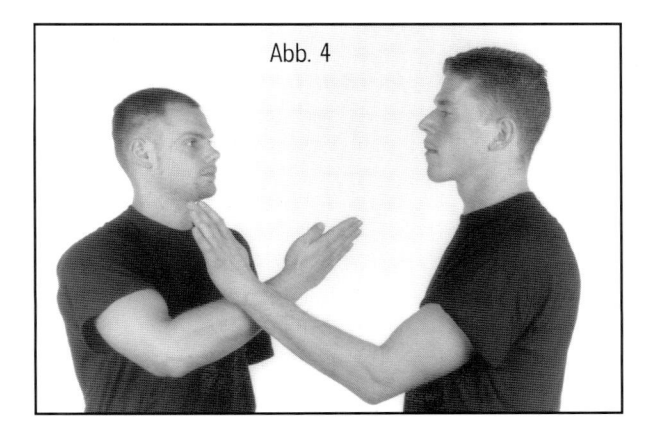

Der VC-Angreifer greift erneut den Gegner mit einem seitlichen VC-Handflächenstoß zu seiner Schulter an, worauf der VC-Kämpfer einen VC-Taun Sao ausführt und so den Druck des Angreifers seitlich von sich wegleitet.

Der VC-Angreifer verstärkt seinen Druck auf den VC-Taun Sao des Gegners mit Hilfe eines VC-Freischritts. Daraufhin wendet sich der VC-Kämpfer sofort um 45 Grad nach rechts und wendet so seinen Körper weg. Der Angriff geht dadurch seitlich am VC-Kämpfer vorbei (Abb. 4).

Dabei lässt der VC-Kämpfer seinen Arm und damit seine VC-Technik vorne und richtet seinen Druck weiterhin zum Angreifer. Um dem VC-Taun Sao mehr Stabilität zu geben, wird mit der VC-Wendung auch der VC-Taun Sao gewendet, das heißt der Unterarm wird gekippt, so dass die Handfläche zur gegenüberliegenden Schulter des VC-Kämpfers weist. Seine Fingerspitzen zeigen direkt zum Kopf des VC-Angreifers. So ist dieser ebenfalls gezwungen, am Arm des VC-Kämpfers kleben zu bleiben, um nicht getroffen zu werden.

Danach geht der VC-Angreifer zurück zum VC-Grundstand. Der VC-Kämpfer wendet sich zurück, so dass er wieder frontal und im VC-Grundstand steht. Dann geht der VC-Angreifer wieder in den VC-Maun Sao und von dort aus zum VC-Knotenpunkt. Der VC-Kämpfer hält den Kontakt und folgt dem Gegner bis in den VC-Knotenpunkt.

2.15.5. VC-Gaun Sao im VC-Daun Chi

Beide VC-Ausbilder befinden sich im VC-Grundstand und haben ihre Arme im VC-Knotenpunkt verschränkt. Der Arm des VC-Angreifers ist außen (Abb. 1). Er schiebt zuerst seinen Arm zum VC-Maun Sao nach vorne. Der VC-Kämpfer bleibt kleben, nimmt den Ellbogen nach außen und führt auch einen VC-Maun Sao aus (Abb. 2).

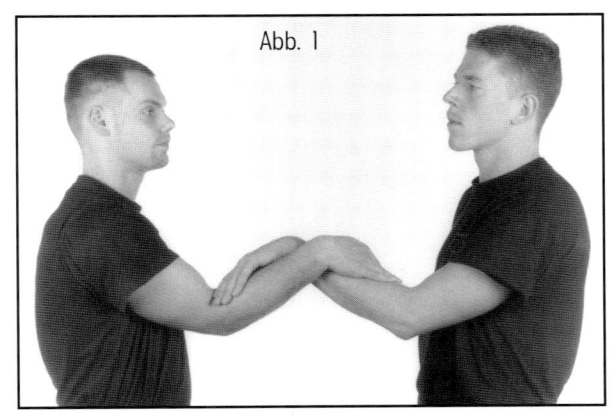

VC-Knotenpunkt

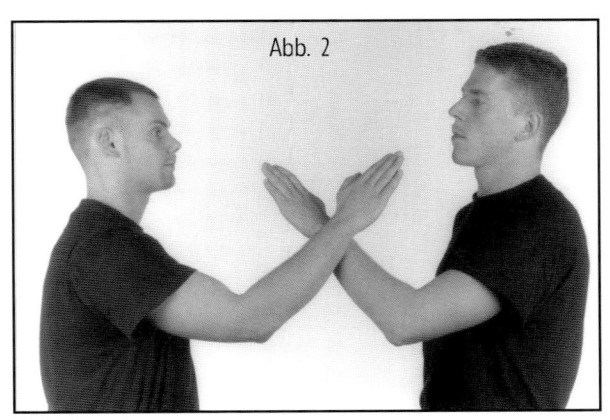

VC-Maun Sao

2.15.5. VC-Gaun Sao im VC-Daun Chi

Abb. 3

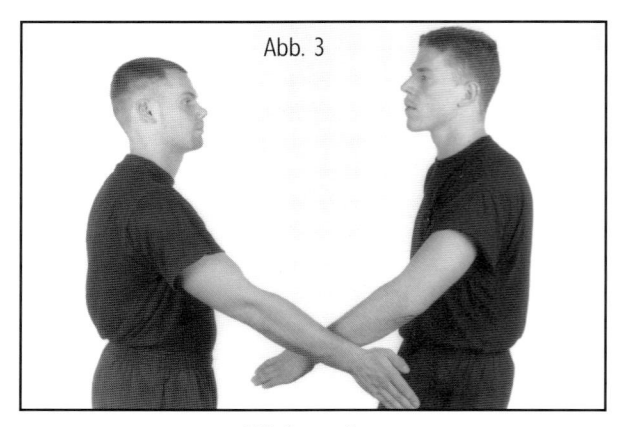

VC-Gaun Sao

Von dort aus senkt der VC-Angreifer seinen Arm zu einem tiefen, seitlichen VC-Handflächenstoß zum Unterleib, und zwar auf die gleiche Seite, auf der sich der Arm des VC-Kämpfers befindet. Der VC-Ausbilder in der Rolle des Angreifers greift also in diesem Fall den Partner auf dessen linke Seite an. Der VC-Kämpfer lässt seinen Arm mit einer schneidenden Bewegung nach unten fallen, indem er mit seinem Handgelenk am Arm des VC-Angreifers kleben bleibt und einfach der Bewegung des Angreifers folgt. Dadurch entsteht der VC-Gaun Sao. Der Arm des VC-Kämpfers ist im Hand- und Ellbogengelenk leicht gebeugt. Sein Handgelenk ist genau vor dem Unterleib, und die Handfläche zeigt zu seinem Körper (Abb. 3).

Durch den VC-Gaun Sao schneidet der VC-Kämpfer dem Angreifer den Angriffsweg zu seinem Unterleib ab und leitet den Druck des Angriffs seitlich an sich vorbei. Der VC-Angreifer lässt seinen Arm beim Angriff etwas gebeugt, um sich nicht zu verkrampfen und um besser auf den Druck des VC-Kämpfers reagieren zu können. Der VC-Kämpfer erzeugt nämlich mit seinem VC-Gaun Sao einen Druck in die Richtung seines Gegners. Dies ist aus zwei Gründen wichtig. Zum einen darf er den Druck seiner Technik nicht nach außen auf den Arm des Angreifers richten, denn das würde dem anderen einen Impuls für einen neuen Angriff geben. Zum zweiten ist der VC-Kämpfer bestrebt, nach der Aufnahme des Angriffs sofort selbst anzugreifen und richtet seinen Arm daher zum Angreifer. Falls dieser seinen Arm zurückziehen würde, könnte der VC-Kämpfer das sofort ausnutzen und den Gegner auf direktem Wege angreifen.

Nach dem Angriff geht der VC-Angreifer zuerst zum VC-Maun Sao und dann zum VC-Knotenpunkt. Der VC-Kämpfer folgt ihm und bewegt seinen Arm mit dem des Angreifers zum VC-Maun Sao und zum VC-Knotenpunkt.

Nun wird der Angriff zum VC-Gaun Sao wiederholt. Dieses Mal erfolgt die VC-Technik aber mit einer VC-Wendung. Zunächst macht der VC-Angreifer wieder einen VC-Maun Sao, den sein Partner aus dem Kontakt heraus ebenso ausführt.

Dann greift der VC-Angreifer mit einem tiefen, seitlichen VC-Handflächenstoß zum Unterleib des Gegners an, der darauf seinen Arm senkt und mit einem VC-Gaun Sao reagiert.

Abb. 4

Wieder versucht der VC-Angreifer, mit einem VC-Freischritt seinen Druck auf den Arm des VC-Kämpfers zu erhöhen und seinen Angriff so doch noch durchzubringen. Der VC-Kämpfer bringt aber sofort mit einer 45 Grad-Wendung nach links seinen Körper aus dem gefährlichen Bereich heraus. Der Druck des VC-Angreifers gleitet damit erneut in die Leere und verfehlt sein Ziel (Abb. 4). Auch bei der VC-Wendung des VC-Kämpfers geht der Druck seines VC-Gaun Sao nach vorne zum Angreifer (Abb. 4).

Nun zieht der VC-Angreifer seinen vorderen Fuß wieder in den VC-Grundstand, und auch der VC-Kämpfer wendet sich daraufhin zum VC-Grundstand. Der VC-Angreifer hebt seinen Arm, ohne ihn zurückzuziehen, zum VC-Maun Sao auf Brusthöhe an. Der VC-Kämpfer bleibt wieder kleben und folgt ihm, bis auch er den VC-Maun Sao erreicht hat. Dann gehen beide Partner wieder in den VC-Knotenpunkt.

2.15.6. VC-Gaum Sao im VC-Daun Chi

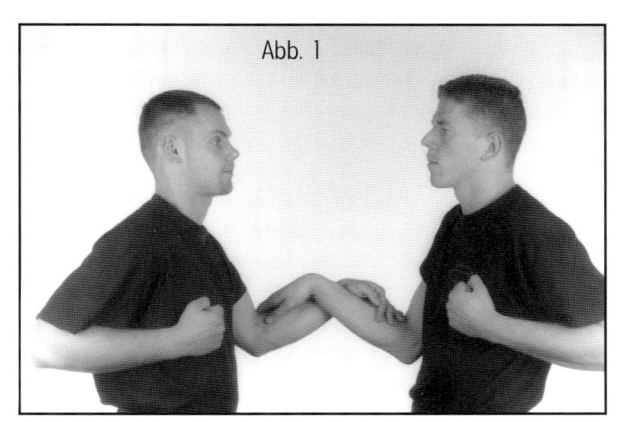

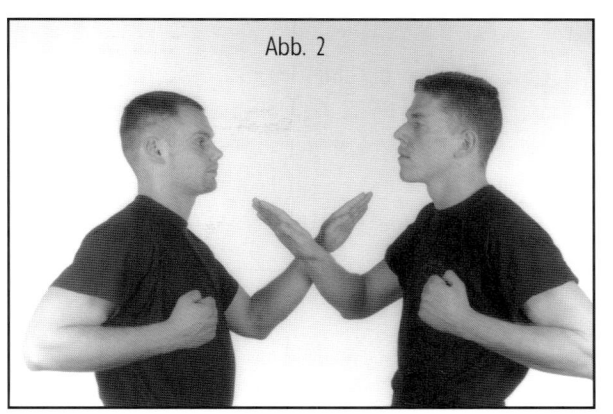

Abb. 1

VC-Knotenpunkt

Abb. 2

VC-Maun Sao

Zum VC-Gaum Sao greift der VC-Angreifer von innen an. Sein Arm befindet sich daher im VC-Knotenpunkt auf der Innenseite (Abb. 1). Er hebt zuerst den Arm zum VC-Maun Sao. Der VC-Kämpfer macht daraufhin ebenfalls einen VC-Maun Sao (Abb. 2).

Wieder greift der VC-Angreifer mit einem tiefen, seitlichen VC-Handflächenstoß zum Unterleib seines Gegners an, aber dieses Mal mehr auf die gegenüberliegende Seite, in diesem Fall zur rechten Seite des VC-Kämpfers. Der VC-Kämpfer bewegt seine Hand mit dem Arm des Angreifers nach unten und schließt dabei mit der Handfläche Kontakt zum Arm. Er hält seinen Druck zum Arm des VC-Angreifers konstant und kontrolliert ihn mit einem VC-Gaum Sao. Sein Arm ist dabei leicht gebeugt, so dass er weich und unverkrampft agieren kann. Sein Handgelenk ist genau vor dem Unterleib, und seine Handfläche zeigt zum Angreifer (Abb. 3).

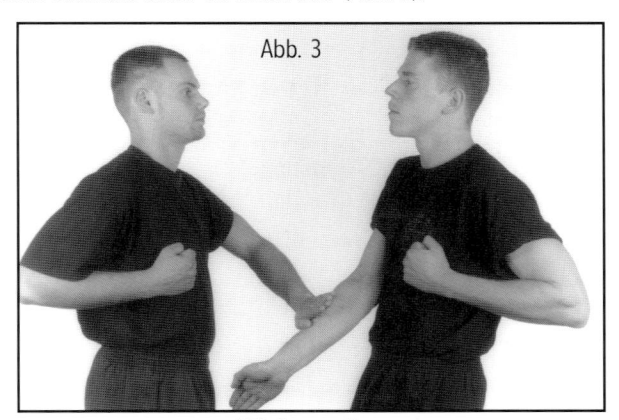

Abb. 3

VC-Gaum Sao

Für den VC-Gaum Sao ist die Kontrolle des Gegners mit der Hand charakteristisch. Der VC-Angreifer wird von seinem Angriffsweg abgeleitet. Der VC-Kämpfer schließt mit der Handfläche Kontakt zum gegnerischen Arm und macht dessen Bewegung einfach mit. Durch seinen Druck, der sich wie bei den anderen VC-Grundtechniken zum Körper des Angreifers richtet, kontrolliert er die ganze Zeit den Arm und hält ihn soweit auf Abstand, daß er ihm nicht gefährlich werden kann. Der VC-Angreifer hat, wenn er sich nicht selbst gefährden will, in dieser Position keine Möglichkeit, den Angriff wie geplant fortzusetzen.

Nachdem der VC-Kämpfer seinen VC-Gaum Sao ausgeführt hat, hebt der VC-Angreifer seinen Arm wieder zum VC-Maun Sao und geht anschließend in den VC-Knotenpunkt. Der VC-Kämpfer folgt seiner Bewegung, macht gleichfalls einen VC-Maun Sao und lässt den Arm dann zum VC-Knotenpunkt sinken.

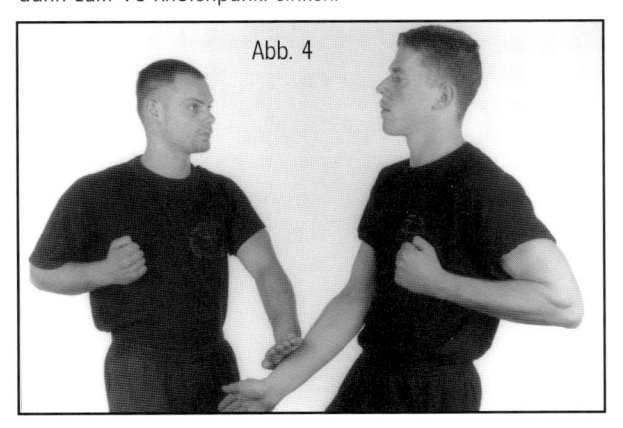

Abb. 4

Als nächstes demonstrieren die beiden VC-Ausbilder den VC-Gaum Sao mit Wendung im VC-Daun Chi. Aus dem VC-Knotenpunkt heraus bringen beide ihren vorderen Arm in die Position des VC-Maun Sao, wobei sie den Kontakt zueinander halten.

Erneut greift der VC-Angreifer den VC-Kämpfer mit einem tiefen, seitlichen VC-Handflächenstoß zum Unterleib an. Der VC-Kämpfer schließt mit seiner Handfläche Kontakt zum Unterarm des Gegners und lässt seine Hand zum VC-Gaum Sao sinken.

Da auf diese Weise sein Angriff fehlgeschlagen ist, macht der VC-Angreifer einen VC-Freischritt und bewegt sich damit auf den VC-Kämpfer zu. So kann er deutlich mehr Druck auf dessen Arm ausüben, und damit hofft er, die ihn kontrollierende VC-Technik zu überwinden. Doch in dem Moment, in dem sich der Druck auf seinen VC-Gaum Sao erhöht, wendet sich der VC-Kämpfer mit einer 45 Grad-Wendung von diesem Druck weg, um mit seinem Körper dem neuen Angriff auszuweichen. Dabei wendet er sich nach rechts, da der Angreifer seinen Angriff auf die rechte Seite seines Körpers gerichtet hat. Seinen VC-Gaum Sao lässt er dabei jedoch an seiner Position und kontrolliert weiterhin den Arm des Angreifers. Dessen Druck geht zwar immer noch nach vorne, aber sein Ziel, der Unterleib des VC-Kämpfers, ist nicht mehr da (Abb. 4).

Nach dem Angriff gehen beide VC-Ausbilder in den VC-Grundstand, nehmen dann ihre Arme wieder zum VC-Maun Sao hoch und gehen zum Schluss in den VC-Knotenpunkt.

2.15.7. **VC-Jaum Sao im VC-Daun Chi**

Der VC-Jaum Sao wird durch einen sehr engen Angriff zur Körpermitte ausgelöst. Dieser Angriff erfolgt von innen. Daher hat der VC-Angreifer seinen Arm im VC-Knotenpunkt wieder auf der Innenseite (Abb. 1).

Der VC-Angreifer geht von hier aus in den VC-Maun Sao. Der VC-Kämpfer bleibt mit seinem Handgelenk am Arm des Gegners kleben und führt auch einen VC-Maun Sao aus (Abb. 2).

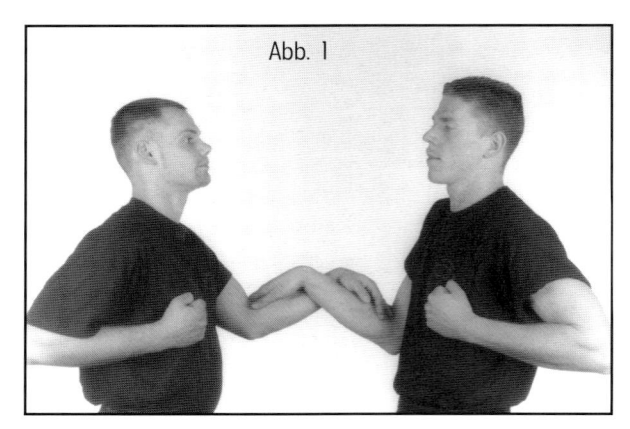

VC-Knotenpunkt

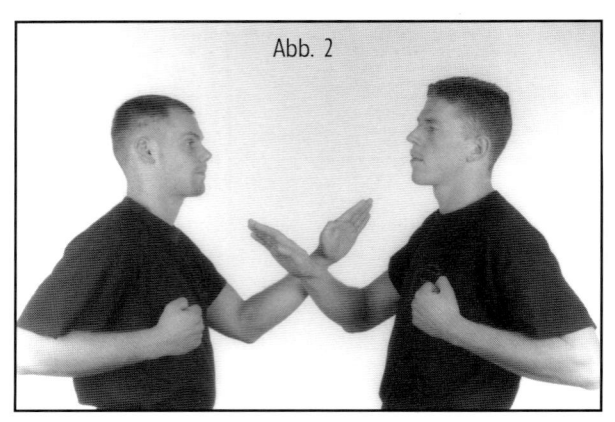

VC-Maun Sao

Aus dem VC-Maun Sao richtet der VC-Angreifer seinen bisher in die Mitte gerichteten Druck auf die seinem Arm gegenüberliegende Seite. In der hier gezeigten Übung greift er also auf die rechte Seite seines Partners an. Der Angriff zum VC-Jaum Sao geht zum Bereich zwischen Brust und Hüfte, und zwar mit einer engen Bewegung. Deshalb nimmt der VC-Angreifer dabei seinen Ellbogen eng vor seinen Körper. Der Ellbogen des VC-Kämpfers sinkt mit dem Druck des Angriffs aus dem VC-Maun Sao nach unten. Der Unterarm dreht sich dabei um 90 Grad, wodurch seine Außenseite nach vorne zeigt und Kontakt mit dem Arm des Angreifers hat. Die Hand dreht sich mit, so dass auch die Handkante nach vorne zeigt. Der Arm des VC-Kämpfers ist beim VC-Jaum Sao gebeugt.

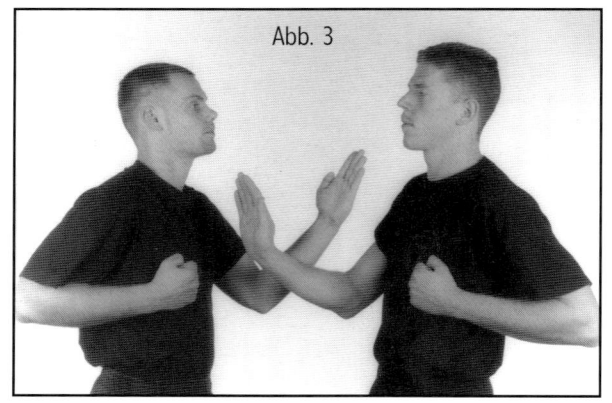

VC-Jaum Sao

Um die Technik noch weiter in die Richtung des Angreifers zu bringen, lässt der VC-Kämpfer seine Schulter etwas nach vorne fallen. So kann er seinen Körper zusätzlich absichern, denn sein Arm schiebt sich dadurch weiter vor, und der Abstand zwischen ihm und dem Gegner vergrößert sich. Dabei ist wichtig, dass der Arm des VC-Kämpfers beim VC-Jaum Sao im Ellbogengelenk stabil bleibt. Durch die Winkel des Armes und durch den leicht zur Seite gerichteten Unterarm erreicht der VC-Kämpfer, den Angriff von seinem Körper weg auf die Seite zu lenken, so dass er nicht getroffen wird (Abb. 3).

Nach diesem Angriff macht der VC-Angreifer wieder einen VC-Maun Sao. Der VC-Kämpfer dreht den Ellbogen nach außen und hebt den Arm ebenfalls zum VC-Maun Sao. Von dort aus gehen beide Partner zu ihrer Ausgangsposition, zum VC-Knotenpunkt.

Als zweite Übung demonstrieren die VC-Ausbilder, wie im VC-Daun Chi der VC-Jaum Sao mit einer Wendung ausgeführt wird. Am Anfang heben beide ihre im VC-Knotenpunkt verschränkten Arme zum VC-Maun Sao, wobei sie Kontakt am Handgelenk haben, der VC-Angreifer innen und der VC-Kämpfer außen.

Wie beim ersten Mal greift der VC-Angreifer an, indem er seinen Ellbogen eng vor seinen Körper nimmt und mit gebeugtem Arm einen VC-Handflächenstoß zum Bauch des Gegners macht. Der VC-Kämpfer lässt sofort seinen Arm sinken, nimmt seinen Ellbogen eng vor den Körper und nimmt den Angriff mit einem VC-Jaum Sao auf.

Wieder versucht der VC-Angreifer es ein zweites Mal und macht einen VC-Freischritt genau auf die Mitte seines Gegners zu, um durch sein Körpergewicht den Druck auf den Arm zu erhöhen, der seinem Angriff im Wege ist. Der VC-Kämpfer reagiert mit einer 45 Grad-Wendung nach rechts, um seinen Körper aus der Richtung des Angriffs wegzubekommen. Sein Arm bleibt dabei vorne. So erreicht er, dass er keine Kraft einsetzen muss, um dem zusätzlichen Druck vom Körper des Angreifers zu begegnen. Statt dessen lässt er den Gegner seine Vorwärtsbewegung machen und leitet ihn, noch bevor der Druck zu seinem Körper richtig aufgebaut ist, bereits in die Leere, da er seinen Körper von der Druckrichtung wegbewegt (Abb. 4).

Nach der VC-Wendung wartet der VC-Kämpfer, bis der Angreifer sich wieder in den VC-Grundstand bewegt und. Daraufhin wendet sich der VC-Kämpfer wieder frontal in den VC-Grundstand. Wenn der VC-Angreifer seinen Arm zum VC-Maun Sao nimmt, dreht der VC-Kämpfer seinerseits den Arm zum VC-Maun Sao. Der Kontaktpunkt ihrer Handgelenke liegt nun wieder genau in der Mitte zwischen beiden. Schließlich senkt der VC-Angreifer seinen Arm wieder zum VC-Knotenpunkt ab, und der VC-Kämpfer folgt ihm.

2.15.8. VC-Kau Sao im VC-Daun Chi

Auch die letzte der acht VC-Grundtechniken, der VC-Kau Sao, wird vom VC-Kämpfer bei einem engen Angriff zur Mitte seines Körpers eingesetzt. Der Angriff erfolgt von innen. Somit bleibt auch bei dieser letzten Übung des VC-Daun Chi der VC-Angreifer mit seinem Arm auf der Innenseite des VC-Knotenpunktes (Abb. 1).

Von dort hebt er den Arm zum VC-Maun Sao. Der VC-Kämpfer hält den Kontakt zu ihm am Handgelenk und folgt ihm mit VC-Maun Sao (Abb. 2).

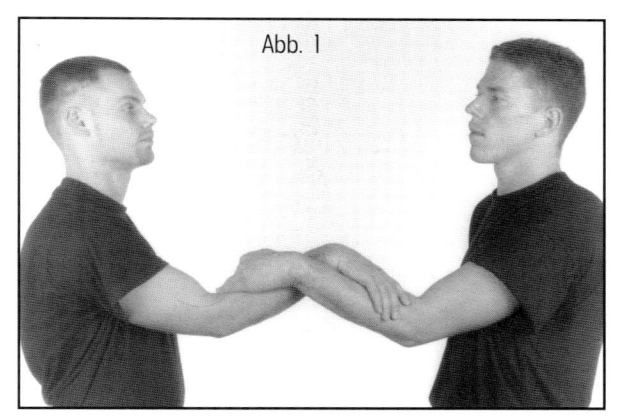

VC-Knotenpunkt

VC-Maun Sao

Beim Angriff zum VC-Kau Sao nimmt der Angreifer seinen Ellbogen wie schon beim VC-Jaum Sao eng vor seinen Körper. Er richtet seinen Druck zuerst genau in die Körpermitte des VC-Kämpfers, in Richtung zum Solarplexus, und zieht den Arm dann leicht zur Seite, um mit einem seitlichen VC-Handflächenstoß den Bereich zwischen Brust und Hüfte zu treffen. Der Angriff geht auf die gleiche Seite, auf der sich der Arm des VC-Kämpfers befindet, in unserem Beispiel also auf die linke Seite des VC-Kämpfers. Mit diesem Angriff hebt der VC-Kämpfer seinen Ellbogen und senkt den Unterarm. Die Handfläche dreht sich dabei nach außen. Wenn der VC-Kau Sao fertig ist, befindet sich das Handgelenk des VC-Kämpfers vor seinem Solarplexus. Der Ellbogen ist seitlich von seinem Körper und niedriger als die Schulter. Die Hand ist locker, die Finger zeigen nach vorne (Abb. 3).

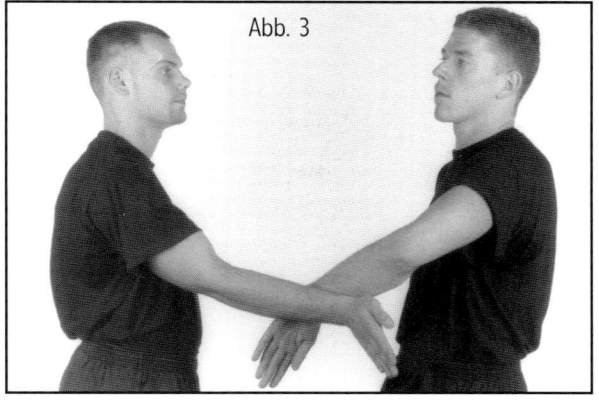

VC-Kau Sao

2.15.8. VC-Kau Sao im VC-Daun Chi

Mit dem VC-Kau Sao öffnet der VC-Kämpfer den VC-Angreifer. Dessen Arm befindet sich vor dem Angriff auf der Innenseite, nach dem VC-Kau Sao aber auf der Außenseite. Damit ist für den VC-Kämpfer der Weg zum Körper des VC-Angreifers geöffnet. Der Druck des Angreifers wird zur Seite an seinem Ziel vorbeigeleitet. Der VC-Kämpfer hält selbst den Druck seines Armes nach vorne zum Gegner und kontrolliert mit seiner VC-Technik den Arm.

Nach dem VC-Kau Sao seines Partners geht der VC-Angreifer wieder in den VC-Maun Sao über. Der VC-Kämpfer senkt den Ellbogen und richtet den Unterarm auf, bis auch er sich im VC-Maun Sao befindet. Zum Schluss gehen beide Partner in den VC-Knotenpunkt.

Wie alle anderen VC-Grundtechniken kann auch der VC-Kau Sao mit einer VC-Wendung erfolgen. Um das zu demonstrieren, geht der VC-Ausbilder, der die Rolle des VC-Angreifers hat, zunächst wieder vom VC-Knotenpunkt aus in den VC-Maun Sao, und der VC-Kämpfer folgt ihm mit einem VC-Maun Sao.

Wieder greift der VC-Angreifer mit einem engen Angriff auf die linke Seite des VC-Kämpfers an, der daraufhin einen VC-Kau Sao ausführt.

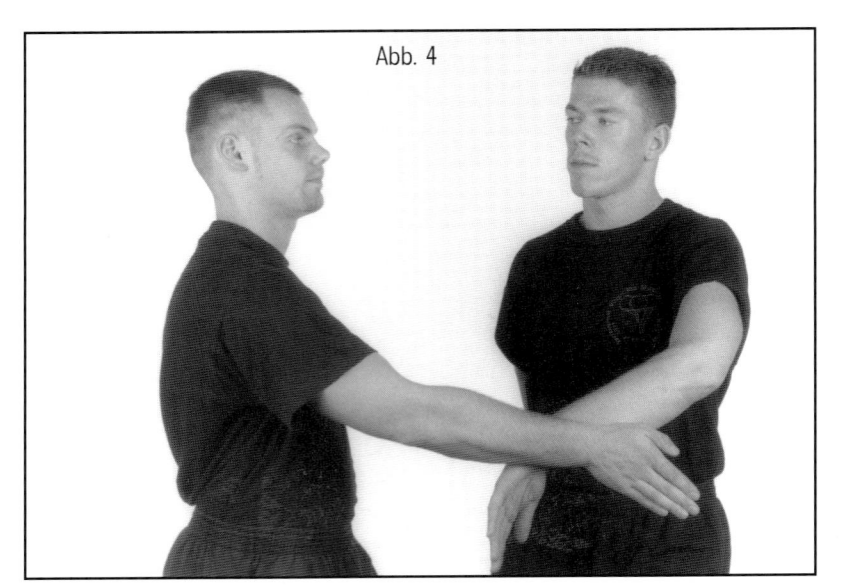

Abb. 4

Nun versucht der VC-Angreifer, den Widerstand, der ihn bei seinem Angriff gestört hat, mit einer Vorwärtsbewegung in Form eines VC-Freischrittes zu überwinden. Dadurch will er mehr Druck erzeugen, um den Körper des VC-Kämpfers schließlich doch noch zu treffen. Doch der VC-Kämpfer lässt diesen erneuten Angriff an sich vorbeilaufen, indem er sich mit einer VC-Wendung um 45 Grad nach links dreht und so seinen Oberkörper aus der Angriffsrichtung bringt. Er muss dafür nicht einmal einen Schritt machen, sondern kann seine Füße an ihrem Platz lassen. Auf diese Weise lässt er dem Angreifer nicht mehr Raum als nötig und kann schnell in seine alte Position zurückkehren, sobald der Angreifer zurückweicht, um falls nötig sofort seinerseits anzugreifen. Durch seine Technik behält er die Kontrolle über den angreifenden Arm, und sein Druck richtet sich wie schon vor der VC-Wendung zum Angreifer (Abb. 4).

Jetzt geht der VC-Angreifer wieder in den VC-Grundstand. Seinen Arm hebt er wieder zum VC-Maun Sao an. Daraufhin wendet sich der VC-Kämpfer in der VC-Grundstand und hebt seinen Arm ebenfalls zum VC-Maun Sao. Am Ende der Übung lassen beide VC-Ausbilder die Arme zum VC-Knotenpunkt sinken.

Das Nervensystem des Menschen

Das Nervensystem vermittelt zwischen Organen und Zellen und ist Basis für die Kommunikation mit der Außenwelt. Seine Zentrale ist das Gehirn. Im Nervensystem werden elektrische Impulse durch chemische Trägerstoffe weitergeleitet.

Man unterscheidet:
Zentrales Nervensystem (Gehirn und Rückenmark): es dient als Schaltzentrale, die Impulse laufen über das Rückenmark.
Peripheres Nervensystem (alle Nerven außerhalb des ZNS): es entspricht den Kabeln von der Schaltzentrale zu den ausführenden Stellen und zurück. Sensorische Nerven leiten Informationen über das Rückenmark an das Gehirn, von dort gehen Befehle zurück an die motorischen Zellen.
Zentrales und peripheres Nervensystem spielen eine wichtige Rolle im VC-Ving Chun. Hier werden die Reize übertragen und Reflexe ausgelöst (s. S. 182). Durch das Nervensystem werden willkürlich und unwillkürlich die Muskelbewegungen des Menschen gesteuert. Zuständig für Wahrnehmung und Durchführung von Bewegungen sind Rezeptoren (Aufnahmeorgane) in den Muskeln, Sehnen und Gelenken. Die Informationen über Stellung und Bewegung der Gliedmaßen werden durch Nervenfasern über das Rückenmark zu den sensorischen und motorischen Zentren des Gehirns geleitet. Von dort aus werden die entsprechenden Befehle über eine vom Gehirn zu den Muskeln usw. verlaufende motorische Bahn geleitet. VC-Ving Chun trainiert nicht nur die Motorik, sondern auch das sensorische System, das für die Wahrnehmung und Weiterleitung von Informationen zuständig ist.
Daneben gibt es noch das vegetative Nervensystem, das in Verbindung mit dem Hormonsystem die unwillkürlichen Vorgänge des Körpers steuert.

2.16.1. VC-Fouk Sao Partnerübungen

Bei jeder VC-Grundtechnik gibt es 16 verschiedene Möglichkeiten, wie Angriff und VC-Technik kombiniert werden können. Mehr als diese 16 Variationen sind nicht möglich. Da jeder Mensch 2 Arme und 2 Beine hat, sind von der Natur die Kombinationen begrenzt. Für jede Angriffshöhe (Kopf, Schulter/Brust, Bauch, Unterleib) gibt es 16 Möglichkeiten, ganz in Abhängigkeit davon, welchen Fuß und welchen Arm ein VC-Kämpfer im VC-Kamfpstand vorne hat und in welcher Position sein Gegner steht. Der Angreifer kann dabei mit seinen Armen gerade angreifen oder in Form eines Rückhandangriffs. Für den VC-Kämpfer ist jedoch nicht entscheidend, ob er mit rechts oder mit links angegriffen wird, denn seine VC-Grundtechnik, mit der er den Angriff in einer dieser Angriffshöhen aufnimmt, ist in beiden Fällen gleich. In den folgenden Kapiteln werden für jede VC-Grundtechnik die 16 möglichen Positionen für den VC-Kämpfer und seinen Angreifer gezeigt.

Ausgangsbasis:
Beide Kämpfer stehen im VC-Kampfstand, das heißt sie haben ein Bein vorne als VC-Maun Geurk und einen Arm vorne als VC-Maun Sao - suchender Arm (vgl. Kap. 2.3.).
1.) Zuerst hat der VC-Kämpfer (links im Bild) rechts VC-Maun Sao und rechts VC-Maun Geurk. Sein rechter Arm und sein rechtes Bein sind vorne. Sein Gegner (rechts im Bild) hat ebenfalls den rechten Arm und das rechte Bein vorne.

2.) Möglichkeit 1:
Der Angreifer greift den VC-Kämpfer auf seine rechte Seite auf Höhe seines Kopfes an. Der VC-Kämpfer nimmt den Angriff mit rechts mit VC-Fouk Sao (=Leitender Arm) auf, leitet ihn an sich vorbei und greift gleichzeitig mit einem VC-Handflächenstoß mit links an. Sein rechtes Bein kontrolliert das vordere, also das rechte Bein des Angreifers und sein Knie hat Kontakt zum Knie des Gegners, um es sofort zu fühlen, falls dieser das Bein zum Treten oder für einen Kniestoß einsetzen will.

3.) Möglichkeit 2:
Der Angreifer hat jetzt seine Arme gewechselt und greift den VC-Kämpfer mit links auf seine rechte Seite an, ebenfalls in Kopfhöhe. Wieder nimmt der VC-Kämpfer den Angriff mit VC-Fouk Sao rechts auf und greift gleichzeitig durch einen VC-Handflächenstoß mit links an. Sein rechtes Bein kontrolliert wieder das rechte Bein des Angreifers.

4.) Möglichkeit 3:
Der Angreifer nimmt nun auch den linken Fuß nach vorne und greift den VC-Kämpfer erneut mit links auf seine rechte Seite an. Der VC-Kämpfer reagiert mit VC-Fouk Sao rechts und VC-Handflächenstoß links. Sein rechtes Bein kontrolliert nun das linke Bein des Angreifers und übt leichten Druck darauf aus.

5.) Möglichkeit 4:
Der Angreifer wechselt nochmals die Arme und hat jetzt den rechten Arm und das linke Bein vorne. Er greift den VC-Kämpfer mit rechts auf dessen rechte Seite an. Der VC-Kämpfer reagiert noch einmal mit VC-Fouk Sao rechts und VC-Handflächenstoß links. Sein rechtes Bein kontrolliert wieder das linke Bein des Angreifers.

2.16.1. VC-Fouk Sao Partnerübungen

1.) Nun wechselt der VC-Kämpfer (links im Bild) seine Arme und hat nun links VC-Maun Sao. Sein rechtes Bein bleibt vorne als VC-Maun Geurk. Er hat nun einen neuen Gegner, der in der gleichen Reihenfolge wie der erste seine Angriffe ausführt. Zuerst hat er rechts VC-Maun Sao und rechts VC-Maun Geurk.

2.) Möglichkeit 5:
Der Angreifer greift den VC-Kämpfer mit dem rechten Arm auf seine linke Seite an. Der VC-Kämpfer nimmt den Angriff mit VC-Fouk Sao links auf, leitet ihn ab und greift gleichzeitig mit der rechten Hand mit einem VC-Handflächenstoß an. Sein rechtes Bein kontrolliert das rechte Bein des Angreifers, sein Knie hat Kontakt zu dessen Knie.

3.) Möglichkeit 6:
Der Angreifer hat den linken Arm als VC-Maun Sao vorgeschoben und greift damit den VC-Kämpfer an, wieder auf dessen linke Seite. Erneut nimmt der VC-Kämpfer den Angriff mit VC-Fouk Sao links auf und macht einen VC-Handflächenstoß rechts. Sein rechtes Bein kontrolliert wieder das rechte Bein des Angreifers.

4.) Möglichkeit 7:
Der Angreifer verändert die Position seiner Beine und nimmt den linken Fuß nach vorne. Von hier aus greift er den VC-Kämpfer mit dem linken Arm an. Ein weiteres Mal macht der VC-Kämpfer VC-Fouk Sao links und VC-Handflächenstoß rechts. Sein rechtes Bein kontrolliert in dieser Variante das linke Bein des Angreifers durch Kontakt und leichten Druck mit dem Knie.

5.) Möglichkeit 8:
Der Angreifer schiebt nun den rechten Arm als VC-Maun Sao nach vorne und greift den VC-Kämpfer mit rechts an. Der VC-Kämpfer macht noch einmal VC-Fouk Sao links und VC-Handflächenstoß rechts, wobei sein rechtes Bein das linke Bein des Angreifers kontrolliert.

2.16.1. VC-Fouk Sao Partnerübungen

1.) Für die nächste Gruppe von Möglichkeiten hat der VC-Kämpfer (links im Bild) wieder seinen linken Arm als VC-Maun Sao vorne. Jetzt hat er allerdings seine Beine gewechselt, und sein linkes Bein steht vorne (= VC-Maun Geurk). Er hat nun einen neuen Gegner, der in der Reihenfolge wie seine Vorgänger die Angriffe ausführt. Er steht im VC-Kampfstand und hat den rechten Arm und das rechte Bein vorne (= rechts VC-Maun Sao / rechts VC-Maun Geurk).

2.) Möglichkeit 9:
Der Angreifer greift den VC-Kämpfer mit dem rechten Arm auf seine linke Seite an. Der VC-Kämpfer geht nach vorne und leitet den Angriff durch seinen VC-Fouk Sao links in die Leere, während er gleichzeitig mit rechts mit einem VC-Handflächenstoß angreift. Nun kontrolliert sein linkes Bein, das am nächsten zum Gegner steht, das vordere Bein des Angreifers.

Abb. 9

3.) Möglichkeit 10:
Der Angreifer wechselt seine Arme und greift den VC-Kämpfer mit links auf dessen linke Seite an. Wieder nimmt der VC-Kämpfer den Angriff mit VC-Fouk Sao links auf macht einen VC-Handflächenstoß rechts. Sein linkes Bein kontrolliert wieder das rechte Bein des Angreifers.

Abb. 10

4.) Möglichkeit 11:
Der Angreifer nimmt den linken Fuß nach vorne. Sein vorderer Arm (= VC-Maun Sao) ist wieder der linke. Nochmals greift er den VC-Kämpfer mit links an. Erneut begegnet der VC-Kämpfer dem Angriff mit VC-Fouk Sao links und VC-Handflächenstoß rechts. Sein linkes Bein kontrolliert nun das linke Bein des Gegners.

Abb. 11

5.) Möglichkeit 12:
Schließlich schiebt der Angreifer den rechten Arm als VC-Maun Sao nach vorne und greift den VC-Kämpfer damit an. Der VC-Kämpfer macht wie zuvor VC-Fouk Sao links und VC-Handflächenstoß rechts und kontrolliert mit dem linken Bein das linke Bein des Angreifers.

Abb. 12

2.16.1. VC-Fouk Sao Partnerübungen

1.) Noch einmal kann der VC-Kämpfer (links im Bild) seine Position verändern, indem er den rechten Arm zum VC-Maun Sao nach vorne schiebt. Sein linkes Bein bleibt als VC-Maun Geurk vorne. Sein Gegner steht im VC-Kampfstand und hat den rechten Arm als VC-Maun Sao und das rechte Bein als VC-Maun Geurk vorne.

2.) Möglichkeit 13:
Von hier aus greift der Angreifer den VC-Kämpfer mit dem rechten Arm auf dessen rechte Seite an. Der VC-Kämpfer leitet den Angriff durch die mit rechts ausgeführte VC-Grundtechnik VC-Fouk Sao an sich vorbei. Gleichzeitig greift er mit links mit einem VC-Handflächenstoß zum Kopf des Gegners an. Mit dem linken Bein kontrolliert er das vordere Bein des Angreifers.

3.) Möglichkeit 14:
Der Angreifer wechselt nun seine Arme und greift den VC-Kämpfer mit links an. Wieder nimmt der VC-Kämpfer den Angriff mit VC-Fouk Sao rechts auf und macht einen VC-Handflächenstoß mit links. Sein linkes Bein kontrolliert wieder das rechte Bein des Angreifers.

Abb. 13

Abb. 14

4.) Möglichkeit 15:
Der Angreifer verändert die Position der Beine, indem er den linken Fuß als VC-Maun Sao nach vorne stellt. Sein Angriff erfolgt noch einmal mit dem linken Arm. Der VC-Kämpfer führt als Antwort auf den Angriffsversuch ein weiteres Mal VC-Fouk Sao rechts und VC-Handflächenstoß links aus. Sein linkes Bein kontrolliert dabei das linke Bein des Gegners.

Abb. 15

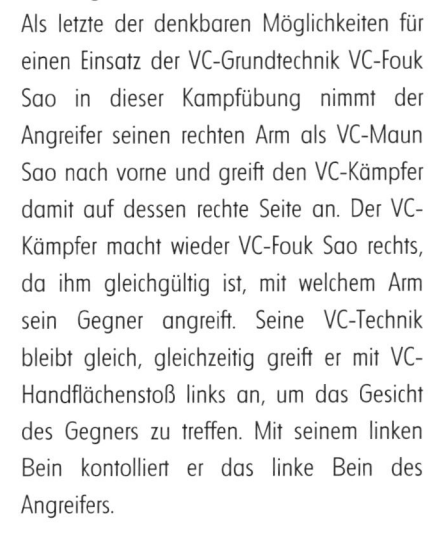

5.) Möglichkeit 16:
Als letzte der denkbaren Möglichkeiten für einen Einsatz der VC-Grundtechnik VC-Fouk Sao in dieser Kampfübung nimmt der Angreifer seinen rechten Arm als VC-Maun Sao nach vorne und greift den VC-Kämpfer damit auf dessen rechte Seite an. Der VC-Kämpfer macht wieder VC-Fouk Sao rechts, da ihm gleichgültig ist, mit welchem Arm sein Gegner angreift. Seine VC-Technik bleibt gleich, gleichzeitig greift er mit VC-Handflächenstoß links an, um das Gesicht des Gegners zu treffen. Mit seinem linken Bein kontolliert er das linke Bein des Angreifers.

Abb. 16

2.16.2. VC-Pauk Sao Partnerübungen

Beim VC-Pauk Sao, mit dem ein VC-Kämpfer Angriffe in Höhe seines Kopfes aufnimmt und von sich wegführt (daher die Bezeichnung „Führender Arm"), gibt es die gleichen Kombinationsmöglichkeiten wie beim VC-Fouk Sao. Deshalb werden die Erläuterungen etwas gekürzt, da die Abläufe und Positionen gleich sind. Nur die Technik ändert sich, da der Angreifer - gegenüber den Beispielen mit VC-Fouk Sao - den VC-Kämpfer jetzt auf der anderen Seite seines Kopfes angreift.

Ausgangsbasis:
Beide Kämpfer stehen im VC-Kampfstand. Jeder hat ein Bein als VC-Maun Geurk und einen Arm als VC-Maun Sao (suchender Arm) vorne.

1.) Zuerst hat der VC-Kämpfer (links im Bild) rechts VC-Maun Sao und rechts VC-Maun Geurk, d. h. sein rechter Arm und sein rechtes Bein sind vorne. Sein Gegner (rechts im Bild) hat ebenfalls den rechten Arm und das rechte Bein vorne.

2). **Möglichkeit 1:**
Der Angreifer greift den VC-Kämpfer mit rechts auf dessen linke Seite an. Der VC-Kämpfer nimmt den Angriff mit VC-Pauk Sao rechts auf, führt den Arm des Gegners links sich vorbei und greift gleichzeitig mit einem VC-Handflächenstoß mit der linken Hand an. Sein rechtes Bein kontrolliert das rechte Bein des Angreifers.

3.) **Möglichkeit 2:**
Der Angreifer greift den VC-Kämpfer mit dem linken Arm auf seine linke Seite an. Der VC-Kämpfer nimmt den Angriff mit VC-Pauk Sao rechts auf und greift mit VC-Handflächenstoß mit dem linken Arm an. Sein rechtes Bein kontrolliert erneut das rechte Bein des Angreifers.

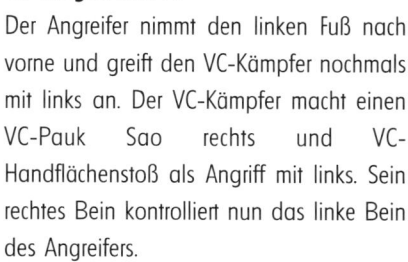

4.) **Möglichkeit 3:**
Der Angreifer nimmt den linken Fuß nach vorne und greift den VC-Kämpfer nochmals mit links an. Der VC-Kämpfer macht einen VC-Pauk Sao rechts und VC-Handflächenstoß als Angriff mit links. Sein rechtes Bein kontrolliert nun das linke Bein des Angreifers.

5.) **Möglichkeit 4:**
Der Angreifer schiebt den rechten Arm nach vorne und greift den VC-Kämpfer mit rechts auf dessen linke Seite an. Der VC-Kämpfer macht wieder mit VC-Pauk Sao rechts und VC-Handflächenstoß links. Mit seinem rechten Bein kontrolliert er wieder das linke Bein des Angreifers.

2.16.2. VC-Pauk Sao Partnerübungen

1.) Der VC-Kämpfer (links im Bild) wechselt die Position seiner Arme und hat nun links als VC-Maun Sao vorne. Sein rechtes Bein bleibt als VC-Maun Geurk vorne stehen. Sein Gegner hat zuerst rechts VC-Maun Sao und rechts VC-Maun Geurk.

2.) Möglichkeit 5:
Der Angreifer greift den VC-Kämpfer mit dem rechten Arm auf seine rechte Seite an. Der VC-Kämpfer nimmt den Angriff mit VC-Pauk Sao links auf, führt ihn an seinem Körper vorbei und greift mit einem VC-Handflächenstoß mit rechts an. Sein rechtes Bein kontrolliert das rechte Bein des Angreifers.

Abb. 5

Abb. 6

3.) Möglichkeit 6:
Der Angreifer greift nun mit dem linken Arm den VC-Kämpfer an, wieder auf dessen rechte Seite. Erneut nimmt der VC-Kämpfer den Angriff mit VC-Pauk Sao mit links auf und macht einen VC-Handflächenstoß mit rechts. Sein rechtes Bein kontrolliert wieder das rechte Bein des Angreifers.

4.) Möglichkeit 7:
Der Angreifer nimmt nun den linken Fuß nach vorne. Wieder greift er den VC-Kämpfer mit dem linken Arm auf seine rechte Seite an. Ein weiteres Mal macht der VC-Kämpfer VC-Pauk Sao links und VC-Handflächenstoß rechts. Sein rechtes Bein kontrolliert jetzt das linke Bein des Angreifers.

Abb. 7

Abb. 8

5.) Möglichkeit 8:
Der Angreifer wechselt die Arme und greift den VC-Kämpfer mit rechts an. Der VC-Kämpfer macht nochmals VC-Pauk Sao links und VC-Handflächenstoß rechts, und sein rechtes Bein kontrolliert das linke Bein des Angreifers.

2.16.2. VC-Pauk Sao Partnerübungen

1.) Der VC-Kämpfer (links im Bild) hat im VC-Kampfstand wieder seinen linken Arm als VC-Maun Sao vorne. Er hat jedoch seine Beine gewechselt, so dass sein linkes Bein als VC-Maun Geurk vorne steht. Sein Gegner steht ebenfalls im VC-Kampfstand und hat den rechten Arm (VC-Maun Sao) und das rechte Bein (VC-Maun Geurk) vorne.

2.) Möglichkeit 9:
Der Angreifer macht einen Angriff mit rechts auf die rechte Seite des VC-Kämpfers, wie bei einem Rückhandschlag. Der VC-Kämpfer führt den Angriff durch seinen VC-Pauk Sao an sich vorbei und greift gleichzeitig mit einem VC-Handflächenstoß mit rechts an. Sein linkes Bein kontrolliert das rechte Bein des Angreifers.

Abb. 9

3.) Möglichkeit 10:
Der Angreifer wechselt die Position seiner Arme und greift den VC-Kämpfer mit links auf dessen rechte Seite an. Wieder nimmt der VC-Kämpfer den Angriff mit VC-Pauk Sao links auf macht einen VC-Handflächenstoß rechts. Erneut kontrolliert sein linkes Bein das rechte Bein des Angreifers.

Abb. 10

4.) Möglichkeit 11:
Der Angreifer nimmt nun den linken Fuß nach vorne. Nochmals greift er den VC-Kämpfer mit links an. Erneut führt der VC-Kämpfer mit links einen VC-Pauk Sao und mit rechts einen VC-Handflächenstoß aus. Sein linkes Bein kontrolliert nun das linke Bein des Gegners.

Abb. 11

5.) Möglichkeit 12:
Danach schiebt der Angreifer den rechten Arm nach vorne und greift den VC-Kämpfer damit an. Der VC-Kämpfer macht wie zuvor VC-Pauk Sao links und VC-Handflächenstoß rechts und kontrolliert mit dem linken Bein das linke Bein des Angreifers.

Abb. 12

2.16.2. VC-Pauk Sao Partnerübungen

1.) Nun schiebt der VC-Kämpfer (links im Bild) den rechten Arm zum VC-Maun Sao nach vorne, lässt seine Beine aber unverändert stehen. Sein Gegner hat den rechten Arm als VC-Maun Sao und das rechte Bein als VC-Maun Geurk vorne.

2.) Möglichkeit 13:
Der der Angreifer schlägt mit dem rechten Arm zum Kopf des VC-Kämpfers. Dieser führt einen VC-Pauk Sao mit rechts aus. Gleichzeitig greift er mit links durch einen VC-Handflächenstoß zum Kopf des Gegners an. Mit seinem linken Bein kontrolliert er das vordere, also das rechte Bein des Angreifers.

Abb. 13

3.) Möglichkeit 14:
Der Angreifer greift nun den VC-Kämpfer mit links an. Wieder nimmt der VC-Kämpfer den Angriff mit VC-Pauk Sao rechts auf und macht einen VC-Handflächenstoß mit links. Sein linkes Bein kontrolliert wie vorher das rechte Bein des Angreifers.

Abb. 14

4.) Möglichkeit 15:
Der Angreifer wechselt die Füße und hat jetzt den linken Fuß als VC-Maun Sao vorne. Er greift noch einmal mit dem linken Arm an. Der VC-Kämpfer führt den Angriff durch VC-Pauk Sao an sich vorbei und greift seinerseits mit VC-Handflächenstoß links an. Sein linkes Bein kontrolliert in diesem Fall das linke Bein des Gegners.

Abb. 15

5.) Möglichkeit 16:
Als letztes greift der Angreifer den VC-Kämpfer mit rechts an. Der VC-Kämpfer macht ein weiteres VC-Pauk Sao mit rechts und greift gleichzeitig mit VC-Handflächenstoß links an. Mit dem linken Bein kontrolliert er wieder das linke Bein des Angreifers.

Abb. 16

2.16.3. VC-Boung Sao Partnerübungen

Der VC-Boung Sao (= Schwingender Arm) dient dem VC-Kämpfer wie der VC-Taun Sao gegen Angriffe auf seinen Oberkörper (in Höhe von Brust und Schulter) und kann in der gleichen Weise wie diese anderen VC-Grundtechniken kombiniert werden. Der VC-Boung Sao wird bei Angriffen auf die dem vorderen Arm gegenüberliegende Seite eingesetzt. Der Arm biegt sich wie ein Ast und nimmt dem Angriff so seine Power. Lässt der Gegner den Arm des VC-Kämpfers wieder los, schwingt der Arm aus dem VC-Boung Sao wie eine Peitsche nach vorne und trifft den Gegner.

Ausgangsbasis:
Beide Kämpfer stehen im VC-Kampfstand.

1.) VC-Kämpfer (links im Bild):
rechter Arm (VC-Maun Sao) und rechtes Bein (VC-Maun Geurk) vorne
Angreifer:
hat ebenfalls rechten Arm und rechtes Bein vorne

Abb. 1

2.) **Möglichkeit 1:**
Angreifer: Angriff mit rechts zur linken Seite des VC-Kämpfers, rechter Fuß vorne
VC-Kämpfer: VC-Boung Sao rechts, VC-Handflächenstoß links, rechtes Bein kontrolliert das rechte Bein des Angreifers

3.) **Möglichkeit 2:**
Angreifer: Angriff mit links zur linken Seite des VC-Kämpfers, rechter Fuß vorne
VC-Kämpfer: VC-Boung Sao rechts, VC-Handflächenstoß links, rechtes Bein kontrolliert das rechte Bein des Angreifers

Abb. 2

Abb. 3

4.) **Möglichkeit 3:**
Angreifer: Angriff mit links zur linken Seite des VC-Kämpfers, linker Fuß vorne
VC-Kämpfer: VC-Boung Sao rechts, VC-Handflächenstoß links, rechtes Bein kontrolliert das linke Bein des Angreifers

5.) **Möglichkeit 4:**
Angreifer: Angriff mit rechts zur linken Seite des VC-Kämpfers, linker Fuß vorne
VC-Kämpfer: VC-Boung Sao rechts, VC-Handflächenstoß links, rechtes Bein kontrolliert das linke Bein des Angreifers

Abb. 4

2.16.7. VC-Jaum Sao Partnerübungen

Beide Kämpfer stehen im VC-Kampfstand.

1.) VC-Kämpfer (links im Bild):
linker Arm (VC-Maun Sao) und rechtes Bein (VC-Maun Geurk) vorne
Angreifer:
hat rechten Arm und rechtes Bein vorne

Abb. 5

2.) **Möglichkeit 5:**
Angreifer: Angriff mit rechts zur rechten Seite des VC-Kämpfers, rechter Fuß vorne
VC-Kämpfer: VC-Jaum Sao links, VC-Handflächenstoß rechts, rechtes Bein kontrolliert das rechte Bein des Angreifers

3.) **Möglichkeit 6:**
Angreifer: Angriff mit links zur rechten Seite des VC-Kämpfers, rechter Fuß vorne
VC-Kämpfer: VC-Jaum Sao links, VC-Handflächenstoß rechts, rechtes Bein kontrolliert das rechte Bein des Angreifers

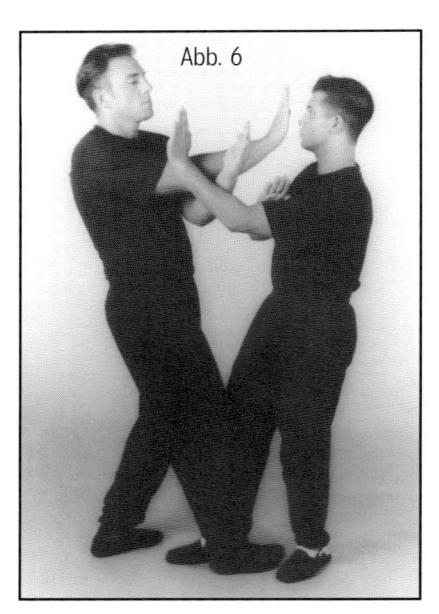

Abb. 6

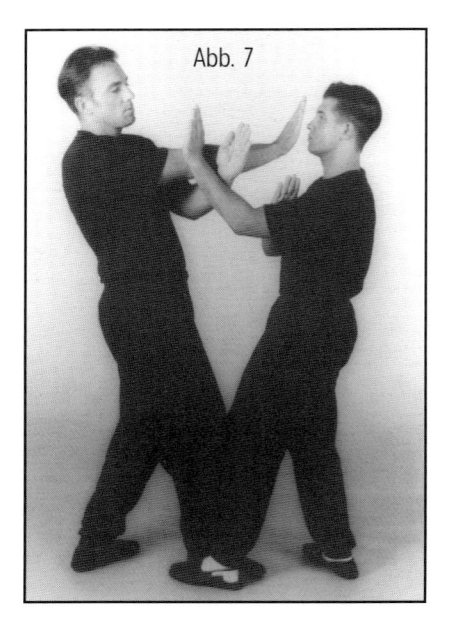

Abb. 7

4.) **Möglichkeit 7:**
Angreifer: Angriff mit links zur rechten Seite des VC-Kämpfers, linker Fuß vorne
VC-Kämpfer: VC-Jaum Sao links, VC-Handflächenstoß rechts, rechtes Bein kontrolliert das linke Bein des Angreifers

5.) **Möglichkeit 8:**
Angreifer: Angriff mit rechts zur rechten Seite des VC-Kämpfers, linker Fuß vorne
VC-Kämpfer: VC-Jaum Sao links, VC-Handflächenstoß rechts, rechtes Bein kontrolliert das linke Bein des Angreifers

Abb. 8

2.16.3. VC-Boung Sao Partnerübungen

Beide Kämpfer stehen im VC-Kampfstand.

1.) VC-Kämpfer (links im Bild):
linker Arm (VC-Maun Sao) und linkes Bein (VC-Maun Geurk) vorne
Angreifer:
hat rechten Arm und rechtes Bein vorne

Abb. 9

2.) **Möglichkeit 9:**
Angreifer: Angriff mit rechts zur rechten Seite des VC-Kämpfers, rechter Fuß vorne
VC-Kämpfer: VC-Boung Sao links, VC-Handflächenstoß rechts, linkes Bein kontrolliert das rechte Bein des Angreifers

3.) **Möglichkeit 10:**
Angreifer: Angriff mit links zur rechten Seite des VC-Kämpfers, rechter Fuß vorne
VC-Kämpfer: VC-Boung Sao links, VC-Handflächenstoß rechts, linkes Bein kontrolliert das rechte Bein des Angreifers

Abb. 10

Abb. 11

4.) **Möglichkeit 11:**
Angreifer: Angriff mit links zur rechten Seite des VC-Kämpfers, linker Fuß vorne
VC-Kämpfer: VC-Boung Sao links, VC-Handflächenstoß rechts, linkes Bein kontrolliert das linke Bein des Angreifers

5.) **Möglichkeit 12:**
Angreifer: Angriff mit rechts zur rechten Seite des VC-Kämpfers, linker Fuß vorne
VC-Kämpfer: VC-Boung Sao links, VC-Handflächenstoß rechts, linkes Bein kontrolliert das linke Bein des Angreifers

Abb. 12

2.16.3. VC-Boung Sao Partnerübungen

Beide Kämpfer stehen im VC-Kampfstand.

1.) VC-Kämpfer (links im Bild):
rechter Arm (VC-Maun Sao) und linkes Bein (VC-Maun Geurk) vorne
Angreifer:
hat rechten Arm und rechtes Bein vorne

Abb. 13

2.) **Möglichkeit 13:**
Angreifer: Angriff mit rechts zur linken Seite des VC-Kämpfers, rechter Fuß vorne
VC-Kämpfer: VC-Boung Sao rechts, VC-Handflächenstoß links, linkes Bein kontrolliert das rechte Bein des Angreifers

3.) **Möglichkeit 14:**
Angreifer: Angriff mit links zur linken Seite des VC-Kämpfers, rechter Fuß vorne
VC-Kämpfer: VC-Boung Sao rechts, VC-Handflächenstoß links, linkes Bein kontrolliert das rechte Bein des Angreifers

Abb. 14

Abb. 15

4.) **Möglichkeit 15:**
Angreifer: Angriff mit links zur linken Seite des VC-Kämpfers, linker Fuß vorne
VC-Kämpfer: VC-Boung Sao rechts, VC-Handflächenstoß links, linkes Bein kontrolliert das linke Bein des Angreifers

5.) **Möglichkeit 16:**
Angreifer: Angriff mit rechts zur linken Seite des VC-Kämpfers, linker Fuß vorne
VC-Kämpfer: VC-Boung Sao rechts, VC-Handflächenstoß links, linkes Bein kontrolliert das linke Bein des Angreifers

Abb. 16

2.16.4. VC-Taun Sao Partnerübungen

Auch für den VC-Taun Sao, übersetzt „Tragender Arm", den ein VC-Kämpfer gegen Angriffe auf seinen Oberkörper in Höhe von Brust und Schulter einsetzt, lassen sich wieder die gleichen Kombinationsmöglichkeiten aufzeigen wie bei den vorhergehenden Techniken. Deshalb werden die Möglichkeiten nur noch in Stichpunkten beschrieben, da die Abläufe und Positionen gleich sind. Der Angreifer greift gegenüber den vorher erklärten Techniken jetzt etwas tiefer an, aber wieder in der gleichen Reihenfolge.

Ausgangsbasis:
Beide Kämpfer stehen im VC-Kampfstand.

1.) VC-Kämpfer (links im Bild):
   rechter Arm (VC-Maun Sao) und rechtes Bein (VC-Maun Geurk) vorne
   Angreifer:
   hat ebenfalls rechten Arm und rechtes Bein vorne

Abb. 1

2.) **Möglichkeit 1:**
Angreifer: Angriff mit rechts zur rechten Seite des VC-Kämpfers, rechter Fuß vorne
VC-Kämpfer: VC-Taun Sao rechts, VC-Handflächenstoß links, rechtes Bein kontrolliert das rechte Bein des Angreifers

3.) **Möglichkeit 2:**
Angreifer: Angriff mit links zur rechten Seite des VC-Kämpfers, rechter Fuß vorne
VC-Kämpfer: VC-Taun Sao rechts, VC-Handflächenstoß links, rechtes Bein kontrolliert das rechte Bein des Angreifers

Abb. 2

Abb. 3

4.) **Möglichkeit 3:**
Angreifer: Angriff mit links zur rechten Seite des VC-Kämpfers, linker Fuß vorne
VC-Kämpfer: VC-Taun Sao rechts, VC-Handflächenstoß links, rechtes Bein kontrolliert das linke Bein des Angreifers

5.) **Möglichkeit 4:**
Angreifer: Angriff mit rechts zur rechten Seite des VC-Kämpfers, linker Fuß vorne
VC-Kämpfer: VC-Taun Sao rechts, VC-Handflächenstoß links, rechtes Bein kontrolliert das linke Bein des Angreifers

Abb. 4

2.16.4. VC-Taun Sao Partnerübungen

Beide Kämpfer stehen im VC-Kampfstand.

1.) VC-Kämpfer (links im Bild):
linker Arm (VC-Maun Sao) und rechtes Bein (VC-Maun Geurk) vorne
Angreifer:
hat rechten Arm und rechtes Bein vorne

Abb. 5

2.) **Möglichkeit 5**:
Angreifer: Angriff mit rechts zur linken Seite des VC-Kämpfers, rechter Fuß vorne
VC-Kämpfer: VC-Taun Sao links, VC-Handflächenstoß rechts, rechtes Bein kontrolliert das rechte Bein des Angreifers

3.) **Möglichkeit 6**:
Angreifer: Angriff mit links zur linken Seite des VC-Kämpfers, rechter Fuß vorne
VC-Kämpfer: VC-Taun Sao links, VC-Handflächenstoß rechts, rechtes Bein kontrolliert das rechte Bein des Angreifers

Abb. 6

Abb. 7

4.) **Möglichkeit 7**:
Angreifer: Angriff mit links zur linken Seite des VC-Kämpfers, linker Fuß vorne
VC-Kämpfer: VC-Taun Sao links, VC-Handflächenstoß rechts, rechtes Bein kontrolliert das linke Bein des Angreifers

5.) **Möglichkeit 8**:
Angreifer: Angriff mit rechts zur linken Seite des VC-Kämpfers, linker Fuß vorne
VC-Kämpfer: VC-Taun Sao links, VC-Handflächenstoß rechts, rechtes Bein kontrolliert das linke Bein des Angreifers

Abb. 8

Beide Kämpfer stehen im VC-Kampfstand.

1.) VC-Kämpfer (links im Bild):
linker Arm (VC-Maun Sao) und linkes Bein (VC-Maun Geurk) vorne
Angreifer:
hat rechten Arm und rechtes Bein vorne

Abb. 9

2.) Möglichkeit 9:
Angreifer: Angriff mit rechts zur linken Seite des VC-Kämpfers, rechter Fuß vorne
VC-Kämpfer: VC-Taun Sao links, VC-Handflächenstoß rechts, linkes Bein kontrolliert das rechte Bein des Angreifers

3.) Möglichkeit 10:
Angreifer: Angriff mit links zur linken Seite des VC-Kämpfers, rechter Fuß vorne
VC-Kämpfer: VC-Taun Sao links, VC-Handflächenstoß rechts, linkes Bein kontrolliert das rechte Bein des Angreifers

Abb. 10

Abb. 11

4.) Möglichkeit 11:
Angreifer: Angriff mit links zur linken Seite des VC-Kämpfers, linker Fuß vorne
VC-Kämpfer: VC-Taun Sao links, VC-Handflächenstoß rechts, linkes Bein kontrolliert das linke Bein des Angreifers

5.) Möglichkeit 12:
Angreifer: Angriff mit rechts zur linken Seite des VC-Kämpfers, linker Fuß vorne
VC-Kämpfer: VC-Taun Sao links, VC-Handflächenstoß rechts, linkes Bein kontrolliert das linke Bein des Angreifers

Abb. 12

2.16.4. VC-Taun Sao Partnerübungen

Beide Kämpfer stehen im VC-Kampfstand.

1.) VC-Kämpfer (links im Bild):
rechter Arm (VC-Maun Sao) und linkes Bein (VC-Maun Geurk) vorne
Angreifer:
hat rechten Arm und rechtes Bein vorne

Abb. 13

2.) Möglichkeit 13:
Angreifer: Angriff mit rechts zur rechten Seite des VC-Kämpfers, rechter Fuß vorne
VC-Kämpfer: VC-Taun Sao rechts, VC-Handflächenstoß links, linkes Bein kontrolliert das rechte Bein des Angreifers

3.) Möglichkeit 14:
Angreifer: Angriff mit links zur rechten Seite des VC-Kämpfers, rechter Fuß vorne
VC-Kämpfer: VC-Taun Sao rechts, VC-Handflächenstoß links, linkes Bein kontrolliert das rechte Bein des Angreifers

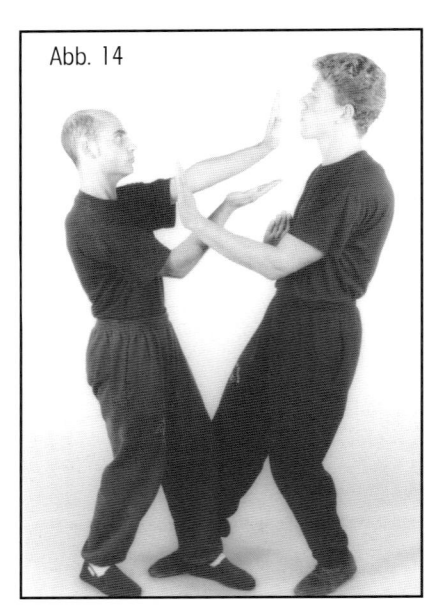

Abb. 14

Abb. 15

4.) Möglichkeit 15:
Angreifer: Angriff mit links zur rechten Seite des VC-Kämpfers, linker Fuß vorne
VC-Kämpfer: VC-Taun Sao rechts, VC-Handflächenstoß links, linkes Bein kontrolliert das linke Bein des Angreifers

5.) Möglichkeit 16:
Angreifer: Angriff mit rechts zur rechten Seite des VC-Kämpfers, linker Fuß vorne
VC-Kämpfer: VC-Taun Sao rechts, VC-Handflächenstoß links, linkes Bein kontrolliert das linke Bein des Angreifers

Abb. 16

2.16.5. VC-Gaun Sao Partnerübungen

Den VC-Gaun Sao wendet der VC-Kämpfer bei Angriffen zu seinem Unterleib an. Der Name bedeutet „Schneidender Arm". Mit dieser VC-Technik wird der Weg des Gegner beim Angriff abgeschnitten und seine Kraft seitlich in die Leere geleitet. Gleichzeitig ist der Arm beim VC-Gaun Sao stabil nach vorne zum Gegner gerichtet und kontrolliert so den Arm des Angreifers. Der VC-Gaun Sao wird ebenfalls in den 16 möglichen Kombinationen gezeigt.

Ausgangsbasis:
Beide Kämpfer stehen im VC-Kampfstand.

1.) VC-Kämpfer (links im Bild):
rechter Arm (VC-Maun Sao) und rechtes Bein (VC-Maun Geurk) vorne
Angreifer:
hat ebenfalls rechten Arm und rechtes Bein vorne

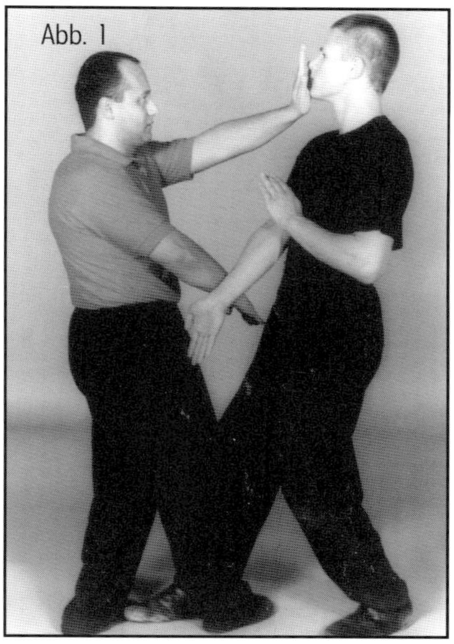

2.) Möglichkeit 1:
Angreifer: Angriff mit rechts zur rechten Seite des VC-Kämpfers, rechter Fuß vorne
VC-Kämpfer: VC-Gaun Sao rechts, VC-Handflächenstoß links, rechtes Bein kontrolliert das rechte Bein des Angreifers

3.) Möglichkeit 2:
Angreifer: Angriff mit links zur rechten Seite des VC-Kämpfers, rechter Fuß vorne
VC-Kämpfer: VC-Gaun Sao rechts, VC-Handflächenstoß links, rechtes Bein kontrolliert das rechte Bein des Angreifers

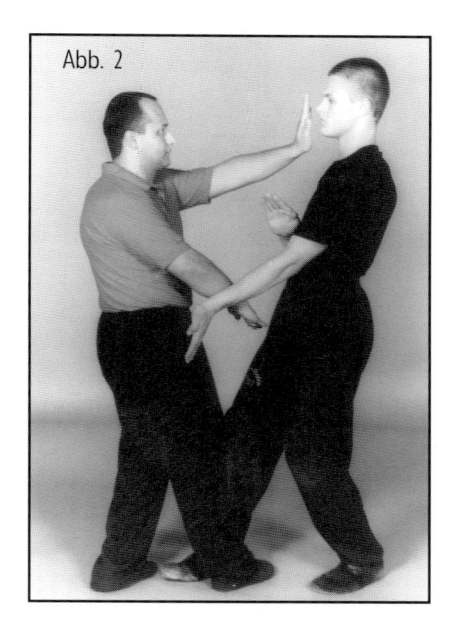

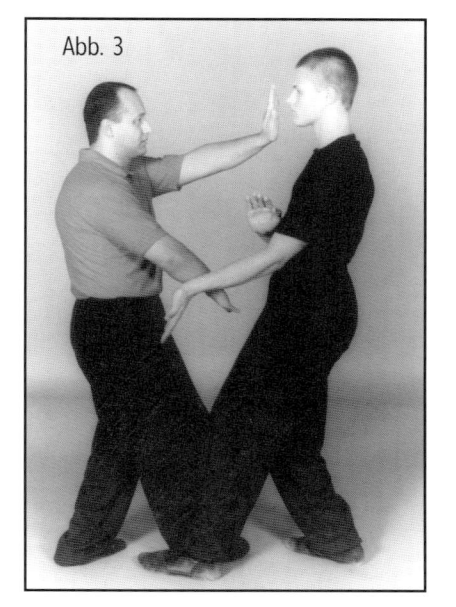

4.) Möglichkeit 3:
Angreifer: Angriff mit links zur rechten Seite des VC-Kämpfers, linker Fuß vorne
VC-Kämpfer: VC-Gaun Sao rechts, VC-Handflächenstoß links, rechtes Bein kontrolliert das linke Bein des Angreifers

5.) Möglichkeit 4:
Angreifer: Angriff mit rechts zur rechten Seite des VC-Kämpfers, linker Fuß vorne
VC-Kämpfer: VC-Gaun Sao rechts, VC-Handflächenstoß links, rechtes Bein kontrolliert das linke Bein des Angreifers

2.16.5. VC-Gaun Sao Partnerübungen

Beide Kämpfer stehen im VC-Kampfstand.

1.) VC-Kämpfer (links im Bild):
linker Arm (VC-Maun Sao) und rechtes Bein (VC-Maun Geurk) vorne
Angreifer:
hat rechten Arm und rechtes Bein vorne

2.) Möglichkeit 5:
Angreifer: Angriff mit rechts zur linken Seite des VC-Kämpfers, rechter Fuß vorne
VC-Kämpfer: VC-Gaun Sao links, VC-Handflächenstoß rechts, rechtes Bein kontrolliert das rechte Bein des Angreifers

3.) Möglichkeit 6:
Angreifer: Angriff mit links zur linken Seite des VC-Kämpfers, rechter Fuß vorne
VC-Kämpfer: VC-Gaun Sao links, VC-Handflächenstoß recht, rechtes Bein kontrolliert das rechte Bein des Angreifers

4.) Möglichkeit 7:
Angreifer: Angriff mit links zur linken Seite des VC-Kämpfers, linker Fuß vorne
VC-Kämpfer: VC-Gaun Sao links, VC-Handflächenstoß rechts, rechtes Bein kontrolliert das linke Bein des Angreifers

5.) Möglichkeit 8:
Angreifer: Angriff mit rechts zur linken Seite des VC-Kämpfers, linker Fuß vorne
VC-Kämpfer: VC-Gaun Sao links, VC-Handflächenstoß rechts, rechtes Bein kontrolliert das linke Bein des Angreifers

Abb. 5

Abb. 6

Abb. 7

Abb. 8

2.16.5. VC-Gaun Sao Partnerübungen

Beide Kämpfer stehen im VC-Kampfstand.

1.) VC-Kämpfer (links im Bild):
linker Arm (VC-Maun Sao) und linkes Bein (VC-Maun Geurk) vorne
Angreifer:
hat rechten Arm und rechtes Bein vorne

Abb. 9

2.) **Möglichkeit 9:**
Angreifer: Angriff mit rechts zur linken Seite des VC-Kämpfers, rechter Fuß vorne
VC-Kämpfer: VC-Gaun Sao links, VC-Handflächenstoß rechts, linkes Bein kontrolliert das rechte Bein des Angreifers

3.) **Möglichkeit 10:**
Angreifer: Angriff mit links zur linken Seite des VC-Kämpfers, rechter Fuß vorne
VC-Kämpfer: VC-Gaun Sao links, VC-Handflächenstoß rechts, linkes Bein kontrolliert das rechte Bein des Angreifers

Abb. 10

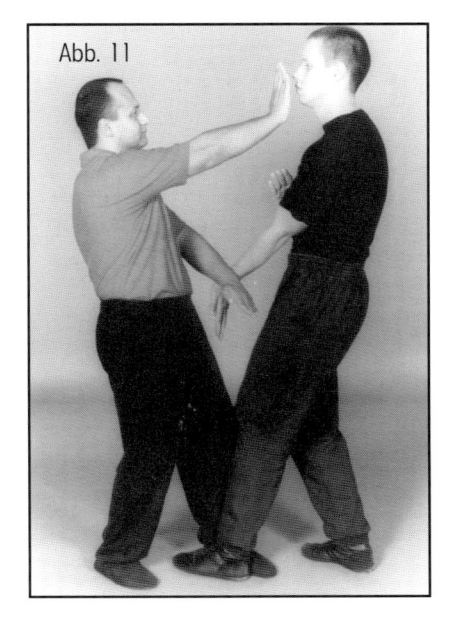

Abb. 11

4.) **Möglichkeit 11:**
Angreifer: Angriff mit links zur linken Seite des VC-Kämpfers, linker Fuß vorne
VC-Kämpfer: VC-Gaun Sao links, VC-Handflächenstoß rechts, linkes Bein kontrolliert das linke Bein des Angreifers

5.) **Möglichkeit 12:**
Angreifer: Angriff mit rechts zur linken Seite des VC-Kämpfers, linker Fuß vorne
VC-Kämpfer: VC-Gaun Sao links, VC-Handflächenstoß rechts, linkes Bein kontrolliert das linke Bein des Angreifers

Abb. 12

Copyright by Sigung Sifu-Meister Birol Özden

2.16.5. VC-Gaun Sao Partnerübungen

Beide Kämpfer stehen im VC-Kampfstand.

1.) VC-Kämpfer (links im Bild):
rechter Arm (VC-Maun Sao) und linkes Bein (VC-Maun Geurk) vorne
Angreifer:
hat rechten Arm und rechtes Bein vorne

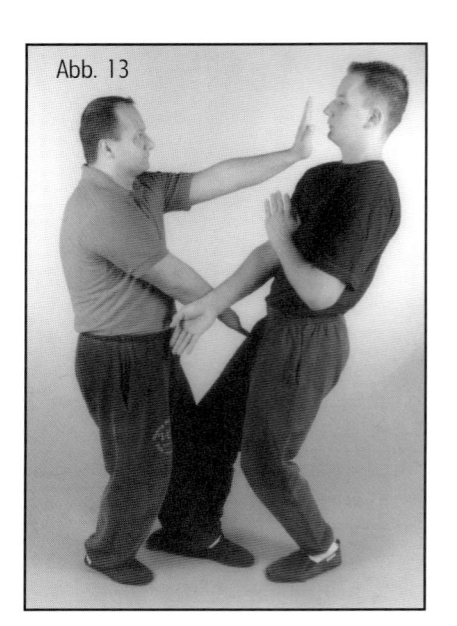

Abb. 13

2.) **Möglichkeit 13:**
Angreifer: Angriff mit rechts zur rechten Seite des VC-Kämpfers, rechter Fuß vorne
VC-Kämpfer: VC-Gaun Sao rechts, VC-Handflächenstoß links, linkes Bein kontrolliert das rechte Bein des Angreifers

3.) **Möglichkeit 14:**
Angreifer: Angriff mit links zur rechten Seite des VC-Kämpfers, rechter Fuß vorne
VC-Kämpfer: VC-Gaun Sao rechts, VC-Handflächenstoß links, linkes Bein kontrolliert das rechte Bein des Angreifers

Abb. 14

Abb. 15

4.) **Möglichkeit 15:**
Angreifer: Angriff mit links zur rechten Seite des VC-Kämpfers, linker Fuß vorne
VC-Kämpfer: VC-Gaun Sao rechts, VC-Handflächenstoß links, linkes Bein kontrolliert das linke Bein des Angreifers

5.) **Möglichkeit 16:**
Angreifer: Angriff mit rechts zur rechten Seite des VC-Kämpfers, linker Fuß vorne
VC-Kämpfer: VC-Gaun Sao rechts, VC-Handflächenstoß links, linkes Bein kontrolliert das linke Bein des Angreifers

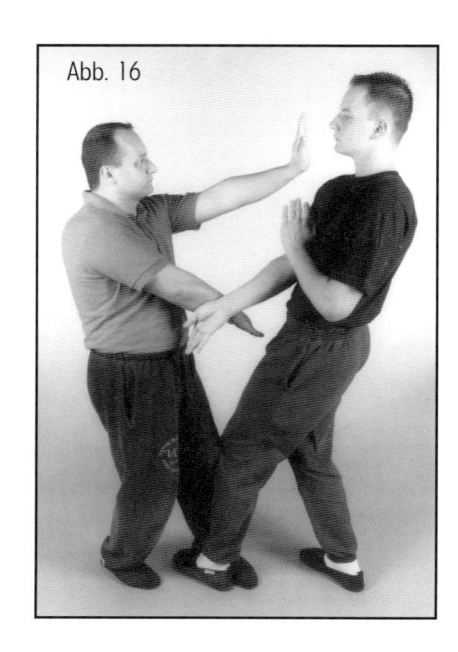

Abb. 16

2.16.6. VC-Gaum Sao Partnerübungen

Der VC-Gaum Sao (= Haltender Arm) wird ebenfalls bei Angriffen zum Unterleib eingesetzt. Im Unterschied zum VC-Gaun Sao gehen diese Angriffe jedoch auf die dem VC-Maun Sao gegenüberliegende Seite des Körpers. Wie schon bei den anderen VC-Grundtechniken sind auch hier 16 Kombinationen möglich.

Ausgangsbasis:
Beide Kämpfer stehen im VC-Kampfstand.

1.) VC-Kämpfer (links im Bild):
rechter Arm (VC-Maun Sao) und rechtes Bein (VC-Maun Geurk) vorne
Angreifer:
hat ebenfalls rechten Arm und rechtes Bein vorne

Abb. 1

2.) **Möglichkeit 1:**
Angreifer: Angriff mit rechts zur linken Seite des VC-Kämpfers, rechter Fuß vorne
VC-Kämpfer: VC-Gaum Sao rechts, VC-Handflächenstoß links, rechtes Bein kontrolliert das rechte Bein des Angreifers

3.) **Möglichkeit 2:**
Angreifer: Angriff mit links zur linken Seite des VC-Kämpfers, rechter Fuß vorne
VC-Kämpfer: VC-Gaum Sao rechts, VC-Handflächenstoß links, rechtes Bein kontrolliert das rechte Bein des Angreifers

Abb. 2

Abb. 3

4.) **Möglichkeit 3:**
Angreifer: Angriff mit links zur linken Seite des VC-Kämpfers, linker Fuß vorne
VC-Kämpfer: VC-Gaum Sao rechts, VC-Handflächenstoß links, rechtes Bein kontrolliert das linke Bein des Angreifers

5.) **Möglichkeit 4:**
Angreifer: Angriff mit rechts zur linken Seite des VC-Kämpfers, linker Fuß vorne
VC-Kämpfer: VC-Gaum Sao rechts, VC-Handflächenstoß links, rechtes Bein kontrolliert das linke Bein des Angreifers

Abb. 4

2.16.6. VC-Gaum Sao Partnerübungen

Beide Kämpfer stehen im VC-Kampfstand.

1.) VC-Kämpfer (links im Bild):
linker Arm (VC-Maun Sao) und rechtes Bein (VC-Maun Geurk) vorne
Angreifer:
hat rechten Arm und rechtes Bein vorne

Abb. 5

2.) Möglichkeit 5:
Angreifer: Angriff mit rechts zur rechten Seite des VC-Kämpfers, rechter Fuß vorne
VC-Kämpfer: VC-Gaum Sao links, VC-Handflächenstoß rechts, rechtes Bein kontrolliert das rechte Bein des Angreifers

3.) Möglichkeit 6:
Angreifer: Angriff mit links zur rechten Seite des VC-Kämpfers, rechter Fuß vorne
VC-Kämpfer: VC-Gaum Sao links, VC-Handflächenstoß rechts, rechtes Bein kontrolliert das rechte Bein des Angreifers

Abb. 6

Abb. 7

4.) Möglichkeit 7:
Angreifer: Angriff mit links zur rechten Seite des VC-Kämpfers, linker Fuß vorne
VC-Kämpfer: VC-Gaum Sao links, VC-Handflächenstoß rechts, rechtes Bein kontrolliert das linke Bein des Angreifers

5.) Möglichkeit 8:
Angreifer: Angriff mit rechts zur rechten Seite des VC-Kämpfers, linker Fuß vorne
VC-Kämpfer: VC-Gaum Sao links, VC-Handflächenstoß rechts, rechtes Bein kontrolliert das linke Bein des Angreifers

Abb. 8

2.16.6. VC-Gaum Sao Partnerübungen

Beide Kämpfer stehen im VC-Kampfstand.

1.) VC-Kämpfer (links im Bild):
linker Arm (VC-Maun Sao) und linkes Bein (VC-Maun Geurk) vorne
Angreifer:
hat rechten Arm und rechtes Bein vorne

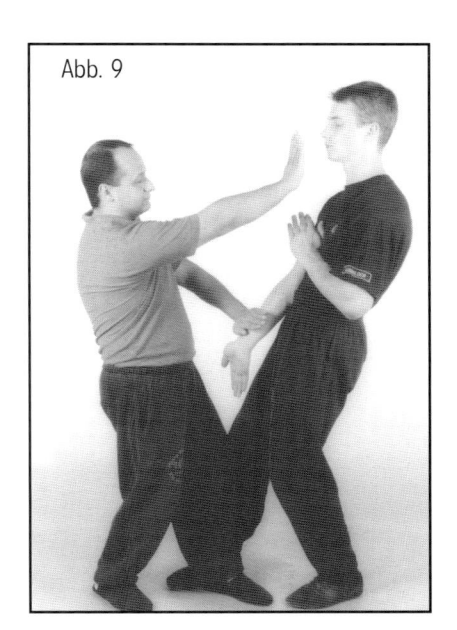

Abb. 9

2.) Möglichkeit 9:
Angreifer: Angriff mit rechts zur rechten Seite des VC-Kämpfers, rechter Fuß vorne
VC-Kämpfer: VC-Gaum Sao links, VC-Handflächenstoß rechts, linkes Bein kontrolliert das rechte Bein des Angreifers

3.) Möglichkeit 10:
Angreifer: Angriff mit links zur rechten Seite des VC-Kämpfers, rechter Fuß vorne
VC-Kämpfer: VC-Gaum Sao links, VC-Handflächenstoß rechts, linkes Bein kontrolliert das rechte Bein des Angreifers

Abb. 10

Abb. 11

4.) Möglichkeit 11:
Angreifer: Angriff mit links zur rechten Seite des VC-Kämpfers, linker Fuß vorne
VC-Kämpfer: VC-Gaum Sao links, VC-Handflächenstoß rechts, linkes Bein kontrolliert das linke Bein des Angreifers

5.) Möglichkeit 12:
Angreifer: Angriff mit rechts zur rechten Seite des VC-Kämpfers, linker Fuß vorne
VC-Kämpfer: VC-Gaum Sao links, VC-Handflächenstoß rechts, linkes Bein kontrolliert das linke Bein des Angreifers

Abb. 12

2.16.6. VC-Gaum Sao Partnerübungen

Beide Kämpfer stehen im VC-Kampfstand.

1.) VC-Kämpfer (links im Bild):
rechter Arm (VC-Maun Sao) und linkes Bein (VC-Maun Geurk) vorne
Angreifer:
hat rechten Arm und rechtes Bein vorne

Abb. 13

2.) **Möglichkeit 13:**
Angreifer: Angriff mit rechts zur linken Seite des VC-Kämpfers, rechter Fuß vorne
VC-Kämpfer: VC-Gaum Sao rechts, VC-Handflächenstoß links, linkes Bein kontrolliert das rechte Bein des Angreifers

3.) **Möglichkeit 14:**
Angreifer: Angriff mit links zur linken Seite des VC-Kämpfers, rechter Fuß vorne
VC-Kämpfer: VC-Gaum Sao rechts, VC-Handflächenstoß links, linkes Bein kontrolliert das rechte Bein des Angreifers

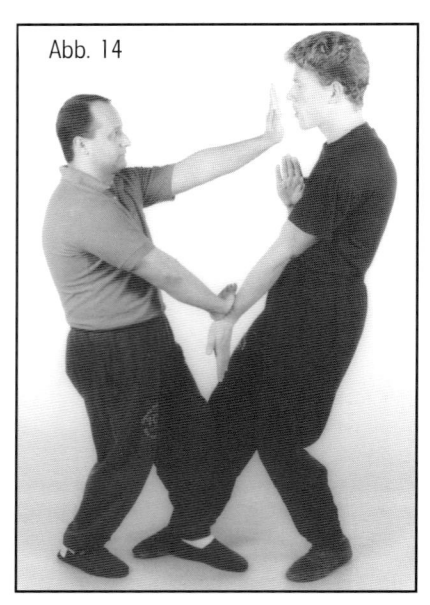

Abb. 14

Abb. 15

4.) **Möglichkeit 15:**
Angreifer: Angriff mit links zur linken Seite des VC-Kämpfers, linker Fuß vorne
VC-Kämpfer: VC-Gaum Sao rechts, VC-Handflächenstoß links, linkes Bein kontrolliert das linke Bein des Angreifers

5.) **Möglichkeit 16:**
Angreifer: Angriff mit rechts zur linken Seite des VC-Kämpfers, linker Fuß vorne
VC-Kämpfer: VC-Gaum Sao rechts, VC-Handflächenstoß links, linkes Bein kontrolliert das linke Bein des Angreifers

Abb. 16

2.16.7. VC-Jaum Sao Partnerübungen

Den VC-Jaum Sao wendet der VC-Kämpfer bei Angriffen auf die Mitte seines Körpers an, die z. B. zum Solarplexus oder auf die Rippen und die darunter liegenden Organe gerichtet sind. Der VC-Jaum Sao bedeutet „Sinkender Arm", da sich beim Angriff der Arm des VC-Kämpfers vom VC-Maun Sao aus senkt und der Ellbogen vor die Körpermitte genommen wird. Dadurch kann der VC-Kämpfer den Angriff mit dem Unterarm aufnehmen und seitlich an sich vorbeileiten. Auch hier können alle 16 Möglichkeiten trainiert werden, die für die VC-Grundtechniken eintreten können.

Ausgangsbasis:
Beide Kämpfer stehen im VC-Kampfstand.

1.) VC-Kämpfer (links im Bild):
rechter Arm (VC-Maun Sao) und rechtes Bein (VC-Maun Geurk) vorne
Angreifer:
hat ebenfalls rechten Arm und rechtes Bein vorne

2.) Möglichkeit 1:
Angreifer: Angriff mit rechts zur linken Seite des VC-Kämpfers, rechter Fuß vorne
VC-Kämpfer: VC-Jaum Sao rechts, VC-Handflächenstoß links, rechtes Bein kontrolliert das rechte Bein des Angreifers

3.) Möglichkeit 2:
Angreifer: Angriff mit links zur linken Seite des VC-Kämpfers, rechter Fuß vorne
VC-Kämpfer: VC-Jaum Sao rechts, VC-Handflächenstoß links, rechtes Bein kontrolliert das rechte Bein des Angreifers

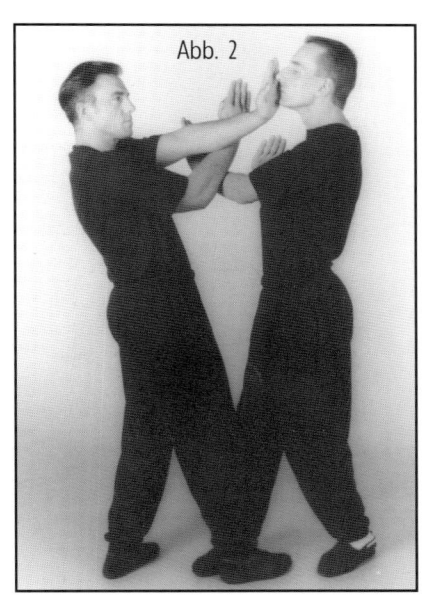

4.) Möglichkeit 3:
Angreifer: Angriff mit links zur linken Seite des VC-Kämpfers, linker Fuß vorne
VC-Kämpfer: VC-Jaum Sao rechts, VC-Handflächenstoß links, rechtes Bein kontrolliert das linke Bein des Angreifers

5.) Möglichkeit 4:
Angreifer: Angriff mit rechts zur linken Seite des VC-Kämpfers, linker Fuß vorne
VC-Kämpfer: VC-Jaum Sao rechts, VC-Handflächenstoß links, rechtes Bein kontrolliert das linke Bein des Angreifers

2.16.7. VC-Jaum Sao Partnerübungen

Beide Kämpfer stehen im VC-Kampfstand.

1.) VC-Kämpfer (links im Bild):
linker Arm (VC-Maun Sao) und rechtes Bein (VC-Maun Geurk) vorne
Angreifer:
hat rechten Arm und rechtes Bein vorne

Abb. 5

2.) **Möglichkeit 5:**
Angreifer: Angriff mit rechts zur rechten Seite des VC-Kämpfers, rechter Fuß vorne
VC-Kämpfer: VC-Jaum Sao links, VC-Handflächenstoß rechts, rechtes Bein kontrolliert das rechte Bein des Angreifers

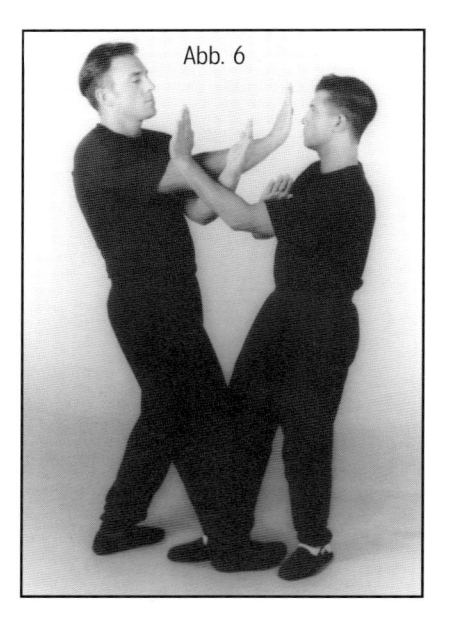

3.) **Möglichkeit 6:**
Angreifer: Angriff mit links zur rechten Seite des VC-Kämpfers, rechter Fuß vorne
VC-Kämpfer: VC-Jaum Sao links, VC-Handflächenstoß rechts, rechtes Bein kontrolliert das rechte Bein des Angreifers

Abb. 6

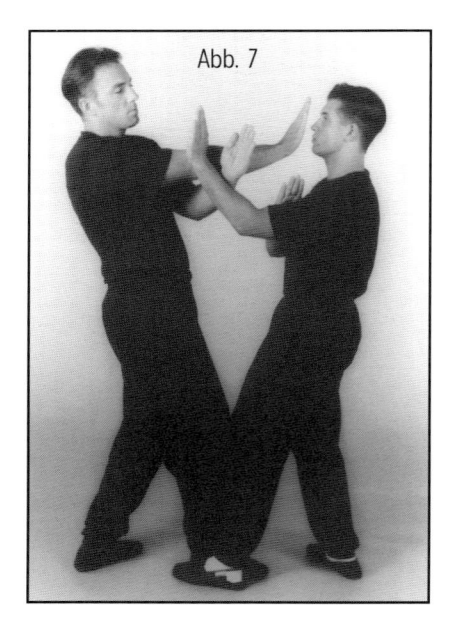

Abb. 7

4.) **Möglichkeit 7:**
Angreifer: Angriff mit links zur rechten Seite des VC-Kämpfers, linker Fuß vorne
VC-Kämpfer: VC-Jaum Sao links, VC-Handflächenstoß rechts, rechtes Bein kontrolliert das linke Bein des Angreifers

5.) **Möglichkeit 8:**
Angreifer: Angriff mit rechts zur rechten Seite des VC-Kämpfers, linker Fuß vorne
VC-Kämpfer: VC-Jaum Sao links, VC-Handflächenstoß rechts, rechtes Bein kontrolliert das linke Bein des Angreifers

Abb. 8

Beide Kämpfer stehen im VC-Kampfstand.

1.) VC-Kämpfer (links im Bild):
linker Arm (VC-Maun Sao) und linkes Bein (VC-Maun Geurk) vorne
Angreifer:
hat rechten Arm und rechtes Bein vorne

Abb. 9

2.) **Möglichkeit 9:**
Angreifer: Angriff mit rechts zur rechten Seite des VC-Kämpfers, rechter Fuß vorne
VC-Kämpfer: VC-Jaum Sao links, VC-Handflächenstoß rechts, linkes Bein kontrolliert das rechte Bein des Angreifers

3.) **Möglichkeit 10:**
Angreifer: Angriff mit links zur rechten Seite des VC-Kämpfers, rechter Fuß vorne
VC-Kämpfer: VC-Jaum Sao links, VC-Handflächenstoß rechts, linkes Bein kontrolliert das rechte Bein des Angreifers

Abb. 10

Abb. 11

4.) **Möglichkeit 11:**
Angreifer: Angriff mit links zur rechten Seite des VC-Kämpfers, linker Fuß vorne
VC-Kämpfer: VC-Jaum Sao links, VC-Handflächenstoß rechts, linkes Bein kontrolliert das linke Bein des Angreifers

5.) **Möglichkeit 12:**
Angreifer: Angriff mit rechts zur rechten Seite des VC-Kämpfers, linker Fuß vorne
VC-Kämpfer: VC-Jaum Sao links, VC-Handflächenstoß rechts, linkes Bein kontrolliert das linke Bein des Angreifers

Abb. 12

2.16.7. VC-Jaum Sao Partnerübungen

Beide Kämpfer stehen im VC-Kampfstand.

1.) VC-Kämpfer (links im Bild):
rechter Arm (VC-Maun Sao) und linkes Bein (VC-Maun Geurk) vorne
Angreifer:
hat rechten Arm und rechtes Bein vorne

Abb. 13

2.) **Möglichkeit 13:**
Angreifer: Angriff mit rechts zur linken Seite des VC-Kämpfers, rechter Fuß vorne
VC-Kämpfer: VC-Jaum Sao rechts, VC-Handflächenstoß links, linkes Bein kontrolliert das rechte Bein des Angreifers

3.) **Möglichkeit 14:**
Angreifer: Angriff mit links zur linken Seite des VC-Kämpfers, rechter Fuß vorne
VC-Kämpfer: VC-Jaum Sao rechts, VC-Handflächenstoß links, linkes Bein kontrolliert das rechte Bein des Angreifers

Abb. 14

Abb. 15

4.) **Möglichkeit 15:**
Angreifer: Angriff mit links zur linken Seite des VC-Kämpfers, linker Fuß vorne
VC-Kämpfer: VC-Jaum Sao rechts, VC-Handflächenstoß links, linkes Bein kontrolliert das linke Bein des Angreifers

5.) **Möglichkeit 16:**
Angreifer: Angriff mit rechts zur linken Seite des VC-Kämpfers, linker Fuß vorne
VC-Kämpfer: VC-Jaum Sao rechts, VC-Handflächenstoß links, linkes Bein kontrolliert das linke Bein des Angreifers

Abb. 16

2.16.8. VC-Kau Sao Partnerübungen

Auch für die letzte der acht VC-Grundtechniken gelten selbstverständlich die 16 Kombinationsmöglichkeiten, die bereits für die übrigen Techniken beschrieben wurden. Der VC-Kau Sao (= Öffnender Arm) wird ebenso wie der VC-Jaum Sao bei Angriffen auf die Körpermitte eingesetzt, und zwar bei solchen, die auf die Seite des VC-Maun Sao gerichtet sind. Der VC-Kau Sao leitet den Angriff nach außen und öffnet so den Gegner, so dass der VC-Kämpfer im Anschluss seinerseits die ungeschützte Mitte des Angreifers treffen kann.

Ausgangsbasis:
Beide Kämpfer stehen im VC-Kampfstand.

1.) VC-Kämpfer (links im Bild):
rechter Arm (VC-Maun Sao) und rechtes Bein (VC-Maun Geurk) vorne
Angreifer:
hat ebenfalls rechten Arm und rechtes Bein vorne

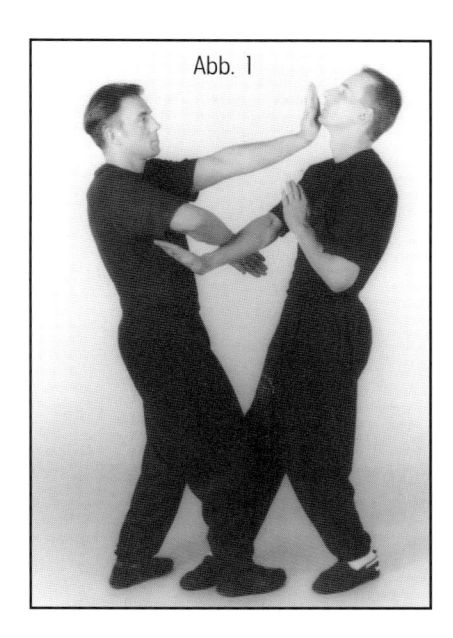

2.) **Möglichkeit 1:**
Angreifer: Angriff mit rechts zur rechten Seite des VC-Kämpfers, rechter Fuß vorne
VC-Kämpfer: VC-Kau Sao rechts, VC-Handflächenstoß links, rechtes Bein kontrolliert das rechte Bein des Angreifers

3.) **Möglichkeit 2:**
Angreifer: Angriff mit links zur rechten Seite des VC-Kämpfers, rechter Fuß vorne
VC-Kämpfer: VC-Kau Sao rechts, VC-Handflächenstoß links, rechtes Bein kontrolliert das rechte Bein des Angreifers

4.) **Möglichkeit 3:**
Angreifer: Angriff mit links zur rechten Seite des VC-Kämpfers, linker Fuß vorne
VC-Kämpfer: VC-Kau Sao rechts, VC-Handflächenstoß links, rechtes Bein kontrolliert das linke Bein des Angreifers

5.) **Möglichkeit 4:**
Angreifer: Angriff mit rechts zur rechten Seite des VC-Kämpfers, linker Fuß vorne
VC-Kämpfer: VC-Kau Sao rechts, VC-Handflächenstoß links, rechtes Bein kontrolliert das linke Bein des Angreifers

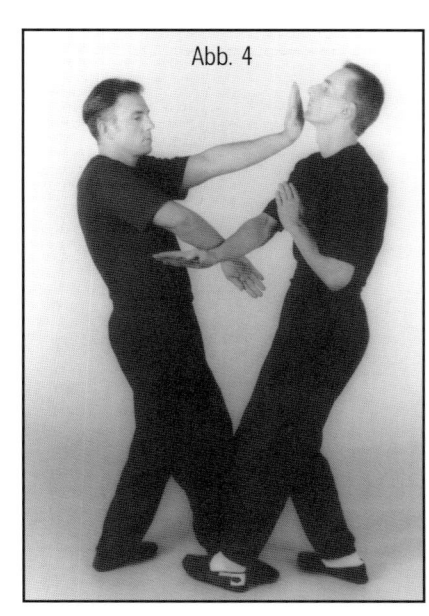

2.16.8. VC-Kau Sao Partnerübungen

Beide Kämpfer stehen im VC-Kampfstand.

1.) VC-Kämpfer (links im Bild):
linker Arm (VC-Maun Sao) und rechtes Bein (VC-Maun Geurk) vorne
Angreifer:
hat rechten Arm und rechtes Bein vorne

2.) Möglichkeit 5:
Angreifer: Angriff mit rechts zur linken Seite des VC-Kämpfers, rechter Fuß vorne
VC-Kämpfer: VC-Kau Sao links, VC-Handflächenstoß rechts, rechtes Bein kontrolliert das rechte Bein des Angreifers

Abb. 5

3.) Möglichkeit 6:
Angreifer: Angriff mit links zur linken Seite des VC-Kämpfers, rechter Fuß vorne
VC-Kämpfer: VC-Kau Sao links, VC-Handflächenstoß rechts, rechtes Bein kontrolliert das rechte Bein des Angreifers

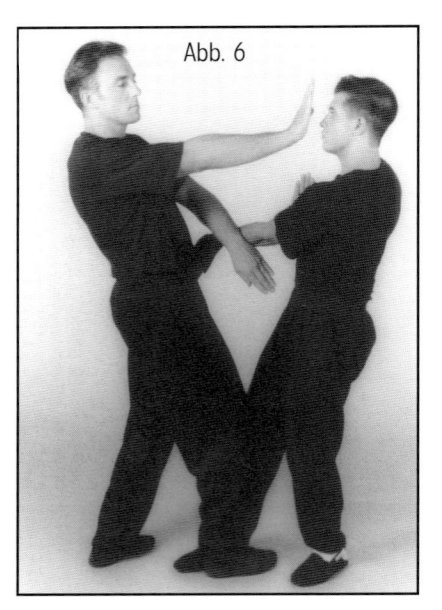

Abb. 6

4.) Möglichkeit 7:
Angreifer: Angriff mit links zur linken Seite des VC-Kämpfers, linker Fuß vorne
VC-Kämpfer: VC-Kau Sao links, VC-Handflächenstoß rechts, rechtes Bein kontrolliert das linke Bein des Angreifers

Abb. 7

5.) Möglichkeit 8:
Angreifer: Angriff mit rechts zur linken Seite des VC-Kämpfers, linker Fuß vorne
VC-Kämpfer: VC-Kau Sao links, VC-Handflächenstoß rechts, rechtes Bein kontrolliert das linke Bein des Angreifers

Abb. 8

2.16.8. VC-Kau Sao Partnerübungen

Beide Kämpfer stehen im VC-Kampfstand.

1.) VC-Kämpfer (links im Bild):
linker Arm (VC-Maun Sao) und linkes Bein (VC-Maun Geurk) vorne
Angreifer:
hat rechten Arm und rechtes Bein vorne

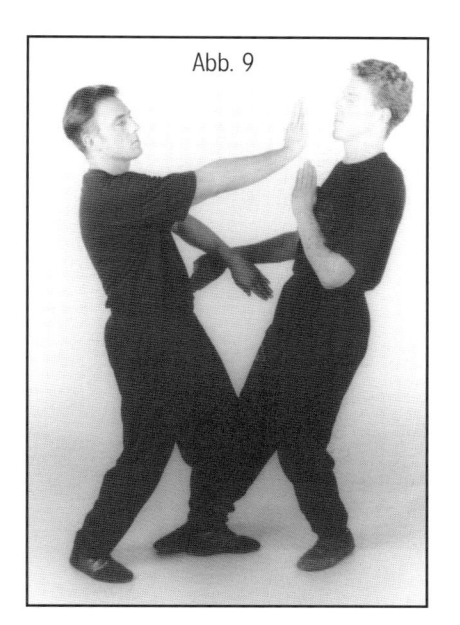

Abb. 9

2.) **Möglichkeit 9:**
Angreifer: Angriff mit rechts zur linken Seite des VC-Kämpfers, rechter Fuß vorne
VC-Kämpfer: VC-Kau Sao links, VC-Handflächenstoß rechts, linkes Bein kontrolliert das rechte Bein des Angreifers

Abb. 10

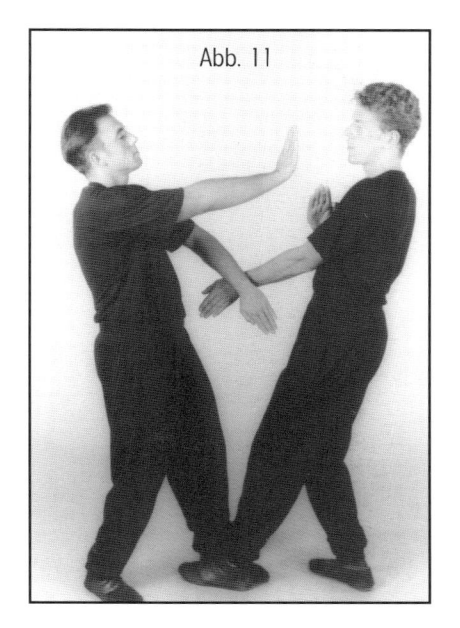

3.) **Möglichkeit 10:**
Angreifer: Angriff mit links zur linken Seite des VC-Kämpfers, rechter Fuß vorne
VC-Kämpfer: VC-Kau Sao links, VC-Handflächenstoß rechts, linkes Bein kontrolliert das rechte Bein des Angreifers

Abb. 11

4.) **Möglichkeit 11:**
Angreifer: Angriff mit links zur linken Seite des VC-Kämpfers, linker Fuß vorne
VC-Kämpfer: VC-Kau Sao links, VC-Handflächenstoß rechts, linkes Bein kontrolliert das linke Bein des Angreifers

Abb. 12

5.) **Möglichkeit 12:**
Angreifer: Angriff mit rechts zur linken Seite des VC-Kämpfers, linker Fuß vorne
VC-Kämpfer: VC-Kau Sao links, VC-Handflächenstoß rechts, linkes Bein kontrolliert das linke Bein des Angreifers

2.16.8. VC-Kau Sao Partnerübungen

Beide Kämpfer stehen im VC-Kampfstand.

1.) VC-Kämpfer (links im Bild):
rechter Arm (VC-Maun Sao) und linkes Bein (VC-Maun Geurk) vorne
Angreifer:
hat rechten Arm und rechtes Bein vorne

Abb. 13

2.) **Möglichkeit 13:**
Angreifer: Angriff mit rechts zur rechten Seite des VC-Kämpfers, rechter Fuß vorne
VC-Kämpfer: VC-Kau Sao rechts, VC-Handflächenstoß links, linkes Bein kontrolliert das rechte Bein des Angreifers

Abb. 14

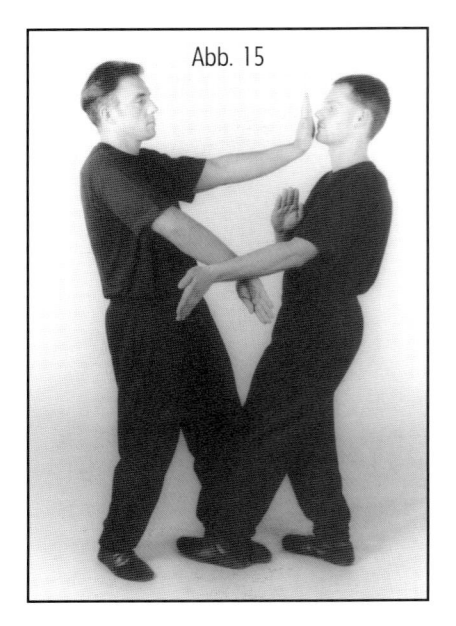

3.) **Möglichkeit 14:**
Angreifer: Angriff mit links zur rechten Seite des VC-Kämpfers, rechter Fuß vorne
VC-Kämpfer: VC-Kau Sao rechts, VC-Handflächenstoß links, linkes Bein kontrolliert das rechte Bein des Angreifers

Abb. 15

4.) **Möglichkeit 15:**
Angreifer: Angriff mit links zur rechten Seite des VC-Kämpfers, linker Fuß vorne
VC-Kämpfer: VC-Kau Sao rechts, VC-Handflächenstoß links, linkes Bein kontrolliert das linke Bein des Angreifers

Abb. 16

5.) **Möglichkeit 16:**
Angreifer: Angriff mit rechts zur rechten Seite des VC-Kämpfers, linker Fuß vorne
VC-Kämpfer: VC-Kau Sao rechts, VC-Handflächenstoß links, linkes Bein kontrolliert das linke Bein des Angreifers

2.16.8. VC-Kau Sao Partnerübungen

16 Möglichkeiten der VC-Grundtechniken mit Einsatz von VC-Ellbogenstoß

Nach der Ausführung der VC-Grundtechniken kann bei allen 16 Möglichkeiten die Kombination der VC-Nahkampftechniken VC-Kniestoß und VC-Ellbogenstoß folgen. Auch hier sind verschiedene Möglichkeiten einsetzbar. Beispiele für diese Techniken finden sich im Kapitel 2.13 und im folgenden Kapitel 2.17 über VC-Laut Sao Kampf.

Abb. 1

Wenn der Gegner bei seinem Angriff bereits nah genug steht, kann ein VC-Kämpfer statt des Handflächenstoßes auch direkt einen VC-Ellbogenstoß einsetzen. In den nachfolgenden Beispielen wird das anhand von zwei verschiedenen Arten von VC-Ellbogenstößen demonstriert.

1. Kombination eines VC-Taun Sao mit einem schneidenden VC-Ellbogenstoß, auch Laun Sao-Ellbogen genannt.

2. VC-Taun Sao in Verbindung mit einem fallenden VC-Ellbogenstoß.

Abb. 2

Abb. 3

3. Aufnahme eines tiefen Angriffs durch VC-Gaun Sao und gleichzeitiger fallender VC-Ellbogenstoß zum Kopf des Gegners.

4. VC-Gaun Sao und gleichzeitiger schneidender VC-Ellbogenstoß.

Abb. 4

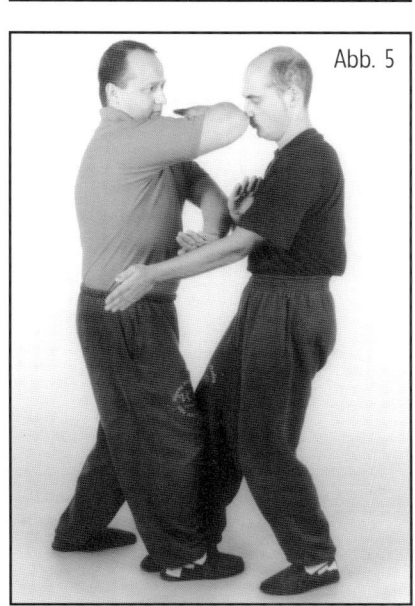

Abb. 5

5. VC-Gaum Sao als Reaktion auf einen tiefen Angriff und Treffer mit schneidendem VC-Ellbogenstoß.

6. VC-Gaum Sao mit einem fallenden VC-Ellbogenstoß.

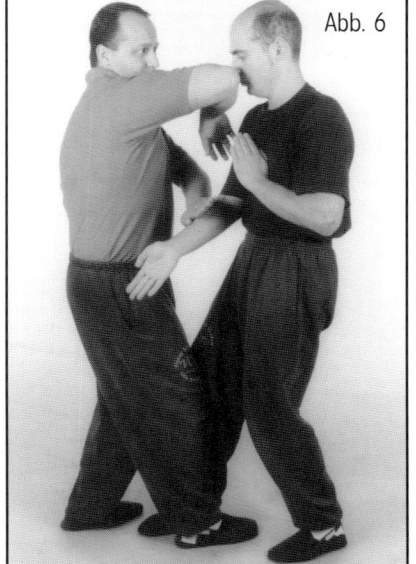

Abb. 6

2.17. VC-Laut Sao / VC-Fouk Sao

VC-Kampfstellung

Aufnahme des Angriffs mit VC-Fouk Sao, dabei gleichzeitig eigener Angriff mit VC-Handflächenstoß zum Gesicht des Gegners

Kontrolle des Angriffsarms mit VC-Laup Sao, weiterer VC-Laup Sao am Nacken, um den Gegner zu kontrollieren und dann einen geraden VC-Kniestoß auszuführen

Der Begriff Laut Sao bedeutet frei übersetzt so viel wie Freikampf. Das bedeutet, beim VC-Laut Sao geht es um freie Kampfabläufe ohne fest vorgegebene Regeln. Denn Regeln gibt es auch im Kampf auf der Straße nicht - warum also sollte man sich bei der Vorbereitung auf einen realen Kampf auf Regeln einstellen?

Kontrolle des Gegners mit VC-Laup Sao und fallender VC-Ellbogenstoß zu seinem Kopf

Kontrolle mit beiden Armen durch VC-Laup Sao am Nacken des Gegners, erneuter VC-Kniestoß

Da der Gegner nach dem Kniestoß nach unten sackt, greift der VC-Kämpfer um, kontrolliert seinen Nacken von oben und macht mit dem freien Arm einen Abwärts-Ellbogen.

2.17. VC-Laut Sao / VC-Pauk Sao

VC-Kampfstellung, der Gegner wird beobachtet

Aufnahme des Angriffs mit VC-Pauk Sao, Treffer zum Unterkiefer mit VC-Fauk Sao Handkantenschlag

Kontrolle des Angriffsarms mit VC-Laup Sao, Festhalten am Nacken (ebenfalls VC-Laup Sao) und VC-Kniestoß. Zum VC-Laup Sao vergleiche auch Kap.2.11.

Unter VC-Laut Sao versteht man das Kampftraining im VC-Ving Chun, in dem alle VC-Techniken in Form von Kampfübungen trainiert werden. Der VC-Schüler lernt im Partnertraining, wie realistische Kampfsituationen verlaufen können. Er wird langsam an den Kontakt mit einem Gegner gewöhnt und lernt seine eigenen kämpferischen Fähigkeiten kennen.

Die Kontrolle des gegnerischen Armes wird gelöst, da der VC-Schüler einen schneidenden VC-Ellbogenstoß zum Kopf seines Gegners ausführt.

Umgreifen zur Kontrolle mit beiden Armen zum Rücken und Nacken des Gegners, um ihn für einen weiteren VC-Kniestoß festzuhalten

Erneute Kontrolle des Gegners mit dem linken Arm und abwärts geführter VC-Ellbogenstoß mit rechts.

2.17. **VC-Laut Sao / VC-Boung Sao**

VC-Kampfstellung

VC-Boung Sao mit geradem VC-Handflächenstoß

Die Hand wird vom VC-Boung Sao aus gedreht, um den Arm des Gegners mit VC-Laup Sao zu kontrollieren. Mit dem anderen Arm hält der VC-Kämpfer durch VC-Laup Sao seinen Gegner für den VC-Kniestoß fest.

Im Sparringstraining beim VC-Laut Sao gibt es direkten Körperkontakt, deshalb ist im Training das Tragen von Schutzausrüstung vorteilhaft für beide Partner, besonders bei unerfahrenen Schülern. Die Schüler sollten beim Training Schutzausrüstung tragen, um realistische Bedingungen zu schaffen und trotzdem vor Verletzungen geschützt zu sein. Damit können sie hart trainieren ohne sich selbst oder ihren Trainingspartner zu gefährden.

Lösen des VC-Laup Sao und schneidender VC-Ellbogenstoß, wobei der linke Arm weiter den Gegner mit VC-Laup Sao am Nacken kontrolliert

Aus dem Ellbogen greift der VC-Kämpfer um und packt den Gegner mit VC-Doppel-Laup Sao, um ihn für einen kräftigen VC-Kniestoß festzuhalten.

Der Gegner fällt nach vorne, worauf der VC-Kämpfer ihn mit einem Arm kontrolliert und mit dem anderen Arm einen Abwärts-Ellbogen gibt

2.17. VC-Laut Sao / VC-Taun Sao

VC-Kampfstellung

Beim Angriff des Gegners erfolgt VC-Taun Sao mit gleichzeitigem VC-Handflächenstoß zum Kopf

Umgreifen zum VC-Laup Sao, um den Angriffsarm zu kontrollieren, zweiter VC-Laup Sao am Nacken zum Festhalten des Gegners für geraden VC-Kniestoß

In den Grundübungen des VC-Laut Sao, die ein Anfänger trainiert, lernt er vor allem den Einsatz der einfachen VC-Grund-, Angriffs- und Nahkampftechniken. Zuerst lernt er einfache, vorgegebene Abläufe, dann trainert er seine Power und schließlich die Schnelligkeit. Nach diesem Prinzip wird jeder Schüler ausgebildet, und diese Lernpsychologie steckt in allen VC-Übungen und Trainingsprogrammen.

Treffer mit VC-Ellbogenstoß, wobei der Gegner mit VC-Laup Sao kontrolliert wird

Kontrolle mit beiden Armen durch VC-Laup Sao am Nacken des Gegners, erneuter VC-Kniestoß

Ellbogen von oben zum Nacken des Gegners, der durch den VC-Kniestoß zusammengesunken ist

2.17. VC-Laut Sao / VC-Gaun Sao

VC-Kampfstellung

Aufnahme eines tiefen Angriffs mit VC-Gaun Sao, gleichzeitig VC-Handflächenstoß zum Kopf

VC-Laup Sao am Arm des Gegners sowie an seinem Nacken, gerader VC-Kniestoß

Bei fortgeschrittenen Schülern ist das VC-Laut Sao Training sehr wichtig, um die kämpferische Power einerseits und die Reaktionsfähigkeit andererseits zu verbessern. Der Schüler lernt, sich auf immer neue Aktionen des Gegners einzustellen. Diese sind für ihn Impulse, die seine Handlungen auslösen. Durch das Kontakttraining Daun Chi (einarmig in der Unterstufe) und Chi Saoo (zweiarmig in der Mittelstufe) trainiert er sein Unterbewusstsein. So gewinnt er wertvolle Millisekunden an Schnelligkeit, die im Kampf überaus wichtig sind.

Kontrolle durch VC-Laup Sao und fallender VC-Ellbogenstoß zum Kopf des Gegners

Weiterer VC-Kniestoß, wobei der Gegner mit VC-Doppel-Laup Sao festgehalten wird

Der Gegner beugt sich aufgrund des Kniestoßes nach vorne, worauf der VC-Kämpfer ihm einen VC-Ellbogen von oben auf den Rücken gibt

2.17. VC-Laut Sao / VC-Gaum Sao

VC-Kampfstellung

VC-Gaum Sao mit gleichzeitigem VC-Handflächenstoß

Schließen des Gaum Sao zum VC-Laup Sao am Arm, weiterer VC-Laup Sao am Nacken des Gegners, um ihn festzuhalten, VC-Kniestoß

VC-Laut Sao ist die freie Form des Kampfes im Ving Chun. Er entsteht entweder ohne vorherigen Kontakt, beim direkten Angriff eines Gegners. Diese Version zeigen die auf den vorhergehenden Seiten gezeigten Beispiele, bei denen beide Trainingspartner zuerst ohne Kontakt zueinander im VC-Kampfstand bereit stehen. VC-Laut Sao kann aber auch aus dem bereits bestehendem Kontakt entstehen, wenn einer der Partner einen Angriff startet und der andere darauf entsprechend reagiert. Dies ist der Fall beim VC-Chi Saoo (=klebende Arme), wo zwei Partner Kontakt mit ihren Armen haben und daraus die verschiedensten Angriffssituationen trainieren.

VC-Ellbogenstoß, wobei der VC-Kämpfer den Gegner mit VC-Laup Sao am Nacken kontrolliert

Der VC-Kämpfer zieht den Angreifer mit VC-Doppel-Laup Sao zur Seite und trifft ihn mit geradem VC-Kniestoß in den Unterleib

Der Gegner fällt nach vorne und wird mit einem VC-Ellbogenstoß von oben auf den Rücken getroffen.

2.17. VC-Laut Sao / VC-Jaum Sao

VC-Kampfstellung

Aufnahme des gegnerischen Angriffs mit VC-Jaum Sao, gleichzeitiger eigener Angriff mit VC-Handflächenstoß

Leichte Senkung des Armes, Kontrolle des Gegners mit VC-Laup Sao am Arm, weiterer VC-Laup Sao am Nacken, Einsatz eines VC-Kniestoßes

VC-Laut Sao - also der freie Kampf mit seinen vielfältigen Kombinationsmöglichkeiten - kann in jeder beliebigen Lage ausgeführt werden. Ob im Stand, am Boden (im sogenannten VC-Antibodenkampf), im Sitzen, beim Aussteigen aus dem Auto oder in jeder beliebigen Situation des Alltags: jederzeit kann ein Mensch unabhängig von Alter, Geschlecht oder Körperbau die VC-Techniken einsetzen und sich damit schützen. Die Techniken werden reflexartig ausgeführt, und jeder Schüler lernt, sie so zu kombinieren, wie es die Handlungen des Gegners erfordern.

Weitere Kontrolle des Gegner mit VC-Laup Sao am Nacken, VC-Ellbogenstoß zum Kopf

Doppelter VC-Laup Sao am Nacken, um den Gegner für einen weiteren VC-Kniestoß festzuhalten

VC-Ellbogenstoß von oben auf den Rücken des Gegners, der mit der anderen Hand unten gehalten wird

2.17. VC-Laut Sao / VC-Kau Sao

VC-Kampfstellung

VC-Kau Sao mit seitlichem VC-Handflächenstoß zum Kopf des Gegners

Umgreifen vom VC-Kau Sao zum VC-Laup Sao am Arm und vom VC-Handflächenstoß zum VC-Laup Sao am Nacken, Ausführung eines VC-Kniestoßes

Das Training beim VC-Laut Sao dient für Anfänger in erster Linie dazu, sie an den direkten Kontakt mit einem Gegner zu gewöhnen und ihnen die Angst vor dem Kampf zu nehmen. Denn die wenigsten meiner Schüler haben bereits einen richtigen Kampf erlebt, wenn sie zum ersten Mal in das Ving Chun Training kommen. Sie sind normale Durchschnittsmenschen, die lernen wollen sich zu schützen. Deshalb lernen sie so früh wie möglich durch VC-Laut Sao, was im Kampf passieren kann, was für ein Gefühl es ist, engen Kontakt zu einem Gegner zu haben und wie sie reagieren sollen.

Kontrolle des gegnerischen Armes mit VC-Laup Sao, VC-Laun Sao Ellbogenstoß

Doppelter VC-Laup Sao am Nacken, erneuter VC-Kniestoß

VC-Ellbogenstoß von oben auf den Rücken des Gegners

2.17. VC-Laut Sao

Auf den vorhergegangenen Seiten wurden typische Abläufe aus dem VC-Laut Sao - also dem VC-Kampf- und Sparringstraining gezeigt, die sich aus den acht VC-Grundtechniken ergeben und die im Anfängertraining geübt werden.

Der Begriff Laut Sao bedeutet Freikampf, und dafür zeige ich auf den nun folgenden Seiten einige Beispiele. Hier werden VC-Techniken gegen einen oder mehrere verschiedene Gegner eingesetzt - z. B. Treter, Boxer oder Ringer. Die Bandbreite ist groß, denn ein VC-Ving Chun Kämpfer kann seine Techniken im Stand genauso wie am Boden einsetzen - immer schützen sie ihn zuverlässig. Die hier gezeigten Techniken stammen teilweise aus den VC-Ving Chun Programmen für die Mittelstufe. Ich werde sie in meinem Lehrbuch für Fortgeschrittene, dem Folgeband zu diesem Buch, genau erläutern.

1. Typisch für den VC-Kampf ist das Prinzip der Gleichzeitigkeit. Immer werden beide Arme gleichzeitig eingesetzt und sogar mit gleichzeitigem Beinangriff ausgeführt. In diesem Beispiel kontrolliert der VC-Kämpfer mit VC-Laup Sao den Arm des Angreifers, während er mit seitlichem Handflächenstoß und Kick 2 zum vorderen Bein den Gegner gleich doppelt trifft. Und das alles in der Sekunde, wo der Gegner mit den Gedanken noch bei seinem eigenen Angriff ist und keine direkte Gegenaktion erwartet.

2. Hier steht der Gegner näher zum VC-Kämpfer, so dass dieser seine Waffe für kurze Distanzen - den VC-Ellbogenstoß - einsetzt. Dabei kontrolliert er mit seinem Knie das vordere Bein des Angreifers, damit er es nicht für Beinangriffe benutzen kann.

Abb. 1

Abb. 2

3a. Für einen VC-Ving Chun Kämpfer ist nur die Richtung entscheidend, in die der gegnerische Angriff geht, nicht der Körperteil, mit dem angegriffen wird. In diesem Beispiel macht der Kämpfer beim Hochtritt seines Gegners einen VC-Scheren Gaun. Diese Technik lernt der VC-Schüler ab der Mittelstufe. Sie ist eine Doppeltechnik, d. h. eine Kombination von VC-Gaun Sao und VC-Jaum Sao. Damit lässt sich ein Hochtritt in jedem Fall stoppen, egal auf welche genaue Höhe er zielt. Und ob der Angreifer mit der Hand oder mit dem Bein auf diese Höhe angreift, ändert nichts an der Technik. Der VC-Kämpfer führt sie immer auf dieselbe Weise aus (vgl. Abb. 3b). Deshalb kommt VC-Ving Chun ohne Hochtritte, Sprünge usw. aus. Bei Angriffen zum Oberkörper werden die Arme eingesetzt, bei tiefen Angriffen die Beine. Und genauso greift ein VC-Ving Chun Kämpfer auch selbst an: für jede Höhe der passende Angriff. Denn alles andere bedeutet lange Wege und damit Zeitverlust. Oder kann etwa rein mathematisch gesehen der Weg, den der Angreifer (rechts in Abb.3a) mit seinem Fuß zurücklegt, kürzer sein als der, den der VC-Kämpfer links mit seinem Arm macht? Wohl kaum, und darum wird im VC-Ving Chun nur nach Prinzipien gekämpft, die logisch und beweisbar sind: **der kürzeste Weg ist immer der schnellste!**

Abb. 3a

Abb. 3a

4. Auch am Boden sind VC-Ving Chun Leute fit: selbst Anfänger lernen schon, am Boden weiterzukämpfen, den Gegner zu kontrollieren, so wie hier mit VC-Laun Sao Haltegriff, und keine Angst vor dem direkten Kontakt zu haben. Intensives Antibodenkampf-Training wird im VC-Dynamic Unterricht durchgeführt, doch auch im VC-Selbstschutz spielt es eine Rolle. VC-Leute kämpfen zwar so, dass der Gegner bereits im Stand getroffen und am Weiterkämpfen gehindert wird, aber jeder VC-Schüler lernt auch Programme für Notfälle. Denn gerade ein Anfänger ist nicht jederzeit topfit und aufmerksam. Er hat noch nicht die Erfahrung wie ein Fortgeschrittener, durch die er auch bei Krankheit oder widrigen Umständen problemlos kämpfen kann. Gerade die Anfänger und vor allem meine weiblichen Schüler lernen von Anfang an wie es ist, zu Boden gezogen zu werden oder durch Stolpern den Halt zu verlieren. So haben sie weniger Angst und lassen sich auch in dieser scheinbar nachteiligen Situation nichts gefallen.

Abb. 4

5. Der VC-Kämpfer und sein Angreifer sind kampfbereit.

6. Hier trifft der VC-Kämpfer das Standbein des Angreifers mit VC-Kick 3, während er dessen Hochtritt mit VC-Jaum Sao aufnimmt.

Abb. 5

Abb. 6

7a. Bei diesem vermeintlich gefährlichen Hochtritt reicht es dem VC-Kämpfer schon, wenn er nur seine VC-Kampfstellung keilförmig nach vorne schiebt, um den Tritt an sich vorbeizuleiten. Gleichzeitig tritt er mit VC-Kick 3 gegen das Standbein des Treters, der nun keine Chance mehr hat, den Körper stabil zu halten. Er wird sein genau ausbalanciertes Gleichgewicht verlieren und stürzen.

7b. und 7c. Auch danach geht der Kampf weiter. Der VC-Kämpfer hält seinen Gegner am Boden mit VC-Ellbogenstoß und VC-Handflächenstoß unter Kontrolle, also mit den VC-Techniken, die er auch im Stand einsetzt.

Abb. 7a

Abb. 7b

Abb. 7c

2.17. VC-Laut Sao

8a. Der VC-Kämpfer beobachtet seinen Gegner. Er steht im VC-Kampfstand genau frontal zu ihm, um auf kürzestem Wege handeln zu können.

8b. Der Angreifer versucht es mit einem Sprung, um daraus einen Angriff auszuführen. Der VC-Kämpfer lässt ihn jedoch gar nicht erst so weit kommen, sondern geht mit einem geraden VC-Kick 1 direkt nach vorne und trifft den Gegner mitten in seinem Sprung.

8c. und 8d. Typisch VC-Ving Chun: der VC-Kämpfer kontrolliert seinen Angreifer, der nun am Boden liegt, und setzt seine VC-Handflächenstöße und VC-Ellbogenstöße ein, damit der Gegner nicht weiter treten oder schlagen kann.

8e. Auch wenn der Angreifer sich beim Sprung um die eigene Achse dreht - ein in Filmszenen gern verwendeter Effekt - lässt sich der VC-Ving Chun Kämpfer nicht beeindrucken. Im Gegenteil: er nutzt diese unvorsichtige Handlung, bei der ihm der Gegner sogar freiwillig den Rücken zudreht, für seinen geraden VC-Kick 1 aus.

8f. Sogar ein Hochtritt kann durch den VC-Kick 1 bereits im Ansatz gestoppt werden. Der VC-Kämpfer nimmt den direkten und kürzesten Weg und setzt eine seiner einfachsten Techniken ein. Das kann jeder Anfänger. Der Angreifer dagegen braucht viel Übung, um einen Hochtritt ausführen zu können, und verliert zuviel Zeit durch den langen Weg, den sein Bein zurücklegen muss.

2.17. VC-Laut Sao

9a. Was wird der Angreifer tun? Der VC-Kämpfer ist bereit: sein Gewicht ist hinten, das vordere Bein kann deshalb ohne vorherige Gewichtsverlagerung zum Treten eingesetzt werden. Die Arme sind als Schutzkeil zum Gegner gerichtet.

9b. Der Gegner greift mit einem Schwinger an. Der VC-Kämpfer tritt mit einem VC-Stopkick Nr. 3 gegen sein vorderes Bein, um zu verhindern, dass der Angreifer ihm näher kommt. Gleichzeitig schiebt er seinen VC-Maun Sao vor und leitet den Schwinger zur Seite. Mit einem VC-Pauk Sao sichert er sich nochmals zusätzlich vor der angreifenden Faust.

Abb. 9a

9c. Der Angreifer probiert noch einen tiefen Angriff. Der VC-Kämpfer nimmt diesen mit VC-Gaun Sao auf und trifft den Gegner mit einem seitlichen VC-Handflächenstoß zum Kopf.

9d. Nun packt der VC-Kämpfer den Angreifer, der jetzt dicht vor ihm steht, mit VC-Doppel Laup Sao am Genick und hält ihn für einen VC-Kniestoß in den Unterleib fest.

9e. Der Angreifer sackt zusammen, versucht nun aber den VC-Kämpfer mit einem Ringergriff zu packen, um ihn zu Boden zu werfen. Doch auch darauf gibt es eine Antwort: den abwärts gerichteten VC-Ellbogen zum Rücken des Gegners.

Fazit: für jede Distanz und jede Aktion des Angreifers hat ein VC-Ving Chun Kämpfer die passende Antwort bereit.

Abb. 9e

Abb. 9d

Abb. 9c

Abb. 9b

10. Und so kann es enden: Kontrolle mit VC-Laun Sao, durch den der Gegner festgehalten wird, und Nierenschere. So kann niemand weiterkämpfen! Diese Übung ist Teil der Programme in der Ving Chun Dynamic Connection (VC.D.C.).

11. Das war's: Kontrolle mit Beinschere und gleichzeitiger Hebel am Arm! Fortgeschrittene VC-Ving Chun Schüler lernen auch solche Programme. Wer diese Übungen beherrscht, kann auch am Boden locker und geschmeidig kämpfen und seinen Gegner kontrollieren. Deshalb werden diese Programme gern von Sicherheitsleuten usw. trainiert.

Abb. 10

Abb. 11

2.17. VC-Laut Sao

12. Ein Gegner, der nach unten abtaucht, z. B. um den VC-Kämpfer wie ein Ringer zu packen, begibt sich damit in den Einsatzbereich der Beine. Der VC-Kämpfer braucht nur noch sein Knie zu einem Stoß zum Gesicht des Angreifers nach oben zu ziehen. Dabei hält er dessen Arm mit einem Laun Sao Haltegriff wie eine Schlange umklammert und trifft mit VC-Fauk Sao Handkantenschlag sein Genick.

13a. Ab Beginn der Mittelstufe, wenn der VC-Schüler oder die VC-Schülerin die Eingangsprüfung für die Mittelstufe gemacht hat, beginnen die Kampf-Programme für Fortgeschrittene, so wie hier der Kampf gegen mehrere Gegner oder auch das beidarmige Kontakttraining VC-Chi Saoo. Diese Programme sind wesentliche Bestandteile des Trainings der Fortgeschritten, und die Begriffe sind typisch für VC-Ving Chun und kommen immer wieder im Training vor. Auch in meinem Lehrbuch für die Mittelstufe, das bereits in Vorbereitung ist, werde ich sie ausführlich zeigen und erklären.

In diesem Beispiel stehen dem VC-Kämpfer zwei Angreifer gegenüber. Er hat seinen VC-Kampfstand eingenommen und beobachtet seine Gegner. In diese Situation - allein gegen mehrere - geraten gerade Jugendliche häufig, denn bei Streitereien in Discotheken oder Kneipen tun sich immer mehrere Streithähne zusammen und suchen sich bevorzugt jemanden, der allein ist.

13b. Der erste Angreifer stürzt sich vor um den VC-Kämpfer zu packen. Der greift ihn sofort mit VC-Doppel Laup Sao am Nacken und gibt einen kräftigen VC-Kniestoß zum Unterleib, worauf der Angreifer zusammensackt und am Boden liegen bleibt.

13c. Nun will es sein Kumpel wissen, der damit nicht gerechnet hat. Er greift mit einem Rückhand-Schwinger an, doch der VC-Kämpfer wartet nicht lange, denn das kann man sich besonders bei mehreren Gegnern nicht leisten. Er hat bereits einen Schritt zu seinem Angreifer gemacht, packt ihn mit VC-Laup Sao Griff an der Kehle und gibt VC-Ellbogenstoß. Seine Hand klebt dabei weiter am Arm des Gegners.

13d. Nun packt er den Angreifer mit VC-Doppel Laup Sao am Genick und trifft ihn mit einem VC-Kniestoß.

13e. Der Gegner ist zwar zu Boden gesackt, doch der VC-Kämpfer bleibt weiter aufmerksam. Er bewegt sich vorsichtig im VC-Kampfstand und beobachtet dabei seine beiden Gegner, falls diese nochmals angreifen sollten.

2.18. VC-Physio- und Ausdauertraining

1. Durch das VC-Ving Chun Training, durch Techniken, Formen, Schrittarbeit und vieles mehr wird der Körper bereits hervorragend trainiert. Basis aller Programme ist ein isometrisches Training, so dass die VC-Schülerinnen und Schüler keine zusätzliche Gymnastik oder Krafttraining machen müssen, um ihren Körper fit zu machen.

Dennoch gibt es viele Schüler, die mich nach zusätzlichen Übungen fragen, mit denen sie ihre Muskulatur trainieren und aufbauen können: ihnen rate ich, die zum Ving Chun passenden Übungen zu trainieren. Wer nach eigenem Ermessen mit Hanteln oder Geräten arbeitet, baut unter Umständen an den falschen Stellen Muskeln auf, die ihn z. B. bei den engen VC-Techniken im VC-Chi Saoo stören. In der Ving Chun Dynamic Connection (VC.D.C.) gibt es spezielle Programme, die für körperliche Fitness, Gewichtszu- oder -abnahme und gezielten Muskelaufbau sorgen (s. Abb. 2). Hier folgen nun einige Beispiele für das Eigentraining zu Hause und für Konditionsübungen im VC-Ving Chun Unterricht.

Abb. 1

Abb. 2

3a. bis 3c. Von gutgeformten Bauchmuskeln träumen viele Menschen. Doch nicht jeder wird aussehen wie ein Model, selbst wenn er viel trainiert. Trotzdem ist es für jeden Durchschnittsmenschen wichtig, ein gewisses Bauchmuskeltraining zu absolvieren, denn die Bauchmuskeln schützen unsere inneren Organe und sorgen für eine stabile, aufrechte Körperhaltung, die im VC-Ving Chun Training nötig ist. Der Brustkorb kann sich beim Atmen mehr dehnen, so dass man ausreichend Sauerstoff bekommt. Die richtige, natürliche Atmung ist einer wichtigsten Faktoren für die Gesundheit und Leistungsfähigkeit des Menschen. Dafür gibt es spezielle Atmungsübungen, die in der VC-Ving Chun Esoteric unterrichtet werden. In meinem VC-Esoteric Buch, das zu einem späteren Zeitpunkt erscheinen wird, sind diese Übungen genau beschrieben. Denn nur in einem gesunden Körper kann sich ein gesunder Geist entwickeln. Außerdem wirkt ein Mensch, der seinen Oberkörper gerade und aufrecht hält, selbstbewusst und sicher.

Für das Bauchmuskeltraining am Gerät gibt es verschiedene Möglichkeiten:

a und b) die Beine werden gestützt, der Oberkörper wird nach vorne und wieder zurück bewegt • Training für die obere Bauchmuskulatur (m. rectus abdominis)

c) der Oberkörper wird gestützt, die Beine werden nach oben und unten bewegt • Training für die untere Bauchmuskulatur (m. rectus abdominis)

Abb. 3a

Abb. 3b

Abb. 3c

Copyright by Sigung Sifu-Meister Birol Özden

2.18. VC-Physio- und Ausdauertraining

Abb. 3d

Abb. 3e

3d. und 3e. Auf die gleiche Art wird dieses Bauchmuskeltraining auch am Boden durchgeführt:
d) Beine gestützt • vor allem die oberen Bauchmuskeln werden beansprucht
e) Beine rechtwinklig in der Luft gehalten • Beanspruchung der unteren Bauchmuskeln

Abb. 3f

Abb. 3g

3f. und 3g. Bauchtraining als Partnerübung: Hier verschränken beide Partner ihre Beine mit VC-Jaup Geurk ineinander, um sich gegenseitig Halt zu geben. Dann machen sie im gleichen Takt ihre Situps für die obere Bauchmuskulatur:
f) gerade für die vorderen Bauchmuskeln oder (m. rectus abdominis)
g) zur Seite für die seitlichen Bauchmuskeln. (m. obliquus externus abdominis und m. obliquus internus abdominis)
(m. transversus abdominis)

Dabei ist zu beachten, dass immer eine Spannung auf den Bauchmuskeln bleibt. Der Oberkörper darf also nicht vollständig abgelegt werden.

4a. und 4b. Liegestütze werden im VC-Ving Chun immer eng trainiert. Bei dieser Übung werden die Ellbogen ganz nah am Körper entlang geführt. So werden die Muskeln an die Bewegung angepasst, die der Kämpfer auch bei seinen VC-Handflächenstößen macht. Der VC-Schüler kann seine Hände dabei immer mehr zusammenführen. Am Anfang ist der Abstand schulterbreit, später sind die Hände direkt nebeneinander. Für dieses Training habe ich bereits vor Jahren diese spezielle Trainingshilfe entwickelt, ein Gestell, mit dem man unterschiedliche Liegestütze trainieren kann, bei denen der Abstand zwischen den Händen variiert.
Durch die VC-Liegestütze werden trainiert:

Abb. 4a

Abb. 4b

m. triceps brachii (Unterarmstrecker), m. pectoralis major (großer Brustmuskel), Stütz- und Haltemuskulatur des Schultergürtels, Unterarm- und Fingermuskulatur.

2.18. VC-Physio- und Ausdauertraining

Abb. 4c Abb. 4d Abb. 4e Abb. 4f

4c. bis 4f. Man kann diese engen Liegestütze selbstverständlich auch am Boden üben. Auch dabei müssen die Arme eng am Körper sein. Mit etwas Übung schafft man es sogar, auf 10, 6 oder gar 4 Fingern, so wie einst Bruce Lee, die Liegestütze zu machen. So erhält man eine optimal durchtrainierte Muskulatur, auf die andere neidisch sind. Dazu gehört selbstverständlich die richtige Ernährung (vgl. Kap.2.21.). Die VC-Lehrer können hier viele Tips geben, und auf Wunsch wird eine komplette Ernährungsanalyse und ein Ernährungsplan erstellt, ein wichtiger Bestandteil des Aufbauplanes in der VC.D.C. Ving Chun Dynamic Connection.

4g. und 4h. Auch für rückwärtige Liegestütze für das Trizeps-Training eignet sich das von mir entworfene Trainingsgestell. Bei dieser Übung sollte man darauf achten, den Körper gerade und die Beine gestreckt zu halten, damit die Arme optimal trainiert werden. Auch das geht natürlich am Boden. Dabei müssen allerdings die Finger nach hinten gedreht werden, damit der Trizeps unter Spannung kommt. Von hier aus werden die Arme langsam und vorsichtig gebeugt.

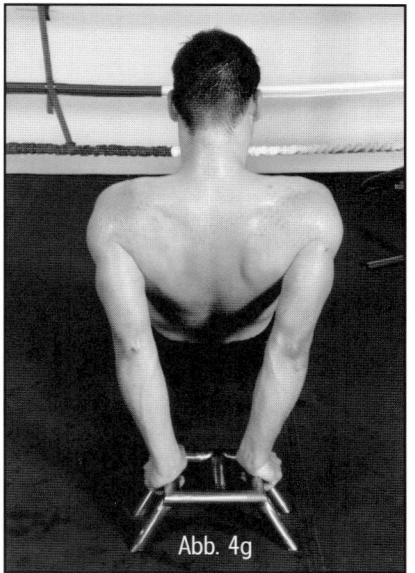

Abb. 4g

Abb. 4h

Diese VC-Liegestütze trainieren:
m. triceps brachii (Unterarmstrecker),
Stütz- und Haltemuskulatur des rückwärtigen Schultergürtels

Abb. 5

5. Im VC-Ving Chun braucht der Schüler lange Bänder, Sehnen und Muskeln, keine aufgepumpten und verkürzten Muskelpakete. Deshalb sollte jeder VC-Schüler einfache Übungen wie diese nutzen, um seine Muskeln zu dehnen. Das kann jeder auch zu Hause ohne Anleitung üben. Stelle Dich in den VC-Grundstand, breite Deine Arme zur Seite aus. Atme dabei ruhig und gleichmäßig aus, solange wie Du die Arme auf Spannung hältst. Wenn Du ausgeatmet hast, senke die Arme wieder ab. Solche und ähnliche Übungen finden sich auch in der VC-Esoteric, wo es um körperliches Aufbau- und Heiltraining geht.

2.18. VC-Physio- und Ausdauertraining

Abb. 6a

6a. Dieser VC-Scheren Gaun zeigt sehr deutlich, wie intensiv die Muskulatur des gesamten Oberkörpers allein durch die VC-Ving Chun Techniken trainiert und aufgebaut wird.

Ving Chun ist eine Kampfkunst, die jeder lernen kann, ein System für Durchschnittsbürger. Ein Schüler mit Bauchansatz oder Übergewicht kann bei mir genauso lernen, sich wirkungsvoll auf der Straße zu schützen, wie eine dünne Person ohne stabilen Körperbau. Doch ob dick oder dünn - gegen einen etwas strafferen Körper oder ein wenig mehr Muskeln hat niemand etwas einzuwenden. Zwar wird nicht jeder von uns aussehen wie damals Bruce Lee oder einer der heute aktiven durchtrainierten Filmstars. Doch ein besseres Körpergefühl und mehr Gesundheit sind für jeden Menschen wichtige Faktoren für ein positives Lebensgefühl.

6b. und 6c. Diese beiden Abbildungen lassen ebenfalls erkennen, wie mit der Ausführung einfacher VC-Techniken der ganze Oberkörper trainiert wird. Beim VC-Handflächenstoß wird besonders der Trizeps sowie die Unterarmmuskulatur durch isometrisches Training aufgebaut. Deshalb eignen sich die in Abb. 4a bis h gezeigten Liegestütze hervorragend als unterstützende Übung. Techniken wie VC-Pauk Sao und VC-Taun Sao trainieren die gesamte Arm- und Schultermuskulatur auf Ving Chun Art z.B. m. deltoideus (Schultermuskel), m. biceps brachii, m. triceps brachii, m. pectoralis major (großer Brustmuskel), m. pectoralis minor (kleiner Brustmuskel) sowie die Unterarmmuskulatur. Beim VC-Taun Sao sind zuviel Armmuskeln, die mühsam im Bodybuilding Studio antrainiert werden, sogar hinderlich. VC-Ving Chun lebt von engen und schnellen Techniken, für die lockere und lange Muskeln von Vorteil sind.

Abb. 6b

Abb. 6c

7a. Bereits im VC-Grundstand, den jeder Anfänger im VC-Ving Chun als erstes lernt und der auch am Anfang dieses Lehrbuchs erklärt wird, erhält der Körper ein ausgewogenes isometrisches Training. Dieses Training wird fortgesetzt im VC-Kampfstand und beim Üben von VC-Grundtechniken und VC-Handflächenstößen (Abb. 7b). Isometrisch bedeutet soviel wie "gleiches Maß". Das bedeutet, die Muskeln werden durch dauernde, gleichmäßige und daher sehr schonende Spannung in der gleichen Länge gehalten. Es gibt keine Beuge- und Streckbewegungen, durch die sich die Muskeln verkürzen und in der Dicke aufbauen, sondern ein stabiles Ausdauertraining, so dass dem Schüler gar nicht bewusst wird, weil er sich vordergründig auf seine Arm- oder Beintechniken konzentriert. Dieses Training ist sehr schonend, weil es weder die Gelenke noch die Bänder und Sehnen belastet. Daher ist VC-Ving Chun auch für untrainierte Personen, für ältere Menschen und Menschen mit Verletzungen oder Behinderungen geeignet. Gerade bei Problemfällen, z. B. durch Motorradunfälle oder angeborene cerebrale Bewegungsstörungen habe ich sehr gute Erfolge mit VC-Esoteric Programmen erzielt, die manches Mal sogar Mediziner zu Staunen gebracht haben. Unter meinen Privatschülern sind viele Ärzte, und sie bestätigen mir immer wieder die hohe gesundheitsfördernde und heilende Wirkung des VC-Ving Chun.

Abb. 7a

Abb. 7b

2.19. Training mit VC-Wandsack, VC-Sandsack und VC-Pratze

8a. Nicht nur im Stand, sondern auch bei der Ausführung von VC-Beintechniken und VC-Kicks werden die Beine und der Oberkörper trainiert. Der VC-Schüler lernt, aufrecht und gerade zu stehen und sein Gleichgewicht zu finden. Dabei bekommt er stabile Beinmuskeln, und durch das isometrische Training ist er in der Lage, blitzschnell zu treten.

8b. und 8c. Ein sehr gutes Training für die Beine bietet auch die VC-Chaum Kiu, die sogenannte zweite Kampfform, die ein VC-Schüler ab der Mittelstufe lernt. Sie folgt auf die Siu Nim Tau, die im Kapitel 2.14. erläutert wurde. In meinem Mittelstufen-Lehrbuch werde ich die genauen Abläufe der Chaum Kiu Form zeigen und erklären. Typisch für die VC-Chaum Kiu ist der Einsatz von verschiedenen Tritten, frontal oder seitlich. Dabei werden die Beine auf schonende Art trainiert, ganz ohne Dehn- und Spreizübungen, so dass jeder normale Mensch mit durchschnittlichem Körperbau diese Übungen trainieren kann.

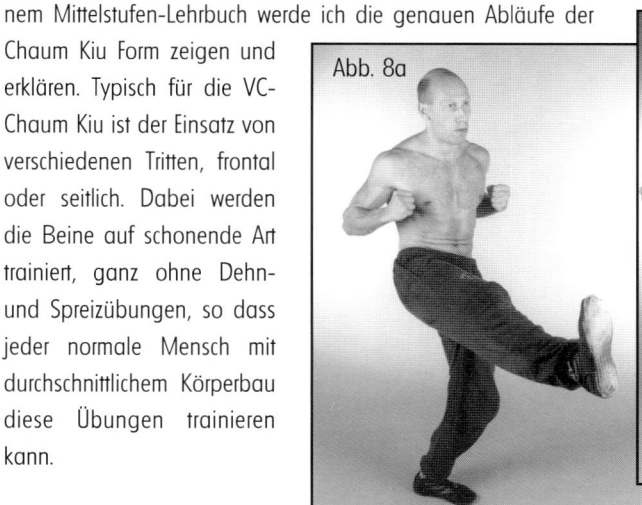

Abb. 8a
Abb. 8b 
Abb. 8c 

2.19. Training mit VC-Wandsack

Es gibt viele wertvolle Trainingshilfen, die im VC-Unterricht eingesetzt werden, die man aber auch zu Hause für sich allein nutzen kann. An Wandsack und Sandsack sowie an Pratzen und Schlagpolstern kann der VC-Ving Chun Schüler besonders gut seine Angriffs- und Nahkampftechniken trainieren. Hier können besonders Anfänger ihre Power aufbauen und entdecken, welche Wirkung die VC-Techniken im Ernstfall haben.

1. bis 4. Ein Wandsack ermöglicht ein gutes Training von VC-Angriffstechniken, mit viel Power aber ganz ohne Verletzungen.

Abb. 1: VC-Kampfstand 
Abb. 2: VC-Handflächenstoß

Abb. 3a: VC-Fauk Sao links 
Abb. 3b: VC-Fauk Sao rechts 
Abb. 4a: VC-Fingerstich rechts 
Abb. 4b: VC-Fingerstich links

Copyright by Sigung Sifu-Meister Birol Özden

2.19. Training mit VC-Wandsack, VC-Sandsack und VC-Pratze

5a. Sehr gut für das VC-Ellbogen Training ist der weiche Wandsack, der den harten Ellbogenknochen wie hier beim fallenden VC-Ellbogenstoß weich aufnimmt, so dass auch ein wiederholtes Üben ohne Verletzungen möglich ist. Hier liegt ein wichtiger Unterschied zum Einsatz der VC-Techniken im tatsächlichen Kampf. Meine Schüler fragen mich oft, wofür sie Schutzausrüstung brauchen und weshalb ich sie beim Training am Wand oder Sandsack zur Vorsicht ermahne. Selbstverständlich muss ich im tatsächlichen Kampf meine Technik richtig durchbringen und mit der größtmöglichen Power schlagen. Doch im Kampf setze ich meine VC-Techniken auch nicht 50, 100 oder 1000 Male hintereinander ein wie im Training. Deshalb liegt es im Interesse jedes einzelnen Schülers, seinen Körper zu schützen und auf größtmögliche Sicherheit zu achten.

5b. und 5c. Auch höhere Formen des VC-Ellbogens können am Wandsack traininert werden: der schneidende VC-Laun Sao Ellbogenstoß und der enge Ellbogenstoß, der in höchsten Kampfform des VC-Ving Chun, der VC-Biu Tze, vorkommt.

Abb. 5a
Abb. 5b
Abb. 5c

6a. bis 6c. Bestens geeignet ist der dreigeteilte Wandsack auch für die VC-Kicks. Hier kannst Du alle drei Kicks in der richtigen Höhe mit Power trainieren:

a) Kick 1 auf Unterleibshöhe
   • oberes Polster
b) Kick 2 auf Kniehöhe
   • mittleres Polster
c) Kick 3 auf Schienbeinhöhe
   • unteres Polster

7a. bis 7c. Auf die gleiche Weise können z. B. die seitlichen VC-Kicks aus der VC-Chaum Kiu in verschiedenen Höhen trainiert werden. Der VC-Schüler fängt bei dem unteren Polster an (a), geht über das mittlere Polster (b), bis er in der Lage ist, den seitlichen Kick auf das obere Polster auf die eigene Hüfthöhe zu bringen (c). Noch höher zu treten ist nicht notwendig, denn ab hier kämpft ein VC-Ving Chun Kämpfer mit seinen Armen. Deshalb sind im VC-Ving Chun keine Dehnübungen nötig und jeder Mensch kann es lernen.

Abb. 6a
Abb. 6b
Abb. 6c
Abb. 7a
Abb. 7b
Abb. 7c

Abb. 8a
Abb. 8b
Abb. 8c
Abb. 8d

8a. bis 8d. Ein Wandsack bietet auch für den VC-Ausbilder viele Vorteile. Er hat damit eine Trainingshilfe, an der jeder Schüler passend zu seiner Körpergröße trainieren kann. Große Menschen benutzen die oberen Polster, und selbst ein Kind kann seine Kicks an dem unteren Polster trainieren. In jeder VC-Ving Chun Schule hängen mehrere Wandsäcke in verschiedenen Höhen, so dass jeder Schüler optimal trainieren kann. Er kann auch, wie Abb. 8a bis d zeigen, seine VC-Kicks möglichst hoch trainieren, um die Bänder, Sehnen und Muskeln zu dehnen und die Beweglichkeit seiner Beine zu erhöhen - natürlich nur so weit, wie es ohne Akrobatik und Verletzungsrisiko möglich ist.

2.19. Training mit VC-Sandsack

Der Sandsack ist ebenfalls eine gute Trainingshilfe für Menschen jeder Körpergröße. Ohne Verletzungsgefahr kann hier jeder Schüler seine Power und die exakte Ausführung der Techniken trainieren. Ganz besonders die Frauen und Kinder, die in der A.S.VC. All Style Ving Chun unterrichtet werden, haben viel Spaß beim Sandsacktraining. Hier dürfen sie sich so richtig austoben, was jedem Menschen ab und zu sogar gut tut. Selbst gestandene Firmenchefs und Geschäftsleute lernen in meinen Seminaren für VC-Ving Chun Management, ihren Stress und ihre Aggressionen loszuwerden und ruhig einmal alles herauszulassen, was bei ihnen sonst unter Umständen sogar Krankheiten verursacht.

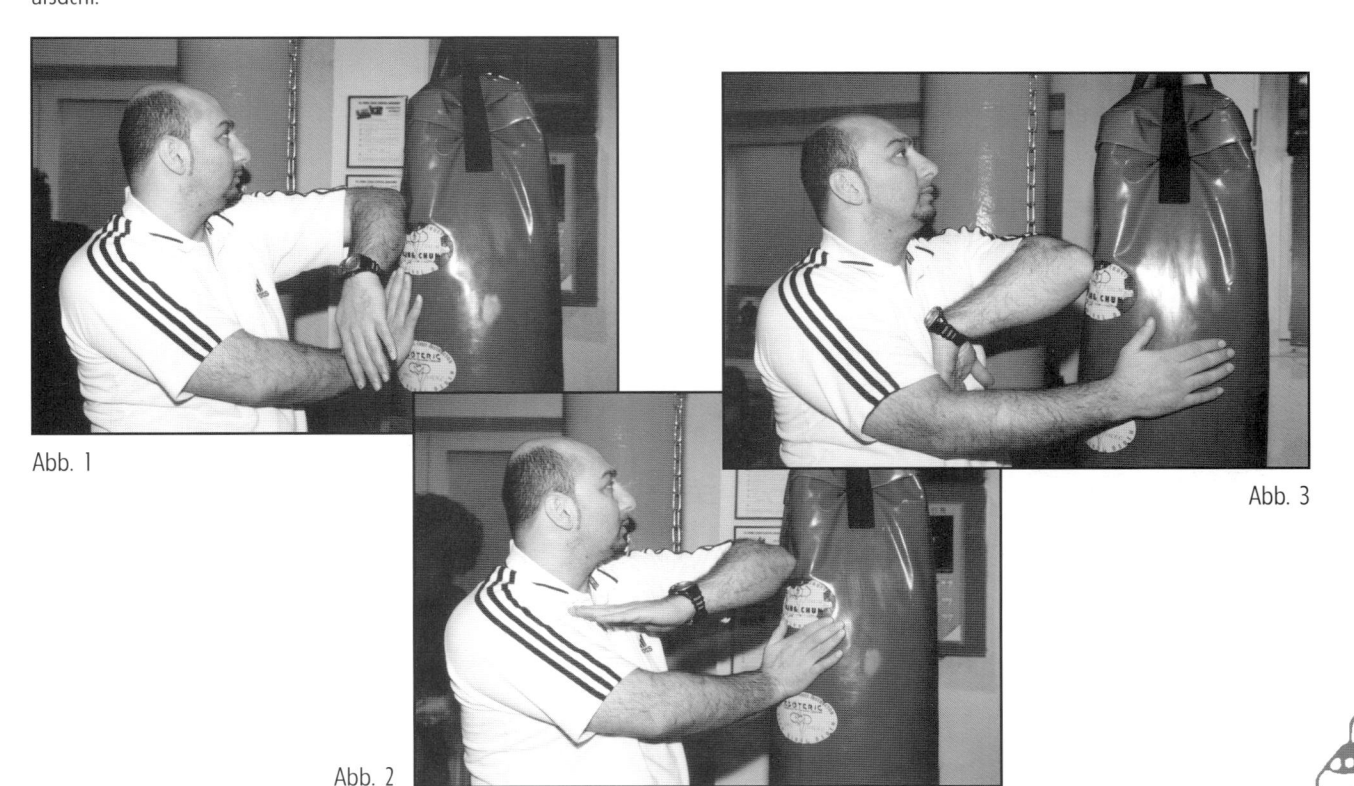

Abb. 1

Abb. 2

Abb. 3

2.19. Training mit VC-Wandsack, VC-Sandsack und VC-Pratze

Abb. 4

Abb. 5

Abb. 6

Beim Sandsacktraining gibt es zwei Möglichkeiten:

• entweder hält der Übende den Sandsack selbst mit VC-Laup Sao fest, so wie er auch seinen Gegner festhalten würde, und trainiert seine VC-Ellbogenstöße oder VC-Kniestöße (Abb. 1 - 6)

• oder ein Partner hält den Sandsack zur Unterstützung fest, besonders wenn der Übende seine Angriffstechniken wie z. B. den VC-Handflächenstoß oder die VC-Kicks (mit dem vorderen oder hinteren Bein) trainiert, bei denen der Sandsack sonst nach hinten schwingen würde (Abb. 7 und 8).

Abb. 7

Abb. 8

2.19. Training mit VC-Pratze

VC-Ellbogenstöße    **VC-Kniestoß**

Große Armpratzen sind ebenso wie Handpratzen sehr gut für das Training der VC-Angriffs- und Nahkampftechniken geeignet. Hier muss ein Partner die Pratze halten, dann kann der andere Tritte oder Kniestöße sowie Handflächenstöße und Ellbogenstöße üben. Die große Pratze ist sehr gut für ein Training voller Power, während an der Handpratze vor allem die Zielgenauigkeit von VC-Ellbogenstößen oder VC-Handflächenstößen geübt wird. Der Partner sollte die Pratze auf jeden Fall stabil und auf die richtige Höhe halten, damit der VC-Schüler optimal trainiert. Im VC-Ving Chun Unterricht übernimmt diese Aufgabe der VC-Schulleiter oder die fortgeschrittenen Schüler und Assistenten.

VC-Kampfstellung vor der Pratze    **VC-Handflächenstoß**

VC-Handflächenstoß rechts    **VC-Handflächenstoß links**

2.20. Fauststöße und Handflächenstöße - Entwicklung, Pro und Contra

Verschiedene Kampfstellungen im Vergleich

Für einen VC-Ving Chun Kämpfer ist es gleichgültig, in welcher Position ihm ein Gegner gegenübersteht. Er nimmt immer seinen VC-Kampfstand ein, egal ob er es mit einem Boxer oder einem Straßenschläger zu tun hat. Abb. 1 und 2 zeigen wie ein VC-Ving Chun Kämpfer bzw. eine VC-Kämpferin bei der Bedrohung durch einen Faustkämpfer steht.

Der VC-Kampfstand (vgl. Kap. 2.3) bietet dem Kämpfer Sicherheit. Sein Gewicht ist hinten, ebenso wie seine verletzbaren Körperteile. Das vordere Bein ist kampfbereit, die Arme sind wie ein Schutzkeil, an dem der Gegner abrutschen muss, vor dem Körper. Von hier aus kann der VC-Ving Chun Kämpfer auf kürzeste Distanz blitzschnell handeln.

In den verschiedenen Kampfsportarten und Kampfstilen gibt es zahlreiche verschiedene Kampfpositionen. Ich habe mich jahrelang mit unterschiedlichen Kampfsportarten beschäftigt und weiß daher genau, wo die Vorteile des VC-Ving Chun gegenüber anderen Stilen liegen. Beispiele für Nachteile anderer Kampfstellungen sind u. a.:

- Einer der Arme wird häufig nach hinten gezogen, das bedeutet einen längeren Weg zum Gegner und weniger Flexibilität (Abb.4).
- Der Oberkörper des Kämpfers ist unzureichend geschützt, schon die Haltung der Arme lässt Lücken erkennen
  So schützt z. B. ein Boxer in erster Linie seinen Kopf, da tiefe Schläge bei diesem Sport verboten sind (Abb.5).
- Es sind nicht beide Arme gleich gut einsetzbar. Der Kämpfer muss die Arme bei unterschiedlichen Angriffsrichtungen erst wechseln, dadurch entsteht ein Zeitverlust (Abb.6).
- Das Gewicht ist bei vielen Kampfständen zu 50 Prozent und mehr vorne. Dadurch ist die Standfestigkeit des Kämpfers eingeschränkt (Abb.6).
- Der Kämpfer steht oftmals breitbeinig da, dadurch ist der Unterleib nicht geschützt (Abb.8).

Beispiele für verschiedene Kampfpositionen

Sigung Sifu-Meister Birol Özden

2.20. Fauststöße und Handflächenstöße - Entwicklung, Pro und Contra

Die vorhergegangenen Fotos (Abb. 3 - 5) sowie die nachfolgende Reihe (Abb. 6 - 8) zeigen verschiedene Kampfpositionen aus unterschiedlichen Systemen. Man erkennt deutlich die offene Stellung der Beine und den ungeschützten Oberkörper. In den drei untenstehenden Beispielen ist jeweils nur ein Arm zum Angreifer gerichtet, und der andere ist weit hinten. Die Hände sind in allen Fällen zu Fäusten geschlossen. Der Kämpfer im Abb.7 dreht sogar seine Seite zum Gegner und schränkt so die Einsatzfähigkeit des zweiten Armes ein.

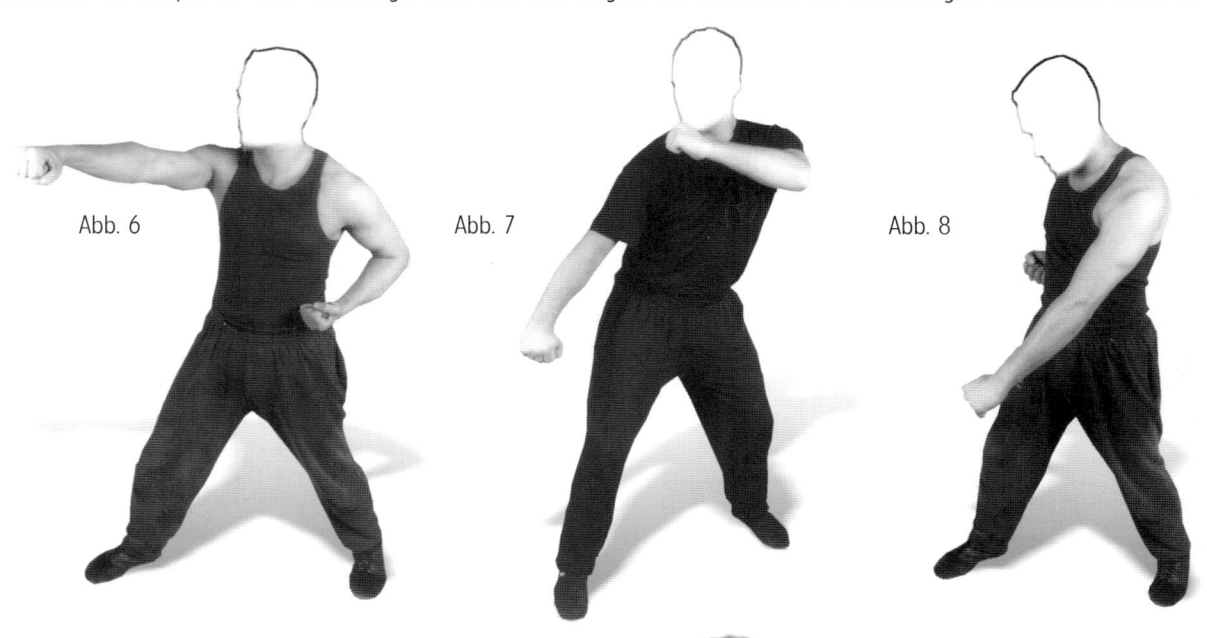

Abb. 6   Abb. 7   Abb. 8

Im VC-Ving Chun steht der Kämpfer im VC-Kampfstand so, dass er die Mitte seines Körpers, wo die am leichtesten verletzlichen Bereiche sind, schützt. Die Hände sind offen, und der VC-Kämpfer kann leicht von hier aus seine VC-Grundtechniken und VC-Angriffstechniken wie z. B. VC-Handflächenstöße einsetzen. Diese auf größtmögliche eigene Sicherheit und hohe Effektivität ausgerichtete Art des Kampfes ist besonders für Frauen sehr gut geeignet, die aufgrund ihres Körperbaus mit offenen Händen besser schlagen und treffen können, wenn sie es mit einem körperlich überlegenen Gegner zu tun haben.

VC-Handflächenstoß im Training

VC-Handflächenstoß

Copyright by Sigung Sifu-Meister Birol Özden

2.20. Fauststöße und Handflächenstöße - Entwicklung, Pro und Contra

Ein VC-Ving Chun Kämpfer steht bei drohender Gefahr grundsätzlich im VC-Kampfstand, egal welche Position sein Angreifer einnimmt. Ob dieser mit offenen Händen bereit zum Packen oder Schlagen ist (Abb. 1) oder ob er die Fäuste wie ein Boxer hochnimmt und den VC-Kämpfer damit bedroht (Abb. 2), spielt für ihn keine Rolle. Er hat durch seine Kampfposition einen kurzen Weg bis zum Gegner und kann beide Arme flexibel einsetzen, ganz gleich aus welcher Richtung der Angreifer schlägt.

Abb. 1

Abb. 2

Auch wenn der Gegner sich nach vorne beugt um z. B. wie ein Ringer anzugreifen, bleibt der VC-Kämpfer in seiner Kampfstellung stehen (Abb. 3), denn von hier aus kann er leicht seine Arme oder Beine einsetzen. Auch bei einem Gegner, der mit Tritten angreift, ändert sich die Position des VC-Kämpfers nicht. Vom VC-Kampfstand kann der VC-Kämpfer leicht den Angriff mit einem VC-Kick stoppen (Abb. 4 und Abb. 6).

Abb. 3

Der VC-Kampfstand mit den keilförmig zum Gegner geöffneten Armen ist stark auf den eigenen Schutz ausgerichtet. Nach außen hin drückt diese Körperhaltung keine Aggressivität aus, wie z. B. drohend erhobene Fäuste und der leicht vorgebeugte Körper eines Faustkämpfers. Dies zeigt sich deutlich in Abb. 5, wo beide Kampfpositionen gegenübergestellt sind. Der VC-Kampfstand wirkt eher positiv, die nach vorne gerichteten Arme zeigen Bereitschaft und Abwehr, so als wolle man dem Gegner sagen, „Vorsicht, bleib weg von mir!".

Abb. 4

Abb. 5

Abb. 6

Entstehung von Faust und Handflächenstößen

Die ersten Faustkämpfe fanden in Griechenland statt. Die Griechen waren sehr früh militärisch organisiert und führten ihre Stadtstaaten mit Beteiligung der Armee. Um die Toleranz der Bevölkerung gegenüber den Soldaten zu stärken, wurden wie in anderen Reichen wie z.B. Rom auch Kämpfe als Spiel zur Belustigung der Bevölkerung eingeführt.

Man kämpfte dabei mit Waffen, aber auch ohne. Hier stellte man bald fest, wie gefährlich selbst ein unbewaffneter Mensch ist. Die ersten Kämpfer kämpften mit der offenen Hand, wie es auch jedes Tier tut, wenn es mit einem Prankenhieb sein Opfer angreift.
Man merkte, dass dabei häufig Verletzungen auftraten, wenn mit den Fingerspitzen auf Augen oder andere verletzliche Körperteile gezielt wurde.

So kam man darauf, aus Sicherheitsgründen die Finger zusammenzubinden, um ihre Beweglichkeit und ihre Spitze zu mildern. So kämpften die Leute mit der gestreckten, zusammengebundenen Hand. Diese konnte wiederum schneidend wie ein Messer oder Dolch eingesetzt werden und war immer noch sehr gefährlich, da auch diese Art von Schlag schwere Verletzungen hervorrief. Man entschloss sich, die Gefahr noch mehr zu reduzieren und die „Waffe" Hand zu verkleinern und abzurunden. Also ließ man die Kämpfer eine Faust machen und bandagierte dann die Hand bzw. entwickelte später Schutzhandschuhe in diesem Format. So war die Hand rund und stumpf, die Trefferfläche wurde verkleinert, und die Verletzungen wurden dadurch weniger gefährlich.

Auf diese Weise entstanden die ersten Faustbstöße, die sich im Bereich Sport immer mehr durchsetzten, die aber im echten Kampf nicht so effektiv wie die offene Hand sind.

Es gibt verschiedene Arten von Handflächenstößen im VC-Ving Chun:

1.) einfache VC-Handflächenstöße
auch in Form von Kettenhandflächenstößen, bei denen viele einfache Handflächenstöße aufeinander folgen (einfachste Art des Angriffs, die der Anfänger lernt)

VC-Handflächenstöße werden trocken (Abb. 1) und an Sandsack, Wandsack oder Pratze (Abb. 2) geübt und im Kampf eingesetzt, um auf kürzestem Wege die Schaltzentrale des Gegners zu blockieren, damit er nicht mehr weiterkämpfen kann (Abb. 3).

Sigung Sifu-Meister Birol Özden

2.20. Fauststöße und Handflächenstöße - Entwicklung, Pro und Contra

Einfache VC-Handflächenstöße (gerade oder seitlich) werden meistens in Verbindung mit einer VC-Grundtechnik eingesetzt. In Abb. 4 nimmt der VC-Kämpfer den Angriff seines Gegners mit VC-Pauk Sao auf und trifft ihn gleichzeitig mit einem geraden VC-Handflächenstoß im Gesicht. Das Prinzip der Gleichzeitigkeit von Aufnahme und Angriff demonstriert **Sigung Sifu-Meister Birol Özden** in Abb. 5, der den Angriff mit VC-Taun Sao von sich ablenkt und den Angreifer so in die Falle seines gleichzeitig gestarteten seitlichen VC-Handflächenstoßes laufen lässt.

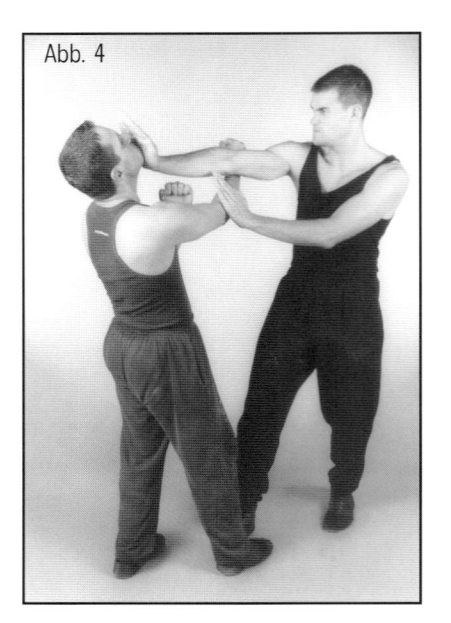

Abb. 4

Abb. 5

2.) doppelte VC-Handflächenstöße,
z. B. in Form zweier seitlicher Handflächenstöße (Abb. 6) oder eines geraden und eines gedrehten Handflächenstoßes, mit denen der VC-Kämpfer seinen Gegner gleichzeitig auf zwei Stellen des Körpers angreift (Abb. 7).

Abb. 6

Abb. 7

Diese Art des Angriffs mit Doppel-Handflächenstoß kommt vor allem in höheren Programmen wie den VC-Chi Saoo Sektionen vor, die hier von **Sigung Sifu-Meister Birol Özden** mit seinen Schülerinnen gezeigt werden (Abb. 8, 9).

Abb. 8

Abb. 9

Vorteile von Handflächenstößen:

- große Trefferfläche, deshalb für Anfänger sicherer, z. B. beim Schlag auf das Gesicht
- kein Zeitverlust vom Augenblick der Gefahr, da keine zusätzliche Bewegung wie beim Fäusteballen
- weniger Verletzungsgefahr, weniger Belastung für Bänder, Sehnen, Handknochen, Gelenke, daher auch für Anfänger leichter zu lernen
- der Kämpfer weicht keinen Millimeter zurück
- mehr Power durch große Trefferfläche, es wird eine größere Druckwelle erzeugt
- die offene Hand passt hervorragend zur Körperoberfläche des Menschen, sei es im Gesicht und oder z. B. im Bereich von Kehlkopf, Rippen, Nieren, Unterleib
- vom Handflächenstoß aus kann man den Gegner leicht packen und festhalten (mit VC-Laup Sao), um im Nahkampf weiterzukämpfen

Das Schlagen mit der offenen Hand ist eine naturelle Bewegung. Kleinkinder schlagen mit der flachen Hand oder nutzen die offene Hand zum Kratzen. Den Einsatz von Fäusten kann man dagegen eher bei älteren Kindern beobachten, die sich diese Verhaltensweise angeeignet haben. Eine Frau, die keinerlei Kampfsport trainiert hat, wird bei einem Überfall eher mit offenen Händen instinktiv wild um sich schlagen statt ihre Fäuste zu benutzen. Tiere setzen ebenfalls Pranken/Tatzen zum Schlagen ein. Eine Handlung wie das Ballen der Fäuste ist in der Natur nur schwer zu beobachten. Die Verhaltensforschung des Menschen hat verschiedene Zeichen von aggressivem Verhalten beobachtet. Die geballte Faust ist vor allem ein Zeichen von Wut und wird als Drohgebärde benutzt. Im sportlichen Bereich hat sie sich auch für Wettkämpfe nach festen Regeln ohne längeren Körperkontakt, als reine Schlagwaffe, durchgesetzt.
In anderen Kampfsystemen/Kampfsportarten wie z. B. Aikido, Karate, Kung Fu usw. wird allerdings - neben der Faust - auch die offene Hand benutzt. Offene Hände ermöglichen, flexibel weiterzukämpfen und zu schlagen oder zu greifen.

Im plötzlichen Kampf auf der Straße ist die Lage eine andere als im Wettkampf. Der Mensch bewegt sich von Natur aus mit geöffneten Händen und schließt sie im normalen Alltag nur, um etwas darin festzuhalten. Es gibt daher keinen Grund, weshalb er im Augenblick einer Gefahr, wo es auf Sekundenbruchteile ankommt, erst die Hände schließen sollte, bevor er schlägt. Der logische Weg ist, im tatsächlichen Kampf mit der offenen Hand zu schlagen.

Die VC-Ving Chun Techniken werden mit geöffneten Händen ausgeführt, sowohl die acht VC-Grundtechniken, die der Anfänger lernt, wie auch höhere Technikkombinationen, z. B. der VC-Scheren Gaun oder Kombinationen aus den Ving Chun Chi Sao Sektionen. Da sich im VC-Ving Chun an jede Technik eine Folgetechnik als weiterer Angriff anschließt, ist es auch dabei nur logisch und konsequent, diese mit der offenen Hand auszuführen. So folgt z. B. aus dem VC-Fouk Sao ein Handflächenstoß, aus VC-Pauk Sao und VC-Jaum Sao ein Fauk Sao-Schlag. In Abb. 10 demonstriert Sigung Sifu-Meister Birol Özden einen VC-Scheren Gaun, bei dem die geöffneten Hände deutlich erkennbar sind.

Nachteile von Faust:

- für Anfänger schwierig und schmerzhaft
- Verletzungsgefahr
- Risiko dauerhafter Schäden an Knochen, Sehnen und Gelenken
- gute Treffsicherheit erforderlich, sonst kann man leicht abrutschen, da die Trefferfläche kleiner ist als bei der offenen Hand
- Beim Ballen der Faust werden die Finger nach hinten gezogen, dadurch bekommt der Gegner einige Zentimeter Raum, um in den Bereich des Kämpfers vorzudringen.
- Zeitverlust durch Ballen der Faust; es ist kein sofortiges Zuschlagen möglich.
- Man kann den Kontakt mit dem Gegner nicht ohne weiteres festhalten. Will man ihn packen, muss man die Hand zurückziehen, die Finger wieder öffnen und kann erst dann greifen.

2.20. Fauststöße und Handflächenstöße - Entwicklung, Pro und Contra

Faust contra Handflächenstoß - eine Gegenüberstellung

Der Schlag mit der geschlossenen Faust bedeutet für jeden Kämpfer eine zusätzliche Bewegung, die zusätzliche Zeit kostet.

Das wird im nachfolgenden Beispiel 1 besonders deutlich:

1. Der VC-Ausbilder hat beide Hände am Körper, und beide sind offen.
Die rechte Hand symbolisiert den VC-Kämpfer und die Bewegung, die er bei einem VC-Handflächenstoß macht. Die linke Hand steht für den Faustkämpfer, der einen Fauststoß ausführt. Beide Arme bewegen sich gleichzeitig vorwärts.

2. Die Arme werden leicht nach vorne gestreckt. Der **VC-Kämpfer (= rechter Arm)** lässt seine Hand geöffnet. Der **Faustkämpfer (= linker Arm)** muss während der Vorwärtsbewegung seine Finger krümmen und zurückziehen.

Abb. 1

Abb. 2

3. Die Arme werden weiter gestreckt. Der **VC-Kämpfer (= rechter Arm)** hat seine Hand weiterhin offen. Der **Faustkämpfer (= linker Arm)** schließt seine Finger zur Faust und dreht dabei die Hand, bis die Faust in einer vertikalen Position ist, um besser schlagen zu können. Damit hat er zwei zusätzliche Bewegungen, die der VC-Kämpfer nicht machen muss.

4. Nun werden die Arme ganz zum Treffer gestreckt. Die Hand des **VC-Kämpfers (= rechter Arm)** ist wie am Anfang der Bewegung offen. Der **Faustkämpfer (= linker Arm)** hat seine Hand und das Handgelenk um 90 Grad gedreht und seine Finger nach hinten gezogen.

Abb. 3

Abb. 4

Wenig Bewegung heißt wenig Zeitverlust

Sigung Sifu-Meister Birol Özden

2.20. Fauststöße und Handflächenstöße - Entwicklung, Pro und Contra

Beispiel 2 zeigt den Weg zum VC-Handflächenstoß in Teilschritten, ausgehend von der Ving Chun-Kampfstellung:

Abb. 1

Abb. 2

1. VC-Kampfstellung, die Arme sind keilförmig gebeugt, die Handflächen zeigen schräg nach vorne

2. Der VC-Kämpfer schiebt seine Hände nach vorne. Die Handfläche der vorderen Hand ist etwas mehr in frontale Position gedreht.

Abb. 3

Abb. 4

3. Die Hände werden weiter vorgeschoben. Die Handfläche der vorderen Hand zeigt fast frontal nach vorne.

4. Der vordere Arm ist zum fertigen Handflächenstoß gestreckt. Die Handfläche ist vollständig nach vorne gerichtet.

2.20. Fauststöße und Handflächenstöße - Entwicklung, Pro und Contra

Beispiel 3 beschreibt den Ablauf von Beispiel 2, jetzt aber ausgehend von der lässigen Haltung mit herabhängenden Armen bis zum fertigen VC-Handflächenstoß.

Abb. 1
Abb. 2
Abb. 3
Abb. 4
Abb. 5

1. Der VC-Kämpfer steht in normaler Körperhaltung und hat seine Arme, weil er sich sicher fühlt, neben dem Körper.
2. Der VC-Kämpfer erkennt eine Gefahr und hebt die Arme.
3. Er hat seine VC-Kampfstellung erreicht und ist bereit für den Angriff
4. Er schiebt seine Arme direkt nach vorne.
5. Der VC-Handflächenstoß ist fertig und die gesamte Handfläche zeigt nach vorne.

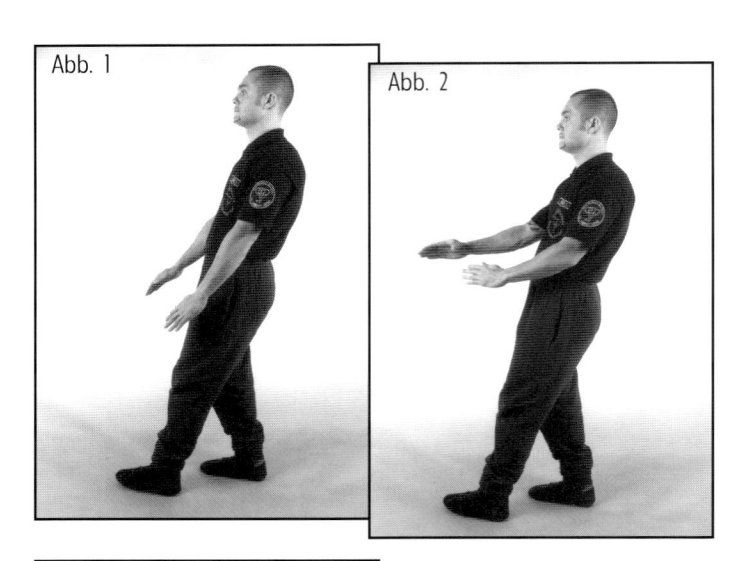

Abb. 1
Abb. 2
Abb. 3
Abb. 4
Abb. 5

Beispiel 4 zeigt, wie dieser Weg bis zum fertigen Fauststoß ist.

1. Die Arme des Kämpfers sind unten.
2. Der Kämpfer hebt seine Arme an.
3. Er steht in einer Kampfposition erhobenen Armen
4. Bevor er nach vorne schlägt, zieht er seine Finger nach hinten, um die Hände zu Fäusten zu ballen. Dadurch verliert er Zeit, denn er muss zuerst den Gedanken „Faust machen" umsetzen. Im Kampf hat ein Mensch aber keine Zeit
5. Er streckt seine Arme vor und macht einen Fauststoß.

2.20. Fauststöße und Handflächenstöße - Entwicklung, Pro und Contra

Beispiel 5 stellt den Bewegungsablauf von Fauststoß bzw. Handflächenstoß direkt gegenüber.

1. Beide Kämpfer haben die Arme unten.

2. Beim Zeichen einer Gefahr heben beide Kämpfer die Arme hoch.

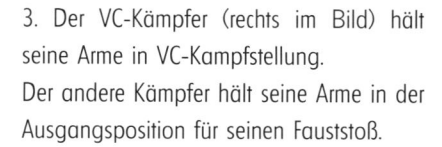

3. Der VC-Kämpfer (rechts im Bild) hält seine Arme in VC-Kampfstellung.
Der andere Kämpfer hält seine Arme in der Ausgangsposition für seinen Fauststoß.

4. Der VC-Kämpfer macht direkt aus der VC-Kampfstellung einen VC-Handflächenstoß.
(= eine Bewegung)

5.1. Der andere Kämpfer zieht seine Finger zuerst nach hinten.
5.2. Der andere Kämpfer ballt dann seine Hände zu Fäusten.
5.3. Der andere Kämpfer streckt seinen Arm zum Fauststoß. Er braucht dafür mehr Zeit, weil er vor dem Schlag erst eine Faust machen muss.
(= mehrere Bewegungen)

Zeit ist das Kostbarste was es gibt, nicht nur im Leben, sondern auch beim Kämpfen.
Sigung-Meister Birol Özden

VC-Grundtechniken mit Handflächenstoß bzw. Fauststoß im Vergleich

VC-Taun Sao mit Handflächenstoß

Die Unterschiede zwischen Fauststoß und VC-Handflächenstoß werden nachfolgend in Verbindung mit dem VC-Taun Sao aufgezeigt. Auch hier wird deutlich sichtbar, dass ein Kämpfer für den Fauststoß mehr Zeit benötigt als für den VC-Handflächenstoß. Die folgenden Abbildungen zeigen den Ablauf von der VC-Kampfstellung zu VC-Taun Sao und VC-Handflächenstoß.

1. Der VC-Kämpfer hat seine Arme zur VC-Kampfstellung erhoben. Sein linker Arm ist als VC-Maun Sao vorne (seitliche und frontale Ansicht)

2. Der VC-Kämpfer schiebt den vorderen Arm vor und dreht ihn dabei, indem er den Ellbogen nach unten nimmt. Den hinteren Arm streckt er vor, um einen VC-Handflächenstoß zu machen

3. Der VC-Kämpfer hat seinen linken Arm zum VC-Taun Sao nach vorne geschraubt und mit dem rechten Arm einen geraden VC-Handflächenstoß ausgeführt (seitlich und frontal gesehen)

2.20. Faststöße und Handflächenstöße - Entwicklung, Pro und Contra

Abb. 4a

VC-Taun Sao mit Fauststoß

Die Bewegungen bei Einsatz eines Fauststoßes zeigt die nachfolgende Serie, in der ein Kämpfer den Ablauf von Taun Sao rechts und Fauststoß links zum Taun Sao links und Fauststoß rechts demonstriert:

4. der Kämpfer hat rechts einen Taun Sao und links einen Fauststoß (hier gezeigt in frontaler und seitlicher Sicht)

Abb. 4b

Abb. 5

5. Nun öffnet der Kämpfer die Finger seiner linken Hand und zieht die Finger der rechten Hand etwas zurück. Gleichzeitig senkt er den linken Ellbogen leicht und hebt den rechten etwas an, um die Arme zu drehen.
6. Der Kämpfer nimmt den linken Ellbogen weiter nach innen und hebt den rechten Arm noch mehr an.

Abb. 6

7. Jetzt hat der Kämpfer die Finger der linken Hand völlig gestreckt und den Arm zum Taun Sao vor den Körper genommen. Die Finger der rechten Hand sind vollständig zurückgezogen und zur Faust geballt, der Arm ist zum Fauststoß gestreckt.

Dafür musste er eine zusätzliche Bewegung machen, um vor dem Schlag eine Faust zu machen.

Abb. 7

Die Bewegung eines Körpers wird durch dessen Geschwindigkeit bestimmt.
Die Geschwindigkeit (v) ist der zurückgelegte Weg (s), dividiert durch die benötigte Zeit (t): **v = s / t**
Je weniger Zeit man für den gleichen Weg benötigt, desto höher ist die Geschwindigkeit.
Bsp.: $v_1 = s / t_1$ → $5 m/sec = 20m / 4sec$
$v_2 = s / t_2$ → $10 m/sec = 20m / 2sec$

⇒ **höhere Geschwindigkeit, mehr Schnelligkeit**

2.20. Fauststöße und Handflächenstöße - Entwicklung, Pro und Contra

Die Unterschiede zwischen Handflächenstoß und Fauststoß liegen vor allem im Zeitverlust, der durch das Zusammenziehen der Hand entsteht. Es ergibt sich beim Fauststoß eine zusätzliche Bewegung.

Vom VC-Boung Sao zum Handflächenstoß

1. Der VC-Kämpfer hat seinen Arm zum VC-Boung Sao vorgestreckt.
2. nun senkt er den Ellbogen, wodurch sich die Hand aufrichtet
3. Jetzt muss er lediglich den Arm strecken, und der VC-Handflächenstoß ist fertig

⇒ **3 Schritte**

Abb. 1

Abb. 2

Abb. 3

Vom Boung Sao zum Fauststoß

1. Der Kämpfer macht wieder einen Boung Sao
2. Zuerst muss er die Finger schließen, um eine Faust zu machen
3. nun senkt er den Ellbogen
4. Zum Schluß schiebt der den Arm zum Fauststoß nach vorne

⇒ **4 Schritte**

Abb. 1

Abb. 2

Abb. 3

Abb. 4

2.20. Fauststöße und Handflächenstöße - Entwicklung, Pro und Contra

Abb. 1

Abb. 2

Abb. 2

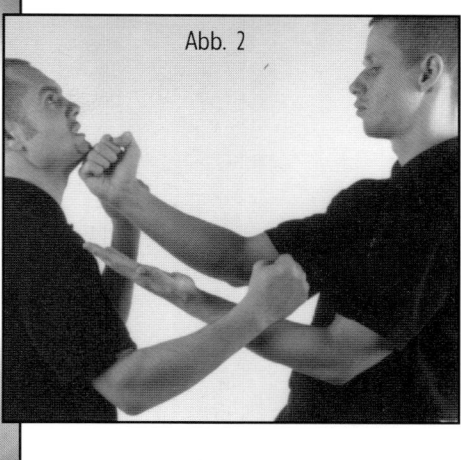

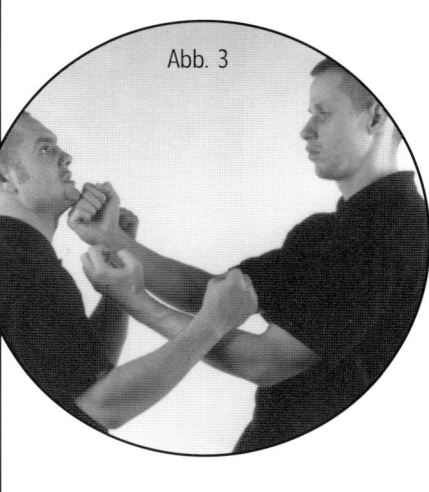

Hier wird der Ablauf von einer Technik in Verbindung mit Fauststoß bis zum darauf folgenden zweiten Angriff durch Fauststoß erklärt.

1. Zuerst stehen sich beide Gegner kampfbereit gegenüber.

2. Der Angreifer (links) schlägt zum Oberkörper des Kämpfers, der darauf mit links einen Taun Sao macht und mit rechts mit einem Fauststoß das Gesicht des Angreifers trifft.

Abb. 3

Abb. 3

3. Nun will er mit der anderen Hand einen weiteren Fauststoß platzieren. Dazu zieht er seine Finger ein Stück zurück, um die Hand zur Faust zu schließen.

4. Jetzt schiebt er den linken Arm mit einem Fauststoß vor.

Abb. 4

Abb. 4

Der Kämpfer gibt vor der Ausführung seines Fauststoßes einige Millimeter von dem Raum wieder preis, den er sich vorher durch seine Technik, den Taun Sao, bereits erkämpft hat.

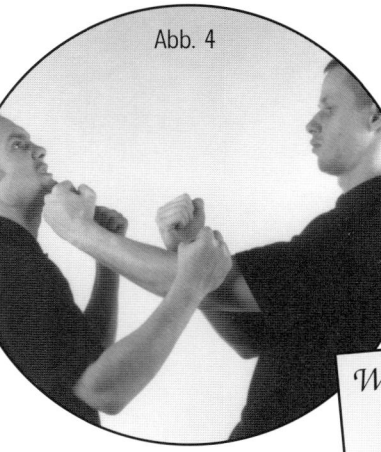

Wer ist schneller?
Derjenige, der nach vorne geht.
Wer nach vorne geht gewinnt!

Sigung Sifu-Meister Birol Özden

2.20. Fauststöße und Handflächenstöße - Entwicklung, Pro und Contra

Nun zeigen wir den Ablauf von Grundtechnik mit VC-Handflächenstoß bis zum zweiten Angriff mit Handflächenstoß

1. Beide Gegner stehen sich kampfbereit gegenüber.

2. Der Angreifer greift den VC-Kämpfer zu seinem Oberkörper an. Der VC-Kämpfer reagiert mit VC-Taun Sao links und mit gleichzeitigem VC-Handflächenstoß mit rechts zum Kopf des Angreifers.

3. Jetzt hält der VC-Kämpfer mit rechts den Kontakt zum Gesicht des Gegners. Sein linker Arm befindet sich bereits durch den VC-Taun Sao nahe beim Gegner. Nun stößt er mit diesen Arm noch weiter vor und dreht dabei die offene Hand herum zum Gesicht des Angreifers.

4. Wenn der zweite VC-Handflächenstoß getroffen hat, nimmt der VC-Kämpfer seinen rechten Arm auf die Position VC-Wu Sao.

Für diesen Ablauf muss der VC-Kämpfer sich weder zurückziehen noch eine zusätzliche Bewegung machen. Der Ablauf ist optimal und ohne Zeitverlust durchführbar und daher schneller als bei dem vorher gezeigten Ablauf mit Fauststoß.

Jede VC-Grundtechnik ist ein Angriff.
Sigung Sifu-Meister Birol Özden

2.20. Fauststöße und Handflächenstöße - Entwicklung, Pro und Contra

Auch im folgenden Vergleich wird deutlich, dass die Bewegung zum Fauststoß nicht zu den offenen VC-Grundtechniken passt.

1. Beide Kämpfer stehen einander im Kampfstand gegenüber.
2. Auf den Angriff seines Gegners macht der Kämpfer rechts im Bild einen Taun Sao und greift selbst mit einem Faustsoß zum Kopf an.
3. Er wechselt nun vom Faustoß zum Jaum Sao und zieht die Finger des Taun Sao nach hinten, um einen Faustoß mit der linken Hand zu machen.

Fazit: Die geöffnete Hand des Taun Sao muss für den Faustsoß erst geschlossen werden, während die geschlossene rechte Faust für den Jaum Sao geöffnet werden muss.

Das folgende Beispiel zeigt, wieviel einfacher und kürzer der Ablauf ist, wenn die Hände geöffnet sind.

1. Beide Kämpfer stehen im Kampfstand.
2. Der Gegner greift zum Oberkörper an, der VC-Kämpfer macht VC-Taun Sao und einen gleichzeitigen Angriff mit VC-Fauk Sao Handkantenschlag zum Kopf des Gegners.
3. Vom Fauk Sao aus lässt er den Ellbogen sinken, die Hand bleibt offen. So kontrolliert er mit VC-Jaum Sao den rechten Arm des Gegners. Gleichzeitig schiebt er die geöffnete linke Hand von VC-Taun Sao aus einfach weiter vor und trifft den Gegner mit VC-Handflächenstoß.

**Fazit: Es geht kein Millimeter Platz und keine Zeit verloren,
denn der VC-Kämpfer kämpft während des gesamten Ablaufs mit offenen Händen.**

Noch ein weiteres Beispiel:

Vom Jaum Sao zum Faustsoß (rechte Seite):

Abb. 1a

1. Der Kämpfer führt einen Jaum Sao in Verbindung mit einem Faustsoß aus.
2. Nun öffnet er die Finger seiner Faust und senkt den Ellbogen. Die Finger seines linken Armes zieht er nach hinten, um eine Faust zu machen. Er führt also eine Rückwärtsbewegung aus, obwohl er eigentlich nach vorne will.
3. Aus der Faust ist ein Taun Sao geworden, während der offene Jaum Sao zur Faust geschlossen wurde.

Die offenen Techniken im Ving Chun für einen Faustsoß zu schließen kostet ebenso Zeit wie das Öffnen der Faust für eine Ving Chun Technik. Den Weg, den die Arme des Kämpfers dabei zurücklegen, symbolisiert die folgende Grafik:

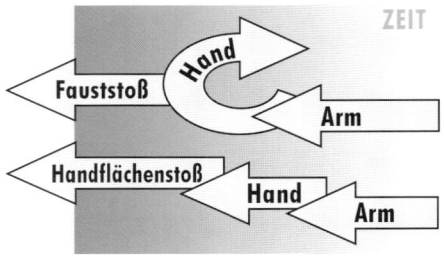

Abb. 1b

Abb. 2a

Abb. 2b

Anders sieht es beim VC-Handflächenstoß aus (linke Seite):

1. Der VC-Kämpfer macht einen VC-Jaum Sao mit VC-Handflächenstoß.
2. Er dreht den Handflächenstoß mit offenen Fingern, die weiter nach vorne zum Gegner zeigen, herum und schiebt den linken Arm nach vorne.
3. Er musste lediglich den Arm aus dem VC-Jaum Sao heraus anheben und gerade vorschieben, um jetzt mit einem VC-Fauk Sao anzugreifen. Der rechte Arm ist zum VC-Taun Sao geworden, die Finger sind weiter offen.

Auch die Bewegung vom Jaum Sao zum VC-Fauk Sao ist durch die obige Grafik dargestellt:
Noch deutlicher kann man es nicht zeigen: ein Faustsoß bedeutet mehr Weg, und mehr Weg heißt auch mehr Zeit.

Abb. 3a

Abb. 3b

Reflexionen über Faust- und Handflächenstöße

Bei den höheren Programmen im VC-Ving Chun, in Kampfsektionen, in der VC-Biu Tze und an der Holzpuppe werden nur Handflächenstöße, Handkantenschläge, Fingerstiche und natürlich Gelenkstöße wie Knie- und Ellbogenstoß als Angriffe eingesetzt. Ganz besonders bei der Holzpuppe erfolgen alle Bewegungen mit der offenen Hand. Ich kenne allerdings ein paar Meister, die an ihrer Holzpuppe zur Hälfte Bewegungen eingebaut haben, bei denen sie eine Faust machen.

Die Programme der Holzpuppe haben acht Sektionen und mehrere Hundert Techniken. Ich persönlich möchte **den** Meister sehen, der alle acht Sektionen für Holzpuppe mit Power trainiert und jedesmal die Angriffstechniken mit der Faust macht. Dann müsste er nämlich jede Woche zum Arzt gehen und seine Finger und Gelenke behandeln lassen. Gezwungenermaßen müsste er an den Fäusten Bandagen tragen.

Aus diesem Grund kleben manche Meister gern Teppichstücke oder andere Polster an ihre Holzpuppe, um ihre Fäuste nicht zu verletzen. Welcher Sinn darin liegt, weiß ich nicht. Denken Sie aber daran, dass eine Holzpuppe aus Hartholz angefertigt wird, und denken Sie an die Form des menschlichen Körpers! Damit will ich nur sagen, dass Handflächenstöße nicht nur sehr geeignet sind für den Durchschnittsbürger, der sich schützen will, sondern auch dass sie naturell sind. In den alten Zeiten des Ving Chun haben deshalb die alten Meister, die wirklich Erfahrung mit dem Training und der Ausbildung und vor allem mit Menschen hatten, die Programme so festgelegt, dass man mit der offenen Hand schlagen und kämpfen soll.

Ich habe Respekt vor jedem Boxer oder Wettkämpfer, der in seinem Wettkampfsport aus Sicherheitsgründen Fäuste macht und darüber Handschuhe anzieht. Nicht zuletzt deshalb sind in Wettkämpfen auch Handflächenstöße, Handkantenschläge und Fingerstiche verboten. Das soll ja auch so sein, denn im Wettkampf gibt es einen Schiedsrichter, der das Geschehen stoppt, wenn sich ein Kämpfer nicht an die Regeln hält. Der Wettkampf dauert länger als ein realer Kampf auf der Straße, denn dabei geht es um eine Konkurrenz, einen Wettbewerb, nicht um Leben und Gesundheit. Aber im Straßenkampf zählt jede Millisekunde als kostbar. Man will schließlich auch aus jedem Kampf als Sieger hervorgehen, und wird deshalb den Kampf so schnell es geht für sich entscheiden. Und zwar so, dass man nicht mit Knöchelverletzungen und kaputten Händen nach Hause geht!

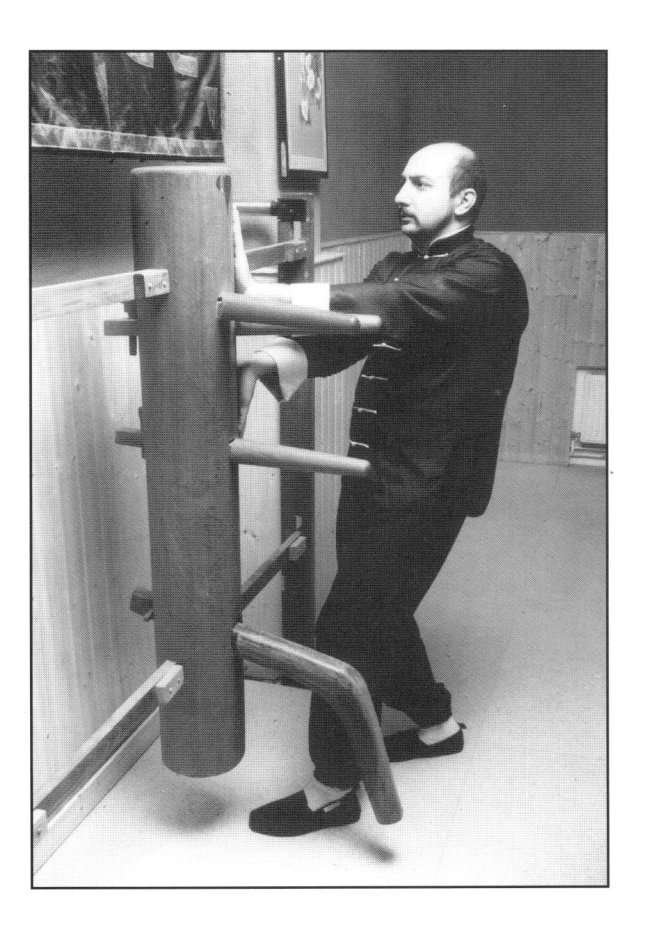

Was Wahrheit ist muss Logik sein, muss beweisbar sein.
Sigung Sifu-Meister Birol Özden

2.21. VC-Ernährung

Ernährungsregeln - Ernährungssünden

In einem gesunden Körper steckt ein gesunder Geist - so sagt schon ein altes Sprichwort. Wieviel Wahrheit darin liegt, zeigt die Bedeutung, die der Körper für einen Menschen hat. Ein gesunder Mensch, der auf seinen Körper achtet, fühlt sich selbst wohl und hat eine positive Ausstrahlung.

Besonders im VC-Ving Chun Kampftraining und im VC-Physio- und Ausdauertraining, wenn der Körper vollen Einsatz bringt, zeigt sich, ob man ihn gut behandelt hat. Wichtigste Quelle für Power und Kondition ist die gesunde Ernährung. Sie liefert die Energie, die der Körper für seine Arbeit braucht (Betriebsstoffwechsel), sowie zum Aufbau neuer Körpersubstanzen (Baustoffwechsel). So wie ein Auto ohne das richtige Benzin nicht lange fährt, kann auch der menschliche Körper ohne Flüssigkeit und Nährstoffe keine Leistung bringen.

Vor allem die **Flüssigkeit** spielt eine große Rolle. Jeder Mensch soll ca. 3 Liter täglich trinken. Dabei zählen Kaffee, Tee usw. selbstverständlich nicht, da sie den Körper entwässern statt ihm Flüssigkeit zuzuführen. Da der Mensch zu etwa 70 % aus Wasser besteht, wirkt sich Flüssigkeitsmangel z. B. auf die Haut, die Organe und die Funktionsfähigkeit des gesamten Körpers negativ aus. Kopfschmerzen und mangelnde Konzentration sind noch die geringsten Folgen. Im Training, wenn der Körper zum Schwitzen kommt, verliert er viel Flüssigkeit (1 - 1,5 Liter pro Stunde, bei Hitze und stärkerer Belastung sogar noch mehr), Elektrolyte und Mineralien (z.B. Kalcium und Magnesium). Diese muss der VC-Schüler ihm umgehend wieder zuführen. Und zwar nicht erst, wenn der Körper „Durst" meldet, denn dann wurde bereits Flüssigkeit aus Blut und Gewebe abgezogen. Wer viel und intensiv trainiert, z. B. bei ganztägiger Ausbildung oder bei VC-Seminaren, braucht mindestens 4 - 5 Liter reine Flüssigkeit am Tag. Deshalb werden in den VC-Ausbildungsstätten spezielle Mineralgetränke angeboten, die sowohl den Flüssigkeits- als auch den Mineralhaushalt wieder regulieren.

Die Ernährung des Menschen bestimmt nicht nur sein Leistungsniveau, sondern auch seine Gesundheit. Nicht umsonst hat das Thema Ernährung heute einen so hohen Stellenwert in unserer Gesellschaft. Nicht nur die Frage des idealen Körpergewichts spielt eine Rolle, sondern vor allem ernährungsbedingte Krankheiten wie z. B. durch Übergewicht verursachte Herz- und Kreislauferkrankungen oder Karies durch zuviel Zuckerkonsum beschäftigen uns. Auch Ernährungsmängel tragen dazu bei, dass bei einem Menschen Beschwerden oder Krankheiten entstehen. Es reicht vom Vitaminmangel bis zu Stoffwechselstörungen: der Körper ist wie eine Fabrik, und wenn er nicht die richtigen Betriebsstoffe und Materialien bekommt, die er für seine Arbeitsabläufe benötigt, werden diese gestört.

Heute sieht man die ausgewogene Ernährung als den Schlüssel zur Gesundheit. Das bedeutet zum einen die richtige Kalorienzufuhr. Wer ständig mehr Kalorien zuführt als sein Körper verbraucht, entwickelt mit der Zeit Übergewicht. Die Tendenz geht gerade bei Kindern in unserer Gesellschaft zu steigendem Gewicht bei immer weniger körperlicher Bewegung. Um so wichtiger ist die sportliche Betätigung als Ausgleich für unsere Kinder und für uns.

Ausgewogenheit der Ernährung heißt aber auch das richtige Verhältnis von Eiweiß, Kohlenhydraten, und Fetten sowie ausreichend Vitamine, Mineralien, Enzyme und Spurenelemente. Falsche Ernährung führt in erster Linie zu Müdigkeit, eingeschränkter Leistungsfähigkeit und Belastbarkeit, Konzentrationsschwäche usw.

Weder in der Schule noch im Beruf kann man sich in unserer leistungsorientierten Gesellschaft solche Schwächen erlauben. Beim VC-Ving Chun Training mindern diese Punkte den Trainings- und Lernerfolg. Deshalb sollte ein VC-Ving Chun Schüler wie jeder Sportler auf seine Ernährung achten und einige wichtige Punkte einhalten, die im folgenden erläutert werden. Eine gezielte Ernährungsanalyse und -beratung wird in der Ving Chun Dynamic Connection geboten. Für dieses Thema haben Ärzte, Ernährungswissenschaftler, Sportpädagogen und Heilpraktiker mit Sigung Sifu-Meister Birol Özden zusammengearbeitet und ihr Wissen zu dem Unterrichtskonzept beigesteuert. Viele von ihnen trainieren selbst als seine Privatschüler VC-Ving Chun und können so die Wirkung der VC-Trainingsprogramme auf den menschlichen Körper sehr gut beurteilen. Viele VC-Schüler lassen sich bei Sigung Sifu-Meister Birol Özden ihren individuellen Ernährungsplan erstellen und unterstützen die gewünschte Gewichtszu- oder -abnahme durch gezieltes VC-Ving Chun Training nach einem persönlichen Plan.

Bestandteile der Ernährung:
Die Nährstoffe, die unser Körper bei der Verdauung freisetzt, teilen sich auf in Kohlenhydrate, Proteine (Eiweiß) und Fette. Sie decken den von Alter, Geschlecht und zu erbringender Leistung abhängigen Energiebedarf des Menschen. Je stärker die körperliche Aktivität, desto höher ist der in Kalorien oder Joule gemessene Energiebedarf.

Kohlenhydrate (Zucker und Stärke) - liefern dem Körper direkt die nötige Energie für körperliche und geistige Leistungen

Fette - liefern ebenfalls Energie, aber erst bei größerer Ausdauerbelastung

Proteine - nutzt der Körper nur in Ausnahmefällen und bei sehr intensiver Belastung zur Energiegewinnung

Ca. 60 % der täglichen Energiezufuhr sollten über Kohlenhydrate gedeckt werden. Sie werden im Körper in der Leber und in den Muskeln als Glykogen gespeichert. Um jedoch zu vermeiden, dass der VC-Schüler Mengen von Vollkornbrot, Nudeln oder Kartoffeln essen muss und durch den vollen Magen nicht richtig trainieren kann, empfehlen wir konzentrierte Kohlenhydrat-Produkte aus der Palette der Sporternährung, die leichtverdaulich sind. Diese stehen wie auch andere Produkte in den Bistros der A.S.VC. All Style Ving Chun bereit.

Neben Wasser bilden **Proteine** den Hauptbestandteil unseres Körpers. Sie dienen ihm als Baustoff. Die meisten Proteine finden sich in unserem Muskelgewebe. Eine gut ausgebildete Muskulatur ist im VC-Ving Chun Training sehr wichtig. Ein Beispiel: Die VC-Handflächenstöße trainieren besonders den Trizeps und die Brust- und Schultermuskulatur. Wenn das VC-Training durch Proteine ergänzt wird, bauen sich diese Muskeln optimal auf und ermöglichen effektive VC-Handflächenstöße auch im Kampf, wenn es darauf ankommt. Die durch die Ernährung zugeführten Proteine werden nicht wie Fette gespeichert, sondern werden verbraucht und müssen immer wieder neu aufgenommen werden. Bei Eiweißmangel baut der Körper sogar die körpereigene Eiweißsubstanz ab. Seine Leistungsfähigkeit geht dadurch zurück.

Die Bausteine der Proteine sind **Aminosäuren**. Es gibt essentielle Aminosäuren, die der Körper nicht selbst erzeugt und aus der Nahrung bezieht, und nichtessentielle Aminosäuren, die der Körper durch Umwandlung der essentiellen Aminosäuren produzieren kann. Während des Verdauungsvorganges werden die Proteine aus der Nahrung in Aminosäuren zerlegt, an den Blutkreislauf abgegeben und zum Aufbau körpereigener Proteine, z. B. in den Muskeln, verwendet. Je höher der Gehalt an essentiellen Aminosäuren (= Wertigkeit), desto mehr Körperprotein wird erzeugt, und die Muskulatur baut sich beim Training auf. Bei den VC-Grundtechniken und im Ving Chun Chi Sao wird nahezu die gesamte Oberkörpermuskulatur (Arme, Schultern, Rücken) trainiert. Das isometrische Training beim VC-Grundstand und VC-Kampfstand und die damit verbundene aufrechte Haltung des VC-Schülers bauen die Bein- und Bauchmuskulatur auf. Quellen für Proteine sind Nahrungsmittel wie Fleisch, Fisch, Getreide und Milchprodukte. Ca. 15 % der Ernährung sollte aus Proteinen bestehen. Da ihre Verdauung mehrere Stunden dauert, stehen die Proteine dem Körper nicht immer dann zur Verfügung, wenn er sie gerade benötigt, z. B. nach intensivem Training. Durch **Enzyme** können sie jedoch in kurzkettige Aminosäuren zerlegt werden. Entsprechende Eiweißprodukte sorgen dafür, dass dem Körper die Aminosäuren früher zur Verfügung stehen, weil die Verdauung schneller geht. So bewirkt der Verzehr solcher Produkte vor dem VC-Training oder im Training, dass der Körper die gewonnenen Proteine direkt dem Körper zuführen kann, und zwar an den Stellen, die trainiert werden.

Enzyme steuern verschiedene Stoffwechselvorgänge. Sie reparieren den Körper bei Verletzungen und stärken die körpereigene Abwehr. Sie können nicht nur durch die Ernährung (Ananas, Südfrüchte), sondern durch spezielle Präparate wie Wobenzym zugeführt werden. Mit diesem Präparat aus natürlichen Enzymen machen wir seit Jahren gute Erfahrungen. Sie machen das Blut flüssig - sehr wichtig z. B. bei Blutergüssen und Schwellungen.

Fette:
Unsere Nahrung enthält vielfach sichtbare und unsichtbare Fette. Häufig führen wir beim Braten, Fritieren usw. noch weitere Fette hinzu. Zuviel Fettkonsum führt zu Gewichtszunahme, erhöhtem Cholesterinspiegel und im schlimmsten Fall zu Krankheiten. Dennoch ist Fett für unseren Körper notwendig, um z. B. die inneren Organe zu schützen und bis zu einem gewissen Grad den Körper zu wärmen. Bestimmte Fette braucht der Körper aber auch, um Vitamine zu verarbeiten.

Man unterscheidet zwischen tierischen (gesättigten) und pflanzlichen (ungesättigten) Fettsäuren. Auch bei den Fettsäuren gibt es essentielle, die der Körper nicht selbst herstellt und die deshalb zugeführt werden müssen. Die Aufnahme von Fett sollte bei jedem Menschen auf einem möglichst geringem Niveau erfolgen. Der Hauptanteil der aufgenommenen Fette (ca. 25 % der Ernährung) sollte aus ungesättigten Fettsäuren bestehen, die z. B. in kaltgepreßtem Pflanzenöl enthalten sind. Durch ballaststoffreiche Ernährung in Form von Obst, Gemüse und Vollkorn werden Fettsäuren quasi „im Schnellverfahren" aus dem Verdauungstrakt wieder entfernt, so dass sie nicht in Körperfett umgewandelt werden.

Vitamine, Mineralien, Spurenelemente:
Vitamine liefern dem Körper zwar keine Energie, werden aber für den Stoffwechsel unbedingt benötigt und fungieren hier als Hilfsstoffe zur Energiegewinnung und für den Eiweißstoffwechsel, dienen dem Zellwachstum und stärken das Immunsystem. Sie müssen in ausreichender Menge und Zusammensetzung zugeführt werden, da der Körper sie verbraucht, aber nicht selbst herstellt. Deshalb ist ein hoher Anteil an Obst, Gemüse - vorzugsweise in Form von Rohkost - und Salaten, Vollkorn usw. in unserer Ernährung wichtig.

Mineralstoffe sind wichtig für Körperbau und Stoffwechsel. Calcium und Phosphat bauen Knochen und Zähne auf, Magnesium ist notwendig für die Beziehung von Muskeln und Nerven und aktiviert eine Vielzahl von Enzymen. Natrium reguliert unseren Wasserhaushalt, Kalium ist spielt eine wichtige Rolle für die Funktionsfähigkeit von Herz und Muskeln.
Zu den Mineralstoffen gehören auch die Spurenelemente, die dem Körper in Form von essentiellen Spurenelementen zugeführt werden müssen. Sie sind in sehr geringen Mengen (Spuren) in unserer Nahrung vorhanden, sind aber lebenswichtig. Eisen sorgt für den Sauerstofftransport und die Umwandlung des Sauerstoffs in Energie. Weitere bekannte Spurenelemente sind z. B. Zink und Jod. Fleisch und Fisch spielen eine wichtige Rolle bei der Versorgung unseres Körpers mit Spurenelementen.

Es gibt kein Universalrezept für die richtige Ernährung. Jeder Mensch sollte aber über die Grundsätze Bescheid wissen und seinen eigenen Körper so gut kennen, dass er weiß, was für ihn gut ist und was nicht und was sein Wohlbefinden und seine Leistungsfähigkeit bestimmt. Dann kann er seine Ernährung für sich optimal aufbauen, fehlende Substanzen durch Nahrungsergänzungen wie Mineralgetränke, L-Carnitin, Vitaminpräparate und Eiweiß- und Kohlenhydratprodukte ausgleichen und so gut auf seinen Körper achten. Denn der Körper begleitet uns ein Leben lang und ist unser wichtigstes Werkzeug - im VC-Ving Chun Training und besonders im Falles eines Angriffs auf der Straße, wenn das Gelernte zum Schutz und zum Überleben eingesetzt werden muss!

VC-Impressionen

VC-Impressionen

Spaß und Gemeinschaftsaktivitäten kommen nicht zu kurz in der
A.S.VC. All Style Ving Chun -
Sigung Sifu-Meister Birol Özden und Simo Filiz Özden
sind immer dabei.

Großes Buffet für VC-Leute (VC-Silvesterparty 2000)

Silvester 2000
Die VC-Leute feiern mit Sifu und Simo
eine Kriegerparty mit vielen tollen Kostümen.

VC-Ausdauertraining der etwas anderen Art (VC-Silvesterparty 2000)

Bei der Party zum 40. Geburtstag von Sifu
kamen über 400 Gäste,
um ihn zu feiern.

Ein Geschenk seiner Familie und seiner Schüler
zum 40. Geburtstag - eine Harley Davidson Fatboy

Beim Tag der offenen Tür in der VC-Europa
Akademie halfen alle mit.

Bei den VC-Ausbilderlehrgängen sorgen Sifu und Simo immer für das leibliche Wohl der Schüler.

Mal wird selbst gekocht, mal wird von Buffet gespeist ...

... aber immer ist es sehr lecker.

Bei VC-Türkeiseminar wird nicht nur gemeinsam trainiert sondern auch ...

Türkei 1999 - gemeinsames Essen mit Sigung Sifu-Meister Birol Özden im typisch türkischen Restaurant.

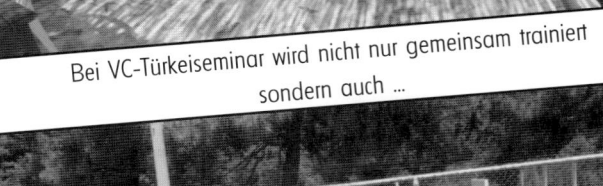

... der Urlaub gemeinsam genossen.

Ein großes Ereignis ist die alljährliche VC-Demomeisterschaft ...

... bei der sich die besten Ving Chun-Showteams aus Deutschland und Europa messen.

Copyright by Sigung Sifu-Meister Birol Özden

Traditionelle Urkundenvergabe

Bei jedem meiner VC-Ving Chun Prüfungsseminare erhalten meine Schüler von mir auf traditionelle Art ihre Urkunden ausgehändigt. Ich bin einer der wenigen Meister, der seine Schüler nicht einzeln prüft, sondern während des Trainings, unsichtbar, so dass es die Schüler gar nicht merken. **Ich bin der Anwalt meiner Schüler** und kontrolliere deshalb nicht sie, sondern meine Ausbilder. Jeder Mensch ist in der Lage, VC-Ving Chun zu lernen, denn mein Konzept ist perfekt.

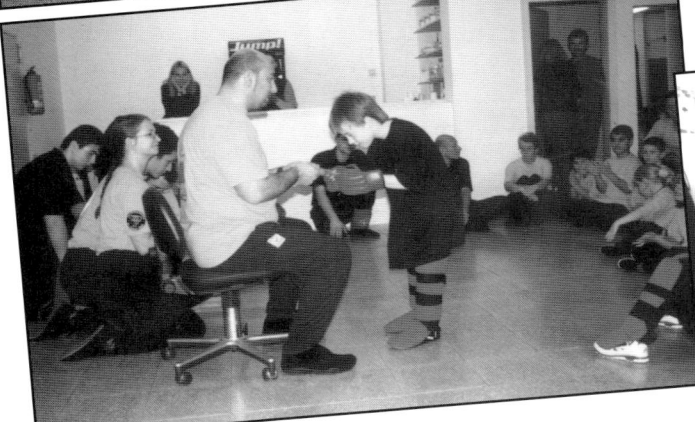

3.
Wissenswertes für Schüler und Interessenten

3.1. VC-Frauen-Selbstverteidigung

VC-Ving Chun ist besonders für Frauen sehr gut als Mittel zum Selbstschutz geeignet. Frauen sind im allgemeinen nicht so groß und kräftig wie Männer. Dennoch - oder gerade deshalb - werden sie häufiger als Männer Opfer von Gewalttaten, wie die Statistiken des Bundeskriminalamtes belegen.

Die Polizei und viele Experten weisen immer wieder darauf hin, wie wichtig es ist, sich in einer gefährlichen Situation zur Wehr zu setzen. Um so wichtiger ist es, dabei ein effektives System zur Selbstverteidigung anzuwenden. Als solches ist Ving Chun seit Jahrhunderten bekannt. War es doch eine Frau, die Nonne Ng Mui, die Ving Chun als Meisterin beherrschte und ausserhalb des Shaolin-Tempels bekannt machte.

Heute trainieren in der A.S.VC. All Style Ving Chun viele Frauen aller Altersgruppen, Hausfrauen genauso wie Geschäftsfrauen. Sie beweisen wie hervorragend Ving Chun von Frauen eingesetzt werden kann, ohne Kraft und mit einfachen Techniken, durch die der Angreifer „in die Falle" gelockt wird.

VC-Ving Chun wirkt in jeder Lage zuverlässig, im Stand wie auch am Boden. Gerade hier muss eine Frau in der Lage sein, sich zu wehren. Und hier, im engen Kontakt mit dem Gegner, lassen sich die VC-Nahkampftechniken wie VC-Kniestoß und VC-Ellbogenstoß besonders gut einsetzen, wie im Beispiel auf der rechten Seite gezeigt.

3.1. VC-Frauen-Selbstverteidigung

Da eine Frau ihre Kräfte nicht mit denen eines Mannes messen kann, muss sie schnell und effektiv gegen einen Angreifer vorgehen. Sie muss seine leicht verletzlichen Stellen wie Gesicht, Kehlkopf und Unterleib angreifen, um ihn schnell und wirksam zu treffen. Dazu eignen sich VC-Kniestoß, VC-Ellbogenstoß und VC-Kicks, während er z. B. mit VC-Laup Sao kontrolliert wird.

3.1. VC-Frauen-Selbstverteidigung

Jungs, legt Euch nicht mit den VC-Frauen an, denn sie haben ihr Ving Chun bei Sigung Sifu-Meister Birol Özden gelernt!

Viele Frauen arbeiten als VC-Lehrerinnen und Ausbilderinnen mit viel Erfolg. Sie unterrichten Frauen und Männer und beweisen täglich die Effektivität von VC-Ving Chun.

3.1. VC-Frauen-Selbstverteidigung

Von links nach rechts: VC-Handflächenstoß, Ellbogen, Knie, noch ein VC-Ellbogenstoß - **eine ganze Salve von Angriffen prasselt auf den Angreifer der VC-Lehrerin nieder.**

Auch wenn der Gegner größer und kräftiger ist - kein Problem für Sije Pinar Özden. Sie ist die jüngste VC-Ausbilderin und weiß sich zu wehren.

3.1. VC-Frauen-Selbstverteidigung

Für Frauen sehr gut geeignet sind Techniken mit der offenen Hand wie z. B. VC-Handflächenstöße und VC-Fauk Sao sowie VC-Kniestöße und kurze, effektive Tritte auf Beine oder Unterleib.

VC-Kniestöße sind leicht auszuführen und effektiv - bei kurzer Distanz zum Gegner.

Besonders für Frauen ist es leicht, mit der offenen Hand zu schlagen und den Angreifer wirkungsvoll zu treffen.

Noch bevor der Gegner richtig angegriffen hat, wird er schon mit einem VC-Kick gestoppt.

3.1. VC-Frauen-Selbstverteidigung

Die VC-Frauen trainieren gemeinsam mit den Männern, besonders im Kampf und Sparringstraining.

Gerade der VC-Antibodenkampf gegen einen körperlich überlegenen Angreifer ist für Frauen wichtig.

Sigung Sifu-Meister Birol Özden legt viel Wert darauf, dass seine Schülerinnen sich auch in solchen Situationen mit VC-Ving Chun schützen können und die Angst verlieren.

> *Sieger ist nicht derjenige der ein Schläger ist, sondern der ein Konzept hat das funktioniert.*
>
> Sigung Sifu-Meister Birol Özden

Copyright by Sigung Sifu-Meister Birol Özden

3.2. VC-Kinder-Selbstverteidigung

Schon die Jüngsten sind in der Lage VC-Ving Chun einzusetzen. Sie lernen nicht nur ihre VC-Techniken, sondern sie entdecken ihre eigene Power im Training an Pratzen und mit Schutzausrüstung.

So verlieren sie ihre Angst und lernen, sogar vor Publikum ihr Können zu präsentieren, sehr zum Stolz der Eltern.

Schon Jugendliche sind erfolgreich als VC-Ausbilder in den Kindergruppen tätig und helfen mit, die Kleinen auszubilden. Auch sie legen dazu ihre Ausbilderprüfungen ab und besitzen Diplome der A.S.VC. All Style Ving Chun. So werden sie selbst doppelt gut, denn als Ausbilder müssen sie selbstverständlich mehr können als ihre Schüler, denen sie etwas beibringen.

3.2. VC-Kinder-Selbstverteidigung

Kinder und Jugendliche lernen sich mit VC-Ving Chun gegen Angreifer zu wehren - zur Not auch bis zum Boden.

Die Jugendgruppe der VC-Ving Chun Europa-Akademie.

Vorführung der VC-Jugendgruppe beim Tag der offenen Tür.

Klein gegen groß - dank VC-Ving Chun kein Problem.

Für Kinder ist VC-Ving Chun ein optimales System. Kinder ab 4 Jahre und Jugendliche trainieren mit viel Erfolg und vor allem mit Spaß und Begeisterung in den vielen Kinder- und Jugendgruppen in der A.S.VC.

Gerade Kinder haben von Körperkraft und Körperbau her gesehen normalerweise keine Chance gegen einen erwachsenen Angreifer. Doch mit VC-Ving Chun lernen sie Techniken, um auch mit einem überlegenen Gegner fertig zu werden. Und was noch wichtiger ist - sie lernen selbstbewusst aufzutreten, Gefahren zu erkennen und sich ohne Angst, aber dennoch vorsichtig zu verhalten.

Viele Eltern berichten den Diplom-VC-Ausbildern regelmäßig von den positiven Entwicklungen ihrer Kinder. Selbst die Konzentrationsfähigkeit in der Schule wird verbessert.

Sihing Tufan Özden demonstriert seinen jugendlichen Schülern powervolles VC-Ving Chun.

Copyright by Sigung Sifu-Meister Birol Özden

3.3. VC-Erstausstattung

Für den Einstieg in das VC-Training benötigt man nicht viel.
Der Schüler braucht lediglich eine Erstausstattung, mit der er die Basis für ein optimales Lernen legt:

VC-T-Shirt:
- für die Unterstufe mit weißem Organisationsaufdruck
- bequem, atmungsaktiv und leicht zu pflegen

VC-Jogginghose:
- hoher Tragekomfort und Bewegungsfreiheit
- mit Gummizug und Seitentaschen
- pflegeleicht und waschbar

VC-Stiefel:
- hervorragende Verarbeitung
- mit weicher Sohle und festem Halt für die Fußgelenke

VC-Augenbinde:
- mit Organisationsemblem
- für Konzentrationsübungen zur Vertiefung der Programme

VC-Ausbildungsnachweis: • mit Kontaktadressen und vielen Informationen
VC-Notizheft: • im handlichen Format, passt in jede Tasche
VC-Life: • das umfassende Buch über VC-Ving Chun

VC-Extras

VC-Windjacke und VC-Sportkappe: • bequem und praktisch

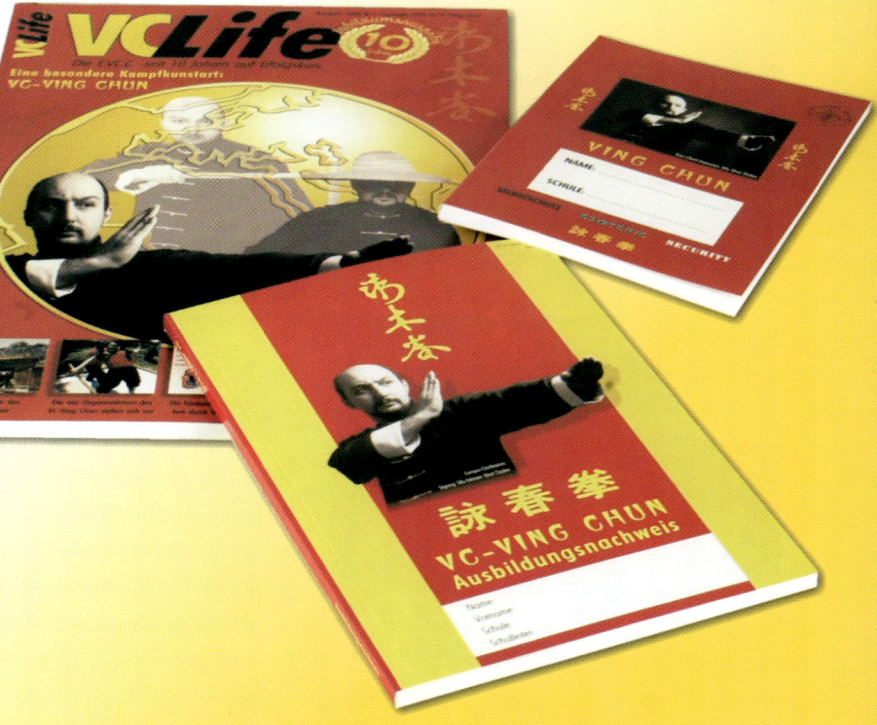

3.4. VC-Ausrüstung

Die VC-Schutzausrüstung wurde entwickelt und getestet für ein optimales VC-Training. Qualität und Sicherheit stehen im Vordergrund.

Außerdem sind im VC-Artikelvertrieb viele weitere Trainingshilfen erhältlich, wie z.B.:

- VC-Sandsack
- VC-Wandsack
- VC-Pratze
- VC-Handpratze
- VC-Schlagpolster

Sigung-Meister Birol Özden
präsentiert die VC-Schutz- und VC-Kampfausrüstung:

VC-Helm:	• gepolstert und mit Schutzvisier
VC-Schienbeinschoner:	• zuverlässiger Schutz für das Beintraining
	• optimal in Verbindung mit **VC-Unterlegschienbeinschonern**
VC-Handschuhe:	• mit Polsterung für Finger und Handgelenke
VC-Knie/VC-Ellbogenschoner:	• Schutz durch Polsterung
	• Beweglichkeit durch eingearbeitete Gelenke
VC-Schutzweste:	• für Kinder und Erwachsene
VC-Unterleibschutz:	• für Frauen und Männer

3.5. **VC-Freizeitkleidung**

Nicht nur die richtige Schutzausrüstung für VC-Ving Chun macht den Ving Chun Kämpfer komplett. Es gibt auch viele verschiedene T-Shirts und Sportkappen für Training und Freizeit. Hier findet jeder für seinen Geschmack das Richtige. Verschiedene Farben und die Embleme und Schriften der verschiedenen VC-Organisationen und der Initiative "No Drugs ... sonst bist Du ein Wrack! ©" sorgen für Abwechslung, wie die Beispiele auf dieser Doppelseite zeigen.

3.5. VC-Freizeitkleidung

Für alle, die auch in der Freizeit gern VC-Kleidung tragen, ist die Auswahl unter verschiedenen Sweatshirts und Pullovern groß. Bequem, pflegeleicht und chic ... damit zieht jeder Schüler die Blicke auf sich. Verschiedene Organisationen und bunte Farben sorgen dafür, dass die VC-Pullover zu jedem anderen Kleidungsstück kombiniert werden können.

3.6. VC-Verwaltung

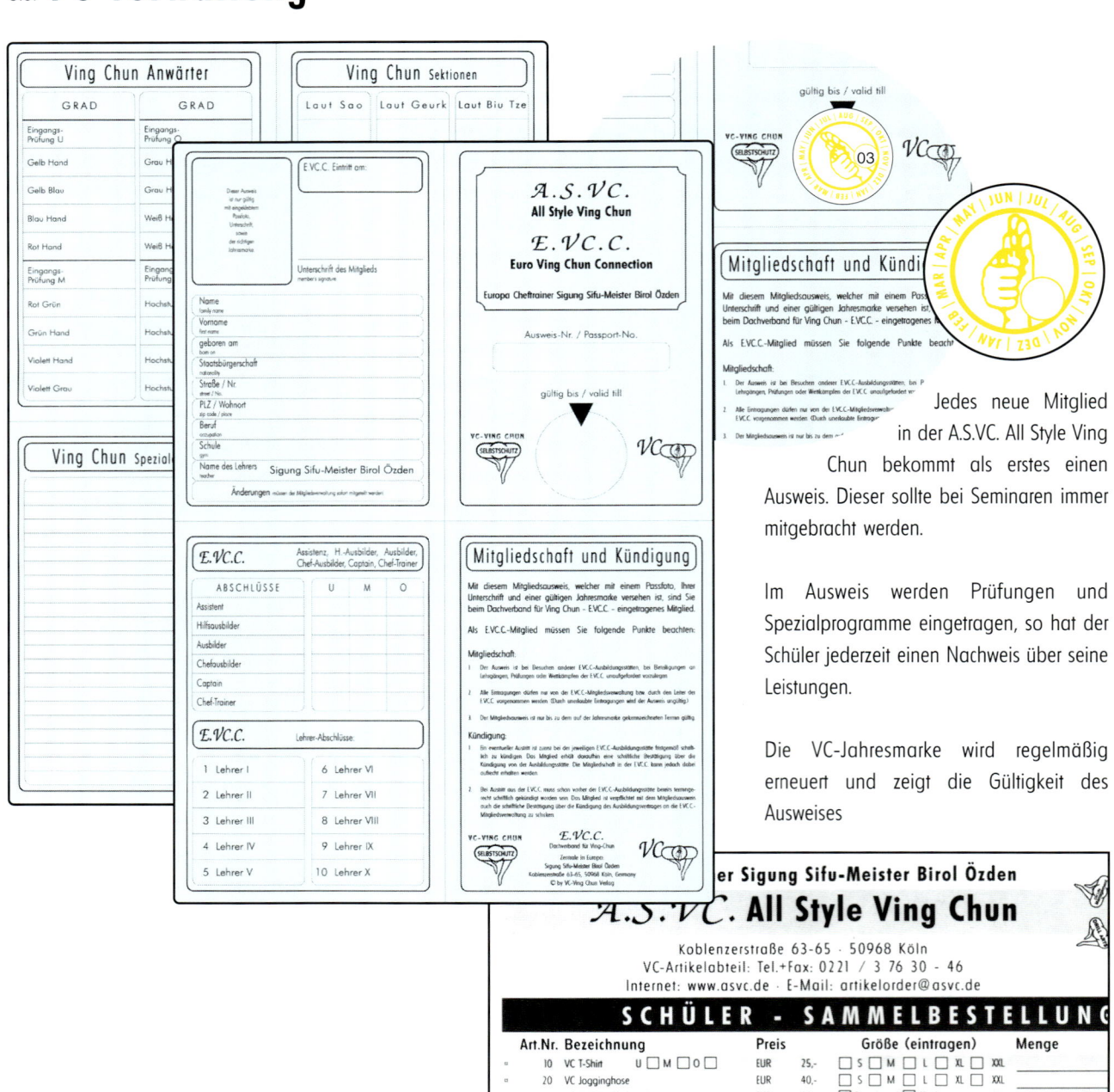

Jedes neue Mitglied in der A.S.VC. All Style Ving Chun bekommt als erstes einen Ausweis. Dieser sollte bei Seminaren immer mitgebracht werden.

Im Ausweis werden Prüfungen und Spezialprogramme eingetragen, so hat der Schüler jederzeit einen Nachweis über seine Leistungen.

Die VC-Jahresmarke wird regelmäßig erneuert und zeigt die Gültigkeit des Ausweises

Die VC-Ving Chun Artikel, die eine VC-Schülerin oder ein VC-Schüler haben möchte, kann sie / er mittels Bestell-Liste im A.S.VC. All Style Ving Chun Artikelabteil über ihren / seinen zuständigen Ausbilder bestellen.

3.7. VC-Graduierungssystem - Schüler

Jeder VC-Schüler lernt die VC-Schülerprogramme nach dem Konzept von Welt-Cheftrainer Sigung Sifu-Meister Birol Özden. Durch die Unterrichtsprogramme erweitert ein VC-Schüler Stufe für Stufe sein Können und Wissen. Jede Stufe bildet die Basis für die nachfolgenden Programme, und die einzelnen Lernabschnitte werden genau kontrolliert. Dies erfolgt im Rahmen von VC-Ving Chun Prüfungsseminaren, bei denen Sigung Sifu-Meister Birol Özden sich persönlich von den Fortschritten seiner Schüler überzeugt und die Arbeit seiner Ausbilder überwacht. Mit jeder abgelegten Prüfung erreicht der VC-Schüler die nächste Graduierungsstufe. Die Laufbahn eines VC-Schülers umfasst 16 Graduierungsstufen.

VC-SELBSTSCHUTZ

VC-Unterstufe:

Einführung Unterstufe EU

1. VC-Schülergrad   Gelb Hand

2. VC-Schülergrad   Gelb Blau Hand

3. VC-Schülergrad   Blau Hand

4. VC-Schülergrad   Rot Hand

VC-Oberstufe:

Einführung Oberstufe EO

9. VC-Schülergrad   Grau Hand I
10. VC-Schülergrad Grau Hand II

11. VC-Schülergrad Weiss Hand I
12. VC-Schülergrad Weiss Hand II

VC-Mittelstufe:

Einführung Mittelstufe EM

5. VC-Schülergrad   Rot Grün

6. VC-Schülergrad   Grün Hand

7. VC-Schülergrad   Violett Hand

8. VC-Schülergrad   Violett Grau

VC-Hochstufe:

Einführung Hochstufe EH

13. VC-Schülergrad Hochstufe 13

14. VC-Schülergrad Hochstufe 14

15. VC-Schülergrad Hochstufe 15

16. VC-Schülergrad Hochstufe 16

3.7. VC-Graduierungssystem - Ausbilder

ASSISTENZ

VC-Assistent: assistiert und hilft im Gruppenunterricht eines VC-Ausbilders / Lehrers oder leitet eine VC-AG, höchstens 2 x 2 Std. wöchentl.

AUSBILDER

VC-Ausbilder: leitet eine VC-Schule, 2 x 2 Std. wöchentlich

Höhere VC-Graduierungen:

VC-Cheftrainer: hat mehrere Captains, die unter ihm arbeiten

Landes-Cheftrainer (Instructor): leitet im Auftrag von Sigung Sifu-Meister Birol Özden eine VC-Landesorganisation und ist zuständig für alle VC-Ausbilder dieses Landes

Chief Instructor: hat mehrere Landes-Cheftrainer, die unter ihm arbeiten

VC-Diplomat: dieser Titel kann zusätzlich zu den o. g. Graduierungen bei Sigung Sifu-Meister Birol Özden beantragt werden. Er besagt, dass die Person im Auftrag des Welt-Cheftrainers VC-Ving Chun in ihrem Einflußgebiet verbreitet, bekanntmacht und sich dafür einsetzt, wie es ein Diplomat eines Landes tut.

Es gibt für verschiedene VC-Ving Chun Spezial-Klassen spezielle Embleme, mit denen die VC-Schüler ihre Zugehörigkeit zu diesen Klassen zeigen.

H.-AUSBILDER

VC-Hilfsausbilder: assistiert und hilft im Gruppenunterricht eines VC-Ausbilders / Lehrers oder leitet eine VC-Gruppe, höchstens 2 x 2 Std. wöchentlich

CHEF-AUSBILDER

VC-Chefausbilder: leitet als mehrere zu seinem Bezirk gehörende Schulen, in denen ein oder mehrere VC-Schulleiter unter ihm arbeiten

CAPTAIN

VC-Captain: hat einen oder mehrere VC-Chefausbilder mit ihren VC-Schulleitern, die unter ihm arbeiten

Abzeichen der VC-Combat Crew

VC-Kampfteam Emblem

Spezial-Emblem der U.B.Ö.C.-Stiftung von Sigung Sifu-Meister Birol Özden

3.7. VC-Graduierungssystem - Lehrer

Auch die höheren Unterrichtsprogramme, die in der Ausbildung der VC-Lehrer enthalten sind, gliedern sich in verschiedene Stufen. Ein VC-Lehrergrad ist als selbstständiger Schulleiter tätig. Jeder VC-Lehrer, der seine Lehrergradprüfung bei Sigung Sifu-Meister Birol Özden bestanden hat, erhält den 1. VC-Lehrergrad. Im Laufe seiner weiteren Ausbildung, in der er zusätzliche höhere Programme lernt und sich als VC-Lehrer immer weiter fortbildet, durchläuft er weitere Stufen bis zum 12. VC-Lehrergrad.

1. VC-Lehrergrad   Lehrer 1
leitet ein VC-Center und hat die Erlaubnis zum Erteilen von Privat- und Einzelunterricht

2. VC-Lehrergrad   Lehrer 2
leitet ein VC-Center oder eine VC-Akademie und hat die Erlaubnis zum Erteilen von Privat- und Einzelunterricht, VC-Kleingruppenunterricht und VC-Kampfteamklassen

3. VC-Lehrergrad   Lehrer 3
Ab Lehrer 2 aufwärts erhält ein VC-Lehrer von Sigung Sifu-Meister Birol Özden immer mehr zusätzliche Rechte und Erlaubnisse.

4. VC-Lehrergrad   Lehrer 4

5. VC-Lehrergrad   Lehrer 5

6. VC-Lehrergrad   Lehrer 6

7. VC-Lehrergrad   Lehrer 7

8. VC-Lehrergrad   Lehrer 8

9. VC-Lehrergrad   Lehrer 9

10. VC-Lehrergrad   Lehrer 10

11. VC-Lehrergrad   Lehrer 11

12. VC-Lehrergrad   Lehrer 12

Copyright by Sigung Sifu-Meister Birol Özden

3.7. VC-Graduierungssystem - VC-Urkunden

Jeder Absolvent, der in einer der VC-Ving Chun Organisationen bei Welt-Cheftrainer Sigung Sifu-Meister Birol Özden erfolgreich eine Abschlussprüfung abgelegt hat, erhält als Nachweis eine Abschluss-Urkunde. Jeder Ausbilder ist verpflichtet, diese Urkunden in seiner Schule sichtbar aufzuhängen. Die Urkunden sind für eine befristete Zeit gültig und müssen regelmäßig von Sigung Sifu-Meister Birol Özden verlängert werden. So haben die VC-Schüler und VC-Schülerinnen immer eine garantierte Qualität ihres Unterrichts, denn die Verlängerung erfolgt nur dann, wenn der Ausbilder zufriedenstellend arbeitet.

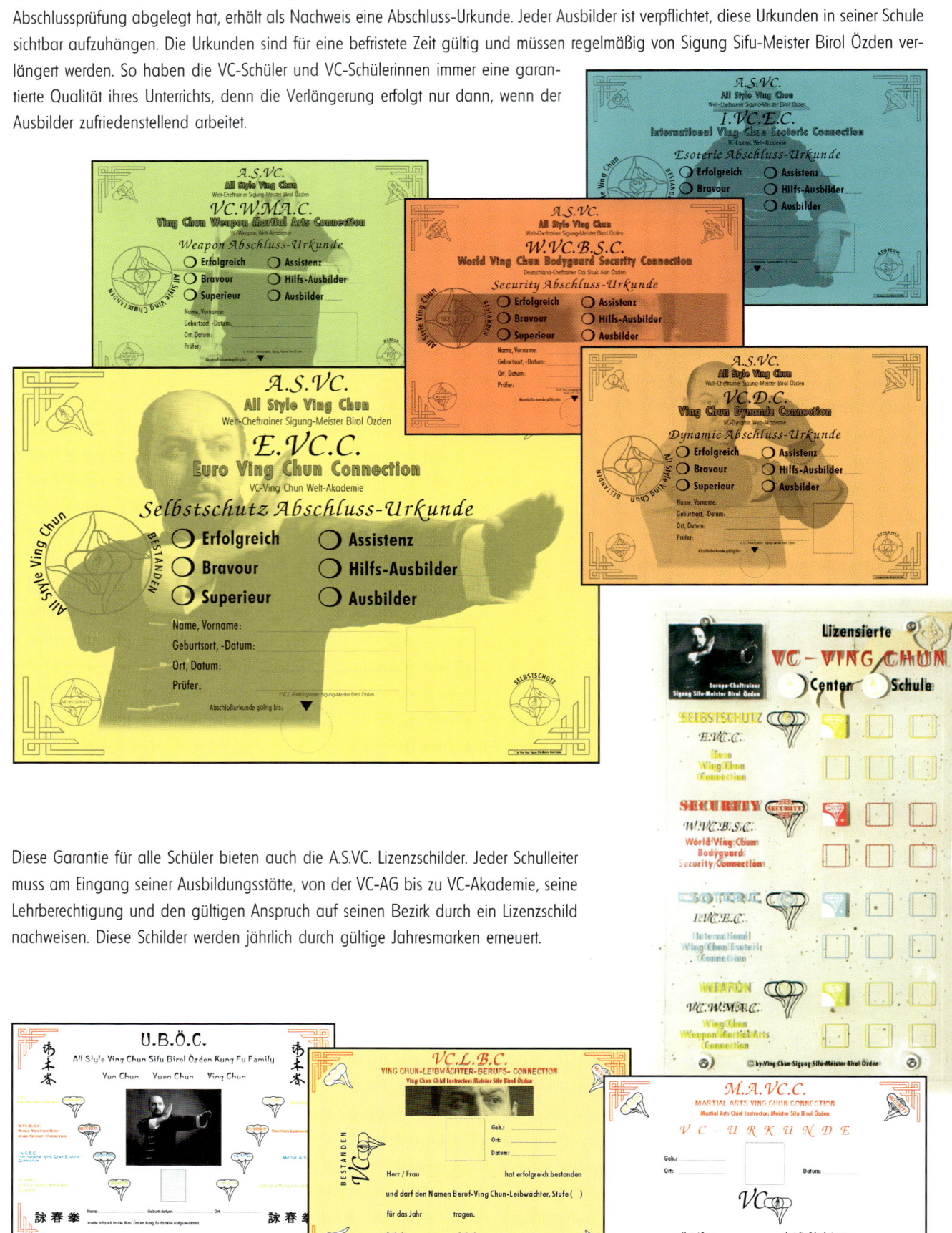

Diese Garantie für alle Schüler bieten auch die A.S.VC. Lizenzschilder. Jeder Schulleiter muss am Eingang seiner Ausbildungsstätte, von der VC-AG bis zu VC-Akademie, seine Lehrberechtigung und den gültigen Anspruch auf seinen Bezirk durch ein Lizenzschild nachweisen. Diese Schilder werden jährlich durch gültige Jahresmarken erneuert.

3.7. VC-Graduierungssystem - Urkunden

Bei Ablegen einer VC-Schülerprüfung erhält jeder VC-Schüler und jede VC-Schülerin eine Prüfungsurkunde, die im Seminar von Sigung-Meister Birol Özden persönlich in traditioneller Form überreicht wird (siehe S.272).

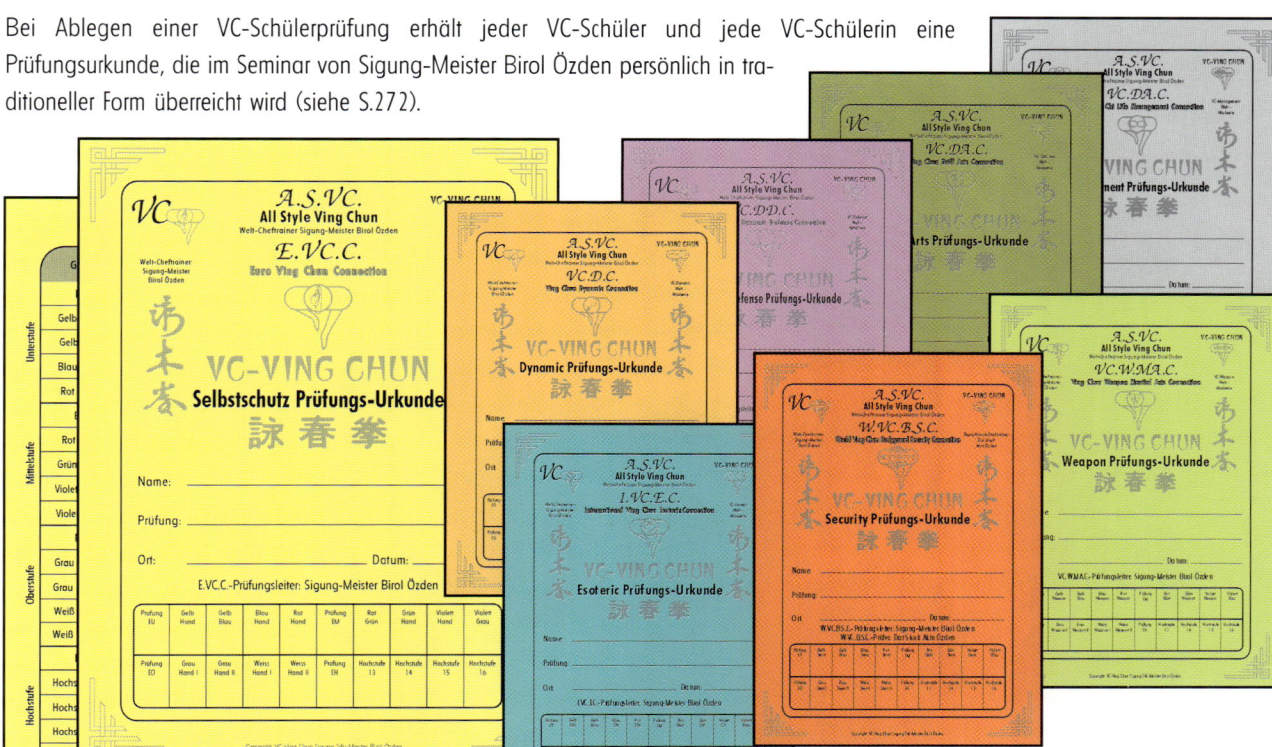

Viele weitere Urkunden dokumentieren erbrachte Leistungen und erworbene Titel im VC-Ving Chun und garantieren Qualität und sorgen für Sicherheit.

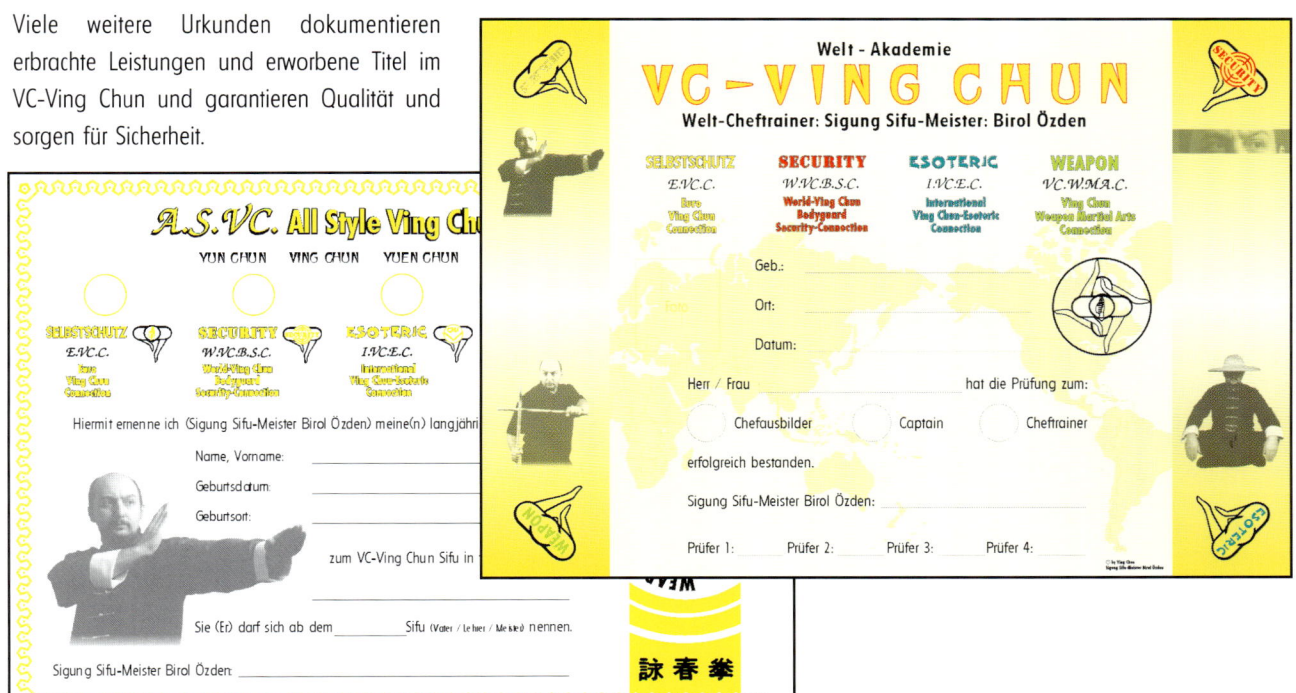

Traditionelle Ving Chun Anzüge

Während die VC-Schüler VC-Hosen und T-Shirts im Training tragen, dürfen VC-Ausbilder und Lehrer traditionelle Ving Chun Übungsleiter- und Lehreranzüge tragen, die Graduierung zeigen. Assistenten, Hilfsausbilder und Ausbilder tragen 1, 2 bzw. 3 weiße Streifen auf ihrem Anzug, VC-Lehrergrade einen bis mehrere Streifen, je nach Höhe ihrer Graduierung.

VC-Club-Karten

Die VC-Shaolin Clubkarten nach der Idee von Sigung-Meister Birol Özden sind eine Spezialität für alle interessierten VC-Schüler, die das VC-Ausbildungsangebot oft wahrnehmen. Wer eine der beiden VC-Masterkarten erwirbt, wird Mitglied im Ving Chun Shaolin Club. Als solches kann der VC-Schüler oder die VC-Schülerin zu ermäßigten Preisen an VC-Seminaren teilnehmen und auf diese Weise bares Geld sparen.

Sternzeichen

Die Astrologie und die Deutung von Sternzeichen ist eine sehr alte Kunst, die von allen Kulturen gepflegt wurde, so auch im alten China. Auch die Meister von Shaolin studierten die Bedeutung der Sterne für den Menschen. Heute gehört dieses Thema in die VC-Ving Chun Esoteric. Nach dem Ving Chun Konzept von Sigung-Meister Birol Özden spielt für die Persönlichkeit eines Menschen nicht nur das eigene Sternzeichen eine Rolle, sondern auch die seiner Eltern und Großeltern. Die Ving Chun Sternzeichen sind wie in der untenstehenden Abbildung gegliedert. Wo findest Du Dich wieder, lieber Leser?

VC-Sternzeichen nach dem VC-Ving Chun Esoteric Konzept von Sigung-Meister Birol Özden

24.Sep. - 3.Okt.	Waage-Jungfrau
4.Okt. - 13.Okt.	Waage
14.Okt. - 23.Okt.	Waage-Skorpion
24.Okt. - 2.Nov.	Skorpion-Waage
3.Nov. - 12.Nov.	Skorpion
13.Nov. - 22.Nov.	Skorpion-Schütze
23.Nov. - 2.Dez.	Schütze-Skorpion
3.Dez. - 12.Dez.	Schütze
13.Dez. - 21.Dez.	Schütze-Steinbock
22.Dez. - 31.Dez.	Steinbock-Schütze
1.Jan. - 10.Jan.	Steinbock
11.Jan. - 20.Jan.	Steinbock-Wassermann
21.Jan. - 30.Jan.	Wassermann-Steinbock
1.Feb. - 10.Feb.	Wassermann
11.Feb. - 19.Feb.	Wassermann-Fische
20.Feb. - 29.Feb.	Fische-Wassermann
1.März - 10.März	Fische
11.März - 20.März	Fische-Widder
13.Sep. - 23.Sep.	Jungfrau-Waage
3.Sep. - 12.Sep.	Jungfrau
24.Aug. - 2.Sep.	Jungfrau-Löwe
12.Aug. - 23.Aug.	Löwe-Jungfrau
2.Aug. - 11.Aug.	Löwe
23.Juli - 1.Aug.	Löwe-Krebs
12.Juli - 22.Juli	Krebs-Löwe
2.Juli - 11.Juli	Krebs
22.Juni - 1.Juli	Krebs-Zwillinge
10.Juni - 21.Juni	Zwillinge-Krebs
31.Mai - 9.Juni	Zwillinge
21.Mai - 30.Mai	Zwillinge-Stier
11.Mai - 20.Mai	Stier-Zwillinge
1.Mai - 10.Mai	Stier
21.Apr. - 30.Apr.	Stier-Widder
11.Apr. - 20.Apr.	Widder-Stier
1.Apr. - 10.Apr.	Widder
21.März - 30.März	Widder-Fische

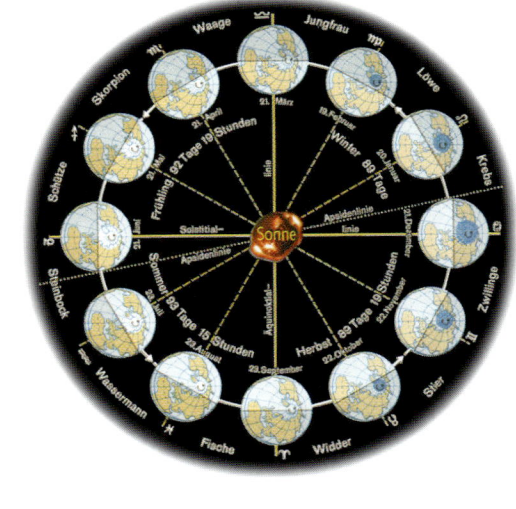

3.9. Ausbildung in der A.S.VC. All Style Ving Chun

VC-Ving Chun nach den Konzept von Sigung Sifu-Meister Birol Özden bietet effektiven Schutz, macht Spaß und ist für jeden Durchschnittbürger leicht und schnell zu erlernen!

Die Ausbildung verläuft in zwei Bahnen:
- für normale Schüler mit verschiedenen Angeboten, vom Gruppentraining bis zur Spezialausbildung, und
- für Ausbilder, die verpflichtet sind, sich ständig weiter fortzubilden, regelmäßig an Seminaren teilzunehmen und den Stand ihrer Kenntnisse von Sigung Sifu-Meister Birol Özden überprüfen zu lassen.

Ving Chun Management für VC-Ausbilder

Es gibt verschiedene Ausbildungsmöglichkeiten. Ein VC-Schüler hat die Wahl zwischen mehreren Varianten für VC-Unterricht in einer VC-Schule, einem VC-Center oder einer VC-Akademie (vgl. auch S. 58f.).

VC-Gruppenunterricht:
Gruppenausbildung mit mehreren Diplom-VC-Lehrern in Kinder-, Jugend-, Frauen- und Erwachsenengruppen

VC-Kampfteamklasse:
Spezialgruppe für intensives Kampftraining mit höheren Diplom-VC-Lehrern

VC-Privatgruppe:
Spezialgruppe - mehrere Diplom-VC-Lehrer bei niedriger Gruppenstärke

VC-Kleingruppenunterricht:
bis maximal 5 Teilnehmer nach vereinbartem Stundensatz mit Diplom-VC-Lehrer

VC-Blockunterricht:
Einzelstunden bei Diplom-VC-Lehrern nach vereinbartem Stundensatz

Spezialausbildung:
Intensivausbildung als Kompaktausbildung über mehrere Wochen oder auf Stundenbasis - ganz nach den persönlichen Wünschen des Schülers - bis hin zum VC-Lehrergrad und VC-Techniker

Privater Einzelunterricht:
Einzelstunden bei Diplom-VC-Lehrer oder VC-Chefausbilder nach vereinbartem Stundensatz - auf Wunsch auch bei Welt-Cheftrainer Sigung Sifu-Meister Birol Özden möglich

Bei seinen VC-Seminaren überzeugt sich Sigung Sifu-Meister Birol Özden von den Fortschritten jedes einzelnen Schülers.

Weitere Spezialangebote gibt es auf Anfrage, nach den individuellen Möglichkeiten des Interessenten!
Zur Vertiefung und Erweiterung hat jeder VC-Ving Chun Schüler die Möglichkeit, an **Spezialseminaren** von Welt-Cheftrainer Sigung Sifu-Meister Birol Özden zu besuchen, die er in allen Teilen Deutschland anbietet. So haben die Schüler die Chance, weitergehende und besondere Programme zu lernen und Erste Klasse-Unterricht vom Meister persönlich zu erhalten, der großen Wert auf den persönlichen Kontakt zu seinen Schülern und Schülerinnen legt und deshalb gern die vielen Reisen auf sich nimmt.

Erfolgreiche Teilnehmer eines VC-Ausbilderabschlusses mit Sigung Sifu-Meister Birol Özden.

3.9. VC-Ausbildung

Für angehende und „fertige" VC-Ausbilder aller Graduierungsstufen finden unter der persönlichen Leitung von Sigung Sifu-Meister Birol Özden regelmäßig Ausbilderseminare und Abschlussprüfungen statt, in denen neue VC-Ausbilder von Sifu Özden und seinem Lehrerkollegium ihre Qualifikation erhalten oder die Zulassung zur nächsten Graduierungsstufe erwerben. Ausserdem führt Sifu Birol Özden immer wieder Fortbildungsmaßnahmen für seine Ausbilder durch und macht regelmäßig Qualitätskontrollen bei seinen Diplom-VC-Schulleitern, um das Niveau der Ausbildung ihrer Schüler zu sichern.

**Denn die Devise von Sifu Birol Özden lautet:
Es gibt niemals einen schlechten Schüler, es gibt nur einen schlechten Lehrer!**

Er legt großen Wert auf die Einhaltung seiner Unterrichtsprinzipien und auf einen guten Lernerfolg der Schüler. Für ihn ist jeder einzelne Schüler ein Repräsentant seiner Kunst, des VC-Ving Chun. Deshalb liegt ihm viel an der qualitativ hochwertigen Ausbildung seiner Schüler. Nach dieser Maxime richten sich auch seine Ausbilder, die mit großer Sorgfalt jeden einzelnen Schüler ausbilden und ihm Tipps und Hilfen für seinen persönlichen Trainingserfolg geben. Jeder VC-Ausbilder ist verpflichtet, seine Autorisation mit gültigen Lizenztafeln und Urkunden, die in regelmäßigen Abständen bei Sigung Sifu-Meister Birol Özden zur Verlängerung vorgelegt werden müssen, durch Aushang in seiner Schule öffentlich zu dokumentieren. So hat jeder VC-Schüler und jede VC-Schülerin die Garantie auf die Qualität, für die Sigung Sifu-Meister Birol Özden und die A.S.VC. All Style Ving Chun bekannt sind!

Für alle Fragen rund um die VC-Ausbildung steht das Ausbildungsabteil der A.S.VC. All Style Ving Chun zur Verfügung.

**Ganz exklusiv und effektiv:
privates Einzeltraining.**

Bei den VC-Ving Chun Seminaren werden alle Trainingsprogramme von Sigung Sifu-Meister Birol Özden genau demonstriert und erklärt.

3.9. VC-Ausbildung

VC-Seminare
mit Welt-Cheftrainer
Sigung Sifu-Meister Birol Özden

VC-Ausbilderabschluss-Seminar

Beim VC-Ausbilderlehrgang wird das Können in allen Bereichen des VC-Ving Chun durch Sifu Birol Özden geprüft, von VC-Dynamic bis VC-Esoteric.

VC-Ving Chun-Seminar für VC-Messer und VC-Machete.

Großes Interesse beim Spezial-Seminar für VC-Stockkampf.

Prüfungsseminar für VC-Selbstschutz.

Auch die VC-Sparring-Seminare in der A.S.VC. sind gut besucht.

VC-Weapon-Lehrgang in der VC-Europa-Akademie.

3.9. VC-Ausbildung

Ving Chun ist das einzige System, das jeder Mensch lernen kann.

Sigung Sifu-Meister Birol Özden

VC-Türkei Seminar - Urlaub mit VC-Ving Chun.

VC-Bodyguard Seminar in der VC-Europa-Akademie.

Die VC-Weapon-Lehrgänge in der A.S.VC. werden immer erfolgreicher.

VC-Selbstschutz-Lehrgang - mit voller Schutzausrüstung ist auch härteres Training mit ausreichender Sicherheit für alle möglich.

Im Sommer trainieren die VC-Leute gern auch draußen - die VC-Europa-Akademie bietet reichlich Platz dafür.

Training unter Sonne und Palmen - im VC-Türkei-Seminar wird Training in allen VC-Organisationen, wie hier VC-Weapon, angeboten.

Spezial-Seminar für VC-Biu Tze - die Königsdisziplin im VC-Ving Chun.

Copyright by Sigung Sifu-Meister Birol Özden

3.10. VC-Ving Chun im Internet

Die A.S.VC.-All Style Ving Chun und Welt-Cheftrainer Sigung Sifu-Meister Birol Özden im World Wide Web

Am Anfang waren es nur große Firmen, die sich Internet präsentiert haben. Durch die rasende Entwicklung der letzten Jahre im Bereich der Informations-Technologie und der steigenden Anzahl von Internetprovidern und Anbietern von kostenlosem Webspace ist es inzwischen jeder Firma und jeder Privatperson möglich geworden, sich im Internet mit einer eigenen Homepage vorzustellen.

Die E.VC.C. (Euro Ving Chun Connection) von Sifu Birol Özden hat schon Anfang der 90er das Potential des Internet erkannt, und so war Sifu Birol Özden mit der E.VC.C. einer der ersten großen Kampfkunstverbände im Internet. Der Trend wurde schnell von anderen aufgegriffen und inzwischen herrscht ein reges Durcheinander im weltweiten Netz.

Aufgrund des starken Mitgliederzuwachs und der rasant steigenden Anzahl der VC-Ving Chun-Lizenzschulen hat Sifu Birol Özden früh den Wert des Internet als weltweites Kommunikations- und Informationsmittel gesehen. Durch das Internet ist die inzwischen stark gewachsene A.S.VC. (All Style Ving Chun) mit ihren 8 VC-Organisationen 24 Stunden täglich von jedem Punkt der Erde erreichbar.

Dadurch werden sowohl den VC-Schülern und VC-Ausbildern, als auch den zahlreichen Interessenten im In- und Ausland einfache und effektive Möglichkeiten geboten, sich bequem von zuhause über die neuestens Trends, Veranstaltungen und aktuelle Angebote der A.S.VC. in kürzester Zeit zu informieren.

Gleichzeitig hat Sifu Birol Özden die mit dem Internet verbundenen Risiken gesehen. Deshalb musste ein sicheres Konzept für die Internet-Präsenz der A.S.VC. und ihrer 8 VC-Organisationen entwickelt werden.

Damit sich der „Surfer" zurechtfindet, sollte nicht jede der über 500 VC-Schulen ihre eigenen Seiten erstellen. Sifu Birol Özden wusste, dass dadurch nur zusätzliche Verwirrung ausgelöst werden würde, wenn ein großer Dachverband wie die A.S.VC. All Style Ving Chun, sich mit zahlreichen unterschiedlichen Seiten und verwirrenden Internet-Adressen präsentieren würde.

Aus diesem Grund erschuf Sifu Birol Özden **„Die 36 Kammern des Shaolin Ving Chun"**. Dieses Konzept ist einzigartig im World Wide Web und begeisterte von Anfang an alle, die Sifu Birol Özden mit der Umsetzung betraut hat. Dieser Internet-Auftritt kann sich durchaus mit dem verschiedener großer Industrieunternehmen messen.

Aus einem Traum wurde eine faszinierende Wirklichkeit, denn die A.S.VC. All Style Ving Chun präsentiert sich nicht mit langweiligen Textseiten, sondern hebt sich von allen Standards mit einer einzigartigen und fabelhaften Tempellandschaft ab.

3.10. VC-Ving Chun im Internet

Um die Faszination der Seiten nicht zu schmälern, lag es Sifu Birol Özden besonders am Herzen, den Besucher nicht durch unnötige Werbung auf den Seiten zu langweilen.

Wer also die Seiten der A.S.VC. betritt, fühlt sich in das Shaolin-Kloster im alten China versetzt und dieses Gefühl wird durch keinerlei Fremdwerbung gestört. Gleichzeitig hat Sifu Birol Özden es geschafft, die traditionellen Elemente der Tempel mit der modernen Internet-Technologie zu verbinden, so dass man in der Lage ist, sich auf verschiedenen Wegen durch die Tempel zu bewegen. Man kann sich durch die animierten Tempel klicken und erforschen, was sich in den verschiedenen Tempelbereichen hinter den 36 Kammern verbirgt, oder man erreicht sein Ziel schnell und praktisch über die vorhandene Menüführung, mit der man von einem Bereich in jeden anderen wechseln kann.

In den 36 Kammern sind alle acht Bereiche der A.S.VC. vertreten und jeder ist über seine eigene e-mail-Adresse direkt zu erreichen:

E.VC.C (Euro Ving Chun Connection):
selbstschutz@asvc.de
W.VC.B.S.C. (World Ving Chun Bodyguard Security Connection):
security@asvc.de
VC.W.M.A.C. (Ving Chun Weapon Martial Arts Connection):
weapon@asvc.de
I.VC.E.C. (International Ving Chun Esoteric Connection):
esoteric@asvc.de
VC.D.C (Ving Chun Dynamic Connection):
dynamic@asvc.de
VC.DA.C. (Ving Chun Drillarts Connection):
drillarts@asvc.de
VC.DD.C. (Ving Chun Dynamic Defense Connection):
defense@asvc.de
VC.CL.M.C. (Ving Chun Chi Life Management Connection):
management@asvc.de

Gleichzeitig stehen dem Besucher online zahlreiche andere Möglichkeiten zur Verfügung z.B.

- A.S.VC.-Online-Artikelvertrieb,

- A.S.VC.-PR-Abteil mit zahlreichen Presseberichten und Bildern verschiedener Veranstaltungen,

- A.S.VC.-Verwaltung für Fragen der Mitglieder und Interessenten,

- der Bereich Aktuelles mit aktuellem Terminkalender und allen Neuigkeiten der A.S.VC.,

- das A.S.VC.-Ausbildungsabteil für Fragen z.B. speziell zur Lehrer- und Technikerausbildung.

Aber mehr soll an dieser Stelle nicht verraten werden. Es ist für jeden etwas dabei - für VC-Mitglieder und Interessenten immer die neuesten Informationen über Sigung Sifu-Meister Birol Özden, VC-Ving Chun und die A.S.VC. und alle wichtigen Kontaktadressen der A.S.VC.-Europa-Akademie in Köln.

www.asvc.de, e-mail: **info@asvc.de**

VC-Lexikon

VC-Angriffstechniken:
VC-Angriffstechniken sind Techniken, mit denen der Gegner direkt angegriffen wird, z.B. VC-Handflächenstöße. Sie werden in Verbindung mit einer Vorwärtsbewegung eingesetzt, durch die sie noch mehr Effektivität bekommen.

VC-Beintechniken:
Die VC-Beintechniken (VC-Jaup Geurk und VC-Boung Geurk) setzt der VC-Kämpfer zum Schutz gegen Angriffe auf seine Beine ein.

VC-Chi Saoo:
Kontakttraining - Training für das Unterbewusstsein
Formen: einarmig (VC-Daun Chi)
          oder zweiarmig (VC-Chi-Saoo)

Mit VC-Chi Saoo werden die VC-Techniken, die der Schüler vorher gelernt hat, in das Unterbewusstsein eingeschleift, man spricht von Automatisierung der Bewegungsabläufe. Die Techniken können direkt in das Unterbewusstsein eingehen, wodurch sie in einer Gefahrensituation automatisch ausgeführt werden. Auf diese Weise agiert der VC-Schüler aus dem Reflex heraus blitzschnell und hundertprozentig sicher.

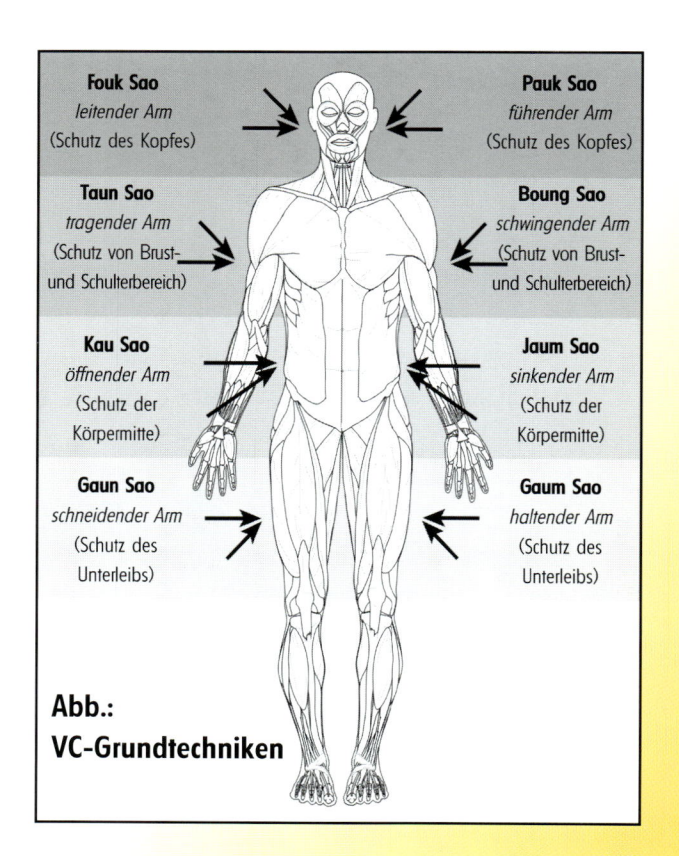

Gleichzeitigkeit:
Die Gleichzeitigkeit ist ein wichtiges Prinzip im VC-Ving Chun und typisch für die VC-Techniken. Die VC-Schutztechniken erfolgen immer in Gleichzeitigkeit mit einer VC-Angriffstechnik. Dadurch verliert der VC-Kämpfer keine Zeit und kann sich auf effektive Weise vor einem Angriff schützen und dabei gleichzeitig den Gegner an weiteren Angriffen hindern.

VC-Grundtechniken:
Die acht VC-Grundtechniken setzt der VC-Kämpfer zum Schutz von Oberkörper und Unterleib ein, in Abhängigkeit von der Richtung des Angriffs.

Kampfkunst:
VC-Ving Chun ist ein Kampfkunst-System. Die Kampfkunst beschäftigt sich nicht mit dem Kampf zu sportlichen Zwecken und zum Kräftemessen auf Wettkämpfen, so wie es die Kampfsportarten tun. Kampfkunst geht darüber weit hinaus, denn sie hat das Wesen des Kampfes zum Inhalt. Sie ist aus der Kampf- und Kriegsstrategie entstanden und erklärt nicht nur die Techniken, die man im Kampf einsetzt, sondern z. B. auch die taktische und psychologische Seite des Kampfes.

Eine Kampfkunst wie VC-Ving Chun ist beeinflusst durch weitreichende Erfahrungen mit Kampfsituationen, die vom Meister zum Schüler weitergegeben werden. Vor allem aber ist sie geprägt durch das Wissen über den Menschen, über sein Verhalten und Denken, über Philosophie und Naturwissenschaften, das in die Lehren der Kampfkunst einfließt. Dadurch bieten sich dem VC-Schüler immer neue Dimensionen des Lernens und der persönlichen Weiterentwicklung, wenn er seine Kampfkunst VC-Ving Chun mit all ihren Facetten wie eine Wissenschaft studiert.

VC-Kicks:
Die VC-Kicks 1, 2 und 3 sind VC-Angriffstechniken, mit denen der VC-Kämpfer die untere Körperhälfte des Gegners angreift. Sie erfolgen als Reaktion auf den Angriff des Gegners, entweder direkt, z.B. als VC-Stopkick, oder in Verbindung mit den VC-Beintechniken.

VC-Kick 1	zum Unterleib des Gegners
VC-Kick 2	zu den Knien des Gegners
VC-Kick 3	auf Schienbeinhöhe

Abb.: VC-Grundtechniken

- **Fouk Sao** – leitender Arm (Schutz des Kopfes)
- **Pauk Sao** – führender Arm (Schutz des Kopfes)
- **Taun Sao** – tragender Arm (Schutz von Brust- und Schulterbereich)
- **Boung Sao** – schwingender Arm (Schutz von Brust- und Schulterbereich)
- **Kau Sao** – öffnender Arm (Schutz der Körpermitte)
- **Jaum Sao** – sinkender Arm (Schutz der Körpermitte)
- **Gaun Sao** – schneidender Arm (Schutz des Unterleibs)
- **Gaum Sao** – haltender Arm (Schutz des Unterleibs)

Lebensphilosophie:

Eine Lebensphilosophie ist ein Gedankensystem und eine Weltanschauung, die das Leben eines Menschen bestimmt und ihm den richtigen Weg für sein Denken und Handeln weist. Eine Lebensphilosophie, als die z. B. VC-Ving Chun genauso zu verstehen ist wie die großen Religionen, gründet sich auf jahrhundertealten Erkenntnissen und Traditionen und ist wissenschaftlich beweisbar. Sie erklärt die Vorgänge in der Natur und das Verhalten von Menschen und Tieren. Sie gibt dem Menschen praktische Lebenshilfen und Erkenntnisse über sich selbst und die Welt, in der er lebt. Dadurch bereichert sie sein Leben und bewirkt eine fortwährende Entwicklung seiner Persönlichkeit.

Logik:

Die Logik ist eine Zusammenfassung von Gesetzmäßigkeiten und Prinzipien, welche die Zusammenhänge im Universum kennzeichnen. Sie bildet eine Lehre von den Formen und Gesetzen folgerichtigen Denkens aufgrund der Gegebenheiten in der Welt. Nur was den Prinzipien der Logik entspricht, steht im Einklang mit der Natur. Da die Menschen Bestandteil der Natur sind, müssen sie sich an den wissenschaftlichen Gesetzen der Logik orientieren, um im Einklang mit ihrer Umwelt und mit sich selbst zu leben, genauso wie sie von biologischen, physikalischen, mathematischen und anderen wissenschaftlichen Gesetzmäßigkeiten beeinflusst werden.

Beispiel: es entspricht der Logik, den eigenen Körper gesund zu erhalten, z. B. durch richtige Ernährung, um so das eigene Überleben zu sichern. Gegen die Logik spricht es, wenn jemand die Umwelt, in der er lebt, mutwillig zerstört und so seine Existenz gefährdet oder seine Lebensqualität beeinträchtigt.

VC-Nahkampftechniken:

Die VC-Nahkampftechniken, z.B. VC-Kniestoß und VC-Ellbogenstoß, werden im VC-Nahkampf eingesetzt. Sie dienen dem Kampf auf kürzeste Distanz, da der VC-Kämpfer bei jedem Angriff sofort den Kontakt zum Gegner sucht und nicht zurückweicht.

VC-Nottechniken:

VC-Nottechniken sind Techniken, die als weitere Sicherheit zusätzlich zu den VC-Grundtechniken eingesetzt werden.

Respekt:

Respekt bedeutet Achtung und Anerkennung des Wissens, der Erfahrungen und der Position einer anderen Person. Mit Respekt und Höflichkeit soll jeder VC-Schüler Sifu und den höheren Ausbildern begegnen. Wer das Können, das Wissen und die Erfahrung seines Meisters und Lehrers anerkennt, schafft dadurch Harmonie, die für das Lernen vorteilhaft ist. Respekt vor den alten Meistern war schon in den alten Zeiten der Shaolin-Mönche eine Tugend jedes Schülers und sollte auch in der heutigen modernen Zeit nicht vergessen werden. Wer Respekt zeigt, auch gegenüber älteren Menschen, gegenüber seinen Eltern und gegenüber erfahrenen Personen, der wird selbst auch mit Respekt behandelt. Ein Lehrer, dem sein Schüler Respekt erweist, wird diesen Schüler eher anerkennen als einen anderen, der ihn und sein Wissen nicht akzeptiert.

VC-Schutztechnik:

VC-Schutztechniken sind Techniken, die direkt zum Schutz vor einem Angriff eingesetzt werden, z.B. die VC-Grundtechniken und VC-Beintechniken. Der Angriff wird weich aufgenommen und seine Energie wird abgeleitet.

VC-Selbstschutz:

VC-Selbstschutz ist der Teil des VC-Ving Chun, der den Schutz des eigenen Körpers und des eigenen Lebens vor der Gewalt anderer zum Ziel hat. VC-Selbstschutz zeigt dem Schüler, wie er bei Aggressionen anderer Menschen handeln muss, um die Situation selbst ohne physische Verletzungen oder psychische Schädigungen zu überstehen.

Die VC-Schüler und -Schülerinnen lernen dabei, dass es nicht immer unbedingt zum Kampf kommen muss. Viele Situationen lassen sich schon vorher abschätzen, und jeder Mensch kann durch sein Verhalten und durch die Beobachtung anderer Menschen Gefahrensituationen vermeiden. Sie lernen, dass sie mit dem eigenen kämpferischen Können nicht leichtsinnig umgehen dürfen. Doch wenn ein VC-Kämpfer angegriffen wird, dann geht es für ihn nur noch darum sich selbst zu schützen, und er wird unerbittlich und konsequent seine erlernten VC-Techniken einsetzen und aus dem Überlebensinstinkt heraus handeln.

Copyright by Sigung Sifu-Meister Birol Özden

Stichwortverzeichnis

VC-Angriffstechniken	73, 78f	Holzpuppe	45, 51f, 267
A.S.VC. All Style Ving Chun	58f, 294f	Internet	298f
VC-Ausbildungsstätten	58f, 294f	VC-Jaup Geurk	94
VC-Ausbildergraduierungen	288f, 292	VC-Kampfstand	71f, 92ff, 113
VC-Ausbildung	53f, 58f, 294f	VC-Kicks	97ff, 101
Ausland	54, 59	VC-Kniestoß	119, 228ff, 274ff
VC-Ausrüstung	65, 230, 283	VC-Laup Sao	107ff, 228ff
VC-Beintechniken	92ff, 100f	VC-Laut Sao	228ff
VC-Bekleidung	282, 284f, 292	VC-Lehrergraduierungen	289, 292
VC-Biu Tze	52, 120, 122, 246	VC-Lehrgänge	46f, 62f, 294, 296f
VC-Bodyguard	59f, 101	VC-Lernkonzept	122
VC-Boung Geurk	95	VC-Lexikon	300f
Bruce Lee	31	VC-Management	53, 58f, 61
VC-Chaum Kiu	122f, 245	VC-Nahkampftechniken	119ff, 228ff
VC-Chigeurk	101, 182	VC-Nottechniken	102ff
VC-Chi Sao (Chi Saoo)	44, 182ff, 254f	VC-Partnerübungen	195ff
VC-Daun Chi	182ff	VC-Physio- und Ausdauertraining	241ff
VC-Dynamic	61, 243ff	VC-Pratzentraining	249
VC-Ellbogenstoß	120f, 227ff	VC-Sandsacktraining	247f
VC-Ernährung	268f	VC-Schulordnung	65
VC-Esoteric	59f, 167	VC-Schülergraduierungen	287
VC-Europa-Akademie	58f	VC-Schülerprüfungen	65, 272, 287, 291
VC-Fauk Sao	78f, 245	VC-Sidestep	113ff
Fauststöße	11ff, 250ff	VC-Siu Nim Tau	122ff
VC-Fingerstich	79f, 245	VC-Vorwärtsschritt	72ff
VC-Freischritt	70f, 126ff, 184ff	VC-Wandsacktraining	245f
VC-Fußkampfstellung	92f, 97f	**Welt-Cheftrainer**	
VC-Grundstand	67ff, 123ff	**Sigung Sifu-Meister Birol Özden**	**46ff**
VC-Grundtechniken	81ff, 182ff, 195ff	VC-Weapon	59f
VC-Gruß	64f	VC-Wendungen	102ff, 122ff, 144ff
VC-Handflächenstöße	11ff, 74ff, 195ff, 228ff, 245, 250ff	Yip Man	31, 64f

**Falls Du mein Buch durchgelesen hast und bist unzufrieden,
dann verschenke es an jemanden,
der seine Zufriedenheit in meinem Buch findet.
*Sigung Sifu-Meister Birol Özden***

A.S.VC. All Style Ving Chun

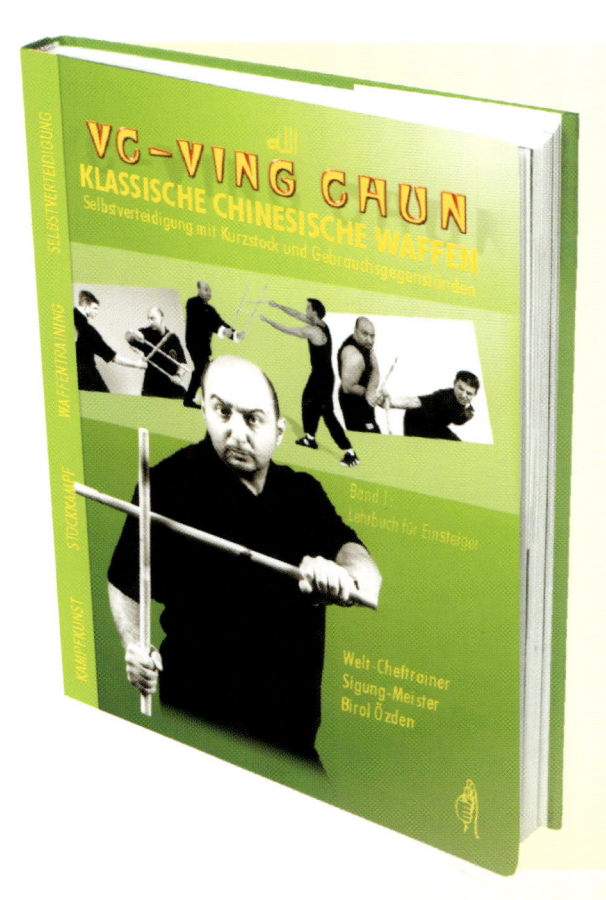

Das Lehrbuch für VC-Weapon

Eine Ergänzung zum vorliegenden Lehrbuch für VC-Selbstschutz bietet das Lehrbuch für Einsteiger von **Welt-Cheftrainer Sigung-Meister Birol Özden**

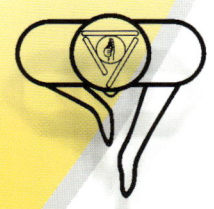

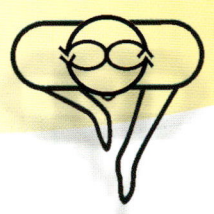

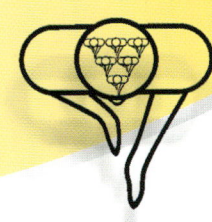

VC-Ving Chun Klassische chinesische Waffen
Selbstverteidigung mit Kurzstock und Gebrauchsgegenständen
Band 1: Lehrbuch für Einsteiger
ISBN: 3-935951-01-9

Es bietet auf rd. 200 Seiten Unterrichtsprogramme für VC-Weapon, Informationen über klassische Waffen im VC-Ving Chun sowie über Selbstverteidigung mit und ohne Waffen gegen bewaffnete Angreifer. Viele, teilweise farbige Abbildungen sowie ein farbiger Schutzumschlag mit Poster auf der Innenseite runden das Werk ab.

Ving Chun Verlag
Koblenzer Str. 63-65, 50968 Köln
Tel. 0221/37 63 0-91, Fax 0221/37 63 0-96
www.asvc.de, E-Mail: verlag@asvc.de

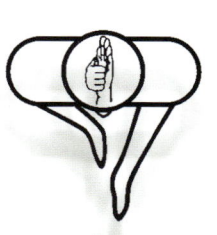

Euro Ving Chun Connection
Sigung Birol Özden

SECURITY
World Ving Chun Bodyguard Security Connection
Sigung Birol Özden

International Ving Chun Esoterik Connection
Sigung Birol Özden

Ving Chun Weapon Martial Arts Connection
Sigung Birol Özden

Ving Chun Dynamic Connection
Sigung Birol Özden

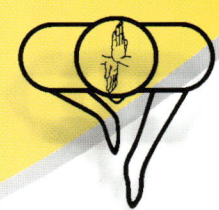

Ving Chun Dynamic Defense Connection
Sigung Birol Özden

Ving Chun Drill Arts Connection
Sigung Birol Özden

Ving Chun Chi Life Management Connection
Sigung Birol Özden

NO Drugs ... sonst bist Du ein Wrack!
Don't touch !
KINDER im DUNKELN!
Ich bin mein EIGENER Leibwächter!
Nicht mit mir !
WINDSTILLE
Stand UP
Sonnenschein

VC

A.S.VC. All Style Ving Chun

Die Welt des VC-Ving Chun
von Sigung-Meister Birol Özden

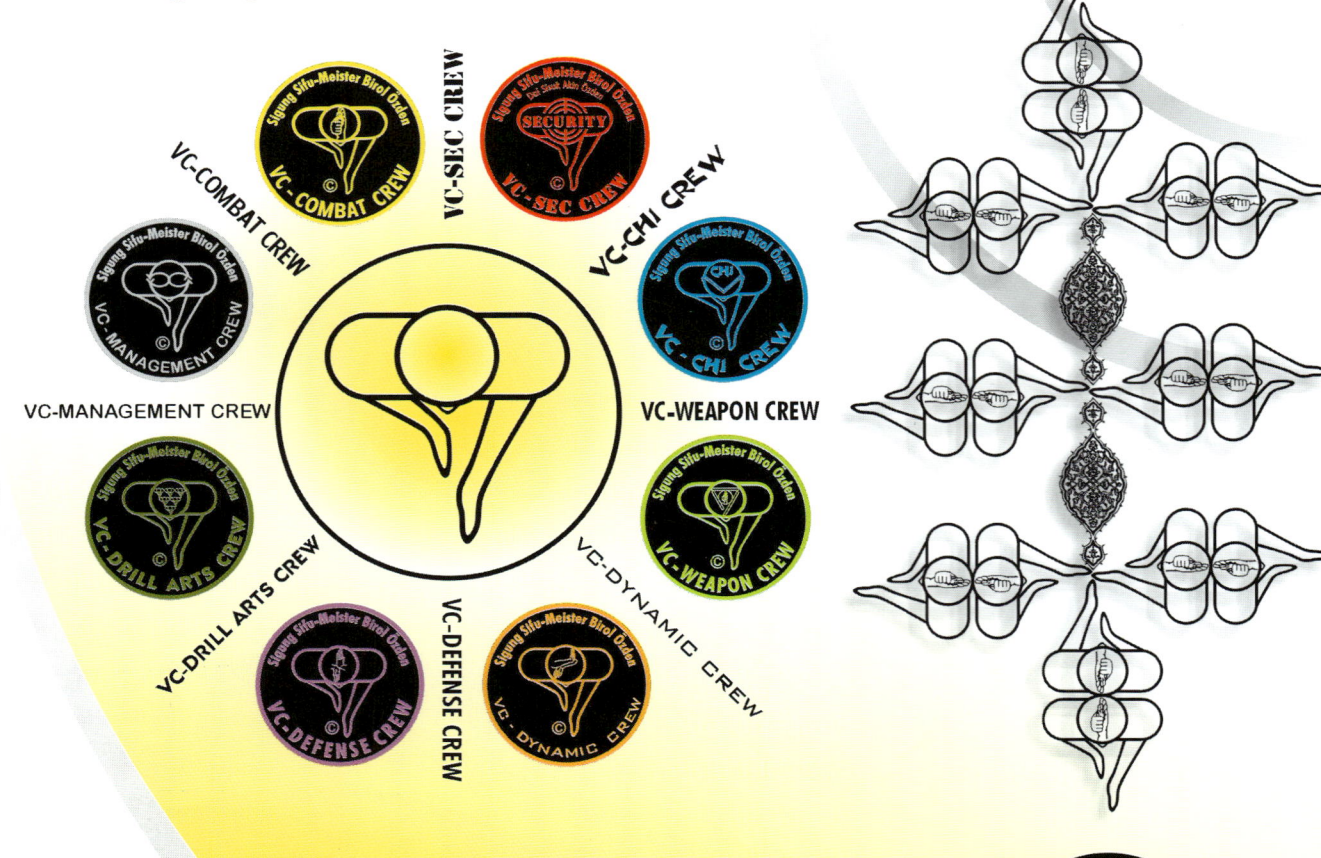

- VC-COMBAT CREW
- VC-SEC CREW
- VC-CHI CREW
- VC-WEAPON CREW
- VC-DYNAMIC CREW
- VC-DEFENSE CREW
- VC-DRILL ARTS CREW
- VC-MANAGEMENT CREW

Life Man
Drill Man
DYNAMIC DEFENSE
Chi Life Management

VC.C.
VC.D.C.
VC.DA.C.
VC.DD.C.
VC.CL.M.C.

Ving Chun Philosophie
Ving Chun Psychologie